백신 과학

중등 화학

중 1·2·3 과정을 한 권에!

초판 6쇄	2025년 7월 18일
초판 1쇄	2021년 8월 10일
펴낸곳	메가스터디(주)
펴낸이	손은진
개발 책임	배경윤
개발	이지애, 김윤희
디자인	주희연
마케팅	엄재욱, 김세정
제작	이성재, 장병미
주소	서울시 서초구 효령로 304(서초동) 국제전자센터 24층
대표전화	1661-5431
홈페이지	http://www.megastudybooks.com
출판사 신고 번호	제 2015-000159호
출간제안/원고투고	메가스터디북스 홈페이지 <투고 문의>에 등록

메가스터디BOOKS

'메가스터디북스'는 메가스터디㈜의 교육, 학습 전문 출판 브랜드입니다.
초중고 참고서는 물론, 어린이/청소년 교양서, 성인 학습서까지 다양한 도서를 출간하고 있습니다.

중등 과학의 정상을 향한
장풍 쌤의 새로운 제안!

전국의 중학생 풍마니 여러분 반갑습니다! 중등 과학의 정상을 향한 바람 장풍입니다.

중학교 과학을 다른 친구들보다 먼저 마스터하고 싶은 풍마니!
과학을 좋아해서 특목고에 진학하고 싶은 풍마니!
중학교 과학의 부족한 부분을 빠르게 복습해서 고등학교 과학 1등급을 목표로 하는 풍마니!

여러분들을 위해 장풍이 새로운 책을 만들었습니다.

중학교 과학은 물리학, 화학, 생명과학, 지구과학의 분야를 과학 과목 안에서 학기별로 안배하여 골고루 학습할 수 있게 하고 있습니다.

이 책은 **중학교 과학을 4개 영역으로 나눠서 각 영역별로 따로 모아 학습할 수 있도록 새롭게 구성하였습니다. 각 영역을 모아서 학습하면 그 내용을 쉬운 개념부터 연관 원리까지 집중적이고 체계적으로 파악**할 수 있습니다.

중학교 과학을 미리 학습하고자 하는 친구들이나 중학교 과학을 종합적으로 정리하고자 하는 친구들은 물론 일부 영역을 집중적으로 공부하려는 친구들에게 특히 유용할 것입니다.

중학교 과학이 고등학교까지 이어지므로 기본 개념을 영역별로 흐름을 잡아 공부하는 것은 가장 효율적인 과학 학습법입니다.

지금부터 장풍과 함께 중학교 과학을 똑똑하게 마스터해 봅시다.

화학 영역 한눈에 보기

2015개정교육과정에 제시된 내용 기준

핵심 개념		초등학교		중학교
		3~4학년	5~6학년	1학년
물질의 상태 변화	물질의 상태 변화	·물의 상태 변화 ·증발, 끓음, 응결 ·고체, 액체, 기체 ·기체의 무게	·산소 ·이산화 탄소	·물질의 세 가지 상태 ·물질의 상태에 따른 입자 배열 ·상태 변화
	상태 변화와 열에너지			·상태 변화와 열에너지 출입 ·가열 곡선과 냉각 곡선
기체의 성질	입자의 운동			·기체 입자의 운동 ·확산과 증발
	기체의 부피 변화		·압력에 따른 기체의 부피 ·온도에 따른 기체의 부피	·기체의 압력 ·보일 법칙 ·샤를 법칙
물질의 특성	물질의 특성	·물체와 물질 ·물질의 성질 ·물체의 기능 ·물질의 변화	·용해와 용액 ·용질의 종류와 녹는 양 ·용액의 진하기와 성질 ·지시약 ·산성 용액과 염기성 용액	
	혼합물의 분리	·혼합물 ·혼합물의 분리 ·거름 ·증발	·공기	
물질의 구성	물질의 기본 구성			
	물질을 구성하는 입자			
	이온의 형성			
	원소의 주기성			
화학 결합				
화학 반응의 규칙과 에너지 변화	물질 변화와 화학 반응식		·연소 현상 ·연소 조건 ·연소 생성물 ·소화 방법	
	화학 반응의 규칙성			
	화학 반응에서의 에너지 출입			

중학교		고등학교		
2학년	3학년	통합과학	화학 I	화학 II
				·고체의 결정 구조
				·분자 간 상호 작용 ·액체의 성질 ·용액의 농도 ·묽은 용액의 총괄성
				·보일 법칙　　·샤를 법칙 ·아보가드로 법칙　·분압 ·이상 기체 방정식
·물질의 특성　　·끓는점 ·녹는점　　·어는점 ·밀도　　·용해도 ·용해와 용액		·산과 염기 ·지시약		
·순물질과 혼합물 ·끓는점 차이, 밀도 차이, 용 　해도 차이를 이용한 분리 ·크로마토그래피				
·원소 ·불꽃 반응과 스펙트럼 ·원소 기호				
·원자 ·분자 ·분자식		·원자와 원자 모형 ·원자의 전자 배치 ·원자가 전자	·양성자　　·중성자 ·전자　　·몰 ·화학 반응식　·몰 농도	
·이온　　·이온식 ·앙금 생성 반응				
		·주기율표　·금속과 비금속 ·알칼리 금속　　·할로젠 ·비활성 기체	·양자수　　·오비탈 ·전자 배치　·주기율표 ·유효 핵전하, 원자 반지름, 　이온화 에너지의 주기성	
		·이온 결합 ·공유 결합 ·화학식 ·이온 결합 물질의 성질 ·공유 결합 물질의 성질	·이온 결합　·공유 결합 ·금속 결합　·전기 음성도 ·쌍극자 모멘트·결합의 극성 ·전자점식　·분자 구조 ·전자쌍 반발 이론	
	·물리 변화 ·화학 변화 ·화학 반응식		·산화　　·환원 ·산화수　·가역 반응 ·동적 평형　·pH ·화학의 유용성 ·탄소 화합물의 유용성	·화학 평형 ·르샤틀리에 원리 ·상평형 그림　·이온화 상수 ·염의 가수 분해　·완충 용액 ·촉매　　·효소 ·반응 속도　·반응 속도식 ·반감기　·활성화 에너지 ·반응 속도에 영향을 미치는 　요인
	·질량 보존 법칙 ·일정 성분비 법칙 ·기체 반응 법칙	·산화 환원 반응 ·중화 반응	·중화 반응의 양적 관계	
	·에너지를 방출하는 반응 ·에너지를 흡수하는 반응		·발열 반응 ·흡열 반응	·엔탈피　·열화학 반응식 ·헤스 법칙　·화학 전지 ·전기 분해　·수소 연료 전지

구성과 특징

개념 이해하기

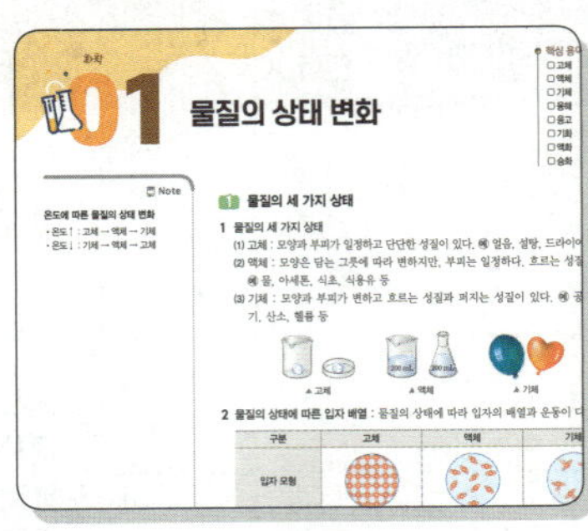

개념 정리

교과서를 완벽하게 분석하여 중학교 1~3학년 화학 단원의 핵심 개념을 풍성한 시각 자료와 함께 이해하기 쉽게 정리했습니다. ★이것이 핵심!! 은 꼭 기억하세요.

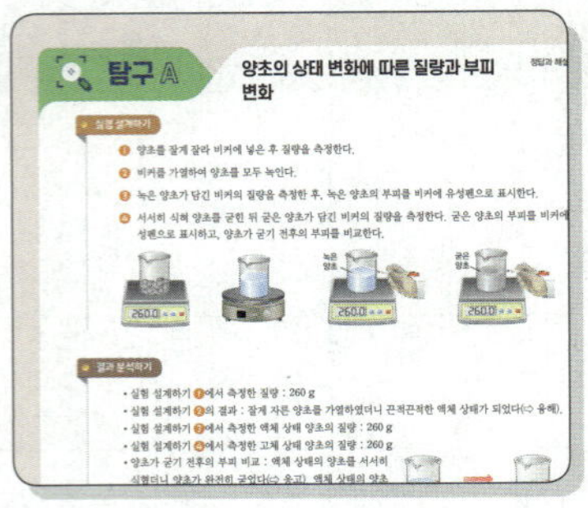

탐구

교과서에서 중요하게 다루는 탐구를 자세하게 설명해 주고 스스로 정리할 수 있게 했습니다. 탐구 핵심!!은 꼭 기억하세요.

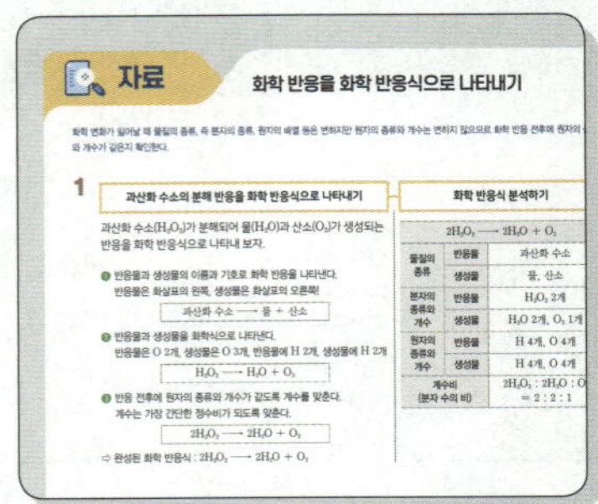

자료

이해하기 어려운 개념이나 자세한 설명이 필요한 개념을 완벽하게 정리했습니다.

개념 마스터

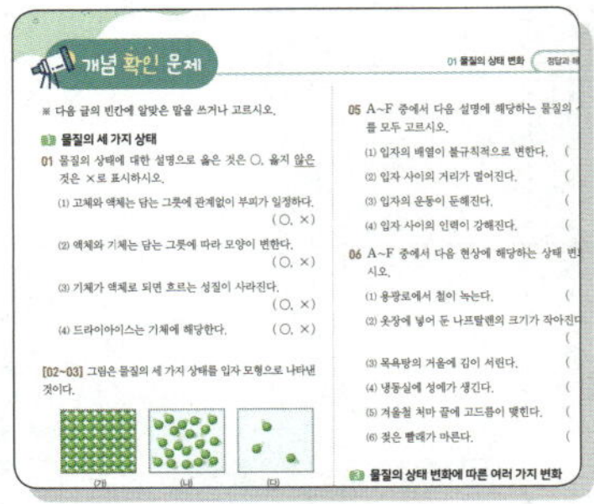

개념 확인 문제

중요 개념을 확인할 수 있는 빈칸 채우기, OX 문제 등 다양한 형태의 확인 문제를 풀어보세요.

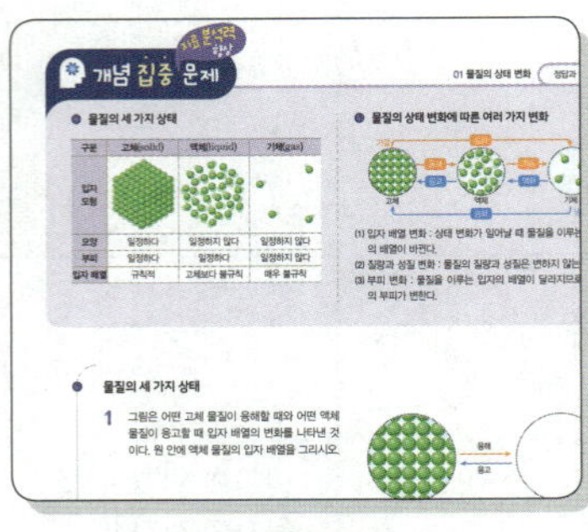

개념 집중 문제

개념 맞춤형 집중(계산력 향상, 암기력 향상, 자료 분석력 향상) 문제로 이해한 개념을 마스터하세요.

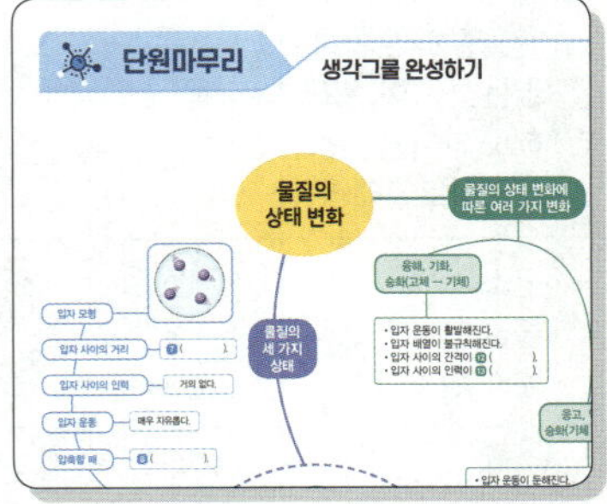

단원마무리

단원 내 관련 개념을 연계하여 나타낸 생각그물의 빈칸 채우기를 통해 학습한 내용을 다시 한번 확인할 수 있습니다.

실력 다지기

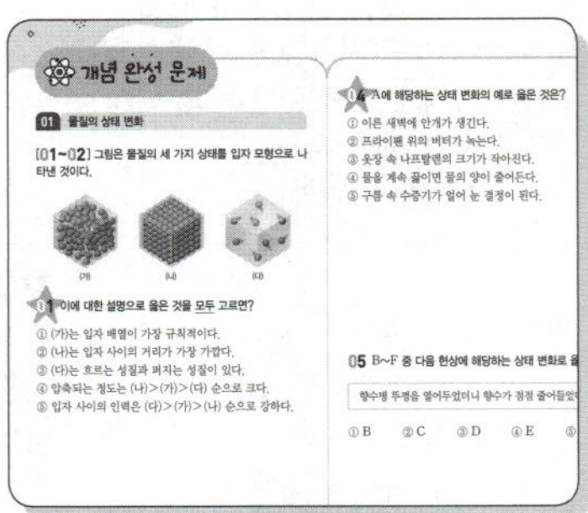

개념 완성 문제

단원별로 시험에 꼭 나오는 기출 문제를 엄선했으니 실력을 확인해 보세요.

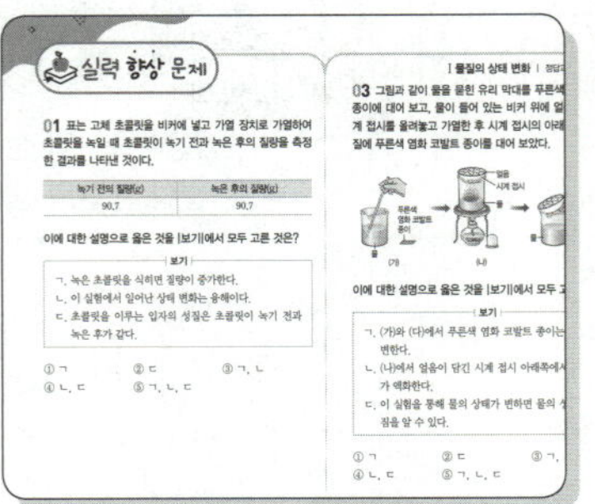

실력 향상 문제

수준 높은 문제로 실력을 한 단계 높여보세요.

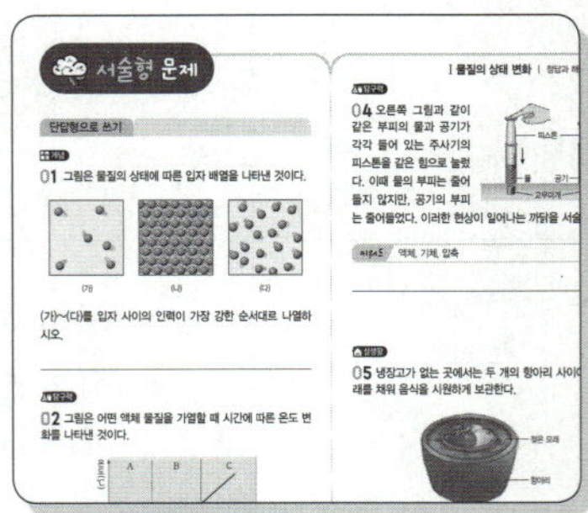

서술형 문제

시험에서 출제 비율과 중요도가 높아지고 있는 서술형 문제도 함께 대비해 보세요.

차례

부록 시험 대비 문제   단원별, 단계별 실전 문제 제공

개념 완성 문제 + 실력 향상 문제 + 서술형 문제

정답과 해설   틀린 문제를 쉽게 해결할 수 있는 자세하고 친절한 해설 제공

I

물질의 상태 변화

물질의 세 가지 상태와 상태 변화를 이해하여 우리 주변에서 관찰할 수 있는 상태 변화에 대해 호기심과 흥미를 갖도록 한다. 물질을 구성하는 입자의 배열에 따라 상태가 다름을 이해하고, 온도에 따라 입자의 배열이 달라져 상태 변화가 일어남을 설명하도록 한다.

★ 밀가루는 고체일까 액체일까?

★ 아이스크림이 녹는 것, 마그마가 굳어 암석이 되는 것, 드라이아이스가 점점 작아
   지는 것은 각각 어떤 상태 변화일까?

★ 물이 끓기 시작하는 온도는 몇 ℃일까?

★ 냉장고는 어떤 원리로 음식물을 차갑게 보관할 수 있는 것일까?

01 물질의 상태 변화

📖 Note

온도에 따른 물질의 상태 변화
- 온도↑ : 고체 → 액체 → 기체
- 온도↓ : 기체 → 액체 → 고체

1 물질의 세 가지 상태

1 물질의 세 가지 상태
(1) 고체 : 모양과 부피가 일정하고 단단한 성질이 있다. 예 얼음, 설탕, 드라이아이스 등
(2) 액체 : 모양은 담는 그릇에 따라 변하지만, 부피는 일정하다. 흐르는 성질이 있다.
　　예 물, 아세톤, 식초, 식용유 등
(3) 기체 : 모양과 부피가 변하고 흐르는 성질과 퍼지는 성질이 있다. 예 공기, 수증기, 산소, 헬륨 등

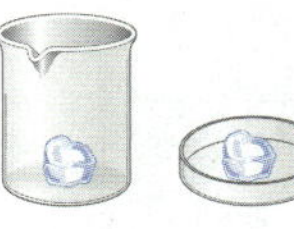
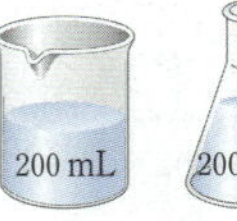

▲ 고체　　　　▲ 액체　　　　▲ 기체

2 물질의 상태에 따른 입자 배열 : 물질의 상태에 따라 입자의 배열과 운동이 다르다.

구분	고체	액체	기체
입자 모형			
입자의 배열	규칙적으로 배열	고체보다 불규칙해짐	매우 불규칙
입자의 운동	제자리에서 진동	고체보다 자유로움	매우 자유로움
입자 사이의 거리	매우 가까움	비교적 멂	매우 멂
입자 사이의 인력	매우 강함	고체보다 약함	거의 없음
압축할 때	압축되지 않음	거의 압축되지 않음	쉽게 압축됨

미니 탐구 — 물과 공기의 압축 정도 비교

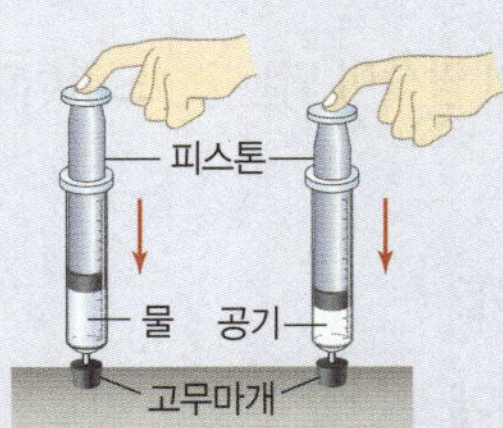

과정
주사기에 각각 물과 공기를 넣고, 고무마개로 막은 뒤 피스톤을 누른다.

결과 및 정리
물은 거의 압축되지 않으나 공기는 쉽게 압축된다. ⇨ 물보다 공기의 입자 사이의 거리가 멀어 입자 사이에 빈 공간이 많기 때문이다.

압력에 따른 물질의 상태 변화
대부분의 물질은 압력이 높아지면 기체 → 액체 → 고체로 상태가 변한다. 예외적으로 얼음은 압력을 높이면 고체 → 액체로 상태가 변한다.

2 물질의 상태 변화

1 물질의 상태 변화 : 물질의 성질은 유지하면서 물질의 상태만 변하는 현상
2 상태 변화의 종류
(1) 가열할 때 일어나는 상태 변화 : 융해, 기화, 승화(고체 → 기체)
(2) 냉각할 때 일어나는 상태 변화 : 응고, 액화, 승화(기체 → 고체)

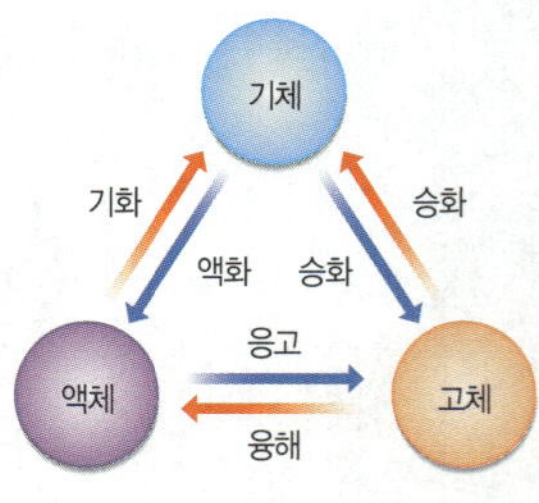

➕ 용어

드라이아이스
기체 상태인 이산화 탄소가 −78 ℃ 이하에서 고체 상태로 된 물질

3 상태 변화의 예

가열할 때(온도↑)	냉각할 때(온도↓)
융해(고체 → 액체)	**응고(액체 → 고체)**
• 아이스크림이 녹는다. • 용광로에서 철이 녹는다. • 뜨거운 프라이팬 위에서 버터가 녹는다.	• 마그마가 굳어 암석이 된다. • 고드름이 생긴다. • 뜨거운 고깃국을 식히면 기름이 굳는다.
기화(액체 → 기체)	**액화(기체 → 액체)**
• 젖은 빨래가 마른다. • 찌개를 끓일수록 국물이 줄어든다. • 가뭄이 들어 논바닥이 갈라진다.	• 호수 주변에 안개가 생긴다. • 새벽 풀잎에 이슬이 맺힌다. • 목욕탕 유리에 김이 서린다. • 뜨거운 차를 따를 때 하얀 김이 서린다.
승화(고체 → 기체)	**승화(기체 → 고체)**
• 드라이아이스가 작아진다. • 옷장에 넣어 둔 나프탈렌이 작아진다. • 냉동실에 넣어 둔 얼음이 점점 작아진다.	• 냉동실에 성에가 생긴다. • 늦가을 새벽에 서리가 내린다. • 추운 겨울철 유리창에 성에가 생긴다.

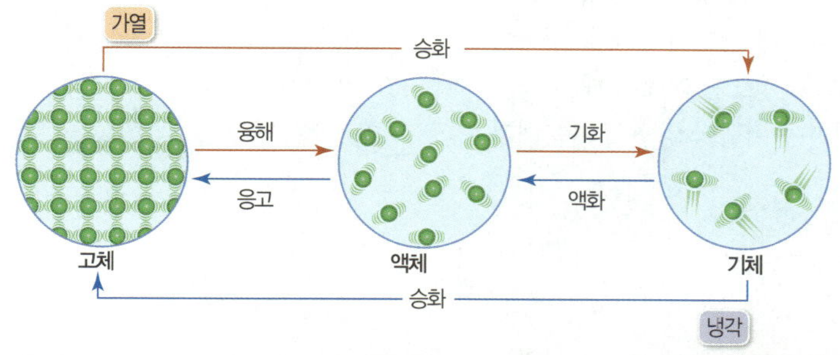

▲ 융해	▲ 기화	▲ 승화	▲ 응고	▲ 액화	▲ 승화

3 물질의 상태 변화에 따른 여러 가지 변화

1 입자 배열이 변한다 : 상태 변화가 일어날 때 입자의 종류가 아닌 입자 배열이 바뀐다.

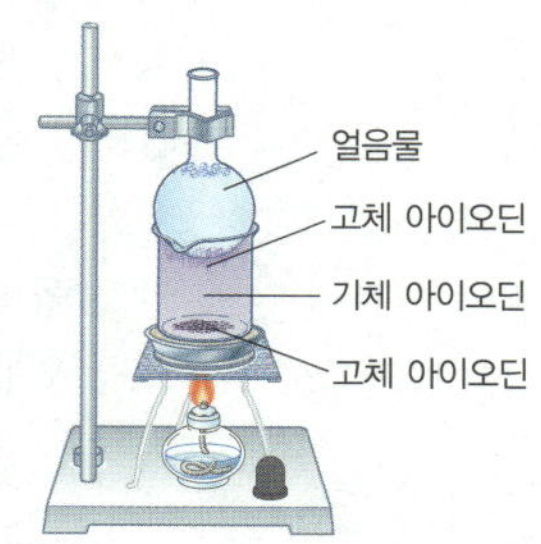

가열할 때(온도 높아짐)	구분	냉각할 때(온도 낮아짐)
융해, 기화, 승화(고체 → 기체)	상태 변화	응고, 액화, 승화(기체 → 고체)
불규칙해짐	입자 배열	규칙적으로 배열
활발해짐	입자 운동	둔해짐
멀어짐	입자 사이의 거리	가까워짐
약해짐	입자 사이의 인력	강해짐

2 질량과 성질이 변하지 않는다 : 상태 변화가 일어나도 물질을 이루는 입자의 종류나 개수, 모양, 크기 등은 변하지 않기 때문이다.

3 부피가 변한다 : 상태 변화가 일어나면서 물질을 이루는 입자 사이의 거리가 달라지기 때문이다.

(1) 대부분의 물질 : 고체 < 액체 < 기체 순으로 부피가 증가한다.

(2) 물 : 물(액체) < 얼음(고체) < 수증기(기체) 순으로 부피가 증가한다.

구분	부피가 증가하는 경우	부피가 감소하는 경우
대부분의 물질	융해, 기화, 승화(고체 → 기체)	응고, 액화, 승화(기체 → 고체)
물	응고, 기화, 승화(얼음 → 수증기)	융해, 액화, 승화(수증기 → 얼음)

★ 이것이 핵심!!

> 상태 변화가 일어날 때 입자의 종류, 개수, 모양, 크기 등은 변하지 않으므로 물질의 질량과 성질은 변하지 않고 입자의 운동, 배열, 입자 사이의 거리 등은 변하므로 물질의 부피는 변한다.

📖 Note

용해

소금이 물에 녹아 소금물이 되는 것처럼 용질이 용매에 녹아서 골고루 섞이는 것이다.

수증기

수증기는 기체 상태의 물질로 우리 눈에 보이지 않는다.

김

김은 수증기가 공기 중에서 냉각되어 작은 물방울로 액화된 것으로, 우리 눈에 하얗게 보인다.

아이오딘의 승화

비커 안의 고체 아이오딘 가열 → 기체 아이오딘으로 상태 변화 → 차가운 플라스크 표면에 닿음 → 고체 아이오딘으로 상태 변화

➕ 용어

융해와 응고

고체에서 액체로 상태가 변하는 현상이 융해, 액체에서 고체로 상태가 변하는 현상이 응고이다.

기화와 액화

액체에서 기체로 상태가 변하는 현상이 기화, 기체에서 액체로 상태가 변하는 현상이 액화이다.

승화

고체에서 액체를 거치지 않고 바로 기체로 상태가 변하거나, 기체에서 액체를 거치지 않고 바로 고체로 상태가 변하는 현상이다.

탐구 A 양초의 상태 변화에 따른 질량과 부피 변화

실험 설계하기

❶ 양초를 잘게 잘라 비커에 넣은 후 질량을 측정한다.

❷ 비커를 가열하여 양초를 모두 녹인다.

❸ 녹은 양초가 담긴 비커의 질량을 측정한 후, 녹은 양초의 부피를 비커에 유성펜으로 표시한다.

❹ 서서히 식혀 양초를 굳힌 뒤 굳은 양초가 담긴 비커의 질량을 측정한다. 굳은 양초의 부피를 비커에 유성펜으로 표시하고, 양초가 굳기 전후의 부피를 비교한다.

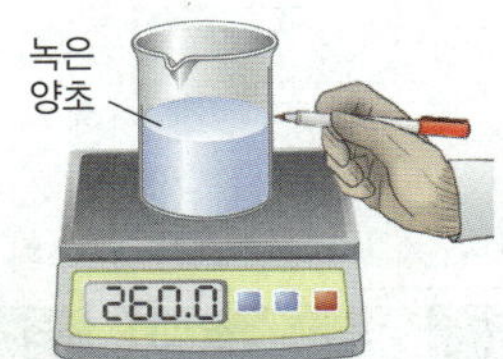

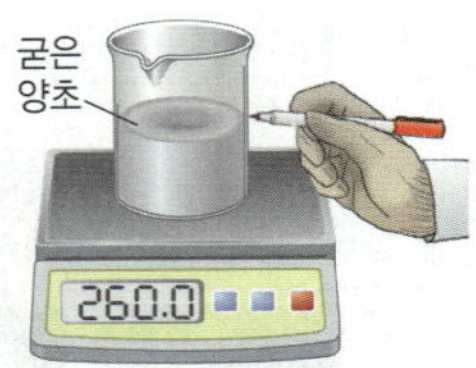

결과 분석하기

- 실험 설계하기 ❶에서 측정한 질량 : 260 g
- 실험 설계하기 ❷의 결과 : 잘게 자른 양초를 가열하였더니 끈적끈적한 액체 상태가 되었다(⇨ 융해).
- 실험 설계하기 ❸에서 측정한 액체 상태 양초의 질량 : 260 g
- 실험 설계하기 ❹에서 측정한 고체 상태 양초의 질량 : 260 g
- 양초가 굳기 전후의 부피 비교 : 액체 상태의 양초를 서서히 식혔더니 양초가 완전히 굳었다(⇨ 응고). 액체 상태의 양초가 굳어 고체 상태가 되면 부피가 줄어들어 양초의 가운데가 약간 오목해진다.

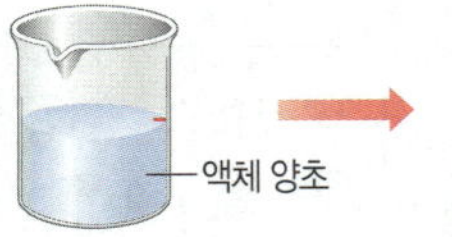

스스로 정리하기

1 고체 상태의 양초를 가열하면 어떤 상태 변화가 일어나는지 설명해 보자.

고체 상태의 양초를 가열하면 (   )가 일어나 액체 상태의 양초가 된다.

2 액체 상태의 양초를 서서히 식히면 어떤 상태 변화가 일어나는지 설명해 보자.

액체 상태의 양초를 서서히 식히면 (   )가 일어나 고체 상태의 양초가 된다.

3 양초가 굳기 전후의 질량을 비교하여 설명해 보자.

고체 상태의 양초가 융해하거나 액체 상태의 양초가 응고할 때 질량은 (㉠   ). 이를 통해 물질의 상태 변화가 일어날 때 물질을 이루는 입자의 종류와 개수, 크기 등은 변하지 않으므로 물질의 질량은 (㉡   )는 것을 알 수 있다.

4 양초가 굳기 전후의 부피를 비교하여 설명해 보자.

액체가 응고할 때 입자 배열이 (㉠   )으로 변하고 입자 사이의 거리가 (㉡   )지므로, 액체 상태의 양초가 응고할 때(굳을 때) 양초의 부피는 응고 전보다 (㉢   )한다. 따라서 물질의 상태 변화가 일어날 때 물질의 부피는 변한다는 것을 알 수 있다.

🔍 **탐구 핵심** 물질의 상태 변화가 일어날 때, 물질의 질량은 변하지 않지만 물질의 부피는 변한다.

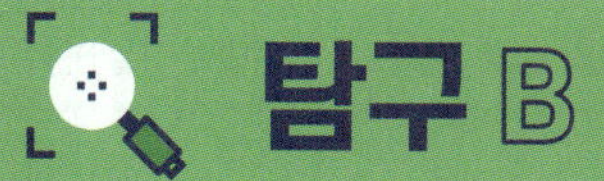

탐구 B 물의 상태 변화

🔴 실험 설계하기

❶ 삼각 플라스크에 물을 넣고 알루미늄 포일을 씌운 다음 가운데에 작은 구멍을 뚫는다.

❷ 삼각 플라스크를 가열하면서 나타나는 현상을 관찰한다.

❸ 물이 끓으면 구멍 바로 윗부분에 푸른색 염화 코발트 종이를 대어 색깔 변화를 관찰한다.

❹ 물이 끓어 삼각 플라스크 구멍 위 김이 생기는 부분에 푸른색 염화 코발트 종이를 대어 색깔 변화를 관찰한다.

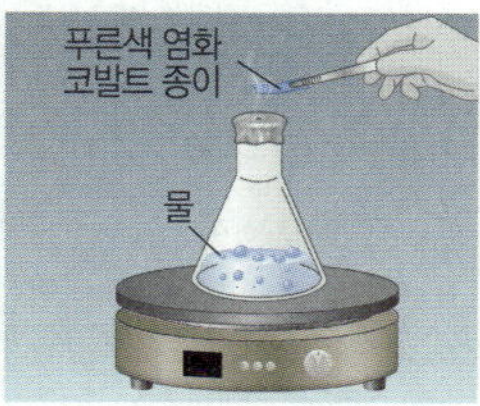

🔴 결과 분석하기

• 실험 설계하기 ❸에서 구멍 바로 윗부분에 댄 푸른색 염화 코발트 종이가 붉게 변한다.

• 실험 설계하기 ❹에서 구멍 위 김이 생기는 부분에 댄 푸른색 염화 코발트 종이가 붉게 변한다.

🟢 스스로 정리하기

1 실험 설계하기 ❷에서 일어나는 상태 변화의 종류를 설명해 보자.

삼각 플라스크를 가열하여 물이 끓으면 수증기로 (㉠   )되고, 수증기가 작은 구멍으로 빠져나오다가 공기 중에서 식으면 물로 (㉡   )되어 하얀 김이 된다.

2 실험 설계하기 ❸과 ❹의 결과, 푸른색 염화 코발트 종이가 모두 붉은색으로 변하는 것을 통해 알 수 있는 사실을 설명해 보자.

실험 설계하기 ❸과 ❹에서 푸른색 염화 코발트 종이가 모두 붉은색으로 변했으므로, 물의 상태가 변해도 물질을 이루는 입자의 종류, 개수, 크기 등은 변하지 않기 때문에 물의 성질은 (   )는 것을 알 수 있다.

🔍 **탐구 핵심** 물질의 상태 변화가 일어날 때, 물질을 이루는 입자의 종류, 개수, 크기 등은 변하지 않으므로 물질의 성질은 변하지 않는다.

개념 확인 문제

※ 다음 글의 빈칸에 알맞은 말을 쓰거나 고르시오.

1 물질의 세 가지 상태

01 물질의 상태에 대한 설명으로 옳은 것은 ○, 옳지 <u>않은</u> 것은 ×로 표시하시오.

(1) 고체와 액체는 담는 그릇에 관계없이 부피가 일정하다. (○, ×)

(2) 액체와 기체는 담는 그릇에 따라 모양이 변한다. (○, ×)

(3) 기체가 액체로 되면 흐르는 성질이 사라진다. (○, ×)

(4) 드라이아이스는 기체에 해당한다. (○, ×)

[02~03] 그림은 물질의 세 가지 상태를 입자 모형으로 나타낸 것이다.

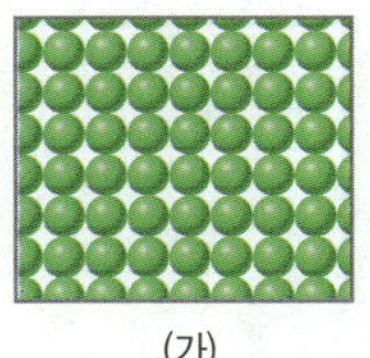 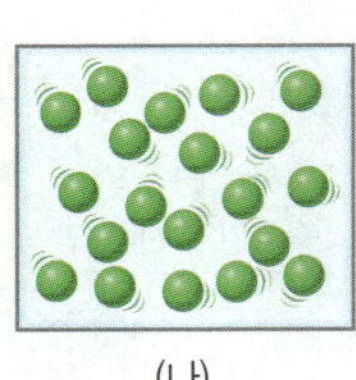 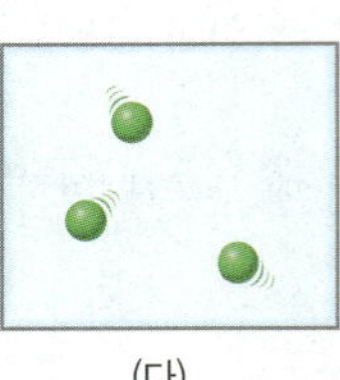
(가)　　　　　(나)　　　　　(다)

02 (가)~(다)는 물질의 세 가지 상태 중 각각 무엇을 나타내는지 쓰시오.

03 (가)~(다) 중에서 다음에 해당하는 물질의 상태를 각각 고르시오.

(1) 모양과 부피가 일정하다. ( )

(2) 힘을 가하면 쉽게 압축된다. ( )

(3) 물, 아세톤, 식초 등이 해당된다. ( )

2 물질의 상태 변화

[04~06] 그림은 물질의 상태 변화를 나타낸 것이다.

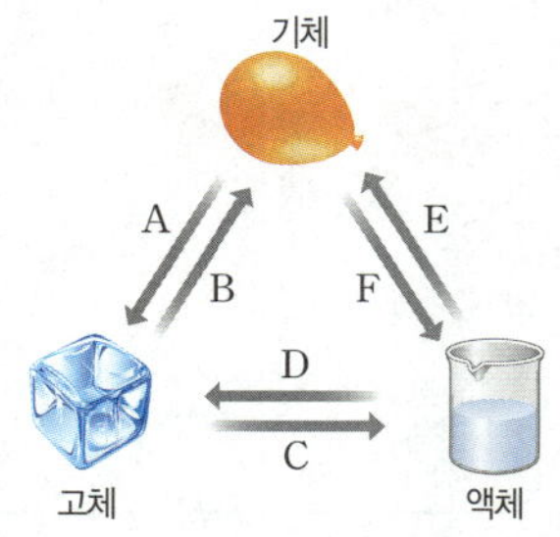

04 A~F에 해당하는 물질의 상태 변화를 쓰시오.

05 A~F 중에서 다음 설명에 해당하는 물질의 상태 변화를 모두 고르시오.

(1) 입자의 배열이 불규칙적으로 변한다. ( )

(2) 입자 사이의 거리가 멀어진다. ( )

(3) 입자의 운동이 둔해진다. ( )

(4) 입자 사이의 인력이 강해진다. ( )

06 A~F 중에서 다음 현상에 해당하는 상태 변화를 고르시오.

(1) 용광로에서 철이 녹는다. ( )

(2) 옷장에 넣어 둔 나프탈렌의 크기가 작아진다. ( )

(3) 목욕탕의 거울에 김이 서린다. ( )

(4) 냉동실에 성에가 생긴다. ( )

(5) 겨울철 처마 끝에 고드름이 맺힌다. ( )

(6) 젖은 빨래가 마른다. ( )

3 물질의 상태 변화에 따른 여러 가지 변화

[07~08] 그림은 물질의 상태 변화를 입자 모형으로 나타낸 것이다.

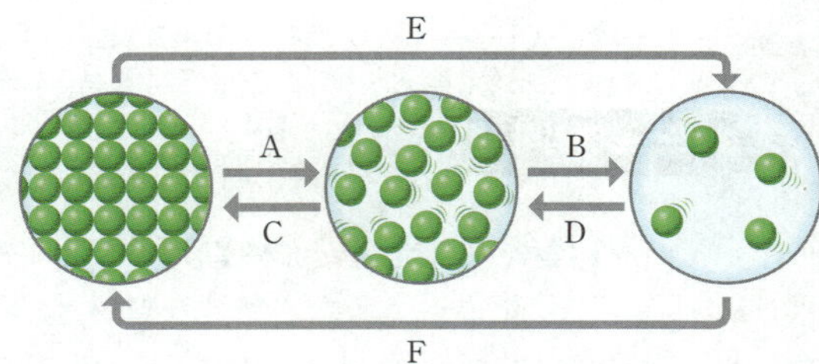

07 A~F 중에서 일반적으로 부피가 가장 크게 감소하는 과정의 기호를 쓰시오.

08 A~F 중에서 다음의 현상과 관련 있는 과정의 기호를 쓰시오.

> 고깃국을 식혔더니 기름 덩어리가 생겼다.

09 물질의 상태 변화가 일어날 때 변하지 <u>않는</u> 것을 |보기|에서 모두 고르시오. ( )

┌─────── 보기 ───────┐
ㄱ. 입자의 종류　　　ㄴ. 입자의 운동
ㄷ. 입자의 배열　　　ㄹ. 입자의 개수
ㅁ. 물질의 부피　　　ㅂ. 물질의 질량
└────────────────────┘

10 물은 (㉠　　　)<(㉡　　　)<(㉢　　　) 순으로 부피가 증가한다.

개념 집중 문제

물질의 세 가지 상태

구분	고체(solid)	액체(liquid)	기체(gas)
입자 모형			
모양	일정하다	일정하지 않다	일정하지 않다
부피	일정하다	일정하다	일정하지 않다
입자 배열	규칙적	고체보다 불규칙	매우 불규칙

물질의 상태 변화에 따른 여러 가지 변화

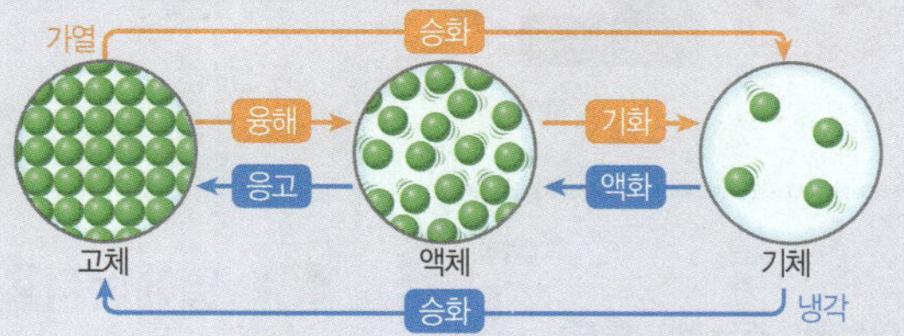

(1) 입자 배열 변화 : 상태 변화가 일어날 때 물질을 이루는 입자의 배열이 바뀐다.
(2) 질량과 성질 변화 : 물질의 질량과 성질은 변하지 않는다.
(3) 부피 변화 : 물질을 이루는 입자의 배열이 달라지므로 물질의 부피가 변한다.

물질의 세 가지 상태

1 그림은 어떤 고체 물질이 융해할 때와 어떤 액체 물질이 응고할 때 입자 배열의 변화를 나타낸 것이다. 원 안에 액체 물질의 입자 배열을 그리시오.

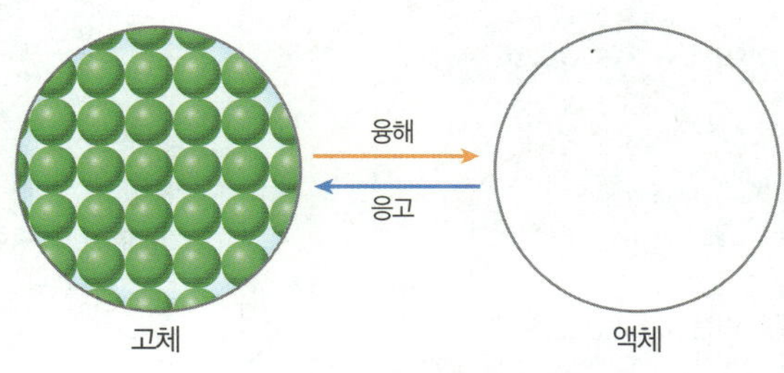

물질의 상태 변화에 따른 여러 가지 변화

2 그림은 물질의 상태 변화를 입자 모형으로 나타낸 것이고, (가)~(다)는 상태 변화의 예를 나타낸 것이다.

> (가) 마그마가 굳어서 암석이 된다.
> (나) 손에 뿌린 손 소독제가 사라진다.
> (다) 겨울에 버스를 타면 안경이 뿌옇게 변한다.

(가)~(다)와 관련된 상태 변화 과정을 ㉠~㉢에서 각각 고르시오.

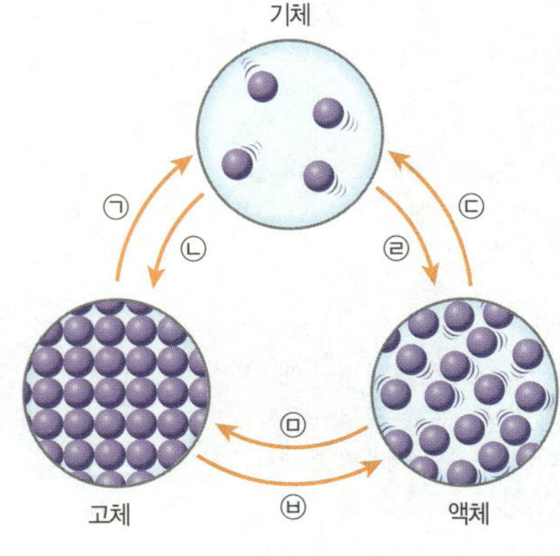

3 그림과 같이 고체 양초를 녹인 액체 양초의 질량을 측정하고 부피를 관찰한 후, 이 액체 양초를 냉각시켜 고체 양초로 만들어 다시 질량을 측정하고 부피를 관찰하였다. 양초가 액체 상태에서 고체 상태로 변할 때, 변하는 것을 〈보기〉에서 모두 고르시오.

보기
ㄱ. 물질의 부피 ㄴ. 물질의 질량 ㄷ. 물질의 성질
ㄹ. 입자의 개수 ㅁ. 입자의 배열 ㅂ. 입자의 종류

02 상태 변화와 열에너지

📖 Note

녹는점(어는점), 끓는점의 특징
- 녹는점(어는점), 끓는점은 물질의 종류에 따라 다르다.
- 물질의 양이 달라져도 녹는점(어는점), 끓는점은 변하지 않는다. 즉 물질의 양이 많으면 녹거나 끓는 데 걸리는 시간이 길어질 뿐 녹는점과 끓는점은 변하지 않고 일정하다.

고체 물질의 가열·냉각 곡선

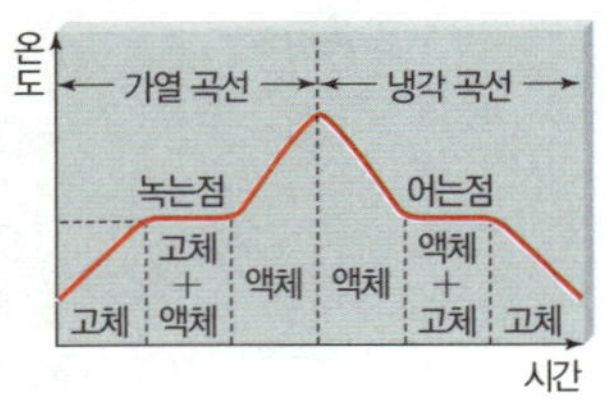

한 물질의 어는점과 녹는점은 같다.
⑩ 물의 어는점 0 ℃, 얼음의 녹는점 0 ℃

➕ 용어

열에너지
물체의 온도를 변화시키거나 물질의 상태를 변화시키는 에너지의 한 형태이다.

녹는점
고체가 액체로 상태가 변할 때 일정하게 유지되는 온도로, 융해가 일어나며, 고체와 액체의 두 가지 상태가 함께 존재한다.

끓는점
액체가 기체로 상태가 변할 때 일정하게 유지되는 온도로, 기화가 일어나며, 액체와 기체의 두 가지 상태가 함께 존재한다.

어는점
액체가 고체로 상태가 변할 때 일정하게 유지되는 온도로, 응고가 일어나며, 액체와 고체의 두 가지 상태가 함께 존재한다.

1 열에너지를 흡수하는 상태 변화

1 물질을 가열할 때의 온도 변화 : 물질을 가열하면 온도가 점점 높아지다가 일정해지는 구간이 나타나는데, 이 구간에서 물질의 상태 변화가 일어난다.

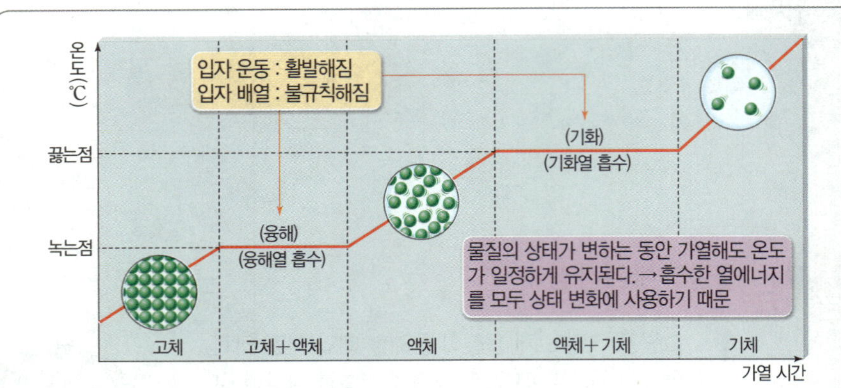

- **열에너지를 흡수할 때 입자 운동의 변화** : 융해, 기화, 승화(고체 → 기체)가 일어날 때 물질은 열에너지를 흡수하여 입자 운동이 활발해지므로, 입자 사이의 인력이 약해진다. 이때 입자 배열이 불규칙해지면서 입자 사이의 거리가 멀어져 상태 변화가 일어난다.
- **녹는점과 끓는점에서 온도가 일정하게 유지되는 까닭** : 흡수한 열에너지가 물질의 온도를 높이는 데 쓰이지 않고 입자 배열을 변화시켜 모두 상태 변화에 사용되기 때문이다.

2 열에너지의 종류 : 융해열, 기화열, 승화열(고체 → 기체)

2 열에너지를 방출하는 상태 변화

1 물질을 냉각할 때의 온도 변화 : 물질을 냉각하면 온도가 낮아지다가 일정해지는 구간이 나타나는데, 이 구간에서 물질의 상태 변화가 일어난다.

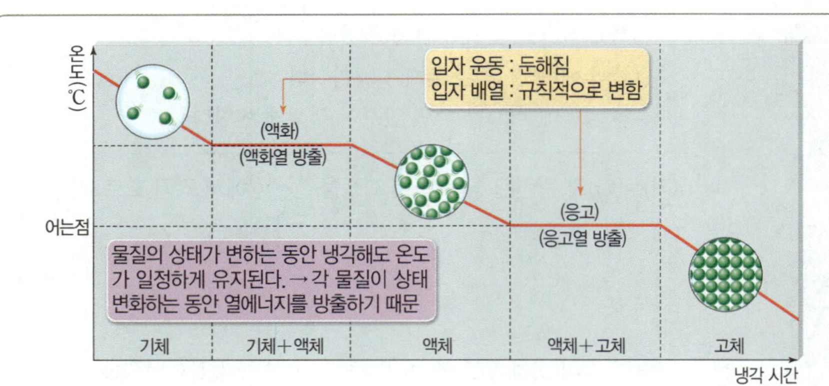

- **에너지를 방출할 때 입자 운동의 변화** : 액화, 응고, 승화(기체 → 고체)가 일어날 때 물질은 열에너지를 방출하여 입자 운동이 둔해지므로, 입자 사이의 인력이 강해진다. 이때 입자가 규칙적으로 배열되면서 입자 사이의 거리가 가까워져 상태 변화가 일어난다.
- **어는점에서 온도가 일정하게 유지되는 까닭** : 물질의 상태가 변하는 동안 열에너지를 방출하여 온도가 낮아지는 것을 막기 때문이다.

2 열에너지의 종류 : 액화열, 응고열, 승화열(기체 → 고체)

❸ 상태 변화에 따른 열에너지의 이용

1 상태 변화와 열에너지의 출입 : 물질의 상태 변화가 일어날 때는 주변에서 열에너지를 흡수하거나 주변으로 열에너지를 방출한다.

2 열에너지를 흡수하는 상태 변화의 이용 : 융해, 기화, 승화(고체 → 기체)가 일어날 때에는 주변에서 열에너지를 흡수하므로 주변의 온도가 낮아진다.

융해	• 음료수에 얼음을 넣으면 음료수를 시원하게 마실 수 있다. • 아이스박스에 얼음 팩과 음식물을 함께 넣으면 음식물을 시원하게 보관할 수 있다.
기화	• 여름철 마당에 물을 뿌리면 주위가 시원해진다. • 사막에서 물을 시원하게 보관하기 위해서 작은 구멍이 뚫린 양가죽 물통을 사용한다.
승화(고체 → 기체)	• 아이스크림을 포장할 때 드라이아이스를 함께 넣으면 아이스크림을 녹지 않게 보관할 수 있다.

3 열에너지를 방출하는 상태 변화의 이용 : 액화, 응고, 승화(기체 → 고체)가 일어날 때에는 주변으로 열에너지를 방출하므로 주변의 온도가 높아진다.

액화	• 소나기가 내리기 전 날씨가 후텁지근하다. • 목욕탕 안이 습기 때문에 후텁지근하다.
응고	• 액체 파라핀을 이용하여 온열 치료를 한다. • 이글루 내부에 물을 뿌리면 내부의 온도가 더 따뜻해진다. • 날씨가 갑자기 추워지면 오렌지 나무에 물을 뿌려 오렌지의 냉해를 막는다.
승화(기체 → 고체)	• 눈이 내리는 날은 날씨가 포근해진다.

🧪 **생활 속 과학** 　상태 변화 과정에서 출입하는 열에너지를 이용하는 장치

에어컨	증기 난방기
• 실내기 : 액체 냉매가 기화열을 흡수하면서 기체 냉매로 기화 ⇨ 차가운 바람을 발생시켜 실내 공기를 시원하게 한다. • 실외기 : 기체 냉매가 액화열을 방출하면서 액체 냉매로 액화 ⇨ 뜨거운 바람이 발생한다.	• 보일러 : 물이 기화열을 흡수하면서 수증기로 기화 ⇨ 보일러 주변은 차가워진다. • 방열기 : 보일러에서 생성된 수증기가 액화열을 방출하면서 물로 액화 ⇨ 건물 내부를 따뜻하게 한다.

⭐ **이것이 핵심!!**

1. 고체가 액체로 상태가 변할 때 일정하게 유지되는 온도를 녹는점이라고 하고, 액체가 기체로 상태가 변할 때 일정하게 유지되는 온도를 끓는점이라고 한다.
2. 물질의 상태 변화가 일어날 때에는 주변에서 열에너지를 흡수하거나 주변으로 열에너지를 방출한다.

📄 Note

기화열 흡수를 이용한 팟인팟 쿨러

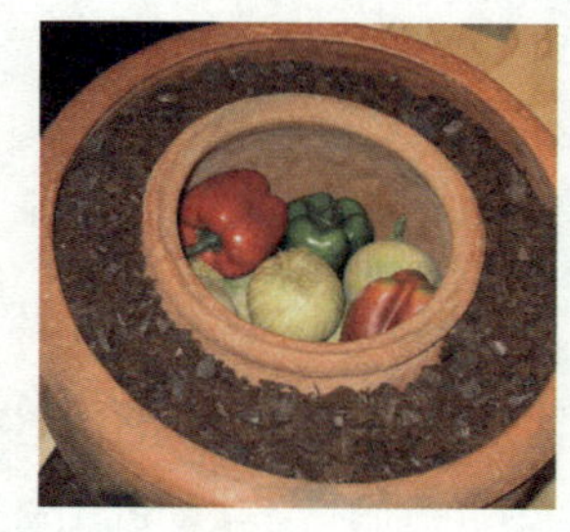

큰 항아리 안에 보관할 음식이 들어 있는 작은 항아리를 넣고 큰 항아리와 작은 항아리 사이에 모래 등을 채워 넣은 후, 모래에 물을 뿌려주면 젖은 모래의 물이 기화하면서 작은 항아리 속의 열을 흡수하여 온도를 낮춘다.

응고열 방출을 이용한 파라핀 온찜질

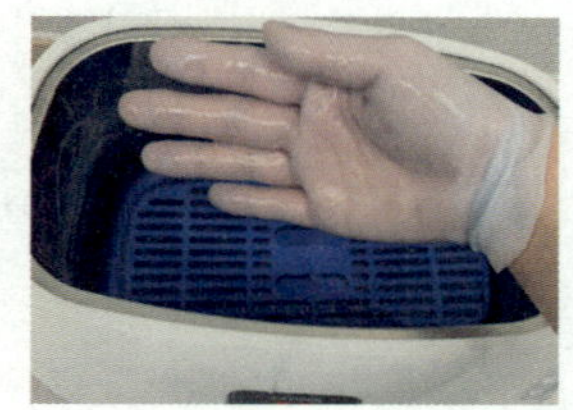

45~50 ℃의 액체 파라핀에 손을 넣었다가 빼내면 파라핀이 고체로 점점 굳으면서 응고열을 방출하여 따뜻한 온기를 유지한다.

냉장고의 구조

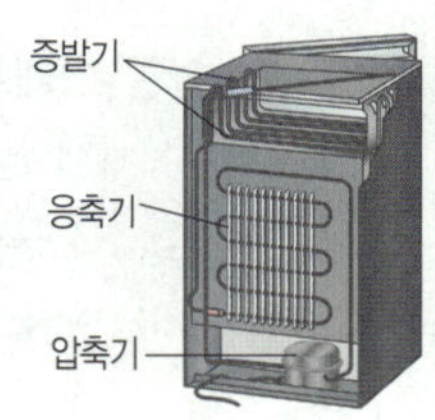

• 증발기 : 액체 냉매가 기화열을 흡수하면서 기체 냉매로 기화 ⇨ 냉장고 안이 차가워진다.
• 응축기 : 기체 냉매가 액화열을 방출하면서 액체 냉매로 액화 ⇨ 냉장고 뒤쪽이 따뜻해진다.
• 압축기 : 기체 냉매를 액체 냉매가 되기 쉽게 압축한다.

탐구 A

에탄올을 가열할 때의 온도 변화

🟡 실험 설계하기

❶ 그림과 같이 가지 달린 시험관에 시험관의 $\frac{1}{3}$ 정도의 에탄올과 2~3개의 끓임쪽을 넣고 온도계를 설치한다.

❷ 빈 시험관을 찬물이 담긴 비커에 담가 놓는다.

❸ 빈 시험관과 가지 달린 시험관을 고무관과 유리관으로 연결한다.

❹ 가지 달린 시험관의 입구를 온도계를 꽂은 고무마개로 막고 물중탕으로 가열하면서 에탄올의 온도를 1분마다 측정하여 그래프로 나타낸다.

🟡 결과 분석하기

시간(분)	0	1	2	3	4	5
온도(℃)	40.0	46.0	53.0	65.0	68.0	75.0
시간(분)	6	7	8	9	10	11
온도(℃)	78.1	78.1	78.1	78.1	78.1	78.1

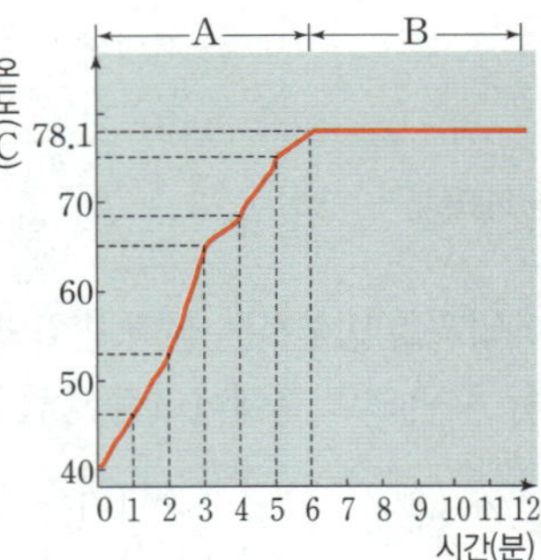

• 에탄올의 온도가 점점 높아지다가 78.1 ℃에서 온도가 높아지지 않고 일정하게 유지된다.
• 찬물에 담가 놓은 빈 시험관에 액체가 모인다.

🟡 스스로 정리하기

1 에탄올이 끓기 시작하는 온도는 몇 ℃인가?

에탄올을 물중탕으로 가열하면 온도가 점점 높아지다가 (   ) ℃가 되면 일정하게 유지되는데, 이 온도가 에탄올이 끓기 시작하는 온도이다.

2 에탄올을 가열하는 동안 가해 준 열에너지는 어떻게 되는지 A 구간과 B 구간으로 구분하여 설명해 보자.

A 구간은 에탄올의 온도가 78.1 ℃ 이전일 때로, 가해 준 열에너지가 에탄올의 (㉠   ) 데 사용되고, B 구간은 에탄올의 온도가 78.1 ℃일 때로, 가해 준 열에너지가 에탄올의 (㉡   ) 데 사용된다.

3 그래프의 B 구간에서 출입하는 열에너지의 종류를 쓰고, B 구간에서 온도가 더 이상 높아지지 않고 일정하게 유지되는 까닭을 설명해 보자.

B 구간에서 에탄올은 (㉠   )에서 (㉡   )로 (㉢   )한다. 따라서 (㉣   )이 흡수된다. B 구간에서 가해 준 열에너지는 에탄올에 흡수되어 에탄올의 상태를 (㉤   )에서 (㉥   )로 변화시키는 데 사용되므로 온도가 높아지지 않고 일정하게 유지된다.

🔍 **탐구 핵심** 에탄올을 가열하면 온도가 높아지다가 78.1 ℃에 이르면, 흡수한 열에너지가 상태 변화(기화)하는 데 모두 사용되기 때문에 온도가 높아지지 않고 일정하게 유지된다.

탐구 B

물을 냉각할 때의 온도 변화

실험 설계하기

1. 스타이로폼 컵에 잘게 부순 얼음과 소금을 3:1의 비율로 넣고 고루 섞는다.

2. 물을 $\frac{1}{3}$ 정도 넣은 시험관을 1의 스타이로폼 컵에 넣고 그림과 같이 장치한다.

3. 1분 간격으로 온도를 측정하면서 변화를 관찰한다. 물이 완전히 얼고 난 후 5분 정도 온도를 더 측정한다.

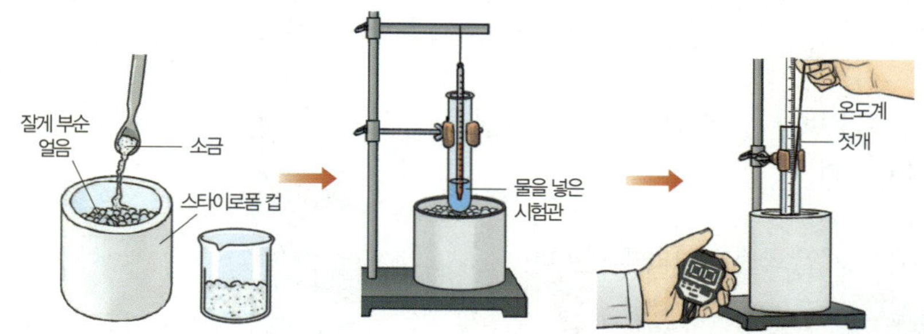

결과 분석하기

시간(분)	0	1	2	3	4	5	6	7
온도(℃)	23	5	0.5	0	0	0	0	0
시간(분)	8	9	10	11	12	13	14	15
온도(℃)	0	0	−0.5	−1.5	−3.1	−6.1	−10.5	−13.5

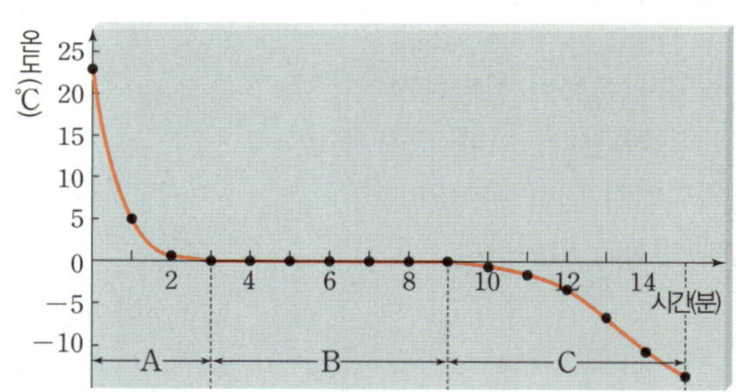

스스로 정리하기

1 물이 어는 온도는 몇 ℃인가?

물을 냉각하면 온도가 점점 낮아지다가 (　　　　　) ℃가 되면 온도가 일정하게 유지되는데, 이 온도가 물이 얼기 시작하는 온도이다.

2 그래프의 B 구간에서 출입하는 열에너지의 종류를 쓰고, B 구간에서 온도가 더 이상 낮아지지 않고 일정하게 유지되는 까닭을 설명해 보자.

B 구간에서 물은 (㉠　　　　　)에서 (㉡　　　　　)로 상태가 변하며, (㉢　　　　　)이 방출된다. 따라서 B 구간에서는 물이 얼음으로 (㉣　　　　　)할 때 방출되는 에너지가 온도가 낮아지는 것을 막아주기 때문에 온도가 일정하게 유지된다.

🔍 탐구 핵심 물을 냉각하면 온도가 낮아지다가 0 ℃에 이르면, 물이 얼음으로 상태 변화할 때 방출되는 열에너지 때문에 온도가 낮아지지 않고 일정하게 유지된다.

개념 확인 문제

※ 다음 글의 빈칸에 알맞은 말을 쓰거나 고르시오.

1 열에너지를 흡수하는 상태 변화

01 융해, 기화, 승화(고체 → 기체)가 일어날 때 물질은 주변의 열에너지를 (　　　)한다.

02 고체가 액체로 상태가 변할 때 일정하게 유지되는 온도를 (　　　)이라고 한다.

03 액체가 기체로 상태가 변할 때 일정하게 유지되는 온도를 (　　　)이라고 한다.

[04~05] 그림은 얼음의 가열 곡선을 나타낸 것이다.

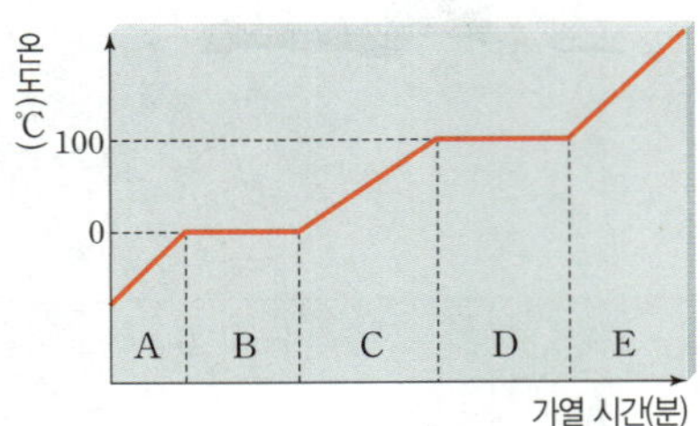

04 A~E 중에서 상태 변화가 일어나는 구간을 쓰시오.

05 A~E 중에서 액체 상태로 존재하는 구간을 쓰시오.

06 물질이 열에너지를 흡수하면 입자 운동이 활발해져 입자 사이의 인력이 (㉠ 강해, 약해)진다. 이때 입자가 (㉡ 규칙, 불규칙)적으로 배열되면서 입자 사이의 거리가 (㉢ 멀어져, 가까워져) 상태 변화가 일어난다.

2 열에너지를 방출하는 상태 변화

07 액화, 응고, 승화(기체 → 고체)가 일어날 때 물질은 주변에 열에너지를 (　　　)한다.

08 액체가 고체로 상태가 변할 때 일정하게 유지되는 온도를 (　　　)이라고 한다.

[09~11] 그림은 수증기의 냉각 곡선을 나타낸 것이다.

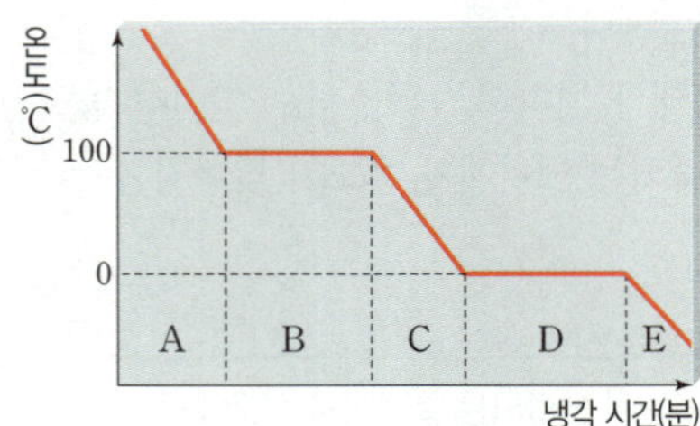

09 A~E 중에서 액체 상태로 존재하는 구간은 (　　　)이다.

10 A~E 중에서 기체와 액체 상태가 함께 존재하는 구간은 (　　　)이다.

11 D 구간에서는 (㉠　　　)에서 (㉡　　　)로 상태 변화가 일어난다.

12 물질이 열에너지를 방출하면 입자 운동이 둔해져 입자 사이의 인력이 (㉠ 강해, 약해)진다. 이때 입자가 (㉡ 규칙, 불규칙)적으로 배열되면서 입자 사이의 거리가 (㉢ 멀어져, 가까워져) 상태 변화가 일어난다.

3 상태 변화에 따른 열에너지의 이용

13 그림은 물질의 상태 변화를 모형으로 나타낸 것이다.

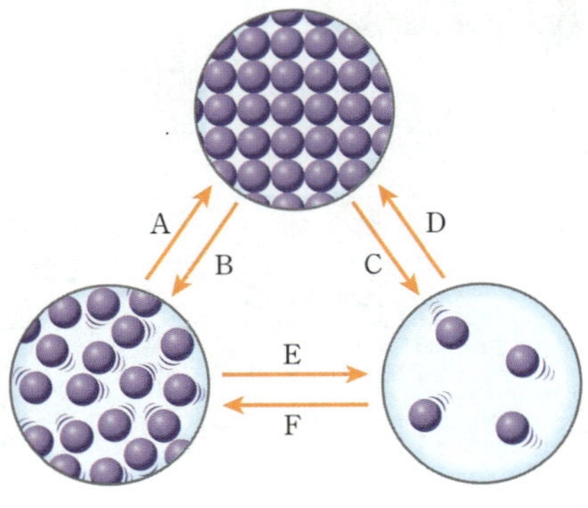

A~F 중에서 다음 현상과 관련 있는 상태 변화의 기호를 각각 고르시오.

(1) 아이스박스에 얼음 팩과 음식물을 함께 넣으면 음식물을 시원하게 보관할 수 있다. (　　　)

(2) 사막에서 물을 시원하게 보관하기 위해서 작은 구멍이 뚫린 양가죽 물통을 사용한다. (　　　)

(3) 눈이 내리는 날은 날씨가 포근해진다. (　　　)

(4) 액체 파라핀을 이용하여 온열 치료를 한다. (　　　)

(5) 소나기가 내리기 전 날씨가 후텁지근하다. (　　　)

14 승화열을 흡수하는 상태 변화가 일어나는 경우로 옳은 것은 ○, 옳지 않은 것은 ×로 표시하시오.

(1) 공연장에서 드라이아이스를 뿌린 무대 근처에 있으면 시원하다. (○, ×)

(2) 알코올을 묻힌 솜으로 손등을 문지르면 시원하다. (○, ×)

(3) 더운 여름날 얼음 조각상 옆에 있으면 시원하다. (○, ×)

물질을 가열할 때와 냉각할 때의 온도 변화

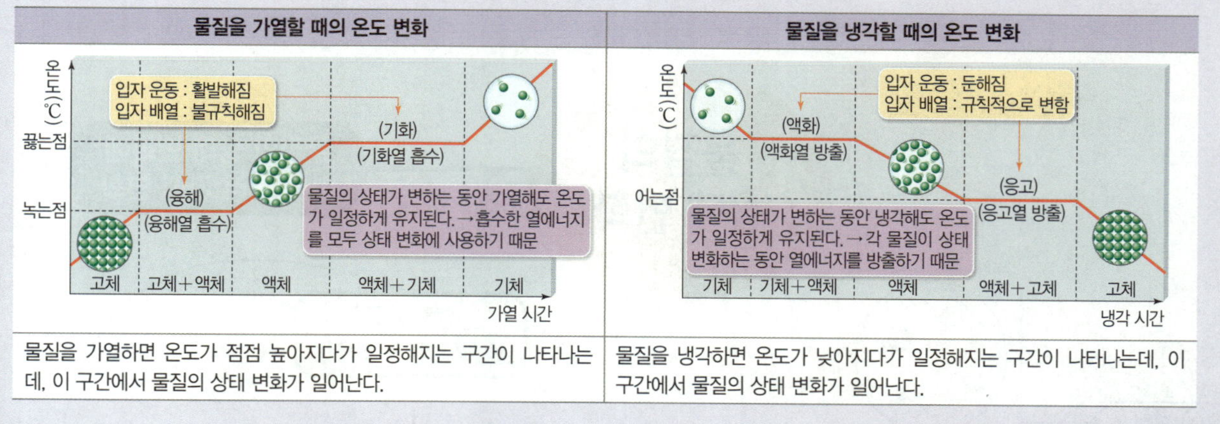

물질을 가열하면 온도가 점점 높아지다가 일정해지는 구간이 나타나는데, 이 구간에서 물질의 상태 변화가 일어난다.

물질을 냉각하면 온도가 낮아지다가 일정해지는 구간이 나타나는데, 이 구간에서 물질의 상태 변화가 일어난다.

물질을 가열할 때의 온도 변화

1 표는 여러 가지 물질의 녹는점과 끓는점을 나타낸 것이다. 물질 (가)~(라) 중 25 ℃에서 액체 상태로 존재하는 것을 모두 고르시오.

물질	(가)	(나)	(다)	(라)
녹는점(℃)	−117	−77	0	80
끓는점(℃)	78	−33	100	218

물질을 냉각할 때의 온도 변화

[2~3] 그림은 어떤 기체 물질을 냉각하면서 측정한 온도 변화를 나타낸 것이다.

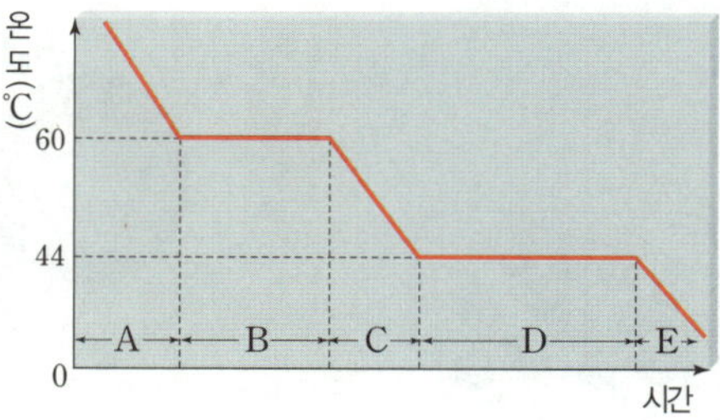

2 이 물질의 어는점은 몇 ℃인지 쓰시오.

3 A~E 중에서 물질의 입자 사이의 인력이 가장 작은 구간은 어디인지 쓰시오.

상태 변화에 따른 열에너지의 이용

4 그림 (가)는 증기 난방기의 구조를 나타낸 것이고, (나)는 물질의 상태 변화를 나타낸 것이다.

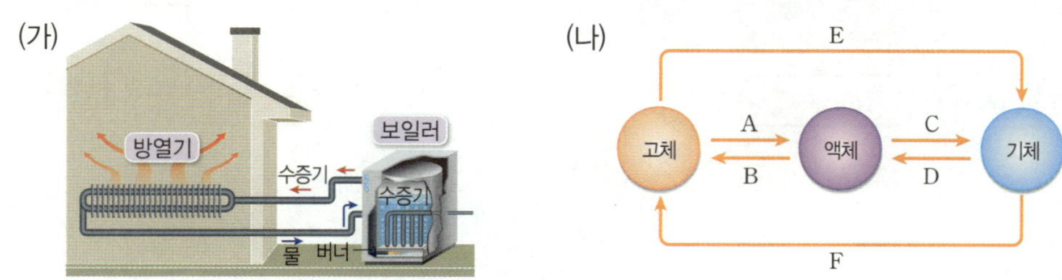

A~F 중에서 보일러와 방열기에서 일어나는 상태 변화를 고르고, 출입하는 열에너지의 종류를 각각 쓰시오.

물질의
상태 변화

물질의 상태 변화에
따른 여러 가지 변화

융해, 기화,
승화(고체 → 기체)

- 입자 운동이 활발해진다.
- 입자 배열이 불규칙해진다.
- 입자 사이의 간격이 **12** (   ).
- 입자 사이의 인력이 **13** (   ).

응고, 액화,
승화(기체 → 고체)

- 입자 운동이 둔해진다.
- 입자 배열이 규칙적으로 변한다.
- 입자 사이의 거리가 **14** (   ).
- 입자 사이의 인력이 **15** (   ).

입자 모형

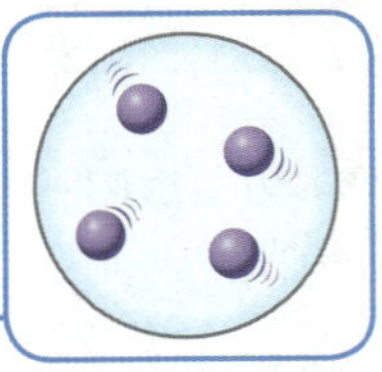

입자 사이의 거리 **7** (   ).

입자 사이의 인력 거의 없다.

입자 운동 매우 자유롭다.

압축할 때 **8** (   ).

물질의
세 가지
상태

1 (   )

4 (   )   **6** (   )

액화   승화

2 (   )   **3** (   )

응고

5 (   )

입자 모형

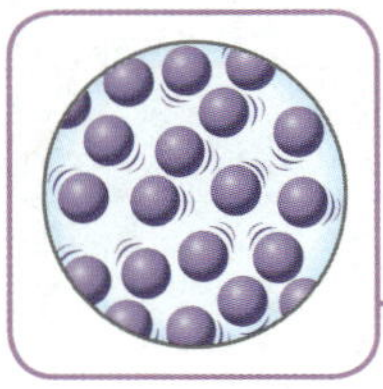

입자 사이의 거리 비교적 멀다.

입자 사이의 인력 고체보다 약하다.

입자 운동 고체보다 자유롭다.

압축할 때 거의 압축되지 않는다.

입자 모형

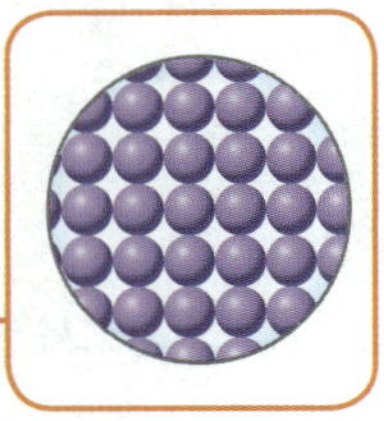

입자 사이의 거리 **9** (   ).

입자 사이의 인력 **10** (   ).

입자 운동 제자리에서 진동한다.

압축할 때 **11** (   ).

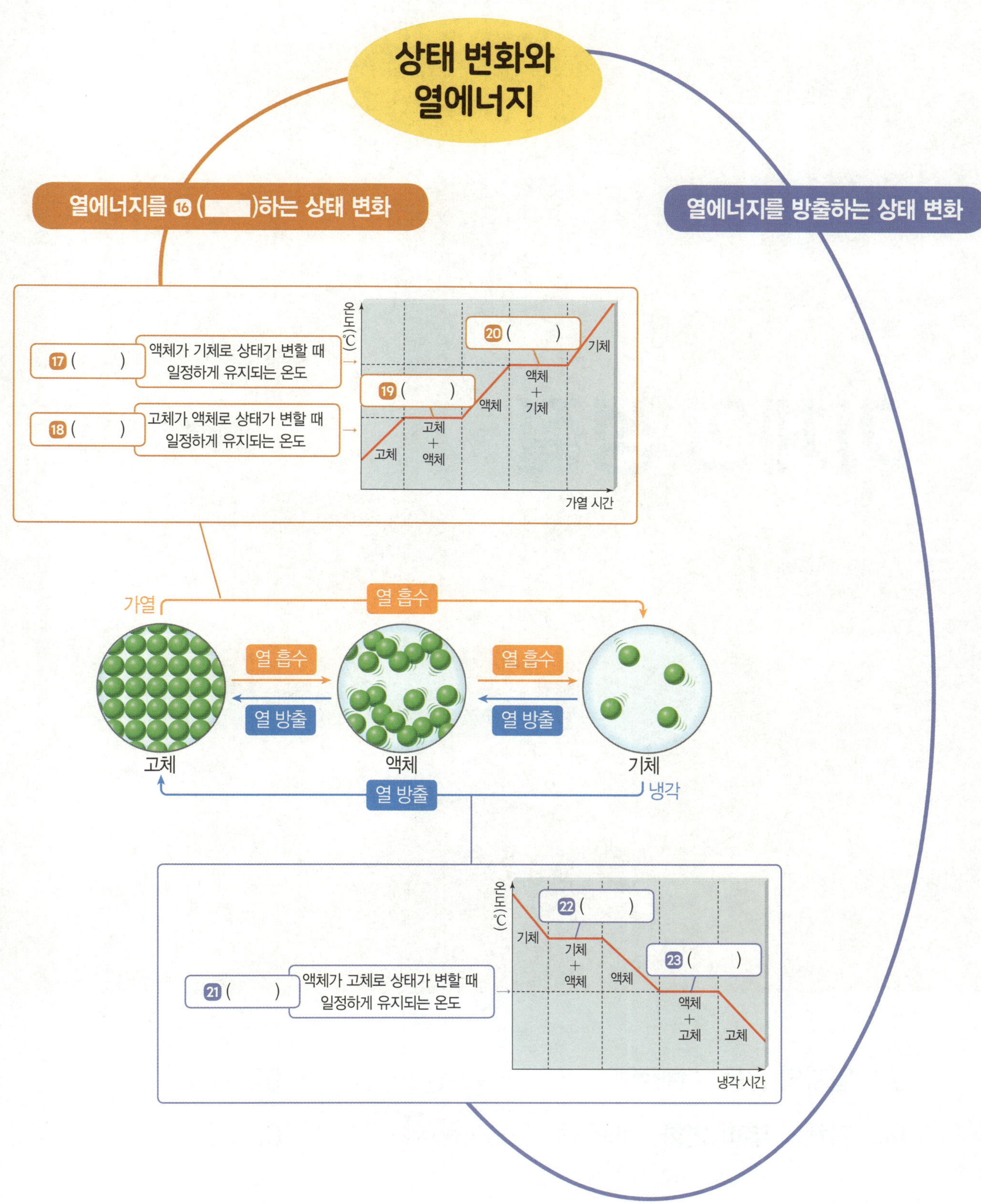
상태 변화와
열에너지

열에너지를 ⑯ (　　　)하는 상태 변화

열에너지를 방출하는 상태 변화

⑰ (　　　)　액체가 기체로 상태가 변할 때
일정하게 유지되는 온도

⑱ (　　　)　고체가 액체로 상태가 변할 때
일정하게 유지되는 온도

온도(℃)

⑳ (　　　)

기체

⑲ (　　　)

액체
+
기체

액체

고체
+
액체

고체

가열 시간

가열

열 흡수

열 흡수

열 방출

열 흡수

열 방출

고체

액체

기체

열 방출

냉각

온도(℃)

㉒ (　　　)

기체

기체
+
액체

액체

㉓ (　　　)

㉑ (　　　)　액체가 고체로 상태가 변할 때
일정하게 유지되는 온도

액체
+
고체

고체

냉각 시간

II

기체의 성질

기체가 입자로 구성되어 있다는 사실을 알고 기체의 확산과 증발 현상을
입자적인 관점으로 이해함으로써 물질 현상에 대해 관심을 갖도록 한다.
기체의 압력 및 온도에 따른 부피 변화를 입자의 운동 상태 변화로 설명
하고, 이를 실생활의 다양한 현상과 관련지어 이해하도록 한다.

✬ 음식 냄새가 집 안 전체에 퍼지는 까닭은 무엇일까?

✬ 시간이 지나면서 젖은 빨래나 머리카락이 마르는 까닭은 무엇일까?

✬ 배기가스가 채워진 공기 주머니가 어떻게 무거운 자동차를 들어 올릴 수 있을까?

✬ 하늘로 올라간 풍선의 크기는 어떻게 변할까?

입자의 운동

1 입자의 운동

1 입자

(1) 입자 : 우리 주변의 모든 물질은 매우 작은 입자로 이루어져 있다.

(2) 입자 모형 : 눈에 보이지 않는 입자를 간단한 모형으로 나타낸 것이다.

(3) 기체를 이루는 입자

① 기체를 이루는 입자들은 서로 떨어진 채 용기 속에 골고루 퍼져 있다.

② 기체 입자 사이에는 빈 공간이 있다.

③ 기체 입자는 자유롭게 모든 방향으로 움직인다.

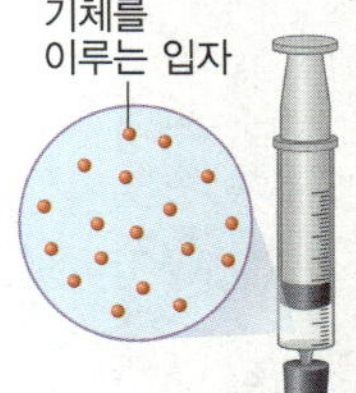

▲ 기체 입자 모형

2 입자 운동 : 물질을 이루는 입자는 스스로 끊임없이 운동한다. ⇨ 입자들은 모든 방향으로 불규칙하고 무질서하게 움직인다.

3 입자 운동에 영향을 주는 요인

(1) 온도 : 온도가 높을수록 입자 운동이 활발해진다.

(2) 입자의 질량 : 온도와 물질의 상태가 같을 때 입자의 질량이 작을수록 입자 운동이 활발해진다.

(3) 물질의 상태 : 입자의 배열이 좀 더 자유로운 상태일수록(기체 > 액체 > 고체 순) 입자 운동이 활발해진다.

제자리에서 진동 운동
▲ 고체

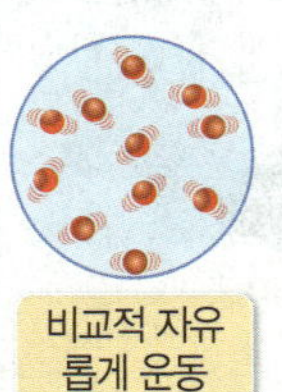
비교적 자유롭게 운동
▲ 액체

매우 자유롭고 빠르게 운동
▲ 기체

2 확산

1 확산 : 물질을 이루는 입자가 스스로 운동하여 모든 방향으로 퍼져 나가는 현상이다.

▲ 향수 입자의 확산 모형

2 생활 속 확산 현상의 예

액체에서의 확산	• 차 티백을 물에 넣으면 물 전체에 차가 우러난다. • 물에 잉크를 떨어뜨리면 물 전체가 잉크색이 된다. • 냉면에 식초를 넣으면 국물 전체에서 신맛을 느낄 수 있다. • 설탕 덩어리를 물에 넣고 저어주지 않아도 물 전체에서 단맛이 난다.
기체에서의 확산	• 모기향을 피워 모기를 쫓는다. • 마약 탐지견이 냄새로 마약을 찾는다. • 굴뚝에서 나온 연기가 사방으로 퍼진다. • 주방에서 만드는 음식 냄새가 집 안 전체에 퍼진다.

3 확산에 영향을 주는 요인

(1) **온도** : 온도가 높을수록 확산이 빠르게 일어난다. **예** 겨울철보다 여름철에 화장실 냄새가 더 심하게 난다.

(2) **입자의 질량** : 온도와 물질의 상태가 같을 때 입자의 질량이 작을수록 확산이 빠르게 일어난다. **예** 염화 수소 입자보다 암모니아 입자가 가벼워서 더 빠르게 확산된다.

(3) **물질의 상태** : 기체＞액체＞고체 순으로 확산이 빠르게 일어난다. **예** 물보다 수증기가 더 빠르게 확산된다.

(4) **일어나는 곳** : 진공 속＞기체 속＞액체 속 순으로 확산이 빠르게 일어난다. **예** 향수 냄새는 공기 중보다 진공 속에서 더 빠르게 확산된다.

미니 탐구 · 암모니아와 염화 수소의 확산

과정 및 결과

2개의 솜에 각각 진한 암모니아수와 진한 염산을 묻힌 후 투명 아크릴 관의 양쪽 끝에 동시에 넣고 고무마개로 막으면 흰 연기의 띠(염화 암모늄)가 진한 염산을 묻힌 솜과 가까운 곳에서 발생한다.

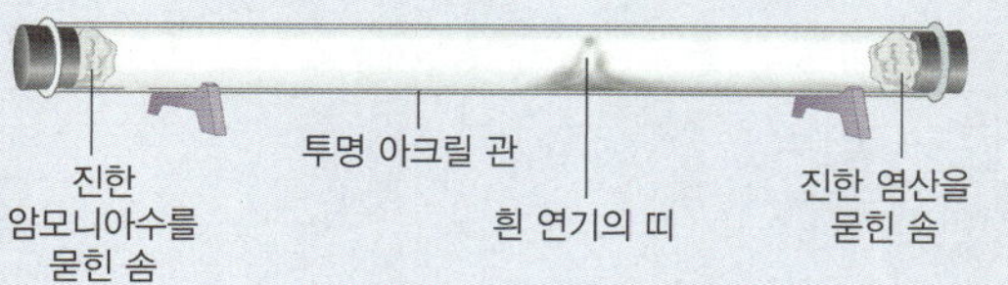

정리

• 암모니아수와 염산이 기화하면 기체 상태인 암모니아 입자와 염화 수소 입자의 확산이 일어난다.
• 암모니아 입자가 염화 수소 입자보다 질량이 작아서 암모니아 입자가 염화 수소 입자보다 더 빠르게 확산된다.

---

③ 증발

1 증발 : 액체를 이루고 있는 입자가 스스로 운동하여 액체 표면에서 기체로 변하는 현상이다.

▲ 어항 속 물의 증발 모형

2 생활 속 증발 현상의 예

(1) 꺼내놓은 빵이 딱딱해진다.
(2) 젖은 빨래나 머리카락이 마른다.
(3) 염전에서 바닷물을 증발시켜 소금을 얻는다.
(4) 새벽에 풀잎에 맺힌 이슬이 낮이 되면 사라진다.

▲ 딱딱해진 빵　　▲ 염전

3 증발에 영향을 주는 요인

(1) **온도** : 온도가 높을수록 증발이 잘 일어난다. **예** 겨울철보다 여름철에 빨래가 잘 마른다.

(2) **습도** : 습도가 낮을수록 증발이 잘 일어난다. **예** 습한 날보다 건조한 날에 빨래가 잘 마른다.

(3) **바람** : 바람이 강할수록 증발이 잘 일어난다. **예** 바람이 세게 불수록 빨래가 잘 마른다.

(4) **표면적** : 표면적이 넓을수록 증발이 잘 일어난다. **예** 젖은 빨래를 뭉쳐 놓을 때보다 펼쳐 놓을 때 잘 마른다.

★ 이것이 핵심!!

1. 온도가 높을수록, 입자의 질량이 작을수록, 입자의 운동이 자유로울수록, 진공 속 ＞ 기체 속 ＞ 액체 속 순으로 확산이 빠르게 일어난다.
2. 온도가 높을수록, 습도가 낮을수록, 바람이 강할수록, 표면적이 넓을수록 증발이 잘 일어난다.

📖 Note

진공 속에서의 확산

진공 속에는 입자의 운동을 방해하는 다른 입자가 없으므로 기체 속보다 확산이 잘 일어난다.

증발과 끓음

증발	끓음
액체가 기체로 변하는 현상	
액체 표면에서 일어난다.	액체 표면과 내부에서 일어난다.
모든 온도에서 일어난다.	끓는점 이상의 온도에서 일어난다.
입자가 스스로 운동하기 때문에 발생한다.	외부에서 열을 흡수하기 때문에 발생한다.

입자 사이의 인력과 증발

증발이 일어나려면 액체 표면에서 입자 중 일부가 다른 입자와의 인력을 이기고 기체가 되어 날아가야 하기 때문에 입자 사이의 인력이 약할수록 증발이 잘 일어난다. **예** 입자 사이의 인력은 에탄올이 물보다 작기 때문에 같은 양의 에탄올이 물보다 빨리 증발한다.

➕ 용어

기화

액체 상태의 물질이 기체 상태의 물질로 변하는 현상이다.

염전

소금을 만들기 위해 바닷물을 끌어들여 논처럼 만든 곳이다.

탐구 A 암모니아 기체의 확산

실험 설계하기

❶ 작게 뭉친 솜을 페트리 접시 위에 십자 모양으로 배열한다.

❷ 각각의 솜이 충분히 젖도록 솜 위에 페놀프탈레인 용액을 떨어뜨린다.

❸ 페트리 접시 가운데에 암모니아수를 몇 방울 떨어뜨리고, 페트리 접시의 뚜껑을 덮은 후 변화를 관찰한다.

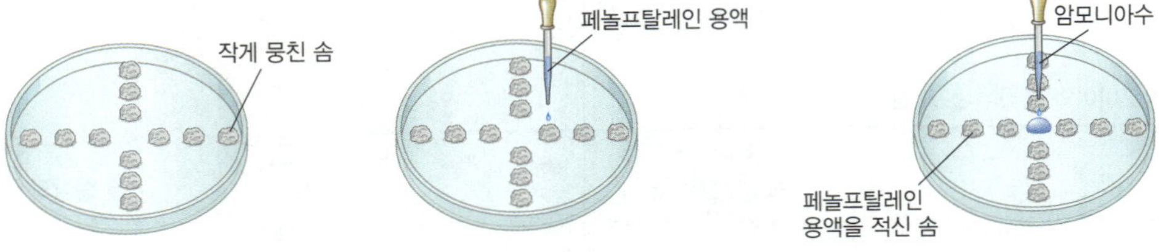

결과 분석하기

• 암모니아수를 떨어뜨린 페트리 접시 가운데에서 가까운 솜부터 차례대로 붉은색으로 변한다.

입자 운동은 한 방향으로만 일어나는 것이 아니라 동시에 모든 방향으로 일어나는 것도 확인할 수 있어~

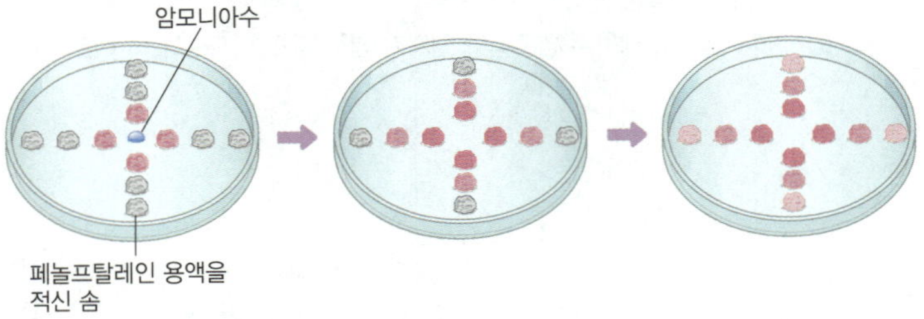

스스로 정리하기

1 페놀프탈레인 용액을 적신 솜이 붉은색으로 변하는 까닭을 설명해 보자.
암모니아수에서 증발한 암모니아 입자가 스스로 운동하여 (㉠   ) 방향으로 (㉡   )하면서 페놀프탈레인 용액과 반응하기 때문이다.

2 암모니아의 확산 방향에 대해 설명해 보자.
암모니아수를 둘러싼 모든 방향에 놓인 페놀프탈레인 용액을 적신 솜의 색깔이 암모니아수에서 (㉠   ) 쪽부터 (㉡   ) 쪽으로 차례로 변하므로 암모니아 입자는 (㉢   ) 방향으로 확산한다.

3 암모니아의 확산을 더 빠르게 할 수 있는 페트리 접시 내부의 조건을 설명해 보자.
페트리 접시 내부의 (㉠   )를 높이거나 페트리 접시 안을 (㉡   )으로 만들면 암모니아의 확산이 더 빠르게 일어날 수 있다.

🔍 **탐구 핵심** 암모니아수에서 증발한 암모니아 입자가 스스로 운동하여 모든 방향으로 확산하면서 페놀프탈레인 용액과 반응하여 솜이 붉게 변한다.

탐구 B 아세톤의 증발

실험 설계하기

① 거름종이가 놓인 페트리 접시를 전자저울 위에 올려놓고 영점 조정을 한다.

② 스포이트를 사용하여 거름종이에 아세톤을 5~6방울 정도 떨어뜨린다.

③ 시간에 따른 아세톤의 변화와 전자저울의 숫자 변화를 관찰하고, 거름종이 주위에서 냄새를 맡아본다.

④ 시간에 따른 아세톤 입자의 운동 모형을 그려본다.

결과 분석하기

- 시간이 지나면서 거름종이 위에 있던 아세톤의 흔적이 점점 없어지고, 거름종이에 묻은 아세톤의 질량이 점점 감소하여 전자저울의 숫자가 0이 된다.
- 거름종이 주위에서 아세톤 냄새가 난다.
- 시간에 따른 아세톤 입자의 운동 모형은 다음과 같다.

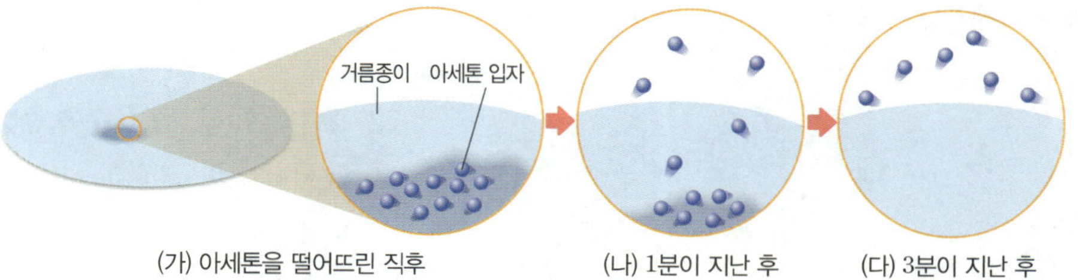

스스로 정리하기

1 시간이 지나면서 전자저울의 숫자가 0이 되는 까닭을 설명해 보자.

거름종이 위의 아세톤 입자들이 스스로 운동하여 (㉠   )하기 때문에 (㉡   )이 점점 감소하여 전자저울의 숫자가 0이 된다.

2 거름종이 주위에서 아세톤 냄새가 나는 까닭을 설명해 보자.

아세톤 입자들이 스스로 운동하여 액체에서 기체로 (㉠   )하고, 공기 중으로 (㉡   )하여 퍼져 나가기 때문이다.

3 아세톤이 빨리 증발할 수 있는 조건을 설명해 보자.

실험 장소의 (㉠   )를 높이거나 주변의 (㉡   )를 낮추고, (㉢   )을 불어주면 아세톤의 증발이 더 빠르게 일어날 수 있다.

🔍 **탐구 핵심** 거름종이 위의 아세톤 입자들이 스스로 운동하여 증발하고 확산하기 때문에 시간이 지날수록 거름종이에 묻은 아세톤의 질량은 감소한다.

※ 다음 글의 빈칸에 알맞은 말을 쓰거나 고르시오.

1 입자의 운동

01 물질은 눈에 보이지 않는 매우 작은 (   )로 이루어져 있다.

02 물질을 이루는 입자를 간단한 모형으로 나타낸 것을 (   )이라고 한다.

03 기체 입자 사이에는 (   )이 있다.

04 기체 입자는 자유롭게 (   ) 방향으로 움직인다.

05 물질을 이루는 입자들은 (규칙적, 불규칙적)으로 움직인다.

06 온도가 (   )을수록 입자 운동이 활발해진다.

07 온도와 물질의 상태가 같을 때 입자의 질량이 (   )을수록 입자 운동이 활발해진다.

08 입자 운동은 기체가 고체보다 (활발하다, 활발하지 않다).

2 확산

09 물질을 이루는 입자가 스스로 운동하여 모든 방향으로 퍼져 나가는 현상을 (   )이라고 한다.

10 생활 속 확산 현상의 예에 해당하는 경우를 |보기|에서 모두 고르시오. (   )

> ┤ 보기 ├
> ㄱ. 가뭄으로 논바닥이 갈라진다.
> ㄴ. 모기향을 피워 모기를 쫓는다.
> ㄷ. 높은 곳에서 낮은 곳으로 물이 흐른다.
> ㄹ. 굴뚝에서 나온 연기가 사방으로 퍼진다.
> ㅁ. 물에 잉크를 떨어드리면 물 전체가 잉크색이 된다.

11 온도가 (   )을수록 확산이 빠르게 일어난다.

12 온도와 물질의 상태가 같을 때 입자의 질량이 (   )을수록 확산이 빠르게 일어난다.

[13~15] 다음은 확산 속도에 대한 설명이다. 확산 속도를 등호 또는 부등호를 사용하여 비교하시오.

13 같은 물질인 경우 확산 속도는 고체 (㉠   ) 액체 (㉡   ) 기체이다.

14 물질의 확산 속도는 진공 속 (㉠   ) 기체 속 (㉡   ) 액체 속이다.

15 암모니아의 확산 속도는 50 ℃인 진공 속 (㉠   ) 50 ℃인 공기 중 (㉡   ) 20 ℃인 물속이다.

3 증발

16 액체를 이루고 있는 입자가 스스로 운동하여 액체 표면에서 기체로 변하는 현상을 (   )이라고 한다.

17 증발은 (모든, 끓는점 이상의) 온도에서 일어난다.

18 생활 속 증발 현상의 예에 해당하는 경우를 |보기|에서 모두 고르시오. (   )

> ┤ 보기 ├
> ㄱ. 난로 주변이 따뜻해진다.
> ㄴ. 감을 말려 곶감을 만든다.
> ㄷ. 종소리가 멀리 퍼져 나간다.
> ㄹ. 젖은 빨래나 머리카락이 마른다.
> ㅁ. 빵을 꺼내 놓으면 빵이 딱딱해진다.
> ㅂ. 새벽에 풀잎에 맺힌 이슬이 낮이 되면 사라진다.

19 온도가 (높, 낮)을수록 증발이 잘 일어난다.

20 습도가 (높, 낮)을수록 증발이 잘 일어난다.

21 바람이 (강, 약)할수록 증발이 잘 일어난다.

22 표면적이 (넓, 좁)을수록 증발이 잘 일어난다.

23 젖은 빨래를 햇빛 아래에 두었을 때 마르는 까닭은 물의 표면에서 입자가 스스로 운동하여 액체가 (   )로 변하기 때문이다.

24 확산과 증발에 대한 설명으로 옳은 것은 ○, 옳지 않은 것은 ✕로 표시하시오.

⑴ 증발과 확산은 입자 운동의 증거이다. (○, ✕)

⑵ 확산이 일어나면 입자의 개수는 변한다. (○, ✕)

⑶ 마약 탐지견이 냄새로 마약을 찾는 것은 확산의 예이다. (○, ✕)

⑷ 향수 냄새는 진공 속보다 공기 중에서 더 빠르게 확산된다. (○, ✕)

⑸ 물보다 수증기가 더 빠르게 확산된다. (○, ✕)

⑹ 증발은 액체 표면과 내부에서 모두 일어난다. (○, ✕)

⑺ 입자 사이의 인력이 약할수록 증발이 잘 일어난다. (○, ✕)

⑻ 컵 속의 물이 점차 줄어드는 것은 증발의 예이다. (○, ✕)

⑼ 젖은 빨래는 펼쳐 둘 때보다 뭉쳐 둘 때 잘 마른다. (○, ✕)

⑽ 바람이 강할수록 액체 표면의 입자들이 공기 중으로 많이 날아간다. (○, ✕)

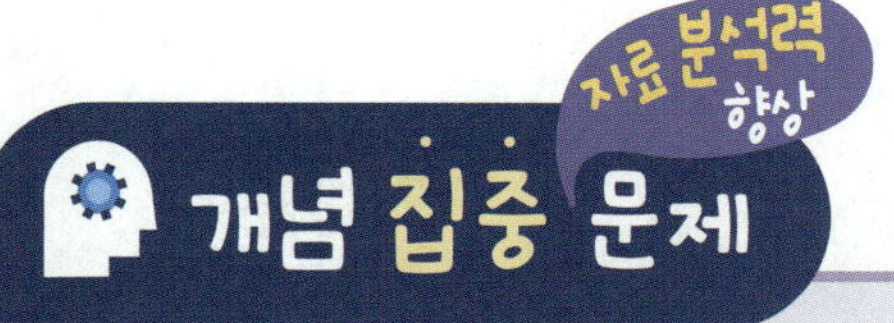

개념 집중 문제

● 입자 모형과 입자 운동

(1) 입자 모형 : 우리 주변의 모든 물질은 매우 작은 입자로 이루어져 있으며, 입자를 간단한 모형을 이용하여 나타낸 것이 입자 모형이다.

(2) 입자 운동 : 물질을 이루는 입자들은 모든 방향으로 불규칙하고 무질서하게 움직인다.

● 확산과 증발

확산	증발
물질을 이루고 있는 입자가 스스로 운동하여 모든 방향으로 퍼져 나가는 현상 ⇨ 온도가 높을수록, 입자의 질량이 작을수록, 입자의 운동이 자유로울수록, 진공 속>기체 속>액체 속 순으로 확산이 빠르게 일어난다.	액체를 이루고 있는 입자가 스스로 운동하여 액체 표면에서 기체로 변하는 현상 ⇨ 온도가 높을수록, 습도가 낮을수록, 바람이 강할수록, 표면적이 넓을수록 증발이 잘 일어난다.

● 입자 모형과 입자 운동

1 그림과 같이 공기를 넣은 주사기의 끝을 막고 피스톤을 눌렀다. 이때 기체를 이루는 입자를 모형으로 나타내시오.

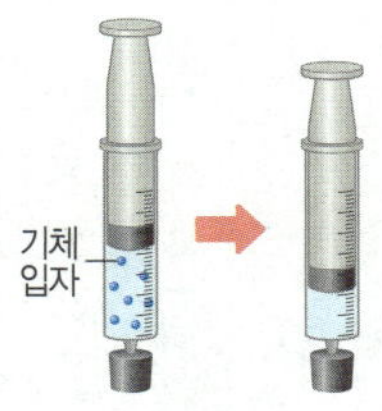

2 그림 (가)~(다)는 고체, 액체, 기체를 순서 없이 나타낸 것이다. (가)~(다)를 입자의 운동이 활발한 순서대로 나열하시오.

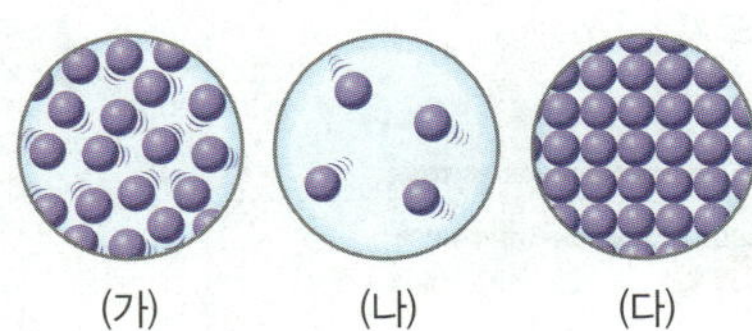

● 확산과 증발

3 그림 (가)와 (나)는 같은 양의 찬물과 더운물에 각각 잉크 3방울을 동시에 떨어뜨렸을 때의 모습을 순서 없이 나타낸 것이다. (가)와 (나) 중 찬물은 무엇인가?

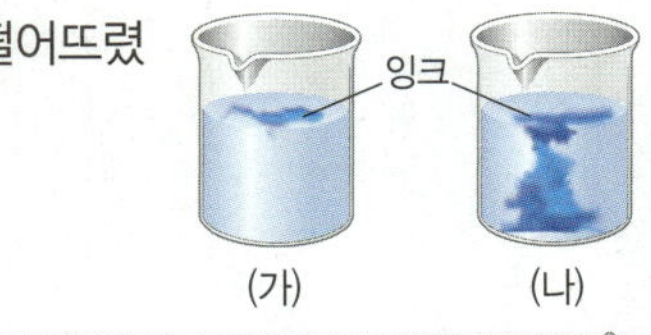

4 그림과 같이 진한 암모니아수를 묻힌 솜과 진한 염산을 묻힌 솜을 투명 아크릴 관의 양쪽 끝에 동시에 넣고 고무마개로 막았더니 흰 연기의 띠가 진한 염산을 묻힌 솜 쪽에 가깝게 발생하였다. 암모니아 입자와 염화 수소 입자 중 질량이 더 작은 것은 무엇인가?

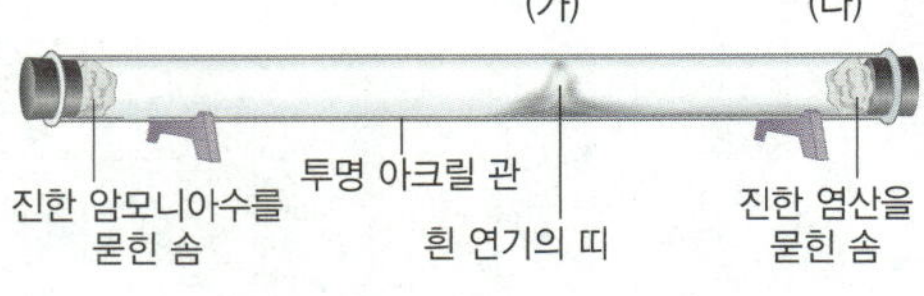

5 그림과 같이 전자저울 위에 거름종이가 놓인 페트리 접시를 올려놓고 영점을 맞춘 후 거름종이에 아세톤을 5~6방울 떨어뜨리고 아세톤의 질량 변화를 관찰하였다. 빈칸에 알맞은 말을 쓰시오.

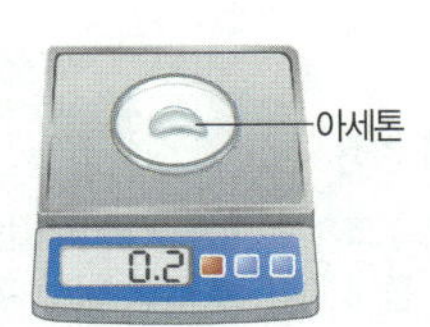

> 거름종이 위에 떨어뜨린 아세톤은 (㉠   )하여 기체로 변한 후 공기 중으로 퍼져 나가기 때문에 시간이 지날수록 아세톤의 질량은 점점 (㉡   )한다.

04 기체의 부피 변화

📖 Note

압력의 단위

Pa(파스칼)은 압력의 크기를 나타내는 단위이다. 단위 면적 1 m²에 1 N의 힘을 받을 때의 압력이므로 1 Pa은 1 N/m²와 같다.

압력의 크기

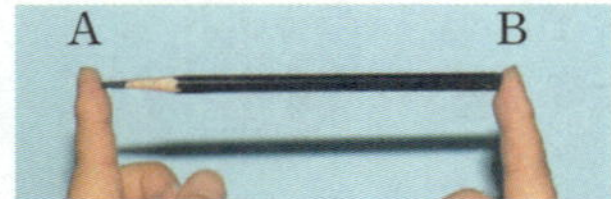

같은 크기의 힘이 작용할 때 면적이 좁을수록 압력이 커지므로, 압력은 A가 B보다 크다.

압력의 이용

• 압력을 크게 한 경우 : 힘을 받는 면적을 좁게 한다. 예 칼날, 바늘, 못 등
• 압력을 작게 한 경우 : 힘을 받는 면적을 넓게 한다. 예 스키, 설피, 트럭의 바퀴 수 등

1️⃣ 기체의 압력

1 압력 : 단위 넓이에 수직으로 작용하는 힘의 크기이다.

$$\text{압력} = \frac{\text{수직으로 작용하는 힘(N)}}{\text{힘을 받는 면의 넓이(m}^2)} \quad (\text{단위} : N/cm^2, N/m^2, Pa \text{ 등})$$

2 압력의 크기 : 일정한 넓이에 수직으로 작용하는 힘의 크기가 클수록, 같은 크기의 힘이 작용할 때 힘을 받는 면의 넓이가 좁을수록 압력의 크기가 증가한다.

> **더 알아보기**
>
> **압력의 크기 비교**
>
> • (가)와 (나) 비교 : 스펀지에 닿는 플라스크 면적이 같을 때, 물이 많이 들어 있을수록 스펀지가 많이 눌린다. ⇨ 압력의 크기 : (가)<(나)
> • (나)와 (다) 비교 : 같은 양의 물이 들어 있을 때, 스펀지에 닿는 면적이 좁을수록 스펀지가 많이 눌린다. ⇨ 압력의 크기 : (나)<(다)
>
> 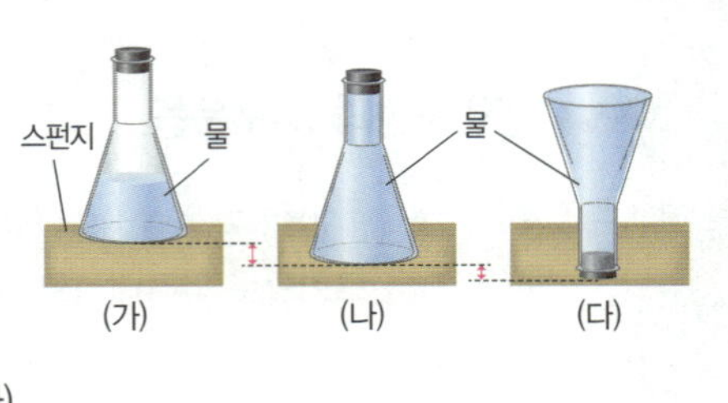
>

3 기체의 압력 : 기체 입자가 끊임없이 운동하면서 물체에 충돌할 때, 물체의 일정한 넓이에 작용하는 힘이 기체의 압력이다.

(1) 방향과 크기 : 모든 방향으로 같은 크기의 힘이 작용한다.

(2) 기체의 압력이 커지는 조건 : 기체 입자의 충돌 횟수가 많을수록 기체의 압력이 커진다.

기체의 입자 수가 많을수록 (기체 부피와 온도가 같을 때)	기체의 부피가 작을수록 (기체 입자 수와 온도가 같을 때)	기체의 온도가 높을수록 (기체 입자 수와 부피가 같을 때)
A　　B	A　　B	A　　B
입자의 개수가 많은 A가 B보다 압력이 크다.	부피가 작은 A가 B보다 압력이 크다.	온도가 높은 A가 B보다 압력이 크다.

(3) 기체의 압력을 이용하는 예

① **혈압계** : 팔에 두른 공기 주머니에 공기를 채워 팔에 힘을 가하여 혈압을 측정한다.
② **구조용 안전 매트** : 안전 매트에 공기를 채우면 압력이 커져 구조에 이용한다.
③ **에어 잭** : 공기 주머니에 배기가스를 채우면 압력이 작용하여 공기 주머니가 부풀면서 자동차를 들어 올린다.
④ **포장용 공기 주머니** : 물건의 파손을 막기 위해 공기 주머니로 포장한다.

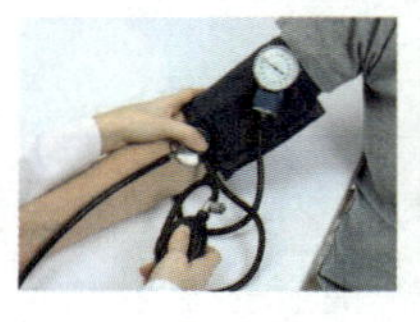
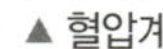
▲ 혈압계

▲ 안전 매트

▲ 에어 잭

▲ 포장용 공기 주머니

2 기체의 압력과 부피 – 보일 법칙

1 기체의 압력과 부피 : 온도가 일정할 때, 기체에 작용하는 압력이 증가하면 기체의 부피는 감소하고, 기체에 작용하는 압력이 감소하면 기체의 부피는 증가한다.

2 보일 법칙

(1) 압력 변화와 입자 운동

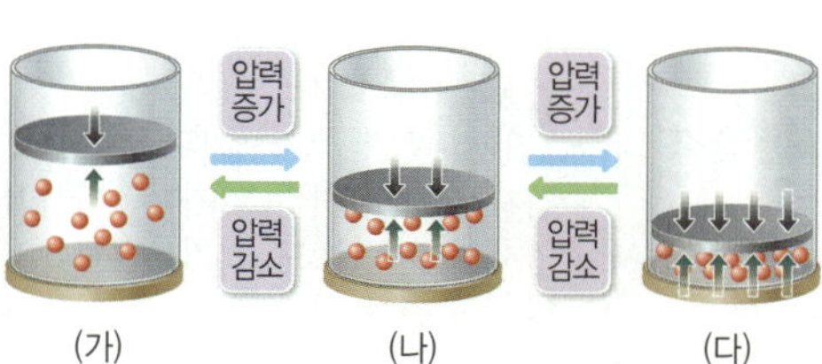

- 온도 : (가)=(나)=(다)
- 기체의 압력 : (가)<(나)<(다)
- 기체의 부피 : (가)>(나)>(다)
- 입자 사이의 거리 : (가)>(나)>(다)
- 입자의 충돌 횟수 : (가)<(나)<(다)
- 입자의 개수 : (가)=(나)=(다)
- 운동 속도 : (가)=(나)=(다)

외부 압력이 증가할 때 (가) → (나) → (다)	기체의 부피 감소 → 기체 입자 사이의 거리 감소 → 기체 입자의 충돌 횟수 증가 → 기체의 압력 증가
외부 압력이 감소할 때 (다) → (나) → (가)	기체의 부피 증가 → 기체 입자 사이의 거리 증가 → 기체 입자의 충돌 횟수 감소 → 기체의 압력 감소

(2) **보일 법칙** : 온도가 일정할 때, 일정한 양의 기체의 부피(V)는 압력(P)에 반비례한다. ⇨ 온도가 일정할 때 기체의 압력(P)과 부피(V)의 곱은 일정하다.

$$\text{압력}(P) \times \text{부피}(V) = \text{일정} \Rightarrow V \propto \frac{1}{P} \Rightarrow P_{처음} \times V_{처음} = P_{나중} \times V_{나중}$$

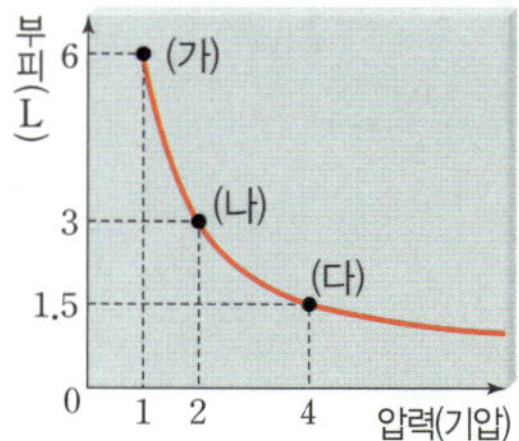

구분	압력(기압)	부피(L)	압력×부피
(가)	1	6	6
(나)	2	3	6
(다)	4	1.5	6

- (가) → (나) → (다) : 기체의 압력이 2배, 4배, …가 되면 기체의 부피는 $\frac{1}{2}$배, $\frac{1}{4}$배, …로 줄어든다.

(3) 보일 법칙과 관련된 현상

① 높은 곳에 올라가면 귀가 먹먹해진다.

② 하늘 높이 올라간 풍선이 점점 커지다가 터진다.

③ 높은 곳에 올라갈수록 과자 봉지가 부풀어 오른다.

④ 천연 가스를 압축하여 자동차나 버스 등의 연료로 사용한다.

⑤ 높은 곳에서 닫아 둔 빈 페트병을 지상으로 가져오면 찌그러진다.

⑥ 잠수부가 물속에서 내뿜은 공기 방울의 크기가 수면으로 올라갈수록 커진다.

⑦ 운동화에 들어 있는 공기 주머니는 발바닥에 전해지는 충격을 완화시켜 준다.

▲ 압축 천연 가스

▲ 잠수부가 내뿜은 공기 방울

▲ 에어 운동화

★ 이것이 핵심!!

> 온도가 일정할 때, 일정한 양의 기체의 부피는 압력에 반비례한다. ⇨ 보일 법칙

Note

보일(Boyle, R., 1627~1691)
기체의 압력과 부피의 관계를 연구한 영국의 과학자이다.

높은 곳에 올라가면 귀가 먹먹해지는 까닭

높은 곳에 올라가면 대기압이 낮아지면서 고막 안쪽 공기의 부피가 증가하여 고막을 바깥쪽으로 밀어내기 때문이다.

➕ 용어

대기압

지구를 둘러싸고 있는 대기의 압력으로 모든 방향으로 작용하며, 지표면으로부터 높은 곳으로 올라갈수록 공기의 양이 줄어들어 대기압이 점점 낮아진다.

온도에 따른 고무풍선의 크기 변화

액체 질소

공기가 들어 있는 고무풍선을 −196 ℃인 액체 질소에 넣으면 풍선 속 기체의 부피가 감소하므로 풍선이 쭈그러들고, 풍선을 액체 질소에서 꺼내면 풍선 속 기체의 부피가 증가하므로 부풀어 오른다.

샤를(Charles, J. A. C., 1746~1823)
기체의 온도와 부피의 관계를 연구한 프랑스의 과학자이다.

오줌싸개 인형의 원리

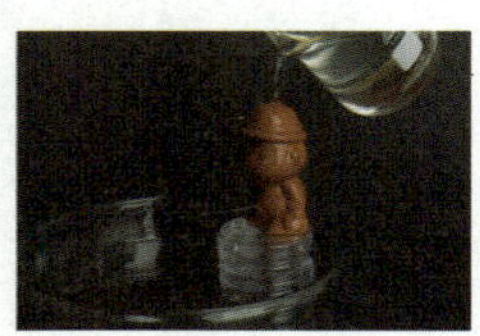

오줌싸개 인형은 속이 비어 있고, 아래쪽은 작은 구멍이 하나 뚫려 있다.
① 인형을 뜨거운 물에 넣는다. → 인형 속 공기의 부피가 증가한다. → 작은 구멍으로 공기가 나온다.
② 인형을 다시 찬물에 넣는다. → 인형 속 공기의 부피가 감소한다. → 물이 인형 속으로 들어간다.
③ 인형에 뜨거운 물을 붓는다. → 인형 속 공기의 부피가 증가한다. → 물을 밀어내므로 작은 구멍을 통해 물이 나온다.

➕ 용어

피펫
일정한 부피의 액체를 정확히 측정하여 넣거나 옮길 때 사용되는 유리로 된 실험 기구

---

❸ 기체의 온도와 부피 – 샤를 법칙

1 기체의 온도와 부피 : 압력이 일정할 때, 온도가 높아지면 기체의 부피는 증가하고, 온도가 낮아지면 기체의 부피는 감소한다.

2 샤를 법칙
(1) 온도 변화와 입자 운동

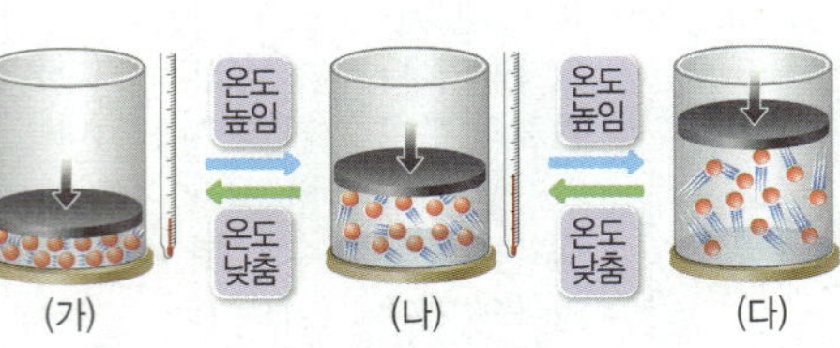

온도를 높일 때 (가) → (나) → (다)	기체 입자의 운동 속도 증가 → 기체 입자의 충돌 세기와 횟수 증가 → 기체의 부피 증가
온도를 낮출 때 (다) → (나) → (가)	기체 입자의 운동 속도 감소 → 기체 입자의 충돌 세기와 횟수 감소 → 기체의 부피 감소

(2) **샤를 법칙** : 압력이 일정할 때, 일정한 양의 기체의 부피는 온도가 높아지면 일정한 비율로 증가한다.

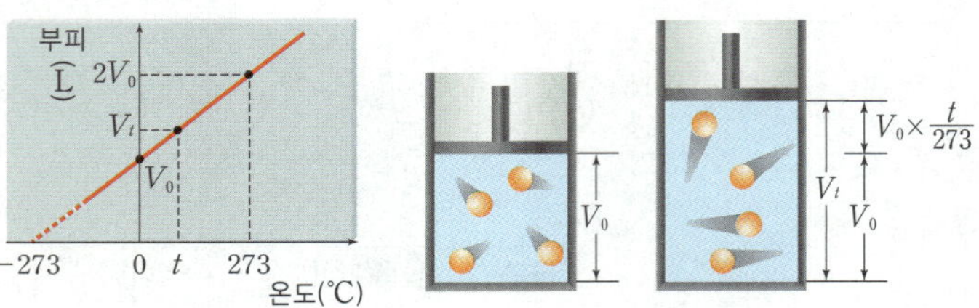

• 온도가 높아지면 기체의 부피는 일정한 비율로 증가한다. ⇨ 기체의 종류에 관계없이 그래프의 모양이 같다.

$$V_t = V_0 + V_0 \times \frac{t}{273}$$

$$(V_t : t\,℃일\ 때의\ 부피,\ V_0 : 0\,℃일\ 때의\ 부피,\ t : 온도)$$

(3) 샤를 법칙과 관련된 현상
① 여름철에 오래 달린 자동차의 타이어가 팽팽해진다.
② 열기구 속의 공기를 가열해 주면 열기구가 위로 떠오른다.
③ 찌그러진 탁구공을 뜨거운 물에 담그면 찌그러진 부분이 펴진다.
④ 공기가 들어 있는 페트병의 뚜껑을 닫고 냉장고에 넣으면 페트병이 찌그러진다.
⑤ 그릇이 포개져 빠지지 않을 때 그릇의 아랫부분을 따뜻한 물에 넣어두면 쉽게 빠진다.
⑥ 차가운 빈 병의 입구에 물을 묻히고 동전을 올린 후에 병을 양손으로 감싸 쥐면 동전이 움직인다.
⑦ 피펫의 윗부분을 한 손으로 막고, 다른 한 손으로 피펫을 감싸 쥐면 피펫에 남은 액체가 밀려 나온다.

⭐ **이것이 핵심!!**

압력이 일정할 때, 일정한 양의 기체의 부피는 온도가 높아지면 일정한 비율로 증가한다. ⇨ 샤를 법칙

탐구 A

기체의 압력과 부피의 관계 – 보일 법칙

실험 설계하기

❶ 주사기 안에 작게 분 고무풍선을 넣고 주사기 끝을 막는다.

❷ 피스톤을 누르거나 당긴다.

❸ 주사기 속 고무풍선의 크기 변화를 관찰한다.

❹ 주사기 속 압력과 부피의 관계를 이해한다.

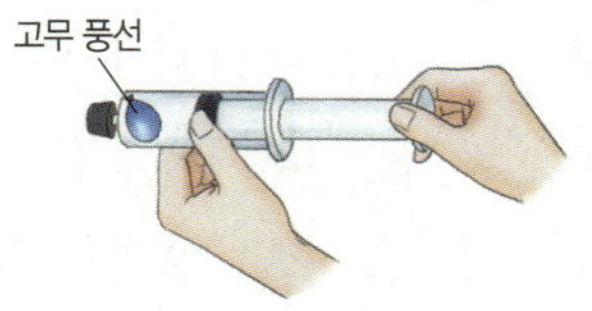

결과 분석하기

• 피스톤을 누르면 고무풍선의 크기가 작아지고, 피스톤을 당기면 고무풍선의 크기가 커진다.

• 압력이 증가할수록 기체의 부피는 감소한다.

• 기체의 압력과 부피는 반비례 관계이다.

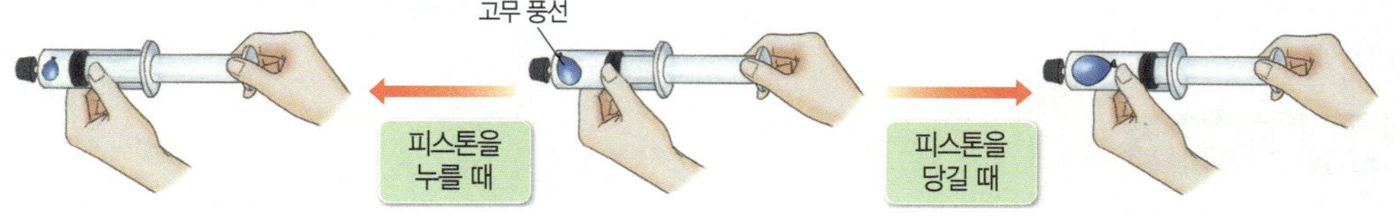

스스로 정리하기

1 피스톤을 누를 때 압력은 어떻게 변하는지 고무풍선의 크기와 관련지어 설명해 보자.
피스톤을 누르면 주사기 속 기체의 부피가 (㉠   )하고 압력이 (㉡   )하여 고무풍선의 크기가 (㉢   ) 진다.

2 피스톤을 당길 때 압력은 어떻게 변하는지 고무풍선의 크기와 관련지어 설명해 보자.
피스톤을 당기면 주사기 속 기체의 부피가 (㉠   )하고 압력이 (㉡   )하여 고무풍선의 크기가 (㉢   ) 진다.

3 일정한 온도에서 압력이 증가할 때 주사기 속 입자 사이의 거리와 입자의 충돌 횟수 변화를 설명해 보자.
일정한 온도에서 압력이 증가하면 기체의 부피는 (㉠   )하므로 주사기 속 입자 사이의 거리는 (㉡   )하고, 입자의 충돌 횟수는 (㉢   )한다.

4 일정한 온도에서 압력이 감소할 때 주사기 속 입자 사이의 거리와 입자의 충돌 횟수 변화를 설명해 보자.
일정한 온도에서 압력이 감소하면 기체의 부피는 (㉠   )하므로 주사기 속 입자 사이의 거리는 (㉡   )하고, 입자의 충돌 횟수는 (㉢   )한다.

🔍 **탐구 핵심** 주사기의 피스톤을 누르면 주사기 속 기체의 압력이 증가하고 부피가 감소한다. ⇨ 기체의 압력과 부피는 반비례 관계

탐구 B 기체의 온도와 부피의 관계 – 샤를 법칙

실험 설계하기

1. 고무마개를 끼운 가는 유리관을 시험관에 넣고, 스포이트로 유리관 안에 잉크 방울을 넣는다.
2. 시험관을 얼음물이 든 비커에 넣은 뒤 0 ℃일 때 잉크 방울의 위치를 표시한다.
3. 시험관을 꺼내서 물이 든 비커에 넣고 가열하면서 온도가 10 ℃ 높아질 때마다 잉크 방울의 위치를 표시한다.

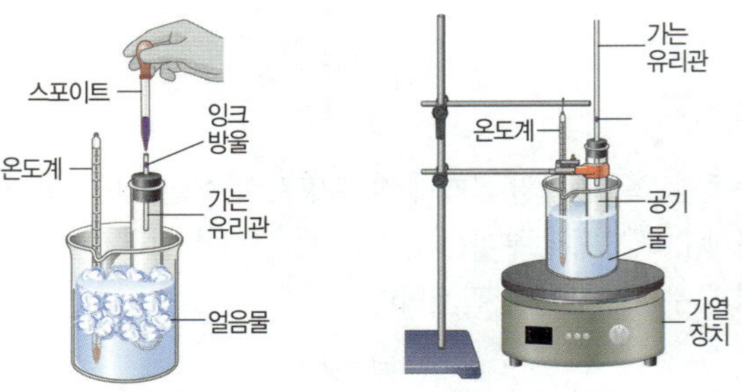

결과 분석하기

온도(℃)	10	20	30	40	50
0 ℃일 때 잉크의 위치로부터의 거리(cm)	1.7	3.4	5.1	6.8	8.5
10 ℃씩 높아질 때마다 잉크의 위치로부터의 거리(cm)		1.7	1.7	1.7	1.7	

- 온도가 높아질수록 잉크 방울의 이동 거리가 증가한다.
- 온도가 10 ℃ 높아질 때마다 일정한 비율로 잉크 방울의 이동 거리가 증가한다.

스스로 정리하기

1 온도가 높아질수록 잉크 방울의 이동 거리가 증가하는 까닭을 입자의 운동 속도와 관련지어 설명해 보자.
온도가 높아지면 기체 입자의 운동 속도가 (㉠   )지면서 기체의 부피가 (㉡   )하여 잉크 방울의 이동 거리가 증가한다.

2 일정한 압력에서 기체의 온도와 부피 사이의 관계에 대해 설명해 보자.
일정한 압력에서 기체의 온도가 높아지면 기체의 부피는 (㉠   )하고, 기체의 온도가 낮아지면 기체의 부피는 (㉡   )한다.

🔍 **탐구 핵심** 일정한 압력에서 기체의 온도가 높아지면 입자의 운동 속도가 빨라지면서 기체의 부피는 증가하고, 기체의 온도가 낮아지면 입자의 운동 속도가 느려지면서 기체의 부피는 감소한다.

개념 확인 문제

※ 다음 글의 빈칸에 알맞은 말을 쓰거나 고르시오.

① 기체의 압력

01 압력은 단위 넓이에 수직으로 작용하는 (　　　)의 크기이다.

02 일정한 넓이에 수직으로 작용하는 힘의 크기가 (　　　)수록 압력이 증가한다.

03 같은 크기의 힘이 작용할 때 힘을 받는 면의 넓이가 (　　　)을수록 압력이 증가한다.

04 기체의 압력은 기체 입자가 운동하면서 일정한 넓이에 작용하는 힘으로, (㉠　　　) 방향으로 (㉡　　　) 크기의 힘이 작용한다.

05 기체 입자의 충돌 횟수가 (많, 적)을수록 기체의 압력이 증가한다.

06 기체의 부피와 온도가 같을 때 기체의 입자 수가 (많, 적)을수록 기체의 압력이 증가한다.

07 기체 입자 수와 온도가 같을 때 기체의 부피가 (클, 작을)수록 기체의 압력이 증가한다.

08 기체 입자 수와 부피가 같을 때 기체의 온도가 (높, 낮)을수록 기체의 압력이 증가한다.

② 기체의 압력과 부피 – 보일 법칙

09 일정한 온도에서 기체에 작용하는 압력이 증가하면 기체의 부피는 (　　　)한다.

10 (　　　) 법칙에 따르면 온도가 일정할 때 일정한 양의 기체의 부피는 압력에 반비례한다.

11 일정한 온도에서 외부 압력이 감소하면 용기 속 기체 입자 사이의 거리는 (㉠　　　)하고, 기체 입자의 충돌 횟수는 (㉡　　　)한다.

12 보일 법칙과 관련된 현상으로 옳은 것을 |보기|에서 모두 고르시오. (　　　)

> ┤ 보기 ├
> ㄱ. 높은 곳에 올라가면 과자 봉지가 부풀어 오른다.
> ㄴ. 열기구 속의 공기를 가열하면 열기구가 위로 떠오른다.
> ㄷ. 샴푸통의 꼭지 부분을 누르면 내용물이 밖으로 흘러나온다.
> ㄹ. 찌그러진 탁구공을 뜨거운 물에 담그면 찌그러진 부분이 펴진다.
> ㅁ. 여름철에는 겨울철보다 자동차 타이어에 공기를 적게 넣는다.

③ 기체의 온도와 부피 – 샤를 법칙

13 일정한 압력에서 온도가 낮아지면 기체의 부피는 (　　　)한다.

14 일정한 압력에서 일정한 양의 기체의 부피는 온도가 높아지면 일정한 비율로 증가하는데, 이를 (　　　) 법칙이라고 한다.

15 일정한 압력에서 온도를 높이면 기체 입자의 운동 속도가 (㉠　　　)하고, 기체 입자의 충돌 세기와 횟수가 (㉡　　　)하여 기체의 부피는 (㉢　　　)한다.

16 샤를 법칙과 관련된 현상으로 옳은 것을 |보기|에서 모두 고르시오. (　　　)

> ┤ 보기 ├
> ㄱ. 헬륨 풍선이 하늘 위로 올라갈수록 점점 커진다.
> ㄴ. 자동차의 에어백은 탑승자에게 전해지는 충격을 줄여 준다.
> ㄷ. 물속의 공기 방울은 수면 가까이로 올라올수록 점점 커진다.
> ㄹ. 차가운 달걀을 끓는 물에 바로 넣으면 달걀 껍데기가 터진다.
> ㅁ. 뜨거운 음식을 담아 냉장고에 바로 넣어 둔 밀폐 용기는 뚜껑을 열기 어렵다.

17 보일 법칙과 샤를 법칙에 대한 설명으로 옳은 것은 ○, 옳지 않은 것은 ×로 표시하시오.

⑴ 일정한 온도에서 기체의 압력이 2배가 되면 기체의 부피는 4배가 된다.　(○, ×)

⑵ 일정한 온도에서 외부 압력이 증가하면 기체의 부피는 감소한다.　(○, ×)

⑶ 일정한 온도에서 외부 압력이 감소하면 입자의 크기는 작아진다.　(○, ×)

⑷ 같은 양의 공기를 넣었을 때 큰 타이어보다 작은 타이어에 들어 있는 기체의 압력이 더 크다.　(○, ×)

⑸ 기체의 종류에 따라 부피의 변화량이 달라진다.　(○, ×)

⑹ 일정한 압력에서 온도가 높아져도 기체 입자의 질량은 변하지 않는다.　(○, ×)

⑺ 일정한 압력에서 온도가 낮아지면 기체 입자 사이의 거리는 감소한다.　(○, ×)

⑻ 주사기의 바늘이 뾰족해서 주사를 놓기에 편리한 것은 샤를 법칙과 관련된 현상이다.　(○, ×)

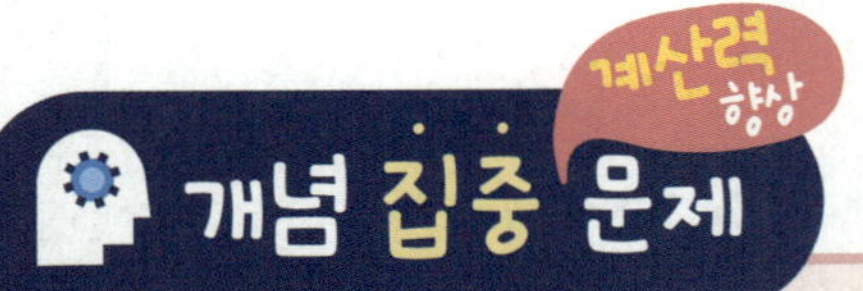

● 기체의 압력과 부피(보일 법칙)

온도가 일정할 때 일정한 양의 기체의 부피(V)는 압력(P)에 반비례한다. ⇨ 온도가 일정할 때 기체의 압력(P)과 부피(V)의 곱은 일정하다.

$$P(\text{압력}) \times V(\text{부피}) = \text{일정}$$
$$\Rightarrow P_{\text{처음}} \times V_{\text{처음}} = P_{\text{나중}} \times V_{\text{나중}}$$
$$\Rightarrow V \propto \frac{1}{P}$$

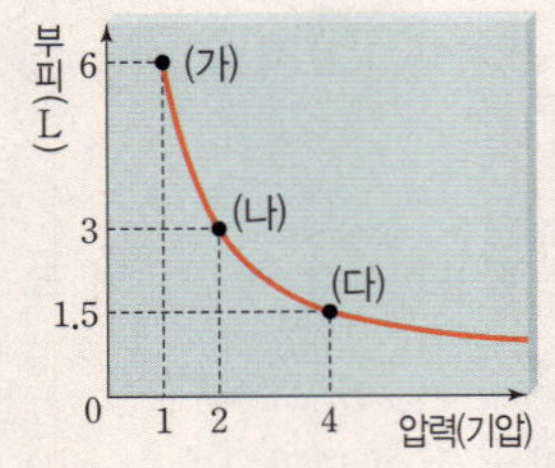

구분	(가)	(나)	(다)
압력(기압)	1	2	4
부피(L)	6	3	1.5
압력×부피	6	6	6

⇨ (가) → (나) → (다) : 기체의 압력이 2배, 4배, …가 되면 기체의 부피는 $\frac{1}{2}$배, $\frac{1}{4}$배, …로 줄어든다.

기체의 압력과 부피(보일 법칙)

1 0 ℃, 3기압에서 산소 기체가 부피 3 L인 용기에 가득 담겨 있다. 같은 온도에서 압력을 1기압으로 낮추었을 때, 산소 기체의 부피는 몇 L 인가?

2 25 ℃, 1기압에서 실린더에 들어 있는 기체의 부피가 10 mL이다. 같은 온도에서 압력을 2기압으로 높였을 때, 기체의 부피는 몇 mL인가?

3 25 ℃, 1기압에서 부피가 5 L인 기체가 있다. 같은 온도에서 부피를 1 L로 만들려면 압력은 몇 기압이 되어야 하는가?

4 30 ℃, 7기압에서 부피가 30 mL인 기체가 있다. 같은 온도에서 부피를 7배로 만들려면 압력은 몇 기압이 되어야 하는가?

5 표는 온도가 일정할 때 일정량의 기체에 작용하는 압력의 크기를 변화시키면서 부피를 측정한 결과를 나타낸 것이다. ㉠과 ㉡에 알맞은 값을 각각 쓰시오.

압력(기압)	1	㉠	2	2.5
부피(mL)	120	80	60	㉡

6 그림은 일정한 온도에서 기체의 압력과 부피의 관계를 나타낸 것이다. A의 압력은 몇 기압인가?

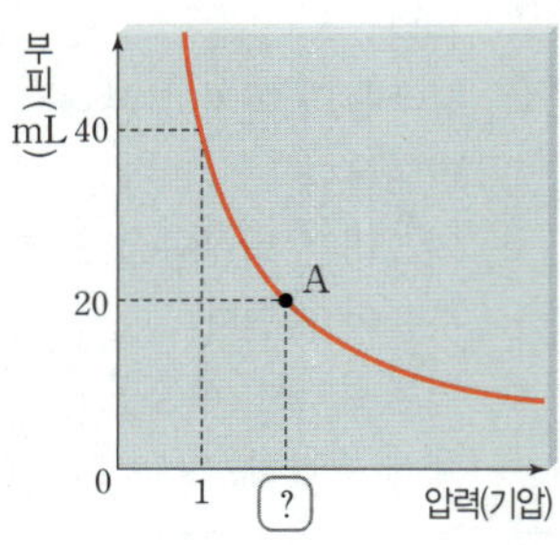

개념 집중 문제

◉ 기체의 온도와 부피(샤를 법칙)

압력이 일정할 때 일정한 양의 기체의 부피는 온도가 높아지면 일정한 비율로 증가한다.

$$V_t = V_0 + V_0 \times \frac{t}{273}$$

(V_t : t ℃일 때의 부피,
V_0 : 0 ℃일 때의 부피, t : 온도)

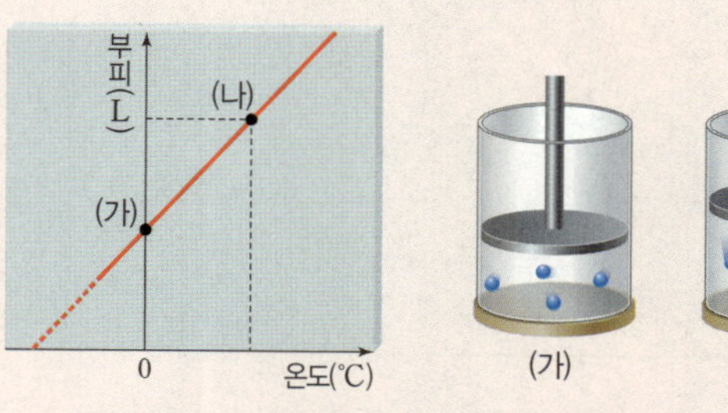

⇨ 기체의 종류에 관계없이 그래프의 모양이 같다.

기체의 온도와 부피(샤를 법칙)

1 표는 압력이 일정할 때 20 ℃에서 부피가 15.0 mL인 기체의 온도를 점점 높이면서 기체의 부피를 측정한 결과를 나타낸 것이다. 100 ℃에서 기체의 부피는 몇 mL인가?

온도(℃)	20	40	60	80
부피(mL)	15.0	15.7	16.4	17.1

2 0 ℃, 1기압에서 부피가 50 mL인 기체가 있다. 같은 압력에서 온도를 273 ℃로 높였을 때, 기체의 부피는 몇 mL인가?

3 0 ℃, 1기압에서 부피가 20 mL인 기체가 있다. 같은 압력에서 온도를 546 ℃로 높였을 때, 기체의 부피는 몇 mL인가?

4 0 ℃, 1기압에서 부피가 60 mL인 기체가 있다. 같은 압력에서 기체의 부피가 120 mL가 되려면 온도를 몇 ℃로 높여야 하는가?

5 그림은 일정한 압력에서 기체의 온도에 따른 부피 변화를 나타낸 것이다. 기체의 부피가 45 mL일 때의 온도(t)는 몇 ℃인가?

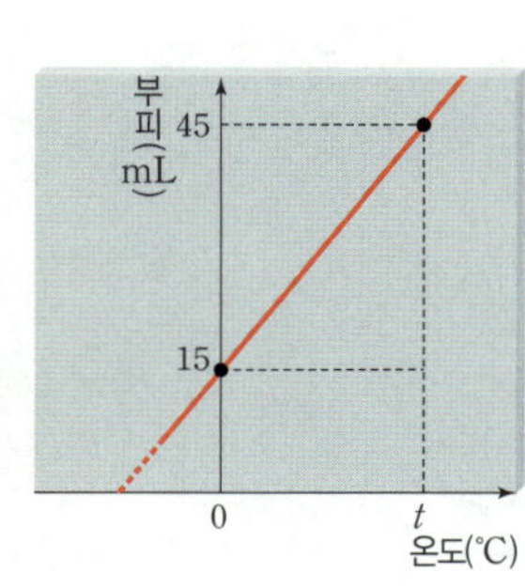

향수 입자

물질을 이루는 입자가
스스로 운동하여 모든 방향으로
퍼져 나가는 현상

정의

확산

온도가 ❶ (   )을수록,
질량이 ❷ (   )을수록
입자 운동이 활발하다.

기체 입자는 스스로
끊임없이 모든 방향으로 운동

입자 운동

증거

❸ (   )   증발

입자의
운동

증발

확산에 영향을
주는 요인

온도가 ❹ (   )을수록,
질량이 ❺ (   )을수록,
입자의 운동이 자유로울수록,
진공 속 ❻ (   ) 기체 속 ❼ (   ) 액체 속
순으로 확산이 빠르게 일어난다.

정의

증발에 영향을
주는 요인

액체를 이루고 있는
입자가 스스로 운동하여
액체 표면에서 기체로
변하는 현상

온도가 ❿ (   )을수록,
습도가 ⓫ (   )을수록,
바람이 ⓬ (   )할수록,
표면적이 ⓭ (   )을수록
증발이 잘 일어난다.

온도에 따른 잉크의 확산

잉크

❽ (   )물 ❾ (   )물

증발

물 입자

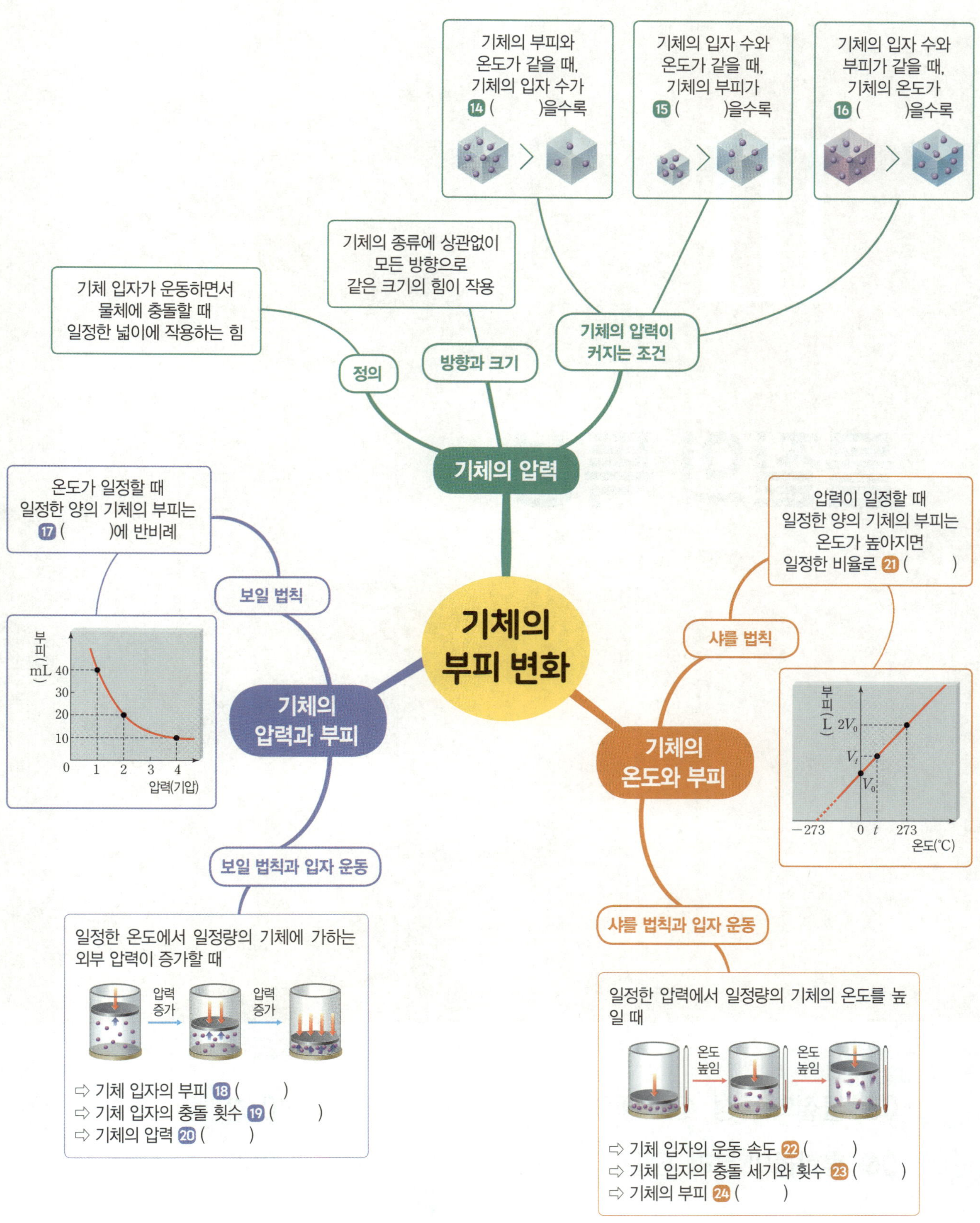

기체의 부피와 온도가 같을 때, 기체의 입자 수가 ⑭ ( )을수록
기체의 입자 수와 온도가 같을 때, 기체의 부피가 ⑮ ( )을수록
기체의 입자 수와 부피가 같을 때, 기체의 온도가 ⑯ ( )을수록
기체 입자가 운동하면서 물체에 충돌할 때 일정한 넓이에 작용하는 힘
기체의 종류에 상관없이 모든 방향으로 같은 크기의 힘이 작용
기체의 압력이 커지는 조건
정의
방향과 크기
기체의 압력
온도가 일정할 때 일정한 양의 기체의 부피는 ⑰ ( )에 반비례
보일 법칙
부피(mL)
40
30
20
10
0
1 2 3 4
압력(기압)
기체의 압력과 부피
기체의 부피 변화
압력이 일정할 때 일정한 양의 기체의 부피는 온도가 높아지면 일정한 비율로 ㉑ ( )
샤를 법칙
부피(L)
$2V_0$
V_t
V_0
−273　0　t　273
온도(℃)
기체의 온도와 부피
보일 법칙과 입자 운동
일정한 온도에서 일정량의 기체에 가하는 외부 압력이 증가할 때
압력 증가
압력 증가
⇨ 기체 입자의 부피 ⑱ ( )
⇨ 기체 입자의 충돌 횟수 ⑲ ( )
⇨ 기체의 압력 ⑳ ( )
샤를 법칙과 입자 운동
일정한 압력에서 일정량의 기체의 온도를 높일 때
온도 높임
온도 높임
⇨ 기체 입자의 운동 속도 ㉒ ( )
⇨ 기체 입자의 충돌 세기와 횟수 ㉓ ( )
⇨ 기체의 부피 ㉔ ( )

III

물질의 특성

물질의 특성에 대한 이해를 통하여 우리 주변의 물질에 대해 호기심을 갖
도록 하며, 순물질과 혼합물의 차이를 알고 물질의 고유한 특성을 토대로
혼합물을 분리하는 다양한 방법이 있음을 이해하도록 한다.

★ 소금과 설탕은 어떻게 구분할 수 있을까?

★ 탄산음료의 뚜껑을 열면 왜 기포가 생길까?

★ 무인도에서 식수를 얻는 방법은 무엇일까?

★ 바다에 유출된 기름은 어떻게 제거할까?

05 물질의 특성

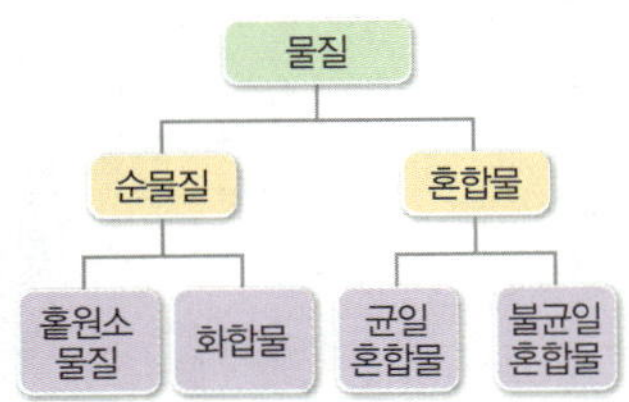

📖 Note

물질의 분류

```
            물질
    ┌────────┴────────┐
  순물질            혼합물
  ┌──┴──┐        ┌────┴────┐
홑원소   화합물    균일      불균일
물질             혼합물    혼합물
```

순물질을 이루는 원소
- 물 : 수소＋산소
- 에탄올 : 탄소＋산소＋수소
- 염화 나트륨 : 나트륨＋염소
- 이산화 탄소 : 탄소＋산소

혼합물의 성분
- 공기 : 질소, 산소, 아르곤, 이산화 탄소 등
- 스테인리스 합금 : 철, 크로뮴 등
- 식초 : 물, 아세트산
- 우유 : 물, 칼슘, 단백질, 지방, 무기 염류 등
- 설탕물 : 물, 설탕
- 화강암 : 석영, 장석 등

물질의 특성이 아닌 것
물질의 양에 따라 변하는 값은 물질의 특성이 될 수 없다.
㉾ 부피, 질량, 무게, 온도, 길이, 넓이, 농도 등

부피의 단위 환산
- $1\,cm^3 = 1\,mL$
- $1\,L = 1000\,mL = 1000\,cm^3$
- $1\,m^3 = 1000000\,cm^3$
  $= 1000000\,mL$
  $= 1000\,L$

➕ 용어

합금
한 가지 금속에 다른 금속이나 비금속을 섞어 만든 새로운 금속이다.

1 순물질과 혼합물

1 물질의 분류
(1) 순물질 : 다른 물질이 섞이지 않고 한 종류의 물질로만 이루어진 물질로, 일정한 조성을 가지고 고유한 성질을 나타낸다.
① 한 종류의 원소로 이루어진 순물질 : 산소, 수소, 순금, 구리, 철, 알루미늄, 다이아몬드 등
② 두 종류 이상의 원소로 이루어진 순물질 : 물, 에탄올, 염화 나트륨, 이산화 탄소 등
(2) 혼합물 : 두 가지 이상의 순물질이 섞여 있는 물질로, 혼합물을 이루는 순물질은 각각의 성질을 그대로 유지하며 섞여 있다.
① 균일 혼합물 : 성분 물질이 고르게 섞여 있는 혼합물 ㉾ 공기, 합금, 식초, 설탕물, 소금물, 탄산음료 등
② 불균일 혼합물 : 성분 물질이 고르지 않게 섞여 있는 혼합물 ㉾ 과일주스, 흙탕물, 우유 등

더 알아보기

순물질과 혼합물의 입자 모형

구분	순물질		혼합물	
	홑원소 물질	화합물	균일 혼합물	불균일 혼합물
정의	한 종류의 원소로만 이루어진 순물질	두 종류 이상의 원소로 이루어진 순물질	성분 물질이 고르게 섞여 있는 혼합물	성분 물질이 고르지 않게 섞여 있는 혼합물
모형				

2 순물질과 혼합물의 이용 : 필요에 따라 혼합물로부터 순물질을 분리하여 순물질의 특성을 이용하기도 하고, 순물질을 섞어 혼합물로 만들어 이용하기도 한다.
(1) 공기로부터 질소를 분리하여 냉각제로 이용하거나, 산소를 분리하여 의료용으로 이용한다.
(2) 철, 크로뮴 등을 섞어 만든 스테인리스 합금으로 조리 기구를 만드는 데 이용한다.

3 물질의 특성 : 물질의 여러 가지 성질 중에서 그 물질만이 갖는 고유한 성질로, 물질의 양에 관계없이 항상 일정하여 물질을 구별하는 데 이용할 수 있고, 혼합물로부터 순물질을 분리할 수 있다. ㉾ 색깔, 냄새, 맛, 밀도, 용해도, 녹는점, 어는점, 끓는점 등

★ 이것이 핵심!!

순물질은 한 종류의 물질로만 이루어진 물질이고, 혼합물은 여러 가지 순물질이 섞여 있는 물질이다.

2 밀도

1 부피와 질량

(1) **부피** : 물질이 차지하고 있는 공간의 크기이다. 단위는 cm^3, m^3, mL, L 등이며, 측정 기구는 눈금실린더, 피펫, 부피 플라스크 등이다.

(2) **질량** : 물질이 가지는 고유한 양이다. 단위는 mg, g, kg 등이며, 측정 기구는 윗접시 저울, 양팔 저울 등이다.

2 밀도 : 단위 부피당 물질의 질량으로, 단위는 g/cm^3, g/mL 등을 사용한다.

$$밀도 = \frac{질량}{부피}$$

(1) **밀도의 특징** : 물질에 따라 고유한 값을 가지는 물질의 특성으로, 같은 물질의 경우 밀도는 물질의 양에 관계없이 일정하다.

(2) **밀도의 비교** : 밀도가 큰 물질은 밀도가 작은 물질 아래로 가라앉고, 밀도가 작은 물질은 밀도가 큰 물질 위로 뜬다.

① 부피가 같을 때 : 질량이 클수록 밀도가 크다.

② 질량이 같을 때 : 부피가 작을수록 밀도가 크다.

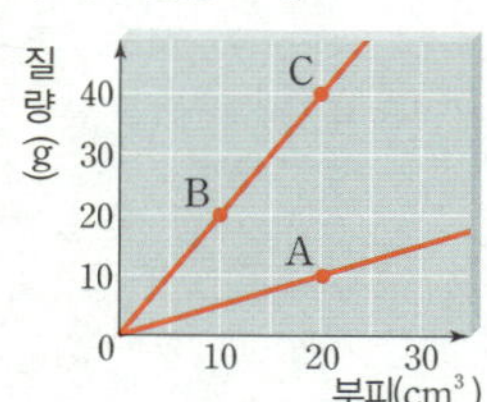

▲ 부피가 같을 때 ▲ 질량이 같을 때

(3) **여러 가지 물질의 밀도** : 물질의 종류에 따라 밀도는 다르며, 일반적으로 고체보다 기체의 밀도가 매우 작다. 또한 기체의 경우 온도와 압력에 따라 밀도가 크게 달라지므로 기체의 밀도를 나타낼 때는 온도와 압력을 함께 표시한다.

3 혼합물의 밀도 : 혼합물은 성분 물질의 혼합 비율에 따라 밀도가 달라진다. ⑩ 달걀을 물에 넣으면 달걀이 가라앉지만, 물에 소금을 조금씩 넣어서 녹이면 달걀이 점점 위로 떠오른다.

4 밀도의 이용

밀도를 작게 하여 이용	구명조끼	구명조끼를 입으면 구명조끼와 몸 전체의 밀도가 물보다 작아지면서 물에 뜨게 된다.
	애드벌룬	공기보다 밀도가 작은 헬륨으로 채워진 애드벌룬은 공중으로 떠오른다.
밀도를 크게 하여 이용	잠수부의 납 벨트	잠수부는 깊은 물속으로 들어가기 위해 납으로 된 허리 벨트를 찬다.
	이산화 탄소 소화기	화재가 발생했을 때 공기보다 무거운 이산화 탄소가 들어 있는 소화기를 사용하여 연소에 필요한 산소 공급을 차단한다.
	사해	사해는 다른 호수나 바다에 비해 염분이 높아 밀도가 크기 때문에 사람이 쉽게 뜰 수 있다.

생활 속 과학 / 가스 누출 경보기 설치 위치

공기보다 밀도가 작은 LNG와 도시가스는 가스가 누출될 경우 위로 뜨고, 공기보다 밀도가 큰 LPG와 부탄가스는 가스가 누출될 경우 아래로 가라앉는다. 따라서 누출된 LNG와 도시가스를 감지하기 위한 경보기는 위쪽에, 누출된 LPG와 부탄가스를 감지하기 위한 경보기는 아래쪽에 설치한다.

부피-질량 그래프

밀도는 $\dfrac{질량}{부피}$ 이므로, 부피-질량 그래프에서 기울기이다. 따라서 밀도는 A<B=C이며, 밀도가 같은 B와 C는 같은 물질이다.

여러 가지 물질의 밀도

(25 ℃, 1기압)

물질	밀도(g/cm^3)
구리	8.96
금	19.3
납	11.34
물	1
산소	0.00128
수은	13.56
아세트산	1.04
알루미늄	2.7
에탄올	0.79
이산화 탄소	0.00177
질소	0.00112
철	7.87

여러 가지 고체의 용해도
(g/물 100 g)

온도(℃)	질산 칼륨	질산 나트륨
0	13.3	73.0
20	31.6	88.0
40	63.9	104.0
60	110.0	124.0
80	169.0	148.0
100	242.5	176.2

온도(℃)	염화 나트륨	붕산
0	35.7	2.8
20	36.0	5.0
40	36.6	8.9
60	37.3	14.9
80	38.4	23.5
100	39.8	38.0

용해도 곡선에 나타낸 용액의 종류

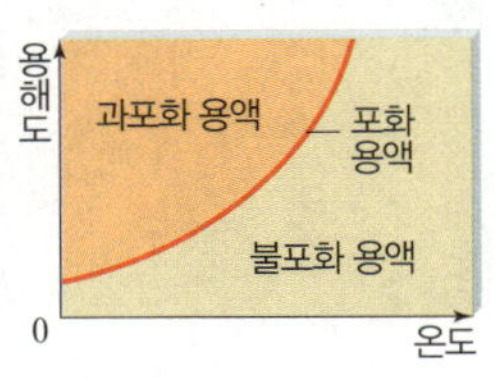

- 포화 용액 : 용해도 곡선 상
- 불포화 용액 : 용해도 곡선 아래
- 과포화 용액 : 용해도 곡선 위

＋ 용어

석출
높은 온도의 용액을 냉각할 때 용액에 녹아 있던 용질이 고체로 되어 가라앉는 현상이다.

---

❸ 용해도

1 용해와 용액

(1) 용해 : 한 물질이 다른 물질에 녹아 고르게 섞이는 현상이다.

용질	용매	용액
다른 물질에 녹는 물질	다른 물질을 녹이는 물질	용질과 용매가 고르게 섞여 있는 물질

(2) 용액

특징		• 용질 입자가 보이지 않아 투명하며, 가만히 두어도 가라앉는 것이 없다. • 거름종이로 걸러지는 입자가 없다. • 용액의 어느 부분을 취하더라도 맛, 색깔 등 용액의 성질이 같다.
종류	포화 용액	어떤 온도에서 일정한 양의 용매에 용질이 최대로 녹아서 더 이상 용질이 녹지 않는 용액이다.
	불포화 용액	• 포화 용액일 때보다 용질이 적게 녹아 있는 용액이다. • 불포화 용액에 용질을 더 넣거나 용액의 온도를 낮추면 포화 용액을 만들 수 있다.

2 용해도 : 일정한 온도에서 용매 100 g에 최대로 녹을 수 있는 용질의 g 수이다.

(1) 용해도는 물질마다 고유한 값을 나타내는 물질의 특성으로, 용매와 용질의 종류, 온도에 따라 달라진다. ⇨ 물질의 용해도를 나타낼 때에는 온도를 함께 표시해야 한다.

(2) 일반적으로 고체의 용해도는 온도가 높을수록 증가하고, 기체의 용해도는 온도가 높을수록 감소한다.

(3) 온도가 일정할 때, 같은 용매에 대한 용해도는 물질의 종류에 따라 달라진다.

3 고체의 용해도 : 대부분 온도가 높을수록 증가하고, 압력의 영향은 거의 받지 않는다.
⑩ 추운 겨울에 꿀을 밖에 두거나 냉장고에 보관하면 흰색 포도당 결정이 생긴다.

(1) 용해도 곡선 : 온도에 따른 고체 물질의 용해도 변화를 나타낸 그래프이다.

① 용해도 곡선 상의 점은 포화 용액이다.
⇨ 60 ℃에서 물 100 g에 질산 칼륨 110 g을 녹인 수용액은 포화 용액이다.

② 용해도 곡선 아래에 있는 점은 불포화 용액, 용해도 곡선 위의 점은 과포화 용액이다.

③ 곡선의 기울기가 클수록 온도 변화에 따른 용해도 변화가 크고, 기울기가 완만할수록 온도 변화에 따른 용해도 변화가 작은 물질이다. ⇨ 질산 나트륨과 질산 칼륨은 온도에 따른 용해도 변화가 크다.

④ 용액을 냉각할 때 석출되는 용질의 양을 알 수 있다.

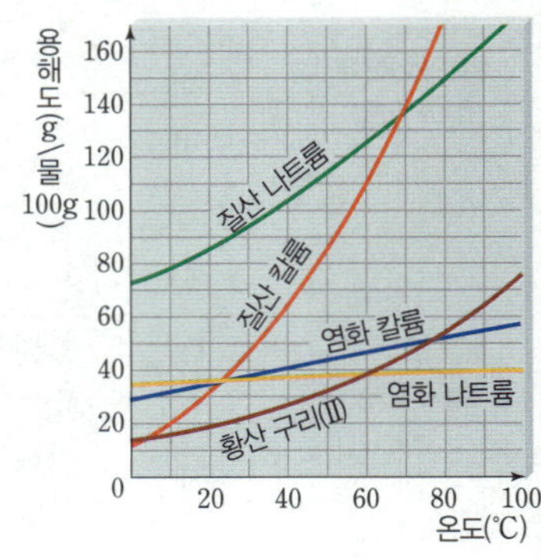

▲ 용해도 곡선

(2) 용질의 석출 : 용액을 냉각하면 용해도가 감소하므로 냉각한 온도에서의 용해도보다 많이 녹아 있던 용질이 석출된다.

석출되는 용질의 양	=	처음 온도에서 녹아 있던 용질의 양	−	냉각한 온도에서 최대로 녹을 수 있는 용질의 양

4 기체의 용해도 : 온도와 압력의 영향을 많이 받는다. ⇨ 기체의 용해도를 표시할 때는 온도와 압력을 함께 표시한다.

(1) 온도에 따른 기체의 용해도 : 온도가 높을수록 용해도가 감소한다. ⇨ 기포가 많이 발생한다.

① 온도 : A<B

② 기포 발생량 : A<B

③ 기체의 용해도 : A>B

㉾ 여름철 수온이 높아지면 물고기가 수면 위로 입을 내밀고 뻐끔거린다.

▲ 온도에 따른 기체의 용해도

(2) 압력에 따른 기체의 용해도 : 압력이 낮을수록 용해도가 감소한다. ⇨ 기포가 많이 발생한다.

① 압력 : A>B

② 기포 발생량 : A<B

③ 기체의 용해도 : A>B

㉾ 깊은 바닷속에 있던 잠수부가 갑자기 수면 위로 올라오면 혈액 속 질소 기체가 기포를 형성하여 통증을 유발하는 잠수병이 나타난다.

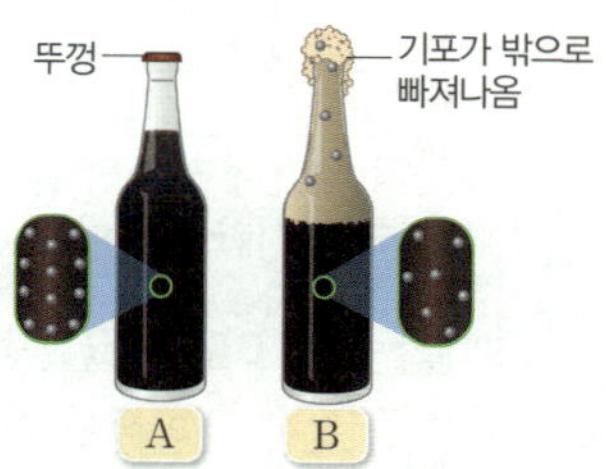

▲ 압력에 따른 기체의 용해도

(3) 기체의 종류에 따른 기체의 용해도 : 기체의 종류에 따라 물에 대한 용해도가 다르다.

① 물에 잘 녹는 기체 : 암모니아, 염화 수소, 이산화 황 등

② 물에 잘 녹지 않는 기체 : 수소, 산소, 질소, 헬륨, 이산화 탄소 등

STEAM

죽음의 호수, 니오스호

1986년 8월 25일 아프리카의 카메룬에 있는 니오스호 근처에서 많은 사람들과 가축들이 죽는 사건이 발생했다. 이는 지난 수백 년 동안 니오스호 바닥의 분화구에서 발생한 이산화 탄소가 호수의 압력에 의해 녹아 있다가 산사태 등으로 인해 호수 아래쪽의 물이 위쪽으로 올라오면서 압력이 낮아져 이산화 탄소가 한꺼번에 방출되었기 때문이다. 이때 방출된 밀도가 큰 이산화 탄소가 마을을 뒤덮으면서 산소를 차단하여 많은 피해가 발생했다.

▲ 니오스호

4 녹는점, 어는점, 끓는점

1 녹는점과 어는점

(1) 녹는점 : 고체가 액체로 변할 때 일정하게 유지되는 온도이다. ㉾ 1기압에서 얼음의 녹는점은 0 ℃

(2) 어는점 : 액체가 고체로 변할 때 일정하게 유지되는 온도이다. ㉾ 1기압에서 물의 어는점은 0 ℃

(3) 녹는점과 어는점의 특징

① 물질의 녹는점과 어는점은 같다.

② 물질의 종류에 따라 녹는점과 어는점이 다르다.

③ 같은 물질인 경우, 불꽃의 세기나 양에 관계없이 일정하다.

(4) 녹는점과 어는점의 이용 : 금속을 틀에 부어 굳힐 때 사용하는 틀의 녹는점은 금속보다 높다. 고체 접착제는 녹는점이 낮아서 가열하면 쉽게 녹는다. 등

▲ 시간에 따른 가열과 냉각 곡선

물질	용해도
산소	0.007
암모니아	87.5
이산화 탄소	0.337
질소	0.003
수소	0.0002

온도와 압력에 따른 기체의 용해도 곡선

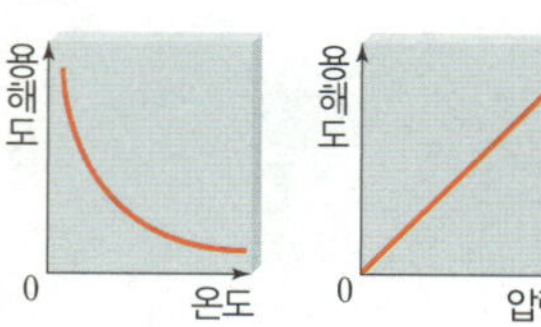

• 온도가 높아질수록 기체의 용해도는 감소한다.

• 압력이 높아질수록 기체의 용해도는 증가한다.

⇨ 기체의 용해도는 온도가 낮을수록, 압력이 높을수록 증가한다.

녹는점, 어는점, 끓는점에서 온도가 일정한 까닭

• 가해 준 열이 모두 상태 변화에 사용되기 때문에 녹는점과 끓는점에서 온도가 일정하다.

• 액체가 어는 동안 열을 방출하기 때문에 어는점에서 온도가 일정하다.

여러 가지 물질의 녹는점과 어는점 (1기압)

물질	온도(℃)
산소	−219
수은	−39
에탄올	−114
질소	−210
철	1538

여러 가지 물질의 끓는점(1기압)

물질	온도(℃)
구리	2567
산소	−183
아세톤	56
염화 나트륨	1465
질소	−196

2 끓는점

(1) **끓는점** : 액체가 기체로 변할 때 일정하게 유지되는 온도이다. ⑩ 1기압에서 물의 끓는점은 100 ℃

(2) **끓는점의 특징**

① 압력이 일정할 때, 끓는점은 물질의 종류에 따라 다르다.

② 같은 물질인 경우, 끓는점은 불꽃의 세기나 양에 관계없이 일정하다.

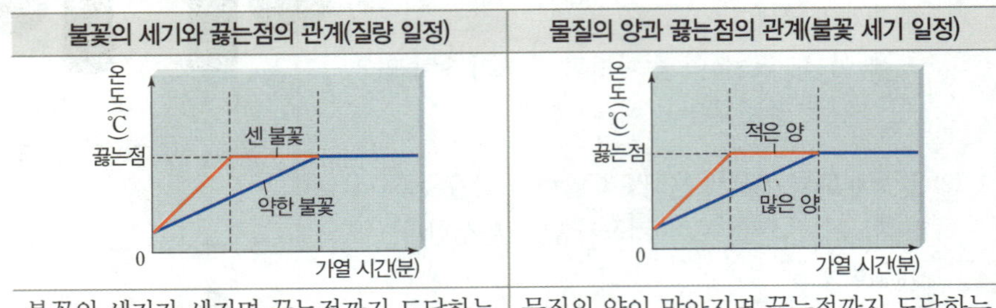

불꽃의 세기가 세지면 끓는점까지 도달하는 데 걸리는 시간이 짧아진다.	물질의 양이 많아지면 끓는점까지 도달하는 데 걸리는 시간이 길어진다.

(3) **끓는점의 이용** : 끓는점이 매우 낮은 질소를 이용하여 혈액을 냉동 보관한다. 끓는점이 높은 윤활유를 이용하여 뜨거운 기계를 부드럽게 작동한다. 등

(4) **외부 압력과 끓는점의 관계** : 끓는점은 주위의 압력에 따라 달라진다.

① 외부 압력이 높을 때 : 물질의 끓는점이 높아진다. ⑩ 압력솥에 밥을 지으면 일반 밥솥이나 냄비보다 쌀이 빨리 익는다.

② 외부 압력이 낮을 때 : 물질의 끓는점이 낮아진다. ⑩ 높은 산에서 밥을 지으면 쌀이 설익는다.

5 혼합물의 녹는점, 어는점, 끓는점

1 혼합물의 녹는점, 어는점, 끓는점 : 순물질은 녹는점, 어는점, 끓는점이 일정하지만 혼합물은 녹는점, 어는점, 끓는점이 일정하지 않기 때문에 이러한 특징을 이용하여 순물질과 혼합물을 구별할 수 있다.

혼합물의 녹는점을 이용한 예

- 땜납 : 납과 주석을 섞어서 만든 땜납은 납보다 녹는점이 낮기 때문에 전기 회로를 연결하는 데 이용한다.
- 퓨즈 : 납과 주석을 섞어서 만든 퓨즈는 전류가 세게 흐를 때 쉽게 녹기 때문에 전류를 차단하는 데 이용한다.

2 순물질(물)과 혼합물(소금물)의 어는점 : 소금물은 물의 어는점인 0 ℃보다 낮은 온도에서 얼기 시작하며, 어는 동안 온도가 계속 낮아진다. ⑩ 도로가 어는 것을 방지하기 위해 눈이 내린 길에 염화 칼슘을 뿌린다. 겨울철 자동차의 냉각수가 어는 것을 방지하기 위해 부동액을 넣는다. 등

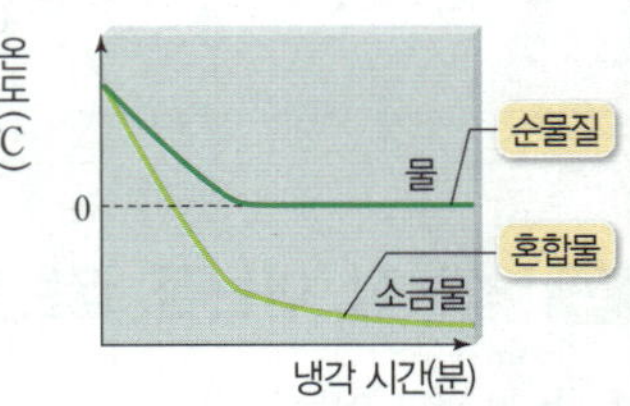

▲ 물과 소금물의 냉각 곡선

3 순물질(물)과 혼합물(소금물)의 끓는점 : 소금물은 물의 끓는점인 100 ℃보다 높은 온도에서 끓기 시작하며, 끓는 동안 온도가 계속 높아진다. ⑩ 라면을 끓일 때 라면 스프를 먼저 넣는다. 달걀을 삶을 때 물에 소금을 조금 넣어 준다. 등

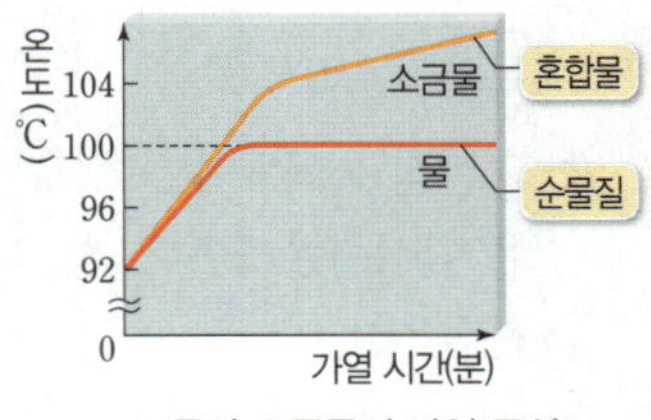

▲ 물과 소금물의 가열 곡선

★ **이것이 핵심!!**

1. 색깔, 냄새, 맛, 녹는점, 어는점, 끓는점, 밀도, 용해도 등은 그 물질만이 갖는 고유한 성질인 물질의 특성이다.
2. 순물질은 녹는점, 어는점, 끓는점이 일정하지만 혼합물은 일정하지 않다.

탐구 A 여러 가지 물질의 밀도 측정

실험 설계하기

[실험 1] 알루미늄과 구리의 밀도 측정	[실험 2] 물과 에탄올의 밀도 측정
❶ 전자저울을 이용하여 크기가 다른 알루미늄 조각 2개의 질량을 각각 측정한다.	❶ 전자저울을 이용하여 빈 비커의 질량을 측정한다.
❷ 눈금실린더에 물을 넣은 후 알루미늄 조각을 실에 매달아 물속에 넣고, 늘어난 부피를 측정한다. 이때 늘어난 부피가 알루미늄 조각의 부피이다.	❷ 빈 비커에 물 10 mL, 20 mL를 각각 넣었을 때의 질량을 측정한다.
❸ 크기가 다른 구리 조각 2개를 가지고 ❶과 ❷의 과정을 수행한다.	❸ 에탄올 10 mL, 20 mL를 가지고 ❶과 ❷의 과정을 수행한다.

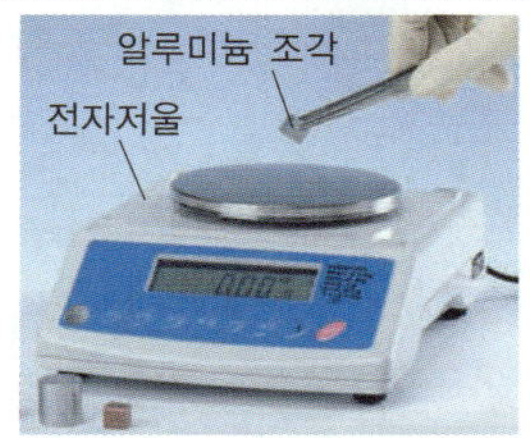

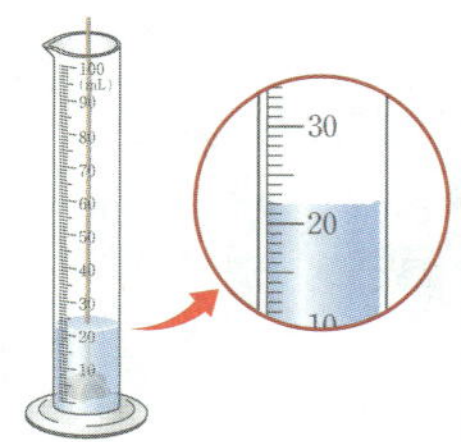

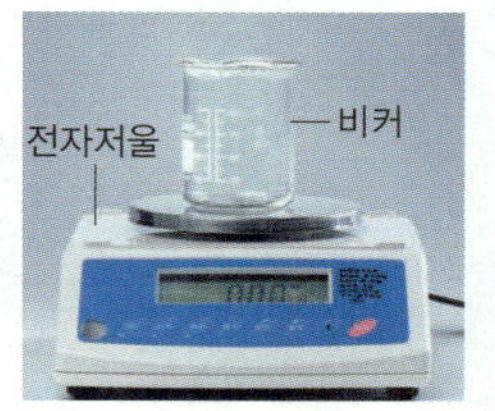

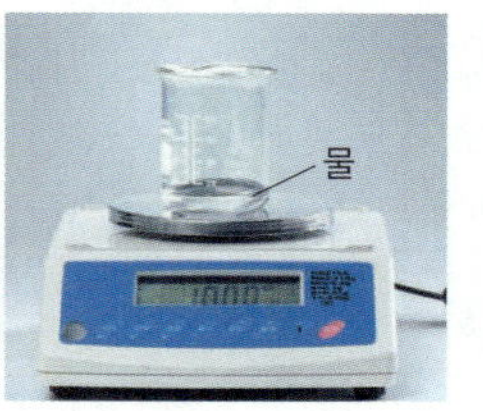

결과 분석하기

구분	[실험 1]				[실험 2]			
	알루미늄		구리		물		에탄올	
	큰 조각	작은 조각	큰 조각	작은 조각				
질량(g)	27.0	5.4	89.6	17.92	10	20	7.9	15.8
부피(mL)	10.0	2.0	10.0	2.0	10	20	10	20
밀도(g/mL)	2.7		8.96		1		0.79	

스스로 정리하기

1 물질의 질량이 달라질 때 부피는 어떻게 변하는지 설명해 보자.

물질의 질량이 클수록 물질의 부피는 (　　　)진다.

2 밀도가 물질을 구별할 수 있는 물질의 특성이 될 수 있는지 설명해 보자.

물질의 질량이 커질(작아질) 때 물질의 부피도 함께 커(작아)지기 때문에 같은 물질일 경우 질량이나 부피가 변하더라도 밀도는 (㉠　　　)하고, 물질의 종류에 따라 밀도가 (㉡　　　). 따라서 밀도는 물질을 구별할 수 있는 물질의 특성이 될 수 (㉢　　　)다.

🔍 **탐구 핵심** 밀도는 물질마다 고유한 값을 가지며, 같은 물질인 경우 물질의 질량이나 부피에 관계없이 일정하다.

탐구 B 고체의 용해도 측정

● 실험 설계하기

❶ 시험관 4개에 각각 물을 10 g씩 넣은 다음, 질산 칼륨을 6 g, 9 g, 12 g, 15 g씩 넣는다.

❷ 스타이로폼 판지에 ❶의 시험관 4개와 온도계를 고정하고 물이 들어 있는 비커에 넣는다.

❸ 질산 칼륨이 모두 녹을 때까지 물중탕으로 가열한다.

❹ 질산 칼륨이 모두 녹으면 비커를 가열 장치에서 내려놓고, 그대로 두어 식히면서 각 시험관에서 흰색 고체가 생기기 시작하는 온도를 측정한다.

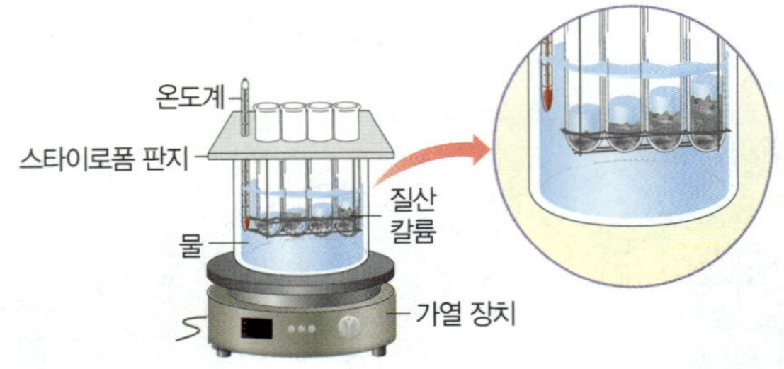

● 결과 분석하기

물 10 g에 녹인 질산 칼륨의 양(g)	6	9	12	15
고체가 생기기 시작하는 물의 온도(℃)	38	53	65	75

• 질산 칼륨의 질량이 많은 시험관부터 결정이 생기기 시작한다.
• 결정이 생기기 시작할 때 용액은 포화 상태이므로 이때 그 온도에서의 용해도를 알 수 있다.

● 스스로 정리하기

1 각 온도에서 나타나는 질산 칼륨의 용해도를 구해 보자.

38 ℃ 물 10 g에 최대로 녹을 수 있는 질산 칼륨의 질량이 (㉠   ) g이므로 38 ℃ 물 100 g에 최대로 녹을 수 있는 질산 칼륨의 양은 (㉡   ) g이다. 따라서 38 ℃에서 질산 칼륨의 용해도는 (㉢   )이다.

각 온도에서 질산 칼륨의 용해도는 다음과 같다.

고체가 생기기 시작하는 온도(℃)	38	53	65	75
용해도(g/100 g)	(㉣)	(㉤)	(㉥)	(㉦)

2 일정한 양의 물에 녹는 질산 칼륨의 양과 물의 온도 사이의 관계에 대해 설명해 보자.

물의 양이 일정할 때 물의 온도가 높아질수록 물에 녹는 질산 칼륨의 양이 점점 (   )진다.

🔍 **탐구 핵심** 온도가 일정할 때, 같은 용매에 대한 용해도는 용질의 종류에 따라 다르고, 용매의 양이 일정할 때 온도가 높아질수록 고체의 용해도는 증가한다.

탐구 Ⓒ 액체의 끓는점 측정

실험 설계하기

❶ 가지 달린 시험관에 메탄올 10 mL와 끓임쪽 2~3개를 넣는다.

❷ 온도계의 끝부분이 시험관의 가지 끝에 오도록 고무마개를 시험관에 설치한다.

❸ 시험관의 가지 끝에는 고무관을 연결하고, 그 끝에는 또 다른 시험관을 연결하여 찬물에 담가 놓는다.

❹ 비커에 물을 반쯤 넣고 시험관을 담근 후 가열한다.

❺ 가열이 시작되면 30초 간격으로 시험관 속의 온도를 측정한다.

❻ 메탄올이 끓기 시작하는 온도를 기록하고, 그 이후로 1분 정도 더 가열한 후 불을 끈다.

❼ ❶~❻의 과정을 메탄올 20 mL, 에탄올 10 mL, 에탄올 20 mL에 대해서도 반복적으로 수행한다.

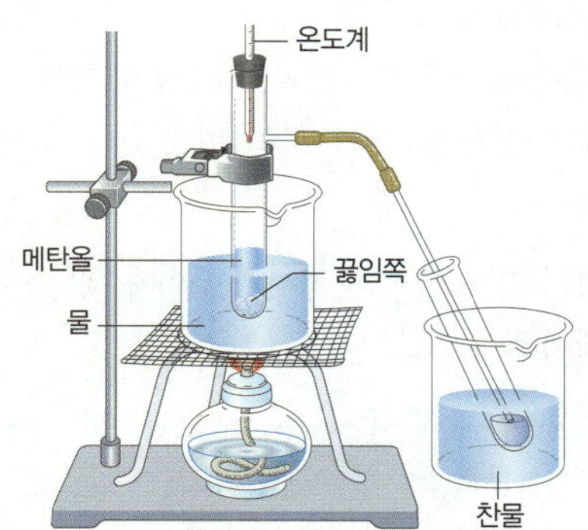

결과 분석하기

• 메탄올의 가열 곡선

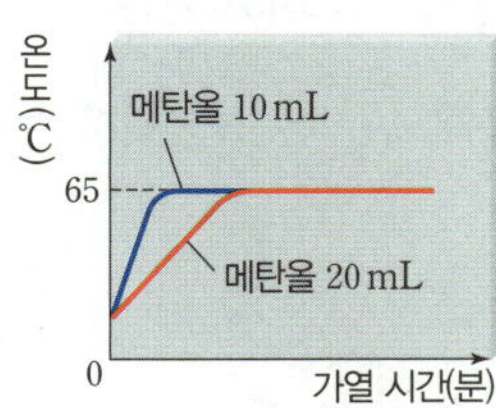

• 에탄올의 가열 곡선

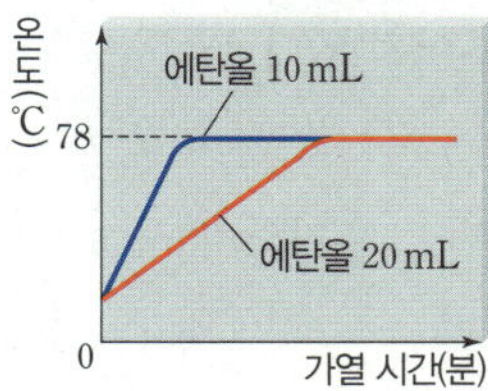

스스로 정리하기

1 메탄올과 에탄올의 끓는점을 써 보자.

메탄올의 끓는점은 (㉠　　　) ℃, 에탄올의 끓는점은 (㉡　　　) ℃이다.

2 메탄올과 에탄올의 부피 변화와 끓는점의 관계를 설명해 보자.

메탄올과 에탄올 모두 부피가 달라져도 끓는점은 (㉠　　　　)하지만, 부피가 커질 경우 끓는점에 도달하는 시간이 (㉡　　　　)진다.

3 끓는점이 물질을 구별할 수 있는 물질의 특성이 될 수 있는지 설명해 보자.

물질의 (㉠　　　　)에 따라 끓는점이 다르고, 같은 물질이면 물질의 부피가 달라져도 끓는점은 일정하므로 끓는점은 물질을 구별할 수 있는 물질의 특성이 될 수 (㉡　　　)다.

🔍 **탐구 핵심** 끓는점은 물질의 종류에 따라 다르고, 같은 물질인 경우에는 물질의 부피가 달라져도 끓는점이 일정하다. 따라서 끓는점은 물질을 구별할 수 있는 물질의 특성이다.

개념 확인 문제

※ 다음 글의 빈칸에 알맞은 말을 쓰거나 고르시오.

1 순물질과 혼합물

01 한 종류의 물질로만 이루어진 물질을 (㉠　　　), 두 종류 이상의 물질이 섞여 있는 물질을 (㉡　　　)이라고 한다.

02 여러 가지 물질 중에서 (1), (2)에 해당하는 경우를 |보기|에서 모두 고르시오.

보기
ㄱ. 산소　　ㄴ. 물　　ㄷ. 공기
ㄹ. 다이아몬드　ㅁ. 식초　ㅂ. 탄산음료
ㅅ. 염화 나트륨　ㅇ. 이산화 탄소　ㅈ. 우유

(1) 순물질 : (　　　　　)

(2) 혼합물 : (　　　　　)

03 순물질과 혼합물에 대한 설명으로 옳은 것은 ○, 옳지 않은 것은 ✕로 표시하시오.

(1) 순물질은 한 종류의 원소로만 이루어져 있다.
(　○, ✕　)

(2) 혼합물은 성분 물질의 성질을 그대로 유지하며 섞여 있다.
(　○, ✕　)

(3) 혼합물은 성분 물질이 항상 균일하게 섞여 있다.
(　○, ✕　)

04 색깔, 냄새, 녹는점, 어는점, 끓는점, 밀도, 용해도 등은 그 물질만이 갖는 고유한 성질인 (　　　　　)이다.

2 밀도

05 물질의 단위 부피당 질량을 (　　　)라고 한다.

06 밀도는 물질의 종류에 따라 (같은, 다른) 값을 가진다.

07 밀도가 (㉠ 큰, 작은) 물질은 위로 뜨고, 밀도가 (㉡ 큰, 작은) 물질은 아래로 가라앉는다.

08 부피가 같을 때, 질량이 클수록 밀도가 (크다, 작다).

09 질량이 같을 때, 부피가 클수록 밀도가 (크다, 작다).

10 밀도에 대한 설명으로 옳은 것은 ○, 옳지 않은 것은 ✕로 표시하시오.

(1) 물질의 질량이 클수록 밀도가 크다. (　○, ✕　)

(2) 기체의 밀도는 압력의 영향을 많이 받는다. (　○, ✕　)

(3) 혼합물은 성분 물질의 혼합 비율에 따라 밀도가 달라진다.
(　○, ✕　)

(4) 구명조끼는 물보다 밀도가 큰 성질을 이용한 것이다.
(　○, ✕　)

3 용해도

11 한 물질이 다른 물질에 녹아 고르게 섞이는 현상을 (㉠　　　)라고 하고, 용질과 용매가 고르게 섞여 있는 물질을 (㉡　　　)이라고 한다.

12 설탕물에서 설탕은 (㉠ 용매, 용질), 물은 (㉡ 용매, 용질)이다.

13 어떤 온도에서 일정한 양의 용매에 용질이 최대로 녹아 있는 용액을 (　　　) 용액이라고 한다.

14 용해도는 일정한 온도에서 용매 (　　　) g에 최대로 녹을 수 있는 용질의 g 수이다.

15 용해도에 대한 설명으로 옳은 것은 ○, 옳지 않은 것은 ✕로 표시하시오.

(1) 고체의 용해도는 대부분 온도가 높을수록 크다.
(　○, ✕　)

(2) 용해도 곡선에서 곡선의 기울기가 클수록 온도 변화에 따른 용해도 차이가 작다.　(　○, ✕　)

(3) 기체의 용해도는 온도가 낮을수록, 압력이 높을수록 크다.
(　○, ✕　)

4 녹는점, 어는점, 끓는점

16 고체 물질이 녹는 동안 일정하게 유지되는 온도를 (　　　　)이라고 한다.

17 액체 물질이 끓는 동안 일정하게 유지되는 온도를 (　　　　)이라고 한다.

18 순물질의 녹는점, 어는점, 끓는점에 대한 설명으로 옳은 것은 ○, 옳지 않은 것은 ✕로 표시하시오.

(1) 순물질의 녹는점과 어는점은 항상 같다. (　○, ✕　)

(2) 같은 물질이라도 물질의 양이 많을수록 녹는점과 끓는점이 높아진다.　(　○, ✕　)

(3) 같은 물질이라도 외부 압력이 높을수록 물질의 끓는점이 높아진다.　(　○, ✕　)

5 혼합물의 녹는점, 어는점, 끓는점

19 혼합물은 녹는점, 어는점, 끓는점이 (일정하다, 일정하지 않다).

20 겨울철 자동차의 냉각수에 부동액을 넣는 것은 부동액의 (㉠　　　)이 물보다 (㉡ 높, 낮)기 때문이다.

21 달걀을 삶을 때 물에 소금을 조금 넣어 주는 것은 소금물의 (㉠　　　)이 물보다 (㉡ 높, 낮)기 때문이다.

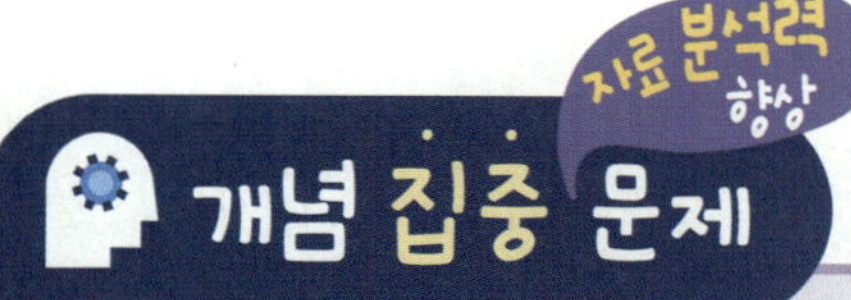

● 밀도

물질이 단위 부피당 갖는 질량

$$\text{밀도} = \frac{\text{질량}}{\text{부피}}\ (\text{g/mL},\ \text{g/cm}^3,\ \text{kg/m}^3) \Rightarrow \text{부피} = \frac{\text{질량}}{\text{밀도}},\ \text{질량} = \text{밀도} \times \text{부피}$$

(1) 밀도는 물질의 종류에 따라 다르고, 같은 물질인 경우 물질의 양에 관계없이 밀도가 일정하다.
(2) 밀도가 큰 물질은 밀도가 작은 물질 아래로 가라앉고, 밀도가 작은 물질은 밀도가 큰 물질 위로 뜬다.

● 밀도

[1~2] 그림과 같이 50 mL의 물에 질량이 300 g인 돌멩이를 넣었더니 물의 높이가 변했다.

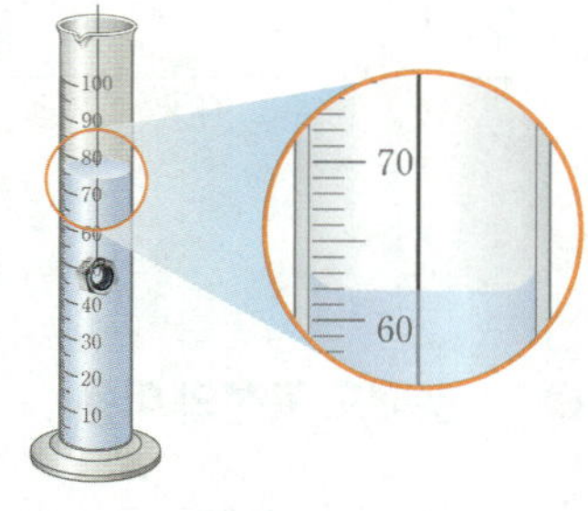

1 돌멩이의 부피는 몇 mL인가?

2 돌멩이의 밀도는 몇 g/mL인가?

[3~4] 그림은 고체 물질 A~E의 부피와 질량을 나타낸 것이다.

3 A~E 중 밀도가 가장 큰 물질과 가장 작은 물질을 각각 쓰시오.

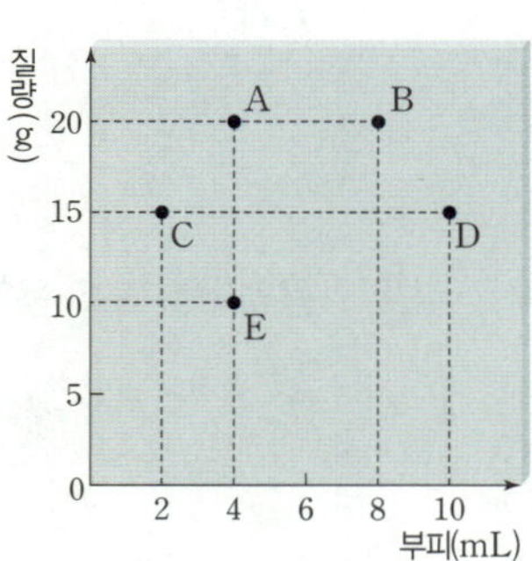

4 A~E 중 같은 물질을 쓰시오.

5 그림은 몇 가지 고체 물질과 액체 물질을 컵에 넣었을 때의 모습을 나타낸 것이다. 물질의 밀도를 비교하여 부등호로 나타내시오.

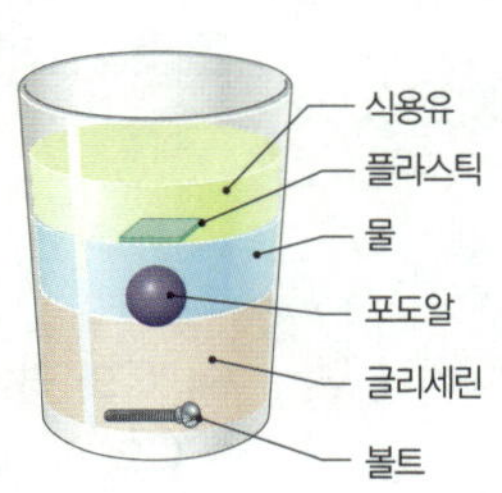

◉ 용해도

일정한 온도에서 용매 100 g에 최대로 녹을 수 있는 용질의 g 수

◉ 용해도 곡선

온도에 따른 고체 물질의 용해도 변화를 나타낸 그래프

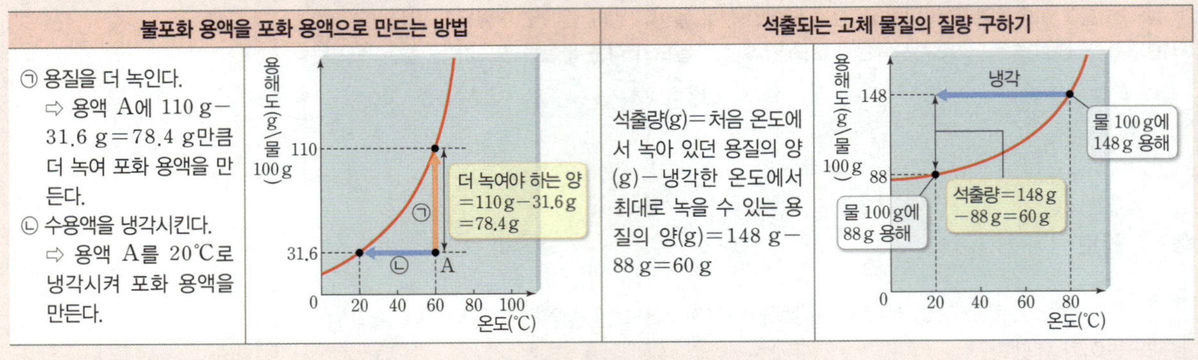

불포화 용액을 포화 용액으로 만드는 방법	석출되는 고체 물질의 질량 구하기
㉠ 용질을 더 녹인다. 　⇨ 용액 A에 110 g−31.6 g=78.4 g만큼 더 녹여 포화 용액을 만든다. ㉡ 수용액을 냉각시킨다. 　⇨ 용액 A를 20 ℃로 냉각시켜 포화 용액을 만든다.	석출량(g)=처음 온도에서 녹아 있던 용질의 양(g)−냉각한 온도에서 최대로 녹을 수 있는 용질의 양(g)=148 g−88 g=60 g

용해도 곡선의 이용

[1~3] 그림은 물 100 g에 어떤 물질 X를 녹인 용액 A와 B를 물질 X의 용해도 곡선에 나타낸 것이다.

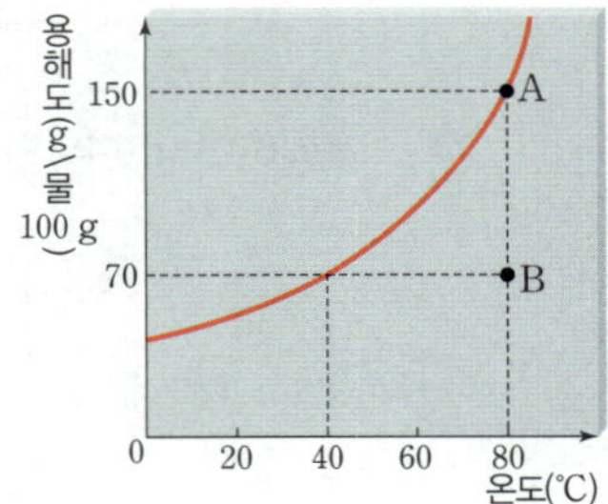

1 용액 A에 녹아 있는 물질 X의 양은 몇 g인가?

2 용액 A의 온도를 40 ℃로 냉각시켰을 때 석출되는 물질 X의 양은 몇 g인가?

3 용액 B를 포화 용액으로 만들기 위해 필요한 물질 X의 양은 몇 g인가?

4 80 ℃의 물 100 g에 질산 칼륨 120 g이 녹아 있는 용액을 60 ℃로 냉각시켰을 때 석출되는 질산 칼륨의 양은 몇 g인가? (단, 60 ℃와 80 ℃에서 질산 칼륨의 용해도(g/물 100 g)는 각각 109.2와 169이다.)

5 80 ℃의 물 50 g에 질산 나트륨 74 g이 녹아 있는 용액을 20 ℃로 냉각시켰을 때 석출되는 질산 나트륨의 양은 몇 g인가? (단, 20 ℃와 80 ℃에서 질산 나트륨의 용해도(g/물 100 g)는 각각 88과 148이다.)

6 60 ℃의 염화 나트륨 포화 용액 274 g을 0 ℃로 냉각시켰을 때 석출되는 염화 나트륨의 양은 몇 g인가? (단, 0 ℃와 60 ℃에서 염화 나트륨의 용해도(g/물 100 g)는 각각 35.6과 37이다.)

화학

06 혼합물의 분리

핵심 용어
- ☐ 증류
- ☐ 밀도 차
- ☐ 재결정
- ☐ 크로마토그래피

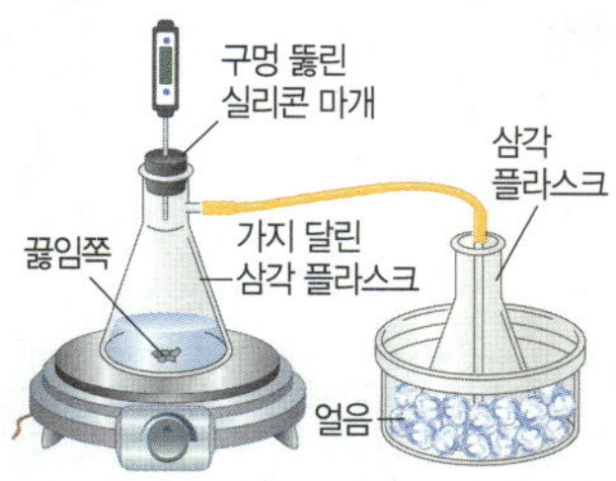

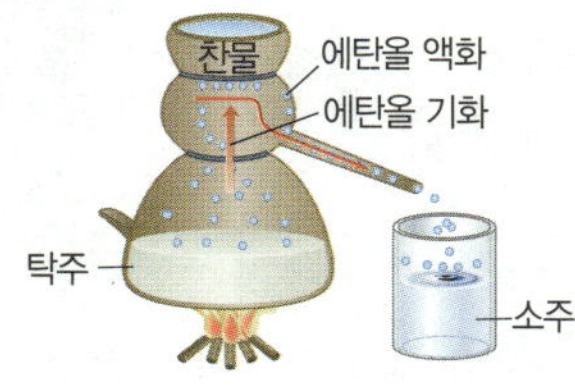

1 끓는점 차를 이용한 혼합물의 분리

1 증류 : 액체 상태의 혼합물을 가열할 때 끓어 나오는 기체를 냉각하여 순수한 액체를 얻는 방법이다. ⇨ 끓는점이 다른 물질이 섞여 있는 액체 상태의 혼합물을 분리할 때 이용한다.

(1) **원리** : 액체 상태의 혼합물에 열을 가하면 끓는점이 낮은 물질이 먼저 끓어 나오고, 끓어 나온 기체 물질을 냉각하면 액화되어 순수한 액체를 얻을 수 있다.

(2) **특징** : 성분 물질의 끓는점 차가 클수록 분리가 잘 되며, 액체와 고체의 혼합물, 액체와 액체의 혼합물 모두 분리할 수 있다.

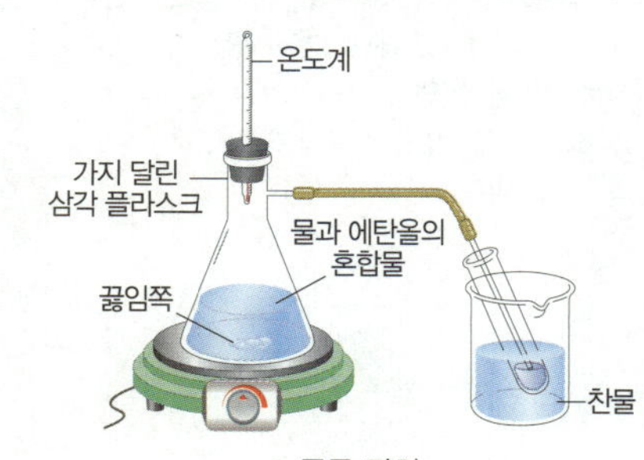

▲ 증류 장치

2 끓는점 차이를 이용한 분리의 예

(1) **바닷물에서 식수 얻기** : 바닷물이 태양열에 의해 가열되면 증발된 수증기가 지붕에 닿아 물로 액화되고, 지붕을 타고 흘러내려와 모인 물을 식수로 사용할 수 있다.

(2) **탁주에서 소주 얻기** : 탁주를 소줏고리에 넣고 가열하면 끓는점이 낮은 에탄올이 먼저 끓어 나오고, 끓어 나온 에탄올은 찬물이 담긴 그릇에 닿아 액화되어 소줏고리의 입구로 흘러나와 맑은 소주를 얻을 수 있다.

(3) **물과 에탄올 혼합물의 분리** : 물과 에탄올 혼합물을 가열하면 끓는점이 낮은 에탄올이 먼저 끓어 나오고, 끓는점이 높은 물은 나중에 끓어 나온다.

A 구간	물과 에탄올 혼합물의 온도가 높아진다.
B 구간	끓는점이 낮은 에탄올이 먼저 끓어 나온다.
C 구간	물의 온도가 높아진다.
D 구간	물이 끓어 나온다.

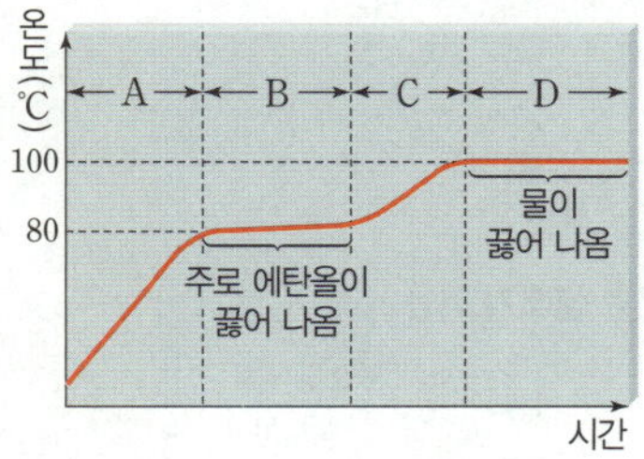

(4) **원유의 분리** : 원유를 높은 온도로 가열하여 증류탑으로 보내면, 끓는점이 낮은 물질은 계속해서 위로 올라가지만, 끓는점이 높은 물질은 아래쪽에서 액화된다.

▲ 원유의 분리와 이용

Note

증류 장치를 이용하여 식초에서 물 분리하기

식초는 아세트산을 물에 녹인 용액이므로 약 100 ℃의 온도에서 물이 먼저 끓어 나와 분리된다.

소줏고리의 원리

용어

원유

땅속에서 뽑아낸 가공하지 않는 기름이다.

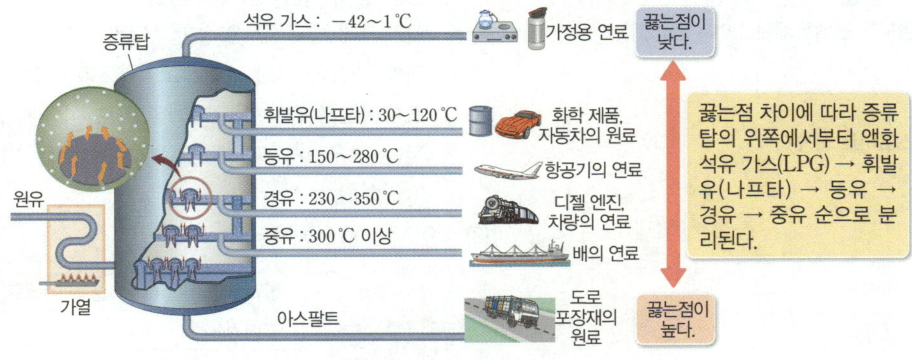

키질

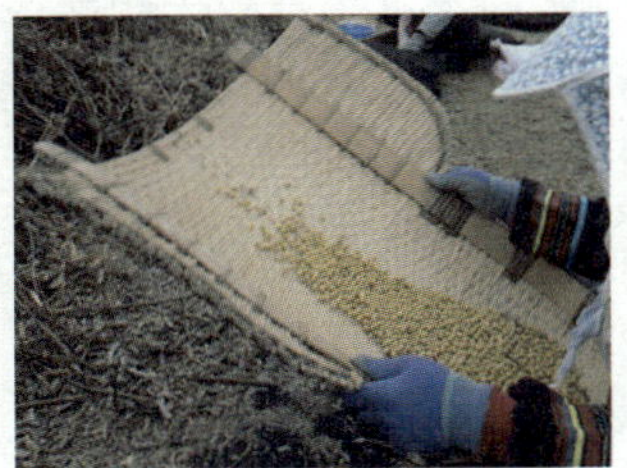

키에 불순물이 섞인 곡식을 담아 키질을 하면 밀도가 작은 쭉정이는 날아가고, 밀도가 큰 흙이나 모래는 키 안쪽에 남아서 키 가운데에 모여 있는 곡식을 분리할 수 있다.
⇨ 흙, 모래의 밀도＞곡식의 밀도＞쭉정이의 밀도

2 밀도 차를 이용한 혼합물의 분리

1 고체 혼합물의 분리 : 두 가지 이상의 밀도가 다른 고체 혼합물은 두 물질을 모두 녹이지 않고, 밀도가 두 물질의 중간 정도인 액체 속에 넣어 분리한다.

(1) **원리** : 액체보다 밀도가 작은 물질은 위로 뜨고, 밀도가 큰 물질은 아래로 가라앉기 때문에 물질을 분리할 수 있다.

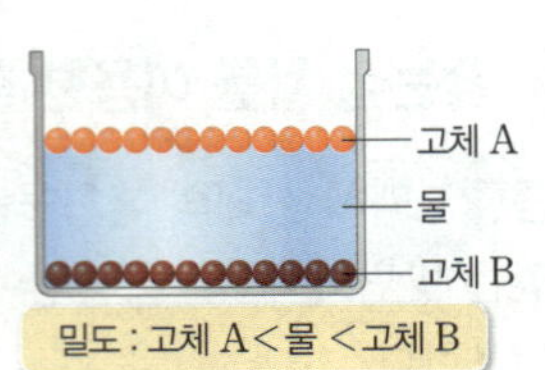

(2) 밀도 차를 이용한 고체 혼합물 분리의 예

좋은 볍씨 고르기	(그림)	소금물에 볍씨를 넣으면, 속이 찬 좋은 볍씨는 가라앉고 속이 차지 않은 쭉정이는 뜬다. ⇨ 좋은 볍씨의 밀도＞쭉정이의 밀도
신선한 달걀 고르기	(그림)	소금물에 달걀을 넣으면, 신선한 달걀은 가라앉고 오래된 달걀은 뜬다. ⇨ 신선한 달걀의 밀도＞오래된 달걀의 밀도
사금 채취하기	(그림)	사금이 섞여 있는 모래를 쟁반에 담아 흐르는 물속에서 흔들면, 사금은 쟁반에 남고 모래는 씻겨 나간다. ⇨ 사금의 밀도＞모래의 밀도
모래와 톱밥 분리하기	(그림)	모래와 톱밥 혼합물을 물에 넣으면, 모래는 가라앉고 톱밥은 뜬다. ⇨ 모래의 밀도＞톱밥의 밀도
모래와 스타이로폼 분리하기	(그림)	모래와 스타이로폼 혼합물을 물에 넣으면, 모래는 가라앉고 스타이로폼은 뜬다. ⇨ 모래의 밀도＞스타이로폼의 밀도

분별 깔때기 이용

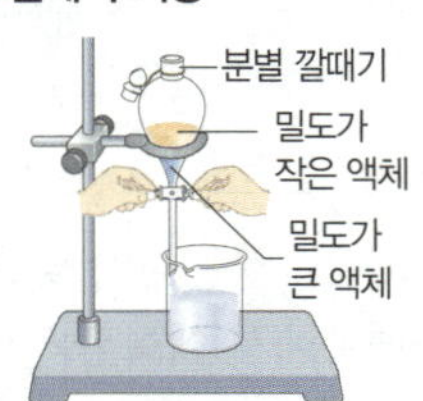

밀도가 큰 액체 물질을 먼저 분리한다.

스포이트 이용

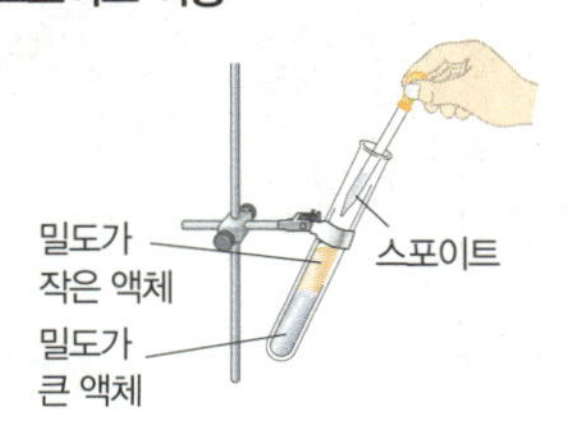

밀도가 작은 액체 물질을 먼저 분리한다.

2 액체 혼합물의 분리 : 서로 섞이지 않고 밀도가 다른 액체 혼합물은 분별 깔때기나 스포이트를 이용하여 분리한다.

(1) **원리** : 밀도가 작은 액체는 위로 뜨고, 밀도가 큰 물질은 아래로 가라앉아 층을 이루기 때문에 물질을 분리할 수 있다.

(2) **분리 방법**

① 분별 깔때기를 이용하는 방법 : 서로 섞이지 않고 밀도가 다른 액체 혼합물을 분별 깔때기에 넣은 후 일정한 시간이 지나 액체가 층을 이루면, 밀도가 큰 아래층의 액체 물질을 먼저 분리하고, 밀도가 작은 위층의 액체 물질은 나중에 분리한다.

② 스포이트를 이용하는 방법 : 서로 섞이지 않고 밀도가 다른 액체 혼합물의 양이 적을 경우, 시험관에 넣고 스포이트로 위층에 떠 있는 액체 물질을 덜어 내어 분리한다.

(3) 섞이지 않는 액체 혼합물의 예

액체 혼합물	물과 식용유	물과 에테르	물과 사염화 탄소	물과 수은
밀도가 작은 액체	식용유	에테르	물	물
밀도가 큰 액체	물	물	사염화 탄소	수은

(4) 밀도 차를 이용한 액체 혼합물 분리의 예

바다에 유출된 기름 제거		바다에 유출된 기름은 바닷물과 섞이지 않고 위에 뜨므로, 기름이 퍼지지 않게 기름막이(오일펜스)를 설치하고 흡착포나 뜰채로 기름을 제거한다. ⇨ 바닷물의 밀도＞기름의 밀도
사골국에 떠 있는 기름 제거		사골국을 끓이면 고기에서 나온 기름이 뜨므로, 국자를 이용해 국물 위에 뜬 기름을 걷어 내고 아래쪽의 국물을 먹는다. ⇨ 국물의 밀도＞기름의 밀도

★ 이것이 핵심!!

1. 끓는점 차를 이용한 혼합물의 분리에서는 끓는점이 낮은 물질이 먼저 분리된다.
2. 밀도가 큰 물질은 아래로, 밀도가 작은 물질은 위로 분리되므로 밀도 차를 이용하여 혼합물을 분리할 수 있다.

③ 용해도 차에 의한 재결정을 이용한 혼합물의 분리

1 재결정 : 불순물이 포함된 고체를 용매에 녹인 후 용액의 온도를 낮추거나 용매를 증발시켜 순수한 고체를 얻는 방법이다. ⇨ 원리 : 혼합물을 이루는 성분 물질의 용해도 차로 인해 석출되는 순수한 결정을 분리할 수 있다.

2 재결정을 이용한 혼합물 분리의 예

(1) 순수한 질산 칼륨 분리하기
　① 염화 나트륨이 소량 섞여 있는 질산 칼륨을 높은 온도의 물에 모두 녹인다.
　② 용액을 서서히 냉각하면, 온도에 따른 용해도 차가 큰 질산 칼륨은 석출되지만, 소량의 염화 나트륨은 용해도보다 적게 녹아 있어 석출되지 않고 그대로 물에 녹아 있다.

[예시]
- 80 ℃에서 질산 칼륨과 염화 나트륨의 용해도는 각각 169, 38.4이다. 따라서 질산 칼륨 100 g과 염화 나트륨 20 g이 섞인 혼합물을 80 ℃의 물에 넣으면 모두 녹는다.
- 20 ℃에서 질산 칼륨과 염화 나트륨의 용해도는 각각 31.6과 36이다. 따라서 서서히 냉각하면 질산 칼륨은 석출되지만 염화 나트륨은 석출되지 않는다.
　⇨ 질산 칼륨 석출량 : $100 g - 31.6 g = 68.4 g$

(2) 천일염에서 깨끗한 소금 얻기 : 염전에서 얻은 천일염에는 흙, 티끌과 같은 불순물이 섞여 있으므로 천일염을 물에 녹이고 물에 녹지 않은 불순물을 거름 장치로 제거한 후, 거른 용액을 증발시키면 깨끗한 소금을 얻을 수 있다.

(3) 합성한 의약품 정제하기 : 해열제나 진통제 등으로 쓰이는 아스피린은 버드나무 껍질에서 얻은 물질을 가공한 후, 재결정을 이용해 순수한 물질을 얻어 의약품으로 만든 것이다.

혈액의 원심 분리

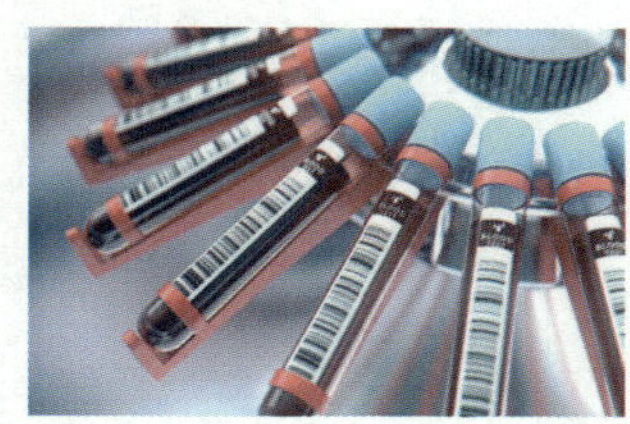

혈액을 원심 분리기에 넣고 회전시키면 밀도가 큰 혈구는 시험관 아래로 가라앉고, 밀도가 작은 혈장은 시험관 위로 뜬다.

염화 나트륨과 붕산의 분리

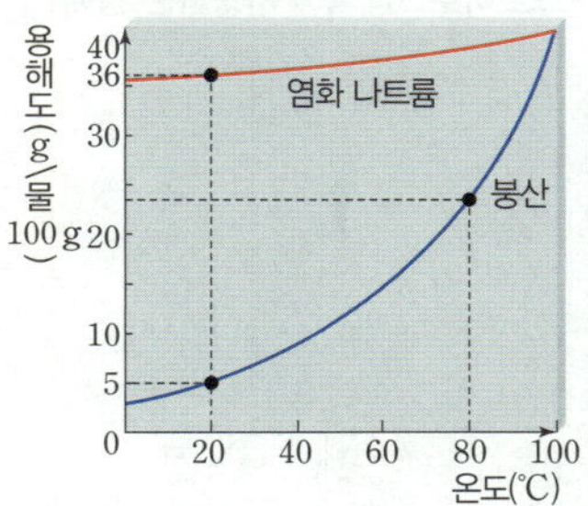

같은 양의 염화 나트륨과 붕산이 섞인 혼합물을 높은 온도의 물에 모두 녹인 후, 서서히 냉각하면 온도에 따른 용해도 차가 큰 붕산만 석출된다.

➕ 용어

재결정

고체 결정을 용매에 녹인 다음 냉각하거나 증발시켜 깨끗한 고체 결정을 만드는 방법이다.

(4) **사탕수수에서 설탕 얻기** : 사탕수수 줄기에 포함된 설탕 성분을 물에 녹인 다음 서서히 냉각하면 불순물을 제거한 순수한 설탕을 얻을 수 있다.

▲ 염전 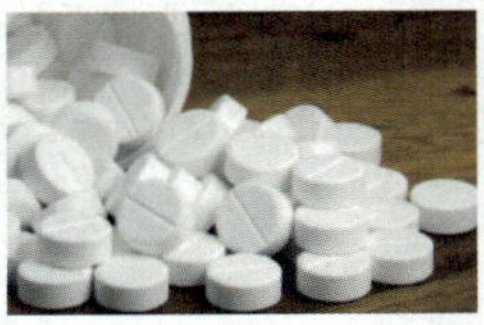　　　　　　▲ 아스피린　　　　　　▲ 사탕수수

더 알아보기

추출 – 혼합물에서 특정 성분만을 녹이는 용매를 사용하여, 성분 물질을 분리하는 방법

|  한약을 물과 함께 약탕기에 넣어 끓인 후 헝겊에 싸서 짜면 용액만 빠져 나온다. |  망에 싸여 있는 티백을 뜨거운 물에 넣으면 차의 성분이 물에 녹아 우러 나온다. | 옷에 묻은 기름 성분의 때를 전용 세제를 이용하여 제거한다. |

4 크로마토그래피를 이용한 혼합물의 분리

1 크로마토그래피 : 혼합물을 이루고 있는 성분 물질이 용매를 따라 이동하는 속도 차를 이용하여 혼합물을 분리하는 방법으로, 혼합된 성분 물질의 수는 크로마토그래피에서 분리되어 나타나는 물질의 수와 같거나 그 이상이다.

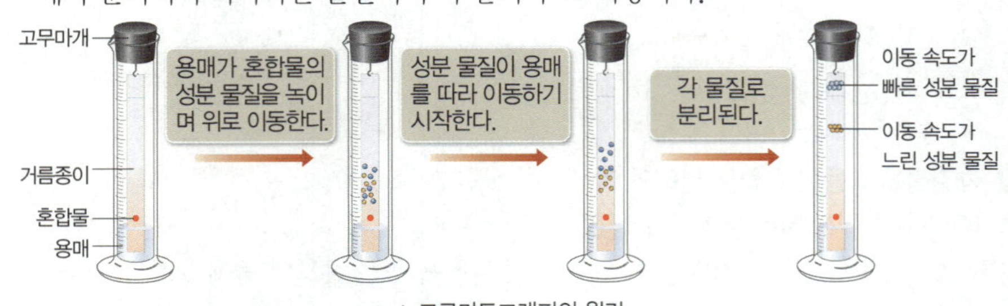

▲ 크로마토그래피의 원리

< 크로마토그래피의 결과 분석 >

- A, C, D : 성분 물질이 한 가지만 나타나므로 순물질로 추측할 수 있다.
- B : 성분 물질이 두 가지 이상 나타나므로 혼합물이며, A와 C의 혼합물로 추측할 수 있다.
- 용매를 따라 이동한 속도 : D < A < C

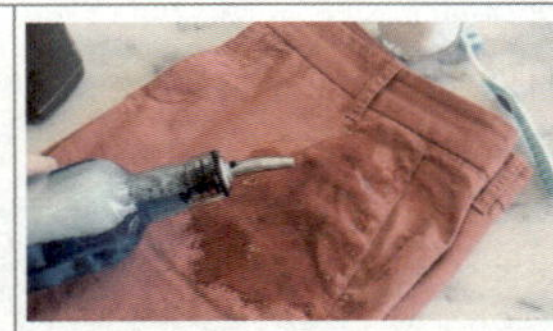

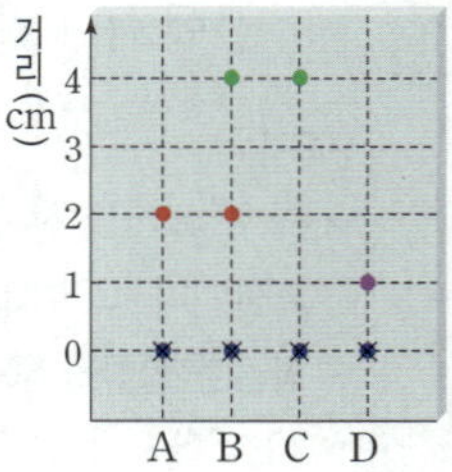

▲ 크로마토그래피 그래프

2 크로마토그래피의 장점

(1) 실험 방법이 간단하고, 짧은 시간에 분리가 가능하다.

(2) 성분의 성질이 비슷하거나 양이 매우 적은 혼합물도 분리가 가능하다.

(3) 혼합물을 이루는 성분이 많아도 한 번에 분리할 수 있다.

3 크로마토그래피를 이용한 혼합물 분리의 예 : 사인펜의 색소 분리, 꽃잎의 색소 분리, 운동선수의 도핑 테스트, 식품의 농약 검사, 혈액이나 소변의 성분 분리 등

★ 이것이 핵심!!

1. 재결정을 이용하여 혼합물을 분리할 때 온도에 따른 용해도 차가 큰 물질이 재결정에 의해 석출된다.
2. 크로마토그래피의 장점은 짧은 시간에 매우 적은 양도 분리 가능하다는 것이다.

크로마토그래피에 사용하는 용매

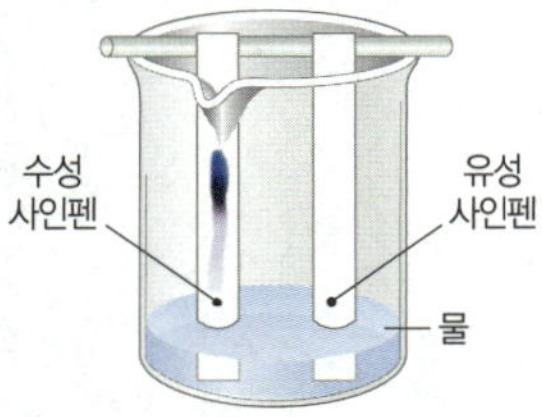

▲ 용매가 물일 때

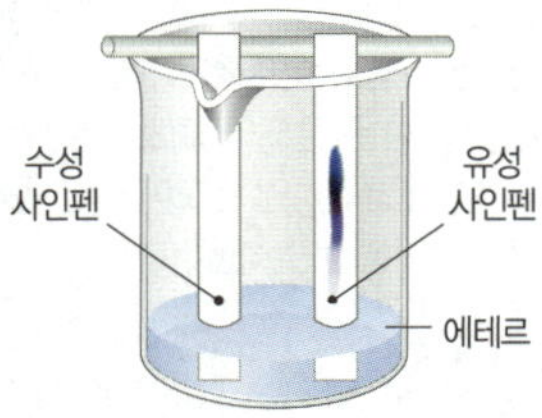

▲ 용매가 에테르일 때

크로마토그래피로 혼합물을 분리할 때는 성분 물질이 잘 녹는 용매를 사용해야 한다. 수성 사인펜은 물에 잘 녹으므로 물을 용매로 사용하고, 유성 사인펜은 에테르에 잘 녹으므로 에테르를 용매로 사용한다.

운동선수의 도핑 테스트

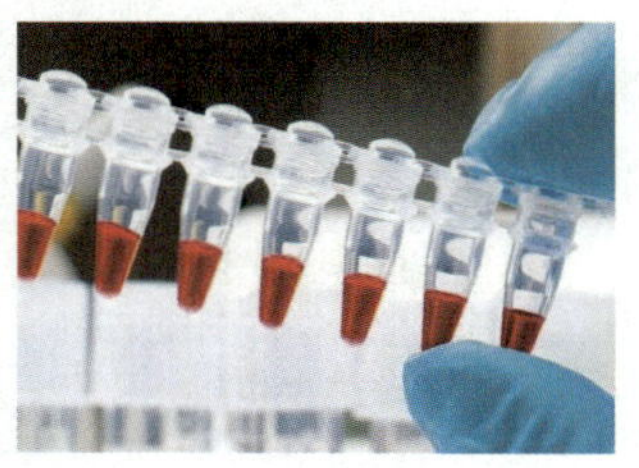

물과 에탄올 혼합물 분리 (끓는점 차를 이용)

실험 설계하기

❶ 가지 달린 시험관에 물과 에탄올 혼합물 20 mL와 끓임쪽 2~3개를 넣어 그림과 같이 장치한다.

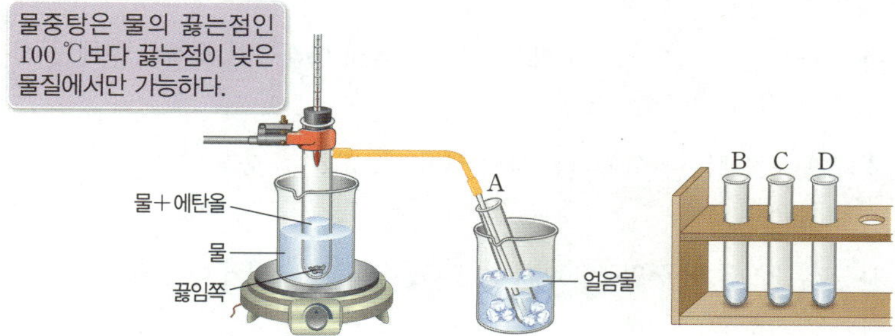

❷ 가열 장치로 가열하면서 1분 간격으로 혼합 용액의 온도를 측정한다.

❸ 혼합 용액을 가열하면서 끓어 나오는 물질을 4개의 시험관 A, B, C, D에 차례로 모은다.

❹ 1분 간격으로 측정한 혼합 용액의 온도를 시간에 따른 온도 변화 그래프로 나타낸다.

결과 분석하기

구분	관찰 결과
A	액체의 온도가 올라간다. ⇨ 끓어 나오는 물질이 거의 없다.
B	에탄올의 끓는점보다 약간 높은 온도에서 끓기 시작하고, 액체의 온도가 거의 일정하다. 알코올 냄새가 나는 물질이 모인다. ⇨ 에탄올의 분리
C	액체의 온도가 올라간다. ⇨ 미처 끓어 나오지 못한 소량의 에탄올과 소량의 물이 끓어 나온다.
D	액체의 온도가 일정하다. 냄새가 없는 물질이 모인다. ⇨ 물의 분리

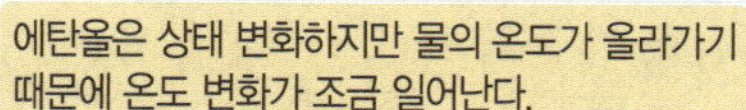

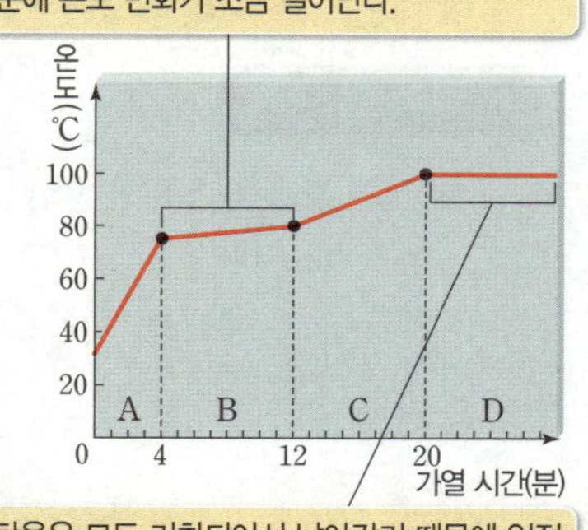

스스로 정리하기

1 그래프에서 온도가 일정한 구간이 몇 군데인지 쓰고, 각 구간에서 얻어진 물질은 무엇인지 설명해 보자.

그래프에서 온도가 일정한 구간은 (㉠   ) 군데로, 첫 번째 구간(B)에서는 끓는점이 낮은 (㉡   )이 끓어 나오고, 두 번째 구간(D)에서는 끓는점이 높은 (㉢   )이 끓어 나온다.

2 이 실험을 통해 에탄올과 물을 분리할 수 있는 까닭을 설명해 보자.

(㉠   )은 각 물질마다 고유한 값을 가지는 물질의 특성이다. 따라서 서로 잘 섞이는 에탄올과 물의 혼합물을 가열하면 끓는점이 (㉡   )은 에탄올부터 끓어 나오기 때문에 에탄올과 물을 분리할 수 있다.

탐구 핵심 서로 잘 섞이는 액체 혼합물을 가열하면, 끓는점이 낮은 물질이 먼저 끓어 나오고 끓는점이 높은 물질이 나중에 끓어 나온다.

탐구 B 물과 식용유의 혼합물 분리 (밀도 차를 이용)

실험 설계하기

❶ 분별 깔때기에 물과 식용유의 혼합물을 넣은 후 분별 깔때기의 마개를 막고 혼합물이 두 층으로 분리될 때까지 기다린다.

❷ 층이 나누어지면 마개를 연 다음, 꼭지를 돌려 아래층의 액체를 경계면 직전까지 비커 A에 받고, 경계면에 도달하면 꼭지를 잠근다.

❸ 경계면 근처에는 두 액체가 조금씩 섞여 있으므로 꼭지를 돌려 경계면의 액체를 비커 B에 받아 내고 꼭지를 잠근다.

❹ 분별 깔때기의 위쪽 입구를 이용하여 위층의 액체를 비커 C에 받는다.

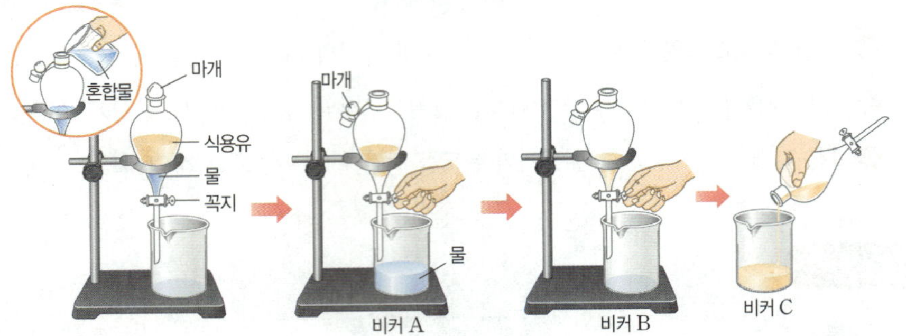

결과 분석하기

• 물과 식용유의 혼합물을 가만히 두면, 물과 식용유가 서로 섞이지 않으면서 밀도 차이에 의해 두 층으로 나뉜다.
• 물은 아래층, 식용유는 위층으로 나뉘어, 아래층에 있는 물이 먼저 분리되어 나온다.

스스로 정리하기

1 물과 식용유의 밀도를 비교하고, 그렇게 생각한 까닭을 설명해 보자.

밀도가 (㉠   ) 물질은 아래로 가라앉고, 밀도가 (㉡   ) 물질은 위로 뜬다. 실험에서 물은 아래쪽, 식용유는 위쪽에 위치하므로 물의 밀도가 식용유의 밀도보다 (㉢   )다.

2 실험 설계하기 ❸에서 비커 B에 받아낸 경계면의 액체를 분리하는 방법을 설명해 보자.

두 액체가 조금씩 섞여 있는 경계면의 액체는 소량이므로, 액체를 시험관에 넣어 스포이트로 위에 떠 있는 (   )를 덜어 내어 분리할 수 있다.

3 액체 혼합물을 분리할 때 이와 같은 방법을 사용할 수 있는 조건을 두 가지만 설명해 보자.

액체 혼합물의 성분 물질이 서로 (㉠   ) 하고, 두 물질의 (㉡   )가 달라야 한다.

🔍 **탐구 핵심** 서로 잘 섞이지 않고 밀도가 다른 액체의 혼합물은 밀도 차를 이용한 분별 깔때기로 분리할 수 있다.

탐구 C 순수한 질산 칼륨 분리 (재결정을 이용)

실험 설계하기

❶ 물 100 g이 들어 있는 비커에 질산 칼륨 50 g과 황산 구리(Ⅱ) 5 g을 넣고 모두 녹을 때까지 가열한다.

❷ 얼음물이 들어 있는 수조에 ❶의 비커를 넣고, 20 ℃까지 냉각한다.

❸ ❷의 비커에 담긴 혼합물을 거름 장치로 걸러 석출된 고체 물질을 분리한다.

결과 분석하기

구분	물 100 g에 녹아 있는 양	20 ℃ 물 100 g에 녹을 수 있는 양	석출량
질산 칼륨	50 g	31.9 g	18.1 g
황산 구리(Ⅱ)	5 g	20 g	없음

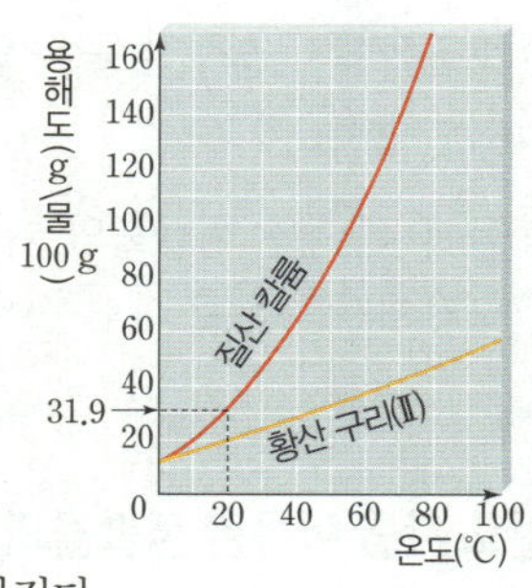

- 질산 칼륨과 황산 구리(Ⅱ) 용해도 곡선에서 20 ℃ 물 100 g에 최대로 녹을 수 있는 질산 칼륨과 황산 구리(Ⅱ)의 양은 각각 31.9 g과 20 g이다.
- 처음 용액에 질산 칼륨 50 g이 녹아 있으므로, 용액을 20 ℃까지 냉각시키면 이 중에서 31.9 g만 녹아 있고 나머지 18.1 g은 석출되어 거름 장치에 걸러진다.
- 처음 용액에 황산 구리(Ⅱ) 5 g이 녹아 있으므로, 용액을 20 ℃까지 냉각시키더라도 석출되지 않는다.

스스로 정리하기

1 실험 설계하기 ❷에서 나타나는 현상에 대해 설명해 보자.

질산 칼륨과 황산 구리(Ⅱ) 혼합물이 모두 녹아 있는 용액의 온도를 낮추면, 온도에 따른 용해도 차가 (㉠   ) (㉡   )이 석출된다.

2 실험 설계하기 ❸에서 거름 장치로 걸러진 물질의 종류와 양을 써 보자.

(㉠   )이 (㉡   ) g 석출된다.

3 실험 설계하기 ❸에서 거름 장치를 통과한 용액에는 어떤 물질이 녹아 있는지 쓰고, 그렇게 생각한 까닭을 설명해 보자.

(㉠   )과 (㉡   )가 녹아 있다. 그 까닭은 거름 장치를 통과한 용액에는 20 ℃의 물 100 g에 녹을 수 있는 만큼의 (㉢   )과 (㉣   )가 석출되지 않고 녹아 있으므로, 거름 장치에 걸러지지 않고 통과한다.

탐구 핵심

불순물이 섞여 있는 고체 물질을 용매에 녹인 다음, 용액의 온도를 낮추면 온도에 따른 용해도 차가 큰 물질이 결정으로 석출되어 분리된다.

개념 확인 문제

※ 다음 글의 빈칸에 알맞은 말을 쓰거나 고르시오.

1 끓는점 차를 이용한 혼합물의 분리

01 증류는 물질의 (　　　　) 차를 이용하여 혼합물을 분리하는 방법이다.

02 액체 물질이 섞여 있는 혼합물을 가열하면 끓는점이 (　　　　) 물질이 먼저 끓어 나온다.

03 증류탑에서 원유를 분리할 때 끓는점이 낮은 물질은 (㉠　　　　)쪽에서, 끓는점이 높은 물질은 (㉡　　　　)쪽에서 분리된다.

04 끓는점 차를 이용한 혼합물의 분리에 대한 설명으로 옳은 것은 ○, 옳지 <u>않은</u> 것은 ×로 표시하시오.

(1) 성분 물질 사이의 끓는점 차가 클수록 분리가 잘 된다.　　　　　　　　　　　　　　　（ ○, × ）

(2) 소금물에서 순수한 물을 얻을 때 소금보다 물의 끓는점이 높다.　　　　　　　　　　　（ ○, × ）

(3) 물과 에탄올 혼합물의 가열 곡선에서 첫 번째 수평 구간에서는 주로 에탄올이 끓어 나온다.　（ ○, × ）

2 밀도 차를 이용한 혼합물의 분리

05 모래와 스타이로폼이 섞인 혼합물을 분리할 때 사용하는 물질의 특성은 (　　　　)이다.

06 서로 섞이지 않는 액체 혼합물을 가만히 두면 밀도가 큰 물질은 (㉠ 위, 아래)층에, 밀도가 작은 물질은 (㉡ 위, 아래)층에 위치한다.

07 밀도 차를 이용한 혼합물의 분리에 대한 설명으로 옳은 것은 ○, 옳지 <u>않은</u> 것은 ×로 표시하시오.

(1) 밀도가 서로 다른 두 고체 물질을 분리할 때는 밀도가 두 물질의 중간 정도인 액체를 사용한다.（ ○, × ）

(2) 바다에 유출된 기름을 제거할 때 바닷물보다 기름의 밀도가 큰 것을 이용한다.　　　　　（ ○, × ）

08 혼합물을 분리할 때 (1), (2)에 해당하는 경우를 |보기|에서 모두 고르시오.

보기
ㄱ. 공기의 분리
ㄴ. 물과 기름의 분리
ㄷ. 좋은 볍씨 고르기
ㄹ. 소줏고리를 이용하여 맑은 소주 얻기

(1) 끓는점 차를 이용한 혼합물의 분리 : (　　　　)

(2) 밀도 차를 이용한 혼합물의 분리 : (　　　　)

3 용해도 차에 의한 재결정을 이용한 혼합물의 분리

09 불순물이 포함된 고체 물질을 용매에 녹인 후 용액의 온도를 낮추거나 용매를 증발시켜 순수한 고체 물질을 얻는 방법을 (　　　　)이라고 한다.

10 온도에 따른 용해도 차가 큰 물질과 작은 물질이 섞인 혼합물을 용매에 모두 녹인 후 냉각시키면 온도에 따른 용해도 차가 (큰, 작은) 물질이 결정으로 석출된다.

11 용해도 차(재결정)를 이용한 혼합물의 분리에 대한 설명으로 옳은 것은 ○, 옳지 <u>않은</u> 것은 ×로 표시하시오.

(1) 물과 에탄올은 용해도 차(재결정)를 이용하여 분리할 수 있다.　　　　　　　　　　　（ ○, × ）

(2) 성분 물질의 밀도 차가 클수록 혼합물을 분리하기 쉽다.　　　　　　　　　　　　　　（ ○, × ）

(3) 분별 깔때기를 이용하면 모든 혼합물을 분리할 수 있다.　　　　　　　　　　　　　　（ ○, × ）

4 크로마토그래피를 이용한 혼합물의 분리

12 크로마토그래피는 혼합물을 이루는 성분 물질이 용매에 따라 이동하는 (　　　　)가 다른 것을 이용한 분리 방법이다.

13 크로마토그래피로 분리한 성분 물질이 두 가지 이상일 때 물질은 (순물질, 혼합물)이다.

14 크로마토그래피를 이용한 혼합물의 분리에 대한 설명으로 옳은 것은 ○, 옳지 <u>않은</u> 것은 ×로 표시하시오.

(1) 같은 물질은 용매의 종류에 상관없이 이동하는 속도가 같다.　　　　　　　　　　　　（ ○, × ）

(2) 크로마토그래피를 통해 잉크를 분리할 때 용매는 잉크를 녹이지 않는 물질이어야 한다.　（ ○, × ）

(3) 적은 양의 혼합물을 분리하는 데 적합하다. （ ○, × ）

15 혼합물을 분리할 때 (1), (2)에 해당하는 경우를 |보기|에서 모두 고르시오.

보기
ㄱ. 운동선수의 도핑 테스트
ㄴ. 꽃잎의 색소 분리
ㄷ. 천일염에서 깨끗한 소금 얻기
ㄹ. 합성한 의약품 정제하기

(1) 재결정을 이용한 혼합물의 분리 : (　　　　)

(2) 크로마토그래피를 이용한 혼합물의 분리 :　　　　　　　　　　　　　　　　　　　（　　　　）

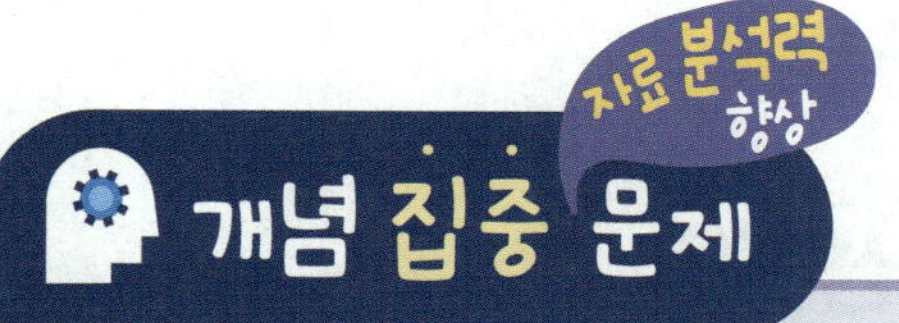

● **여러 가지 혼합물의 분리**

끓는점 차를 이용한 혼합물의 분리	밀도 차를 이용한 혼합물의 분리	용해도 차에 의한 재결정을 이용한 혼합물의 분리	크로마토그래피를 이용한 혼합물의 분리
액체 상태의 혼합물을 가열할 때 끓어 나오는 기체를 냉각하여 순수한 액체를 얻는 방법(증류 장치)	밀도가 다른 두 물질의 밀도 차를 이용하여 혼합물을 분리하는 방법 (분별 깔때기)	불순물이 섞여 있는 고체 물질을 용매에 녹여 용액의 온도를 낮추거나 용매를 증발시켜 순수한 고체 물질을 얻는 방법	성질이 비슷한 물질들의 혼합물을 각 성분 물질이 용매에 따라 이동하는 속도가 다른 것을 이용하여 분리하는 방법
온도계 / 가지 달린 삼각 플라스크 / 액체 상태의 혼합물 / 끓임쪽 / 찬물	분별 깔때기 / 밀도가 작은 액체 / 밀도가 큰 액체	불순물이 섞인 질산 칼륨 / 냉각 / 높은 온도의 용매 / 순수한 질산 칼륨	고무 마개 / 거름종이 / 혼합물 / 용매

● **여러 가지 혼합물의 분리**

[1~4] 그림은 물, 식용유, 소금, 질산 칼륨이 섞여 있는 혼합물을 분리하는 과정을 나타낸 것이다.

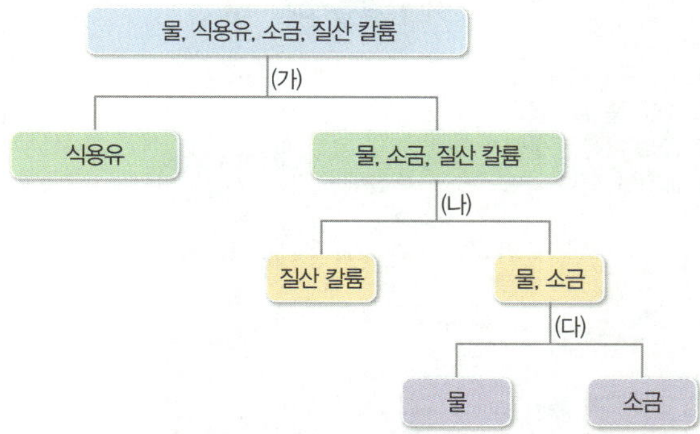

1 (가)~(다)에서 혼합물을 분리할 때 이용된 물질의 특성을 각각 쓰시오.

2 (가)에서 이용한 물질의 특성으로 분리할 수 있는 혼합물을 |보기|에서 모두 골라 쓰시오.

보기
ㄱ. 물과 에탄올　　ㄴ. 물과 수은　　ㄷ. 물과 황산 구리(Ⅱ)　　ㄹ. 모래와 스타이로폼

3 질산 칼륨과 소금 중에서 온도에 따른 용해도 차가 큰 물질을 쓰시오.

4 그림은 (다)에서 물질을 분리하는 과정을 나타낸 것이다. A에서 얻어지는 물질의 종류를 쓰시오.

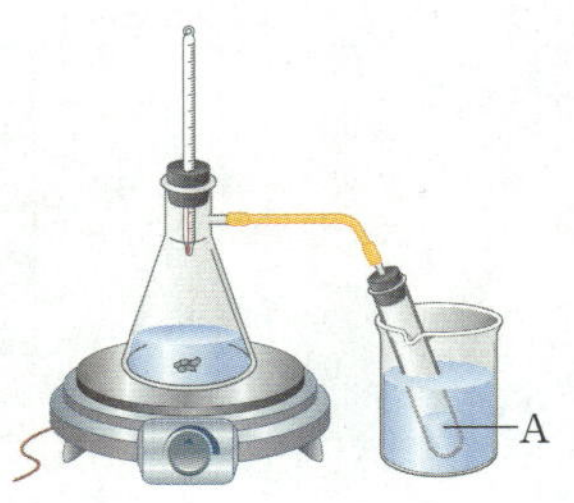

3 (　　　　) : 성분 물질이 고르게 섞여 있는 혼합물 ⑩ 공기, 합금, 식초, 소금물 등

4 (　　　　) : 성분 물질이 고르지 않게 섞여 있는 혼합물 ⑩ 과일주스, 흙탕물, 우유 등

두 종류 이상의 순물질이 섞여 있는 물질

2 (　　　　)

1 (　　　　)

순물질과 혼합물

한 종류의 물질로만 이루어진 물질

홑원소 물질 : 한 종류의 원소로 이루어진 순물질 ⑩ 산소, 수금, 구리, 다이아몬드 등

화합물 : 두 종류 이상의 원소로 이루어진 순물질 ⑩ 물, 에탄올, 염화 나트륨 등

밀도 비교 = **7** (　　　　)

밀도 = **5** (　　　　) / **6** (　　　　)

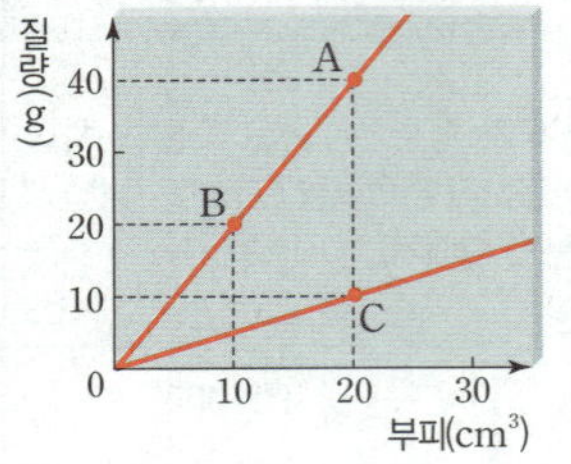

밀도

물질의 특성

설탕 + 물 → 설탕물
용질　용매　**8** (　　　)　**9** (　　　)

용해와 용액

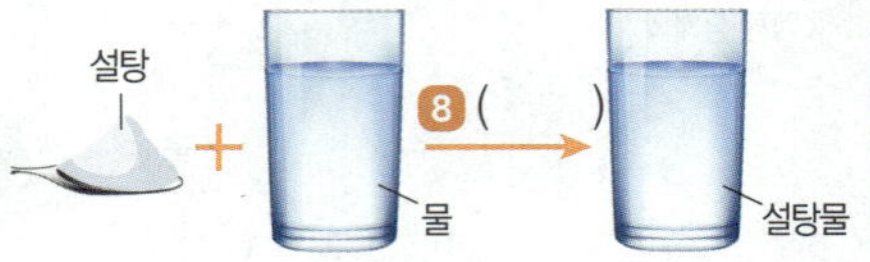

정의 : 일정한 온도에서 용매 100 g에 최대로 녹을 수 있는 용질의 g 수

용해도

기체의 용해도 : 온도가 높을수록, 압력이 낮을수록 용해도가 **10** (　　　).

고체의 용해도

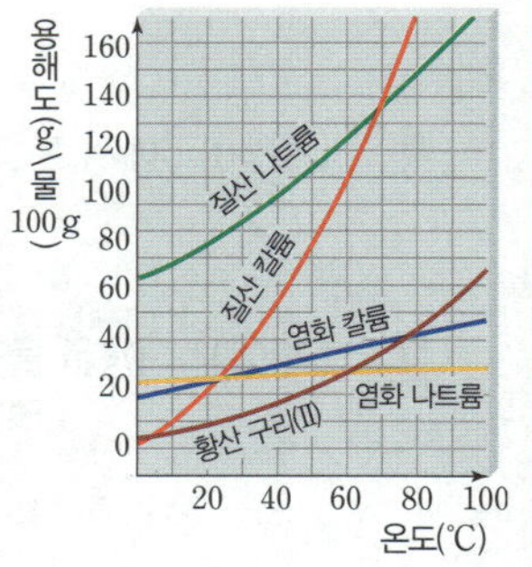

11 (　　　　) : 온도에 따른 고체 물질의 용해도 변화를 나타낸 그래프로, 대부분 온도가 높을수록 용해도가 **12** (　　　).

녹는점, 어는점, 끓는점

순물질의 녹는점, 어는점

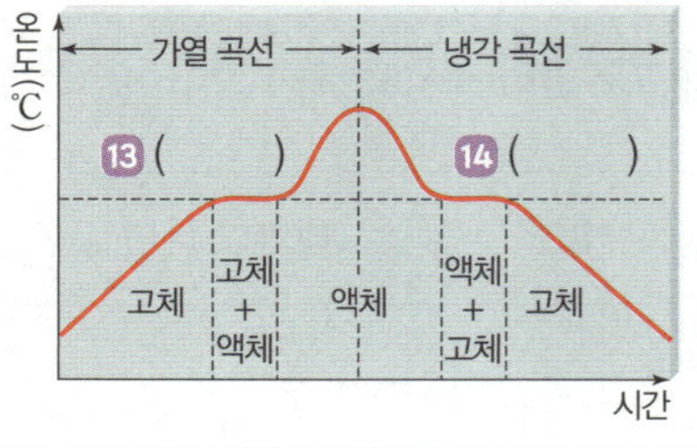

순물질의 끓는점

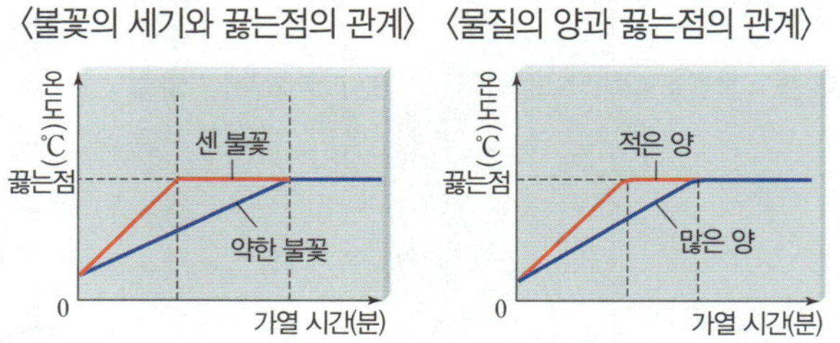

혼합물의 녹는점, 어는점, 끓는점

혼합물의 녹는점, 어는점, 끓는점은 일정하지 않다. ⇨ 순물질과 혼합물을 구분할 수 있다.

〈불꽃의 세기와 끓는점의 관계〉

〈물질의 양과 끓는점의 관계〉

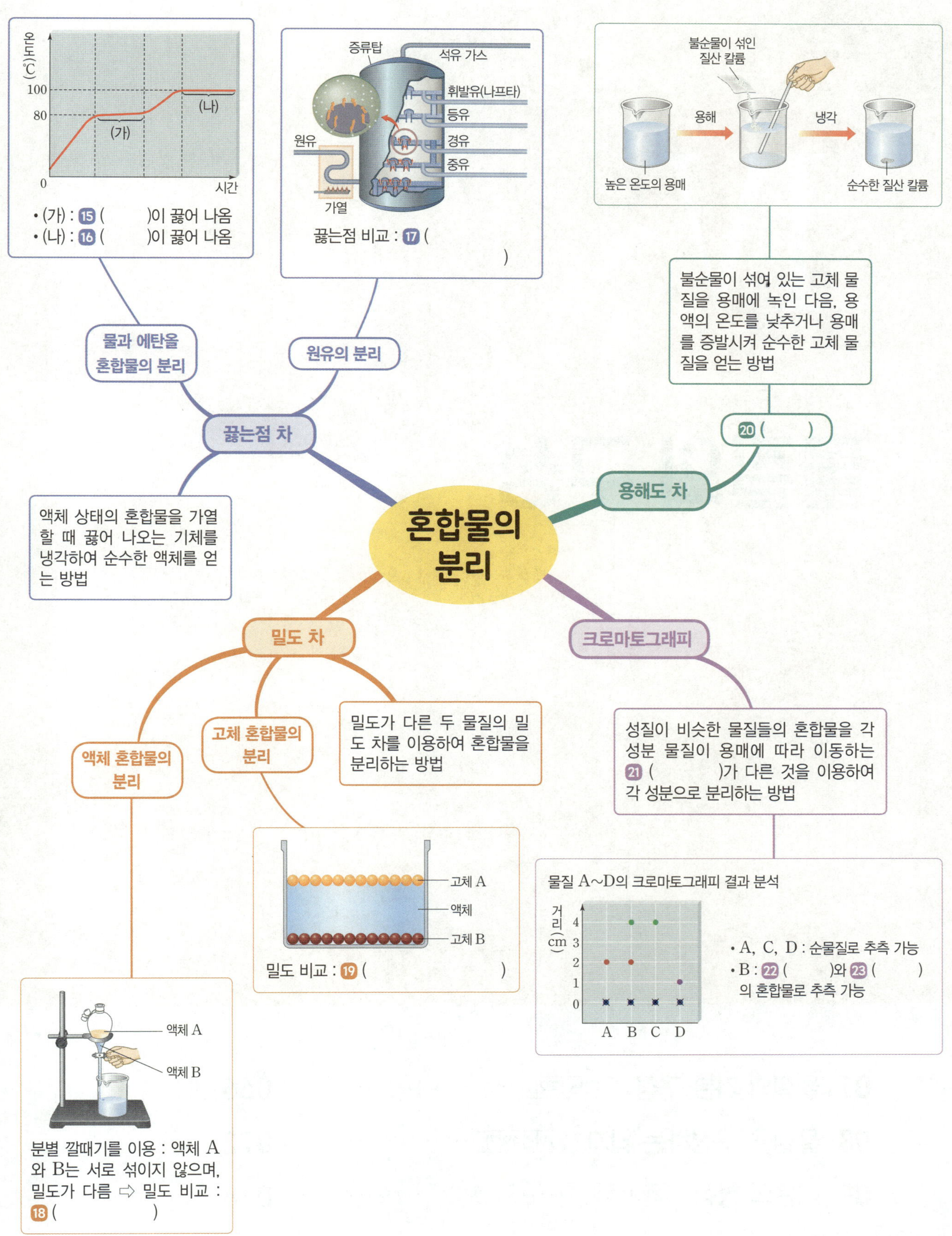
온도(℃)
100
80
0
(가)
(나)
시간
• (가) : 15 (　　　　)이 끓어 나옴
• (나) : 16 (　　　　)이 끓어 나옴

증류탑
석유 가스
휘발유(나프타)
등유
경유
중유
원유
가열
끓는점 비교 : 17 (　　　　)

불순물이 섞인 질산 칼륨
용해
냉각
높은 온도의 용매
순수한 질산 칼륨

불순물이 섞여 있는 고체 물질을 용매에 녹인 다음, 용액의 온도를 낮추거나 용매를 증발시켜 순수한 고체 물질을 얻는 방법

물과 에탄올 혼합물의 분리
원유의 분리
끓는점 차
20 (　　　　)
용해도 차

혼합물의 분리

액체 상태의 혼합물을 가열할 때 끓어 나오는 기체를 냉각하여 순수한 액체를 얻는 방법

밀도 차
크로마토그래피

밀도가 다른 두 물질의 밀도 차를 이용하여 혼합물을 분리하는 방법

성질이 비슷한 물질들의 혼합물을 각 성분 물질이 용매에 따라 이동하는 21 (　　　　)가 다른 것을 이용하여 각 성분으로 분리하는 방법

액체 혼합물의 분리
고체 혼합물의 분리

고체 A
액체
고체 B
밀도 비교 : 19 (　　　　)

물질 A~D의 크로마토그래피 결과 분석
거리(cm)
4
3
2
1
0
A B C D
• A, C, D : 순물질로 추측 가능
• B : 22 (　　　)와 23 (　　　)의 혼합물로 추측 가능

액체 A
액체 B
분별 깔때기를 이용 : 액체 A와 B는 서로 섞이지 않으며, 밀도가 다름 ⇨ 밀도 비교 : 18 (　　　　)

IV

물질의 구성

원자, 분자, 이온에 대한 기본 개념을 이해하고, 물질을 구성하는 입자에 대한 호기심을 갖도록 한다. 원소 기호가 물질을 표현하는 효율적인 방법임을 알고 원자의 개념을 토대로 간단한 분자와 이온의 형성 과정을 이해하도록 한다.

★ 물은 어떤 원소로 이루어져 있을까?

★ 불꽃놀이의 불꽃에서 다양한 색이 나타나는 원리는 무엇일까?

★ 물질을 이루는 가장 작은 입자는 무엇일까?

★ 일상 생활 속에서 앙금 생성 반응을 이용한 예에는 어떤 것이 있을까?

07 물질의 기본 구성

📖 Note

원소의 종류

지금까지 알려진 원소의 종류는 120여 가지이다. 이 중 90여 가지는 자연에서 발견된 것이고, 30여 가지는 인공적으로 만들어 낸 것이다. 원소의 종류에 따라 성질이 다르다.

라부아지에의 물 합성 실험

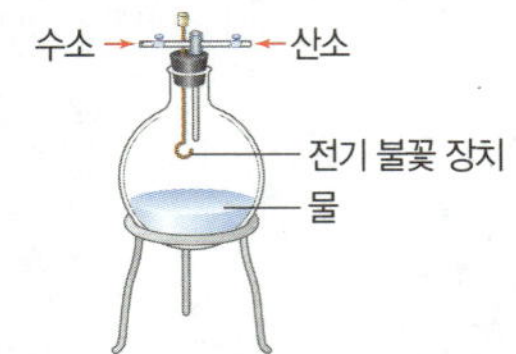

수소와 산소를 혼합한 후 전기 불꽃 장치로 두 기체를 반응시키면 물이 합성된다.

1 원소

1 과학자들이 주장한 원소

탈레스	아리스토텔레스	보일	라부아지에
만물의 근원은 '물'이다.	만물이 물, 불, 흙, 공기의 4가지 원소로 이루어져 있고, 물, 불, 흙, 공기는 서로 바뀔 수 있다는 4원소설을 주장하였다.	물질은 더 이상 분해되지 않는 원소로 이루어져있다.	원소는 현재까지의 어떤 수단으로도 더 이상 분해할 수 없는 물질이다. ⇨ 실험을 통해 33종의 원소를 발표

미니 탐구 라부아지에의 물 분해 실험

과정

그림과 같이 주철관을 가열하면서 주철관 안으로 물을 통과시킨다.

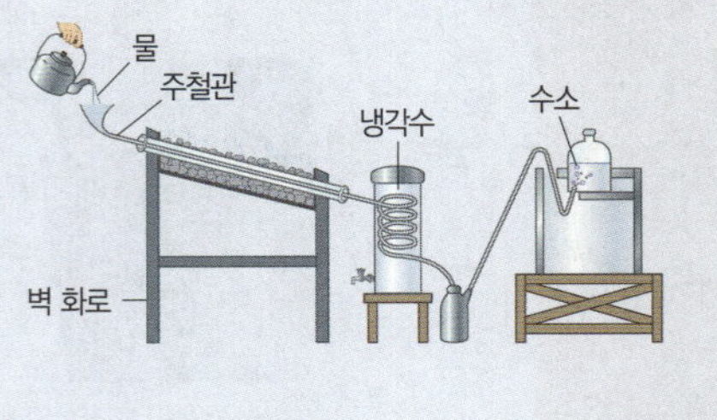

결과 및 정리

1. 주철관 안이 녹슬었다. ⇨ 뜨겁게 달군 주철관에 물을 부으면 물이 수소와 산소로 분해된다. ⇨ 발생한 산소가 주철관 안을 녹슬게 한다.
2. 냉각수를 통과한 물질에서는 수소가 얻어졌다.
3. 물은 수소와 산소로 분해되므로 원소가 아니다.

2 원소 : 물질을 이루는 기본 성분으로, 더 이상 다른 물질로 분해되지 않는다. 우리 주변의 모든 물질은 원소로 이루어져 있다.

3 원소의 성질과 이용

원소	성질 및 이용	원소	성질 및 이용
수소	가장 가벼운 원소로, 우주선의 연료로 이용	금	산소나 물과 반응하지 않아 광택이 유지되므로 장신구 재료로 이용
헬륨	가볍고 안전하여 비행선의 충전 기체로 이용	구리	전기가 잘 통하는 성질이 있어 전선에 이용
산소	물질의 연소나 생물의 호흡에 이용	규소	반도체 소재로 이용

4 물질을 이루는 여러 가지 원소 : 우리 주변에 있는 물질은 한 가지 원소로 이루어진 것도 있고, 여러 가지 원소로 이루어진 것도 있다.

물질	구성 원소	물질	구성 원소
비행기	알루미늄, 구리, 마그네슘, 니켈, 타이타늄 등	바닷물	수소, 산소, 염소, 나트륨, 마그네슘, 황 등
비누	나트륨, 탄소, 수소, 산소 등	플라스틱	수소, 탄소, 염소 등
사람	수소, 탄소, 질소, 산소, 칼륨, 칼슘, 철 등	자동차	철, 탄소, 망가니즈, 크로뮴, 바나듐, 텅스텐 등
치약	플루오린, 나트륨, 탄소, 수소 등	다이아몬드	탄소

금속 원소와 비금속 원소

금속 원소	비금속 원소
나트륨, 리튬, 구리, 마그네슘 등	수소, 헬륨, 탄소, 염소, 질소 등

② 원소의 확인

1 불꽃 반응 : 불꽃 속에 물질을 넣었을 때, 물질에 포함된 금속 원소의 종류에 따라 고유한 불꽃 반응 색이 나타나는 현상 ⇨ 불꽃 속에 넣은 물질의 종류가 다르더라도 같은 종류의 금속 원소가 포함되어 있으면 불꽃 반응 색이 같다. 예 염화 나트륨, 질산 나트륨 ⇨ 모두 나트륨을 포함하며, 불꽃 반응 색이 노란색으로 같다. 염화 구리(Ⅱ), 질산 구리(Ⅱ) ⇨ 모두 구리를 포함하며, 불꽃 반응 색이 청록색으로 같다.

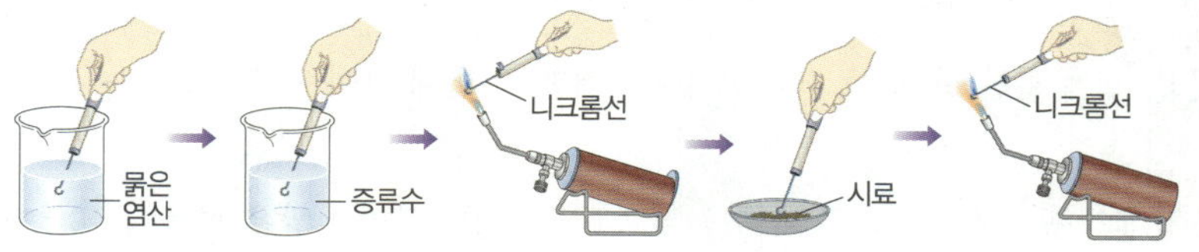

(1) 불꽃 반응의 특징
　　① 장점 : 실험 방법이 간단하며, 적은 양으로도 금속 원소의 종류를 알 수 있다.
　　② 모든 원소를 확인할 수 없을 뿐만 아니라 불꽃 반응 색을 나타내는 일부 금속 원소만 확인이 가능하다.

(2) 여러 가지 원소의 불꽃 반응 색

리튬	스트론튬	나트륨	칼륨	칼슘	바륨	구리	세슘
빨간색	진한 빨간색	노란색	보라색	주황색	황록색	청록색	파란색

2 스펙트럼 : 분광기에 통과시킨 빛이 분산되어 나타나는 색의 띠

연속 스펙트럼	선 스펙트럼
햇빛	나트륨
햇빛이나 백열 전구의 빛을 분광기로 관찰할 때 나타나는 연속적인 색의 띠	금속 원소의 불꽃 반응의 빛을 분광기로 관찰할 때 특정 부분에만 나타나는 불연속적인 색의 띠

(1) 선 스펙트럼의 특징 : 금속 원소의 종류에 따라 선의 색, 위치, 개수, 굵기가 다르다. ⇨ 스펙트럼을 이용하면 불꽃 반응 색이 비슷하여 구별하기 힘든 원소(예 리튬과 스트론튬)를 구별할 수 있다.

(2) 선 스펙트럼의 분석 방법 : 물질 속에 포함된 특정 원소의 종류를 확인할 수 있다.

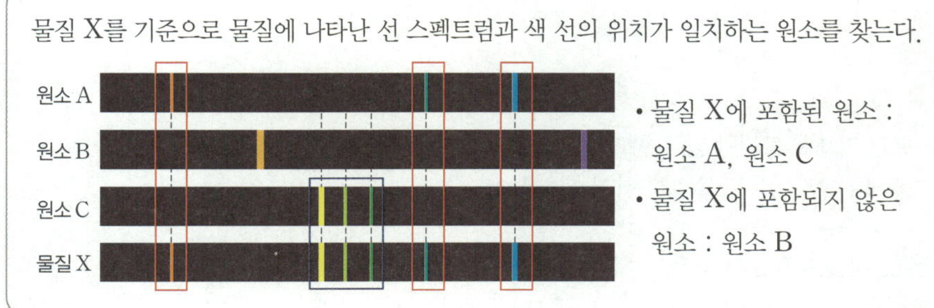

⭐ **이것이 핵심!!**

1. 원소는 물질을 이루는 기본 성분으로, 더 이상 다른 물질로 분해되지 않는다.
2. 선 스펙트럼은 금속 원소의 종류에 따라 선의 색깔, 위치, 개수, 굵기가 모두 다르다.

📄 **Note**

불꽃놀이의 원리

불꽃놀이를 할 때 여러 가지의 다양한 색이 나타나는 것은 폭죽의 성분 중에 포함된 다양한 금속 원소 때문이다.

암기 Tip

빨강리튬 노랑나트륨 보라칼륨 구리 청록에서 칼슘을 주황었어.

수은 형광등 불빛의 스펙트럼

형광등 불빛을 분광기로 관찰하면 가시광선 영역의 연속 스펙트럼과 수은 증기에 의한 선 스펙트럼이 동시에 나타난다.

➕ **용어**

분광기
물질이 방출 또는 흡수하는 빛의 스펙트럼을 관찰하는 장치이다.

탐구 A 물의 분해

● 실험 설계하기

❶ 실리콘 마개로 한쪽 끝을 막은 빨대 2개에 수산화 나트륨을 조금 녹인 물을 가득 채운다.

❷ 홈판에 플라스틱병을 꽂고 두 빨대를 뒤집어 세운 다음, 플라스틱병 안에 수산화 나트륨을 조금 녹인 물을 약간 더 넣는다.

❸ 빨대에 각각 침핀을 꽂고, 집게 달린 전선으로 9V 전지와 연결한 후 빨대 안에 기체가 모이는 것을 관찰한다.

❹ 기체가 충분히 모이면 각각의 빨대에서 실리콘 마개를 열고 (＋)극에는 불씨만 남은 향을, (－)극에는 성냥불을 가까이 가져간다.

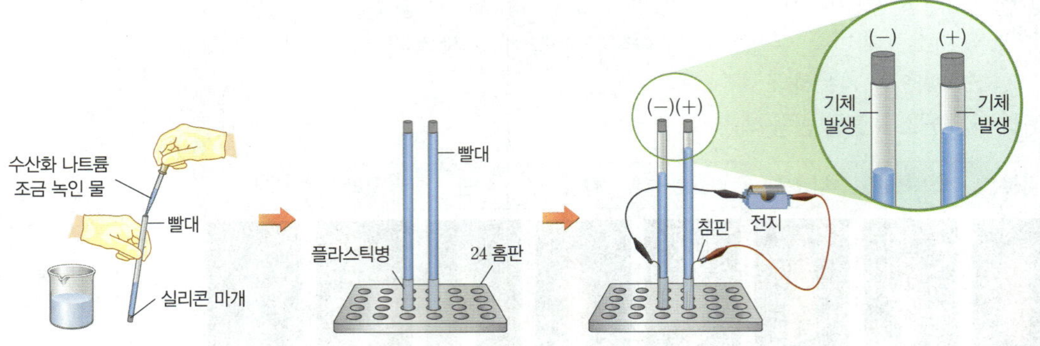

● 결과 분석하기

전극	(＋)극		(－)극	
기체의 확인	(＋)극 산소	꺼져가는 불씨가 다시 타오른다. ⇨ 산소	(−)극 수소	퍽 소리를 내면서 잘 탄다. ⇨ 수소

● 스스로 정리하기

1 실험 설계하기 ❶에서 물에 수산화 나트륨을 녹이는 까닭을 설명해 보자.

순수한 물은 (㉠   )가 잘 흐르지 않으므로 수산화 나트륨을 넣어 (㉡   )가 잘 흐르도록 하기 위해서이다.

2 실험 설계하기 ❹에서 모인 기체에 불씨만 남은 향과 성냥불을 가까이 가져가는 까닭을 설명해 보자.

각각의 빨대에 모인 기체의 (   )를 확인하기 위해서이다.

3 이 실험을 통해 알 수 있는 사실을 설명해 보자.

물을 전기 분해하면 (㉠   )와 (㉡   )로 분해된다. 이를 통해 물은 물질의 기본 성분인 (㉢   )가 아니며, 물을 이루는 원소는 (㉣   )와 (㉤   )임을 알 수 있다.

🔍 **탐구 핵심** 물은 수소와 산소로 분해되므로 물질을 이루는 기본 성분인 원소가 아니다.

탐구 B

원소의 불꽃 반응

실험 설계하기

❶ 니크롬선을 묽은 염산과 증류수로 깨끗이 씻은 후, 토치의 겉불꽃 속에 넣고 다른 색이 나타나지 않는지를 확인한다.

❷ 준비된 금속 시료를 니크롬선에 묻혀 토치의 겉불꽃 속에 넣고 불꽃 반응 색을 관찰한다.

❸ 니크롬선을 묽은 염산에 넣어 깨끗이 씻은 후 증류수로 헹구고, 같은 방법으로 다른 금속 시료의 불꽃 반응 색도 관찰한다.

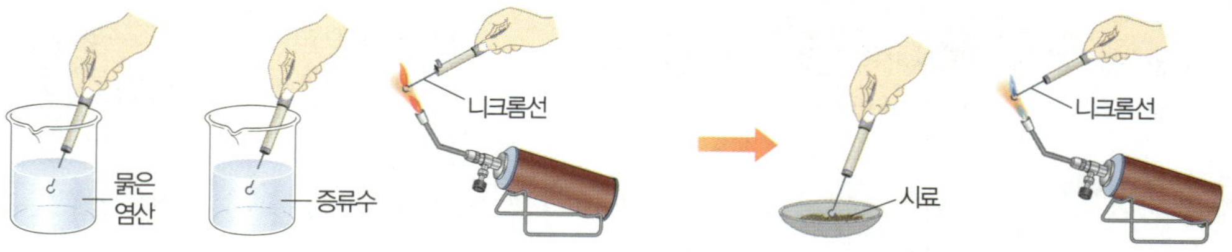

결과 분석하기

물질	염화 나트륨	염화 구리(Ⅱ)	염화 바륨	질산 나트륨	질산 구리(Ⅱ)	질산 바륨
불꽃 반응 색						
	노란색	청록색	황록색	노란색	청록색	황록색
포함된 금속	나트륨	구리	바륨	나트륨	구리	바륨

스스로 정리하기

1 불꽃 반응 색이 같게 나타나는 물질끼리 짝 짓고, 불꽃 반응 색이 같게 나타나는 까닭을 설명해 보자.

염화 나트륨-(㉠   ), 염화 구리(Ⅱ)-(㉡   ), 염화 바륨-(㉢   )의 불꽃 반응 색이 같다. 그 까닭은 같은 종류의 금속 원소를 포함하고 있기 때문이다.

2 이 실험을 통해 알 수 있는 사실을 설명해 보자.

물질이 포함하고 있는 (㉠   )의 (㉡   )에 따라 다른 불꽃 반응 색이 나타난다. 즉, 불꽃 반응 색으로 물질에 포함된 일부 (㉢   )의 종류를 알 수 있다.

탐구핵심 물질의 종류가 달라도 같은 종류의 금속 원소를 포함하고 있으면 불꽃 반응 색이 같다. ⇨ 불꽃 반응 실험을 통해 물질에 포함된 일부 금속 원소의 종류를 알 수 있다.

개념 확인 문제

※ 다음 글의 빈칸에 알맞은 말을 쓰거나 고르시오.

① 원소

01 물질을 이루는 기본 성분에 대해 다음과 같이 주장한 학자를 |보기|에서 골라 쓰시오.

보기
ㄱ. 아리스토텔레스　　　 ㄴ. 탈레스
ㄷ. 라부아지에

(1) 만물이 물, 불, 흙, 공기의 4가지 원소로 이루어져 있고, 물, 불, 흙, 공기는 서로 바뀔 수 있다. (　　　)

(2) 물은 원소가 아니다. (　　　)

(3) 만물의 근원은 '물'이다. (　　　)

02 원소에 대한 설명으로 옳은 것은 ○, 옳지 <u>않은</u> 것은 ×로 표시하시오.

(1) 원소의 종류에 따라 성질이 다르다. (○, ×)

(2) 물질의 종류보다 원소의 종류가 더 많다. (○, ×)

(3) 지금까지 알려진 모든 원소는 자연에서 발견되었다. (○, ×)

(4) 더 이상 다른 물질로 분해되지 않는다. (○, ×)

03 원소에 해당하는 것을 |보기|에서 모두 고르시오.
(　　　　　)

보기
ㄱ. 나트륨　　 ㄴ. 금　　 ㄷ. 물
ㄹ. 구리　　 ㅁ. 수소　　 ㅂ. 소금

04 원소의 성질과 이용에 해당하는 원소를 |보기|에서 골라 쓰시오.

보기
ㄱ. 헬륨　　 ㄴ. 수소　　 ㄷ. 규소
ㄹ. 철　　 ㅁ. 구리

(1) 우주 왕복선의 연료로 이용된다. (　　　)

(2) 비행선의 충전 기체로 이용된다. (　　　)

(3) 기계, 건축 재료 등으로 이용된다. (　　　)

(4) 반도체 소재에 이용된다. (　　　)

(5) 전선으로 이용된다. (　　　)

② 원소의 확인

05 불꽃 반응에 대한 설명으로 옳은 것은 ○, 옳지 <u>않은</u> 것은 ×로 표시하시오.

(1) 시료의 양이 적은 경우에도 원소를 확인할 수 있다.
(○, ×)

(2) 서로 다른 물질이라도 같은 금속 원소를 포함하면 같은 불꽃 반응 색이 나타난다. (○, ×)

(3) 염화 구리(Ⅱ)와 질산 구리(Ⅱ)는 다른 물질이기 때문에 겉불꽃에 넣으면 다른 불꽃 반응 색이 나타난다.
(○, ×)

(4) 불꽃 반응 색이 비슷한 원소도 구별하기 쉽다.
(○, ×)

(5) 불꽃 반응으로 모든 원소를 확인할 수 있다.
(○, ×)

06 다음 빈칸에 알맞은 원소의 불꽃 반응 색을 쓰시오.

원소 이름	불꽃 반응 색	원소 이름	불꽃 반응 색
나트륨	㉠	바륨	㉣
리튬	㉡	구리	㉤
칼슘	㉢	세슘	㉥

07 스펙트럼에 대한 설명으로 옳은 것은 ○, 옳지 <u>않은</u> 것은 ×로 표시하시오.

(1) 불꽃 반응 색이 비슷한 원소는 선 스펙트럼이 같다.
(○, ×)

(2) 금속 원소의 불꽃 반응 색을 분광기로 관찰하면 연속 스펙트럼이 나타난다. (○, ×)

(3) 물질의 선 스펙트럼에는 그 물질에 포함된 금속 원소의 선 스펙트럼이 모두 나타난다. (○, ×)

(4) 리튬과 스트론튬은 불꽃 반응 색으로 구분이 어렵지만, 선 스펙트럼으로는 구분이 가능하다. (○, ×)

08 그림은 원소 (가)~(다)의 스펙트럼과 어떤 물질 X의 스펙트럼을 나타낸 것이다.

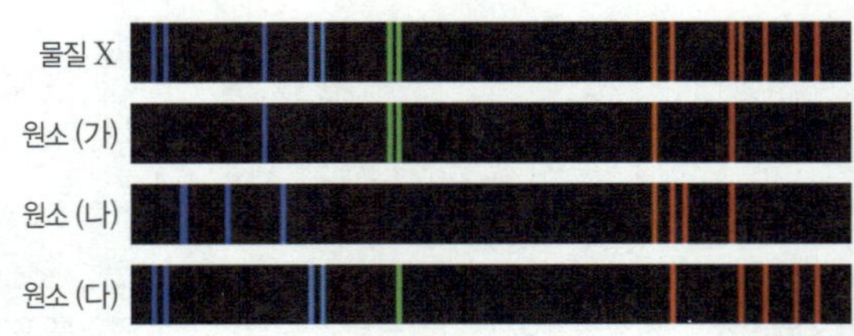

물질 X에 포함된 원소를 모두 쓰시오.

개념 집중 문제

자료 분석력 향상

● 원소

물질을 이루는 기본 성분으로, 더 이상 다른 물질로 분해되지 않는다.

● 원소의 확인

불꽃 반응	스펙트럼
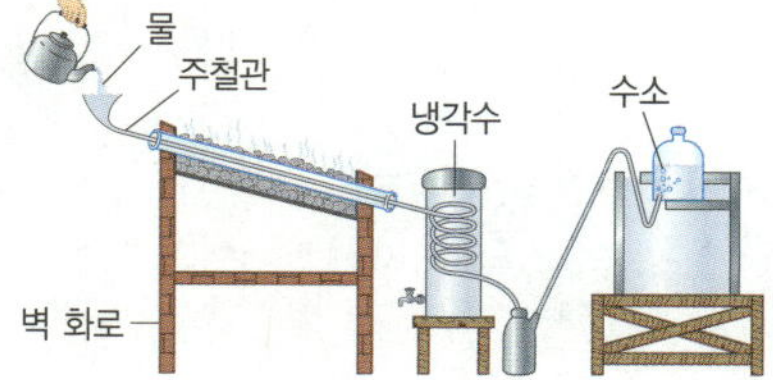	연속 스펙트럼 선 스펙트럼
금속 원소나 금속 원소가 포함된 물질을 겉불꽃 속에 넣었을 때 특정한 색을 나타내는 현상	빛을 분광기에 통과시킬 때 빛이 분사되며 나타나는 여러 가지 색깔의 띠

● 원소

1 그림은 뜨겁게 달군 주철관 안에 물을 부어 통과시킨 후 냉각수를 지나게 하는 실험을 나타낸 것이다. 이 실험을 통해 증명된 사실에 대해 쓰시오.

● 불꽃 반응

[2~4] 다음 물질을 시료로 하여 불꽃 반응 색을 관찰하였다.

염화 칼륨	탄산 칼슘	염화 스트론튬	질산 스트론튬
염화 구리(Ⅱ)	질산 나트륨	황산 칼슘	탄산 나트륨

2 위의 물질 중 불꽃 반응 색이 같은 물질을 모두 짝 지으시오.

3 위의 물질 중 불꽃 반응 색이 보라색인 물질을 쓰시오.

4 위의 물질 중 불꽃 반응 색이 청록색인 물질을 쓰시오.

● 스펙트럼

[5~6] 그림은 물질 (가), (나)와 몇 가지 원소의 선 스펙트럼을 나타낸 것이다.

5 물질 (가), (나)에 공통으로 들어 있는 원소를 쓰시오.

6 물질 (나)에 들어 있는 원소를 모두 쓰시오.

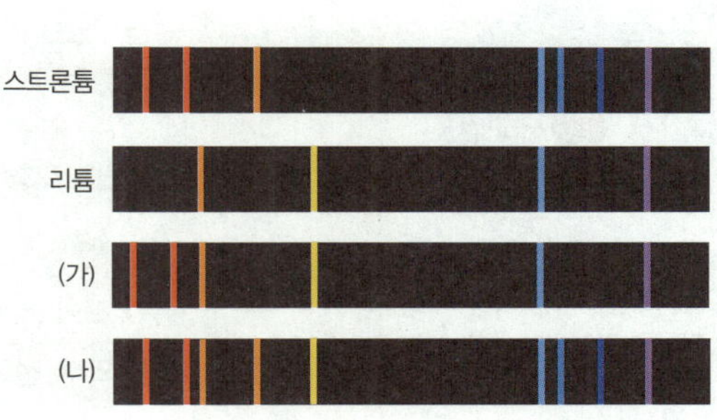

📖 Note

물질이 입자로 이루어져 있다는 주장의 증거

물 50 mL와 에탄올 50 mL를 혼합한 전체 부피는 약 97 mL이다. 전체 부피가 각 부피의 합보다 작은데, 그 까닭은 큰 입자 사이에 작은 입자가 끼어 들어갔기 때문이다.

전하와 전하량

전하는 전기 현상을 일으키는 원인으로, (+)전하와 (−)전하가 있다. 전하량은 전하의 양을 뜻하며, 양의 전하량은 (+) 부호를, 음의 전하량은 (−) 부호를 붙인다.

원자 구조의 모형

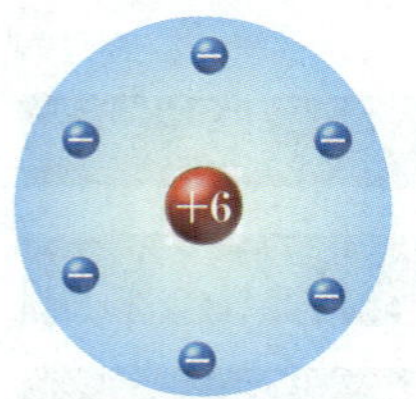

원자의 중심에 원자핵을 표시하고, 그 주위에 전자를 표시한다. 원자핵의 전하량을 숫자로 표현한다.

---

1 원자

1 고대 학자들의 물질에 대한 생각 비교

(1) 연속설과 입자설

아리스토텔레스의 연속설	데모크리토스의 입자설
물질은 없어질 때까지 무한히 쪼갤 수 있으며, 물질에는 빈 공간이 존재하지 않는다.	물질을 계속 쪼개면 더 이상 쪼갤 수 없는 입자에 도달한다.

(2) 원자설

① 돌턴은 데모크리토스의 입자설을 발전시켜 1803년 '모든 물질은 더 이상 쪼갤 수 없는 원자로 이루어져 있다.'는 원자설을 발표하였다. ⇨ 현대적인 원자 개념을 확립하는 계기가 되었다.

② 원자는 새로 생기거나 없어지지 않으며, 다른 원자로 변하지 않는다.

③ 서로 다른 원자들이 일정한 개수비로 결합하여 새로운 물질이 만들어진다.

2 원자 : 물질을 이루는 기본 입자이며, 지름이 약 10^{-10} m 정도로 매우 작아서 눈에 보이지 않는다.

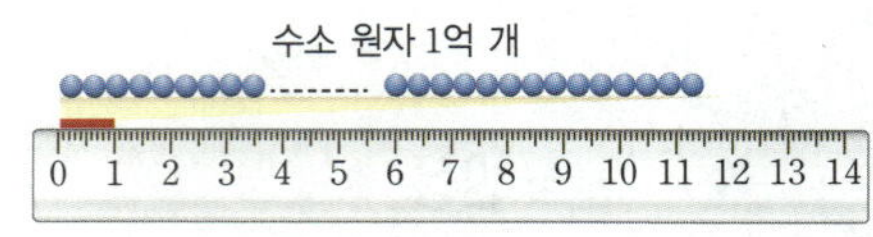

▲ 수소 원자의 크기

(1) 원자는 (+)전하를 띠는 원자핵과 (−)전하를 띠는 전자로 이루어져 있다.

(2) 원자핵의 (+)전하량과 전자의 총 (−)전하량이 같기 때문에 원자는 전기적으로 중성이다.

(3) **원자 모형** : 원자는 크기가 너무 작아 눈으로 볼 수 없으므로 원자를 쉽게 설명하기 위해 모형을 사용한다.

(4) 원자의 종류에 따라 원자핵의 전하량과 전자의 수가 달라진다.

구분	수소 원자	리튬 원자	탄소 원자	산소 원자
원자 모형	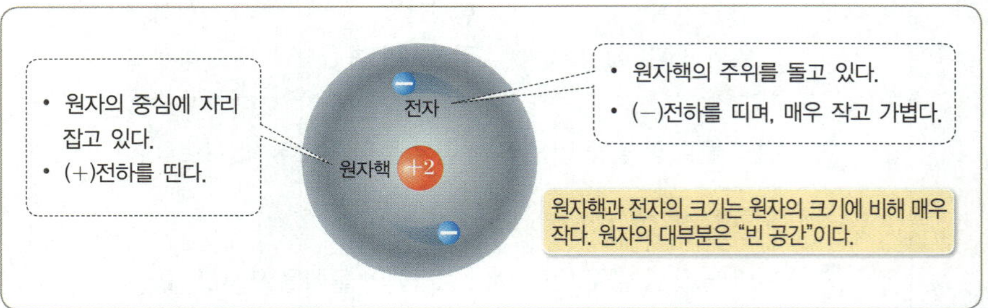			
원자핵의 전하량	+1	+3	+6	+8
전자의 총 전하량	−1	−3	−6	−8

2 분자

1 분자 : 독립된 입자로 존재하며 물질의 성질을 나타내는 가장 작은 입자로, 몇 개의 원자가 결합하여 이루어진다.

  (1) 결합하는 원자의 종류와 수에 따라 분자의 종류가 달라진다.

  (2) 분자가 원자로 나누어지면 물질의 성질을 잃는다.

  (3) 분자는 같은 종류의 원자가 결합해 만들어지기도 하고, 다른 종류의 원자가 결합해 만들어지기도 한다.

수소 분자의 생성	물 분자의 생성
수소 원자 2개가 수소 분자를 이루면 비로소 수소 기체의 성질을 나타낸다.	수소 원자 2개와 산소 원자 1개가 물 분자를 이루면 물의 성질을 나타낸다.
수소 원자　＋　수소 원자　→　수소 분자	수소 원자　＋　산소 원자　→　물 분자

2 분자 모형 : 분자는 크기가 매우 작아 맨눈으로 직접 관찰할 수 없으므로 분자 모형을 이용하여 나타낸다.

3 여러 가지 분자의 성질과 이용

분자 모형	성질 및 이용	분자 모형	성질 및 이용
수소	• 수소 원자 2개 • 가장 가벼운 기체 • 반응성이 커서 폭발성이 있음	일산화 탄소	• 산소 원자 1개와 탄소 원자 1개 • 독성이 강함 • 화석 연료가 연소될 때 생기는 물질
산소	• 산소 원자 2개 • 반응성이 큼 • 생물의 호흡이나 연소에 참여	이산화 탄소	• 산소 원자 2개와 탄소 원자 1개 • 공기보다 무거움 • 고체 이산화 탄소인 드라이아이스는 냉매로 사용
질소	• 질소 원자 2개 • 공기의 약 78 %를 차지 • 반응성이 작아 과자 봉지의 충전재로 사용	물	• 수소 원자 2개와 산소 원자 1개 • 생명 활동의 필수 요소 • 여러 가지 물질을 녹임
헬륨	• 헬륨 원자 1개 • 색깔과 냄새가 없음 • 반도체나 초전도체 제작에 사용	암모니아	• 질소 원자 1개와 수소 원자 3개 • 자극적인 냄새가 나는 기체 • 염색제나 비료의 원료로 이용 • 냉각제로 사용
메테인	• 탄소 원자 1개와 수소 원자 4개 • 천연가스의 주성분 • 연료로 이용	염화 수소	• 염소 원자 1개와 수소 원자 1개 • 물에 잘 녹고 독성이 강함 • 세균의 살균에 이용

4 원소, 원자, 분자의 비교 : 원자는 물질을 이루는 기본 입자이고, 원소는 원자의 종류를 의미하며, 분자는 원자가 결합하여 이루어진다.

★ 이것이 핵심!!

1. 원자는 (+)전하를 띠는 원자핵과 (-)전하를 띠는 전자로 이루어져 있다.
2. 원자는 물질을 이루는 기본 입자이고, 분자는 물질의 성질을 갖는 가장 작은 입자이다.

📖 Note

원자 1개로 이루어진 분자

헬륨, 네온, 아르곤 등은 원자 1개로 이루어져 있지만 물질의 고유한 성질을 가지므로 분자이다.

암기 Tip

원소는 종류! 원자는 개수!

➕ 용어

원소
더 이상 분해할 수 없는 물질의 기본 성분이다.

원자
더 이상 나눌 수 없는 물질을 이루는 가장 작은 기본 입자이다.

분자
물질의 성질을 나타내는 가장 작은 입자이다.

원소 기호의 변천
- 연금술사 : 자신들만 아는 그림으로 표현
- 돌턴 : 원소를 원으로 나타내고, 그 안에 기호로 구분
- 베르셀리우스 : 오늘날의 원소 기호를 제안

구분	연금술사	돌턴	베르셀리우스
금	☉	G	Au
은	☽	S	Ag
구리	♀	C	Cu
철	♂	I	Fe
황	▲	⊕	S

3 원소와 분자의 표현

1 원소 기호 : 원소의 이름 대신 나타내는 간단한 기호

(1) 원소 기호를 나타내는 방법

① 원소 이름의 알파벳 첫 글자를 대문자로 표현한다.

② 서로 다른 두 원소의 첫 글자가 같다면, 중간 글자를 선택하여 첫 글자 다음에 소문자로 표현한다.

탄소 Carbon ➜ C	염소 Chlorine ➜ Cl
원소 이름(영어)　　　원소 기호	원소 이름(영어)　　　원소 기호

(2) 주요 원소 기호

원소 이름	기호	원소 이름	기호	원소 이름	기호	원소 이름	기호	원소 이름	기호
수소	H	붕소	B	플루오린	F	알루미늄	Al	염소	Cl
헬륨	He	탄소	C	네온	Ne	규소	Si	아르곤	Ar
리튬	Li	질소	N	나트륨	Na	인	P	칼륨	K
베릴륨	Be	산소	O	마그네슘	Mg	황	S	칼슘	Ca

2 분자식 : 분자를 이루는 원자의 종류와 개수를 원소 기호와 숫자로 나타낸 식이다.

例 H_2, O_2, H_2O, CO, CO_2, NH_3, HCl 등

(1) 분자식을 나타내는 방법

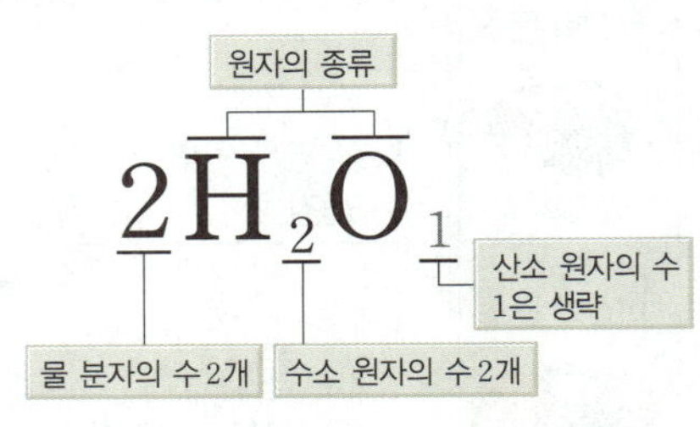

	① 분자를 이루는 원자의 종류를 원소 기호로 쓴다.
	② 원자의 개수를 원소 기호의 오른쪽 아래에 숫자로 표시한다.(단, 원자의 개수가 1개일 때는 '1'을 생략한다.)
	③ 분자의 개수를 분자식 앞에 숫자로 표시한다.(단, 분자의 개수가 1개일 때는 '1'을 생략한다.)

(2) 분자식을 읽는 방법 : 뒤의 원소 이름에 '~화'를 붙여 먼저 읽고, 앞의 원소 이름을 나중에 읽으며, 산소 원소의 경우 원소 이름 앞에 원자의 개수를 붙여 부른다.

(3) 여러 가지 분자의 분자식

분자	분자식	분자	분자식	분자	분자식
수소	H_2	일산화 탄소	CO	암모니아	NH_3
산소	O_2	이산화 탄소	CO_2	물	H_2O
질소	N_2	메테인	CH_4	염화 수소	HCl

⭐ **이것이 핵심!!**

원소 기호를 사용하여 분자를 이루는 원자의 종류와 수를 나타낸 식이 분자식이다.

➕ **용어**

화학식
물질을 이루는 원자의 종류와 수를 원소 기호와 숫자를 이용하여 나타낸 식이다.

분자식
화학식 중에서 분자로 이루어진 물질을 표현하는 식이다. 따라서 분자식은 화학식의 한 종류이다.

🧪 **생활 속 과학**　**과일 바구니를 분자로 표현하면?**

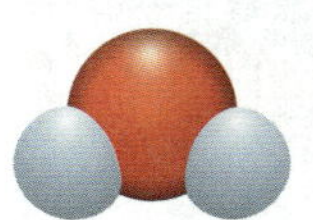
- 분자 : 물 분자 1개
- 원소 : 수소, 산소 2종류
- 원자 : 수소 원자 2개＋산소 원자 1개＝3개

- 분자 : 과일 바구니
- 원소 : 딸기, 오렌지, 사과 3종류
- 원자 : 딸기 2개, 오렌지 4개, 사과 3개＝9개

과일 바구니에 딸기 2개, 오렌지 4개, 사과 3개가 들어 있다. 과일 바구니를 '분자'로 생각하면, 딸기, 오렌지, 사과라는 3가지 종류는 '원소'로 생각할 수 있다. 그리고 딸기 2개와 오렌지 4개, 사과 3개, 총 9개의 '원자'가 들어 있다고 할 수 있다.

탐구

모형을 이용하여 원자 나타내기

실험 설계하기

① 표에 주어진 각 원자를 구성하는 전자의 개수를 쓴다.

원자	수소	리튬	탄소	산소
원자핵의 전하량	+1	+3	+6	+8
전자의 개수(개)	1	3	6	8

② 색지 4장에 각각 지름 12 cm의 원을 그려 오린 후, 표에 제시된 원자의 이름을 각각 쓴다.

③ 지름이 큰 원형 붙임딱지 4개에 원자핵의 전하량을 각각 쓴다.

④ 지름이 작은 원형 붙임딱지 여러 개에 전자 1개의 전하량을 각각 '─'로 쓴다.

⑤ 색지에 원자핵과 전자를 나타내는 원형 붙임딱지를 붙여 각 원자의 모형을 완성한다.

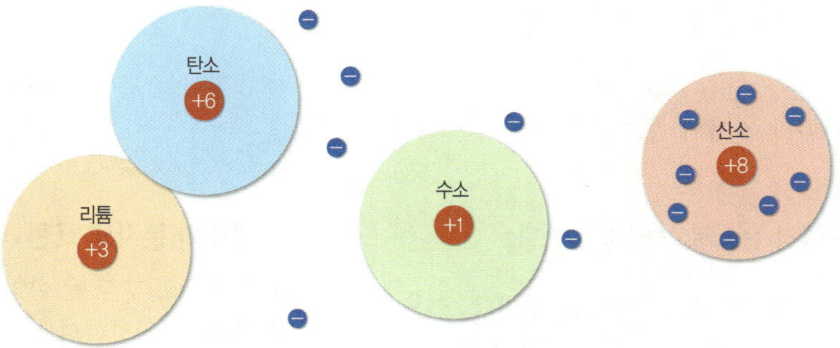

결과 분석하기

원자	수소	리튬	탄소	산소
원자 모형				

스스로 정리하기

1 원자 모형에서 원자를 구성하는 원자핵과 전자를 어떻게 나타냈는지 설명해 보자.

원자핵과 전자의 크기는 원자의 크기에 비해 매우 (㉠　　　　)다. 또한 (㉡　　　　)은 원자의 중심에 자리잡고 있으며, (㉢　　　　)는 (㉣　　　　)의 주위를 돌고 있다.

2 원자가 전기적으로 중성인 까닭을 설명해 보자.

(㉠　　　　)의 (＋)전하량과 (㉡　　　　)의 총 (─)전하량이 같기 때문에 원자는 전기적으로 중성이다.

🔍 **탐구 핵심** 　원자의 구조는 (＋)전하를 띠는 원자핵과 (─)전하를 띠는 전자로 이루어져 있으며, 원자핵의 (＋)전하량과 전자의 총 (─)전하량이 같으므로 원자는 전기적으로 중성이다.

※ 다음 글의 빈칸에 알맞은 말을 쓰거나 고르시오.

1 원자

01 원자는 원자핵과 (   )로 이루어져 있다.

02 원자 질량의 대부분은 (   )이 차지한다.

03 원자핵의 (+)전하량과 전자들의 총 (−)전하량이 ㉠(   )으므로 원자는 전기적으로 ㉡(   )이다.

04 원자에 대한 설명으로 옳은 것은 ○, 옳지 않은 것은 ×로 표시하시오.

(1) 원자는 전기적으로 (+)전하를 띤다.   (○ , ×)

(2) 원자의 내부는 대부분 원자핵으로 채워져 있다.
(○ , ×)

(3) 원자의 종류에 따라 전자의 개수와 원자핵의 (+)전하량이 다르다.   (○ , ×)

(4) 원자는 매우 작아서 눈으로 보이지 않는다. (○ , ×)

05 그림은 원자의 구조를 모형으로 나타낸 것이다. (가), (나)에 대한 설명으로 옳은 것은 ○, 옳지 않은 것은 ×로 표시하시오.

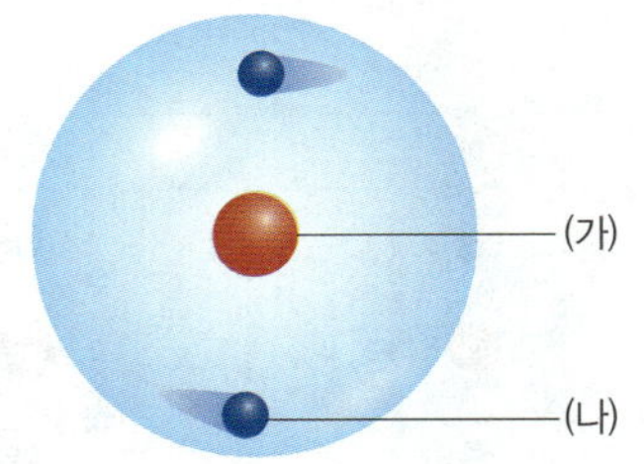

(1) (가)는 (−)전하, (나)는 (+)전하를 띤다.   (○ , ×)

(2) (가)는 원자 질량의 대부분을 차지한다.   (○ , ×)

(3) (나)는 원자핵에 비해 질량이 매우 작다.   (○ , ×)

06 그림은 세 가지 원자의 모형을 나타낸 것이다.

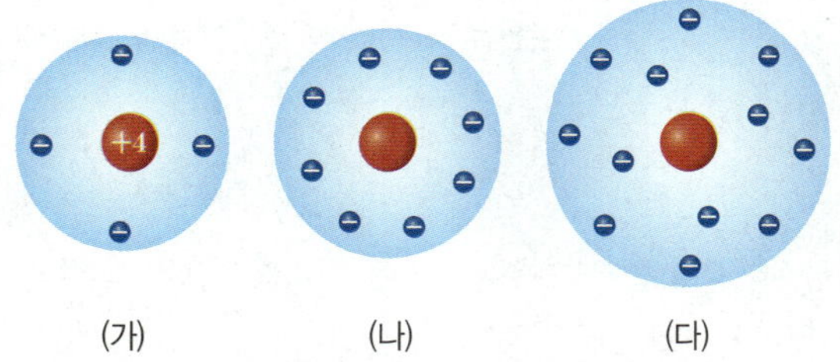

㉠~㉣에 들어갈 알맞은 숫자를 쓰시오.

원자	(가)	(나)	(다)
원자핵의 전하량	+4	㉡	㉢
전자의 총 전하량	㉠	−8	㉣

2 분자

07 물질의 고유한 성질을 갖는 가장 작은 입자를 (   )라고 한다.

08 물 분자는 수소 원자 ㉠(   )개와 산소 원자 ㉡(   )개로 이루어져 있다.

09 분자에 대한 설명으로 옳은 것은 ○, 옳지 않은 것은 ×로 표시하시오.

(1) 모든 물질은 분자로 이루어져 있다.   (○ , ×)

(2) 분자는 더 이상 쪼개지지 않는다.   (○ , ×)

(3) 분자를 구성하는 원자의 종류가 같아도 서로 다른 종류의 분자인 경우가 있다.   (○ , ×)

(4) 분자는 모두 2개 이상의 원자로 이루어져 있다.
(○ , ×)

3 원소와 분자의 표현

10 원소 기호에 대한 설명으로 옳은 것은 ○, 옳지 않은 것은 ×로 표시하시오.

(1) 중세의 연금술사들은 그림으로, 돌턴은 원과 기호를 사용하여 나타내었다.   (○ , ×)

(2) 나라마다 사용하는 원소 기호가 다르다.   (○ , ×)

(3) 원소 기호의 두 번째 글자는 알파벳 소문자로 나타낸다.
(○ , ×)

(4) 서로 다른 두 원소의 첫 글자가 같을 경우에는 모두 원소 이름의 두 번째 글자를 사용하여 표시한다.
(○ , ×)

(5) 칼륨의 원소 기호는 Ca이다.   (○ , ×)

11 다음은 이산화 탄소의 분자식이다. 빈칸에 알맞은 숫자를 쓰시오.

$$2CO_2$$

(1) 총 분자 수 : (   )개

(2) 한 분자를 이루는 원소의 종류 : (   )종류

(3) 한 분자를 구성하는 원자 수 : (   )개

(4) 총 원자 수 : (   )개

12 H_2는 ㉠(   ) 분자, HCl은 ㉡(   ) 분자, CH_4는 ㉢(   ) 분자를 나타내며, 분자 1개를 이루는 원자의 수는 ㉣(   )이 가장 많다.

개념 집중 문제

암기력 향상

원소의 표현

(1) 원소 이름의 알파벳에서 첫 글자를 대문자로 나타낸다.
(2) 첫 글자가 같은 다른 원소가 있을 때는 중간 글자를 택하여 첫 글자 다음에 소문자로 나타낸다.

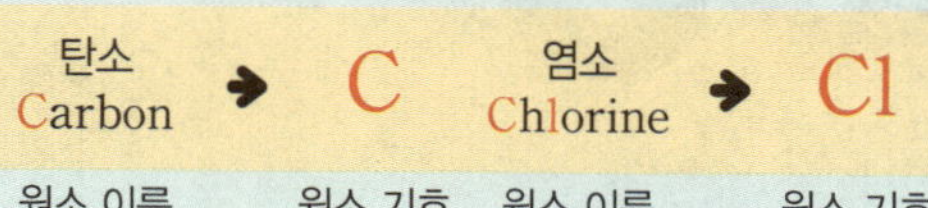

분자의 표현

(1) 분자를 구성하는 원자의 종류를 원소 기호로 쓴다.
(2) 원자의 개수를 원소 기호의 오른쪽 아래에 숫자로 표시한다. (단, 원자의 개수가 1개일 때는 '1'을 생략한다.)
(3) 분자의 개수를 분자식 앞에 숫자로 표시한다. (단, 분자의 개수가 1개일 때는 '1'을 생략한다.)

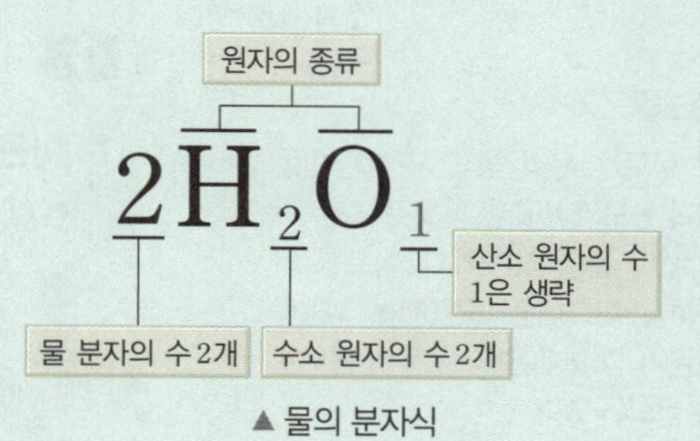

▲ 물의 분자식

원소의 표현

1 표의 빈칸에 알맞은 원소 기호를 쓰시오.

원소 이름	원소 기호	원소 이름	원소 기호	원소 이름	원소 기호
수소		산소		황	
헬륨		나트륨		염소	
탄소		마그네슘		칼륨	
질소		알루미늄		칼슘	

2 표의 빈칸에 알맞은 원소 이름을 쓰시오.

원소 기호	원소 이름	원소 기호	원소 이름	원소 기호	원소 이름
Li		P		Ne	
Be		Cu		Hg	
Fe		F		Au	
Pb		Si		Zn	
Ar		B		Mn	

분자의 표현

3 표의 빈칸에 알맞은 분자식을 쓰시오.

분자 모형						
분자식						

4 표의 빈칸에 알맞은 분자의 이름이나 분자식을 쓰시오.

분자 이름	분자식	분자 이름	분자식	분자 이름	분자식
물		오존			CO
수소			He		CO_2
	O_2	암모니아		과산화 수소	
	N_2		HCl	메테인	

이온의 형성

📖 **Note**

이온 음료

이온 음료는 우리 몸의 체액의 이온 조성과 농도가 비슷한 음료로, 칼슘 이온(Ca^{2+}), 칼륨 이온(K^+), 나트륨 이온(Na^+), 마그네슘 이온(Mg^+) 등의 양이온과 염화 이온(Cl^-) 등의 음이온이 포함되어 있다.

물에 녹은 이온의 색

대부분의 이온은 물에 녹았을 때, 색이 없고 투명하지만 몇몇 이온들은 독특한 색을 띤다.

이온의 종류	물에 녹은 이온의 색
Cu^{2+}	파란색
CrO_4^{2-}	노란색
MnO_4^-	보라색

➕ **용어**

다원자 이온

2개 이상의 원자가 결합되어 하나의 입자처럼 행동하는 이온이다. ⓔ 수산화 이온(OH^-), 탄산 이온(CO_3^{2-}) 등

1️⃣ 이온

1 이온 : 중성 원자가 전자를 잃거나 얻어 전하를 띠는 입자

(1) 이온의 형성

양이온	음이온
원자가 전자를 잃어 (+)전하를 띠는 입자	원자가 전자를 얻어 (−)전하를 띠는 입자
전자 1개를 잃으면 +1의 양이온, 전자 2개를 잃으면 +2의 양이온이 된다.	전자 1개를 얻으면 −1의 음이온, 전자 2개를 얻으면 −2의 음이온이 된다.
원자핵의 (+)전하량 > 전자의 (−)전하량	원자핵의 (+)전하량 < 전자의 (−)전하량

(2) 이온식 : 원소 기호를 이용하여 이온이 띠는 전하의 크기 및 종류를 함께 표시한 것

양이온의 표시와 이름	음이온의 표시와 이름
Na^+ (잃은 전자 수(1은 생략함), 전하의 종류, 원소 기호) ▲ 나트륨 이온 / Mg^{2+} (잃은 전자 수, 전하의 종류, 원소 기호) ▲ 마그네슘 이온	Cl^- (얻은 전자 수(1은 생략함), 전하의 종류, 원소 기호) ▲ 염화 이온 / O^{2-} (얻은 전자 수, 전하의 종류, 원소 기호) ▲ 산화 이온
• 양이온이 된 원자의 원소 기호를 쓰고, 원소 기호의 오른쪽 위에 잃은 전자 수와 양이온이 띠고 있는 (+)전하를 함께 나타낸다. • 원소 이름 뒤에 '~이온'을 붙여서 부른다. ⓔ H^+ : 수소 이온, NH_4^+ : 암모늄 이온	• 음이온이 된 원자의 원소 기호를 쓰고, 원소 기호의 오른쪽 위에 얻은 전자 수와 음이온이 띠고 있는 (−)전하를 함께 나타낸다. • 원소 이름 뒤에 '~화 이온'을 붙여서 부른다. 이때 원자 이름이 '소'로 끝나면 '소'를 빼고 '~화 이온'을 붙인다. ⓔ S^{2-} : 황화 이온

(3) 여러 가지 이온의 이름과 이온식 : 이온 중에는 한 개의 원자로 이루어진 것도 있고, 여러 개의 원자로 이루어진 것도 있다.(다원자 이온)

이온식	이온 이름	이온식	이온 이름	이온식	이온 이름	이온식	이온 이름
H^+	수소 이온	Cu^{2+}	구리 이온	F^-	플루오린화 이온	O^{2-}	산화 이온
Li^+	리튬 이온	Mg^{2+}	마그네슘 이온	Cl^-	염화 이온	S^{2-}	황화 이온
Na^+	나트륨 이온	Ca^{2+}	칼슘 이온	I^-	아이오딘화 이온	OH^-	수산화 이온
K^+	칼륨 이온	Al^{3+}	알루미늄 이온	NO_3^-	질산 이온	CO_3^{2-}	탄산 이온
Ag^+	은 이온	NH_4^+	암모늄 이온	MnO_4^-	과망가니즈산 이온	SO_4^{2-}	황산 이온

└→ 다원자 이온이다.

2 양이온과 음이온의 이동 : 이온이 들어 있는 수용액에 전류를 흘려 주면 (+)전하를 띠는 양이온은 (−)극 쪽으로 이동하고, (−)전하를 띠는 음이온은 (+)극 쪽으로 이동한다.

황산 구리(Ⅱ)($CuSO_4$) 수용액	과망가니즈산 칼륨($KMnO_4$) 수용액
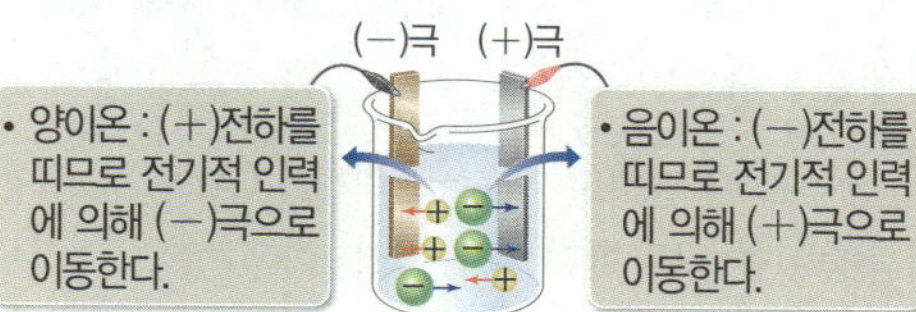 색을 띠지 않아서 눈에 보이지는 않지만 황산 이온(SO_4^{2-})은 (+)극으로 이동한다.	색을 띠지 않아서 눈에 보이지는 않지만 칼륨 이온(K^+)은 (−)극으로 이동한다.
파란색을 띠는 구리 이온(Cu^{2+})이 (−)극으로 이동	보라색을 띠는 과망가니즈산 이온(MnO_4^-)이 (+)극으로 이동

3 이온의 전하 확인 : 이온이 포함된 수용액에 전류를 흘려 주면 전기가 통하는 것을 확인할 수 있다.

- 양이온 : (+)전하를 띠므로 전기적 인력에 의해 (−)극으로 이동한다.
- 음이온 : (−)전하를 띠므로 전기적 인력에 의해 (+)극으로 이동한다.

2 앙금 생성 반응

1 앙금 생성 반응 : 이온이 포함된 서로 다른 두 수용액을 섞었을 때, 수용액 속의 이온이 반응하여 앙금을 생성하는 반응 ⇨ 수용액에 들어 있는 이온을 확인할 수 있다.

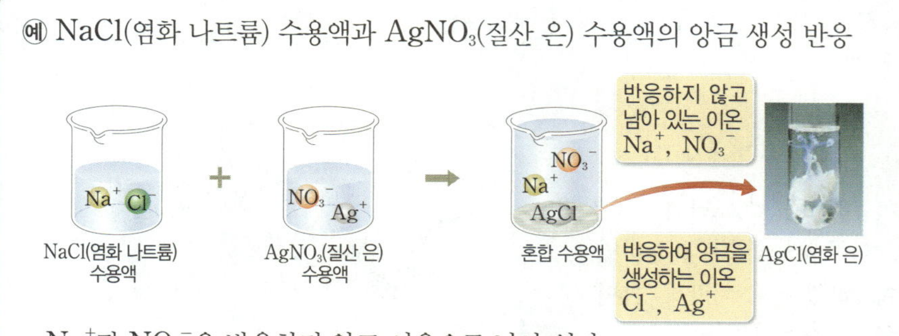

- Na^+과 NO_3^-은 반응하지 않고 이온으로 남아 있다.
- Ag^+과 Cl^-은 반응하여 흰색 앙금을 생성한다.
- ⇨ 알짜 이온 반응식 : $Ag^+ + Cl^- \longrightarrow AgCl \downarrow$ (흰색)

2 앙금을 생성하는 이온

양이온	음이온	앙금(색)
Ag^+	Cl^-, Br^-, I^-	$AgCl$(흰색), $AgBr$(연노란색), AgI(노란색)
Ca^{2+}	CO_3^{2-}, SO_4^{2-}	$CaCO_3$(흰색), $CaSO_4$(흰색)
Ba^{2+}	CO_3^{2-}, SO_4^{2-}	$BaCO_3$(흰색), $BaSO_4$(흰색)
Pb^{2+}	I^-, S^{2-}	PbI_2(노란색), PbS(검은색)
Cu^{2+}, Cd^{2+}, Zn^{2+}, Fe^{2+}	S^{2-}	CuS(검은색), CdS(노란색), ZnS(흰색), FeS(검은색)

3 생활 속의 앙금 생성 반응

(1) 공장 폐수 속 중금속 제거 : 공장 폐수에 들어 있는 중금속은 S^{2-}(황화 이온)을 이용하여 앙금으로 만들어 제거한다. 예 CdS(황화 카드뮴), PbS(황화 납)

(2) 음식물의 독성 여부 확인 : 음식물 속에 은수저를 넣으면 독의 성분인 S^{2-}(황화 이온)과 반응하여 검은색의 Ag_2S(황화 은)을 형성하므로 독성 여부를 확인할 수 있다.

(3) 보일러관 속의 관석 : 보일러에 사용하는 물에 Ca^{2+}(칼슘 이온)이 많이 포함되어 있으면 보일러관 속에 관석($CaCO_3$)이 생성되어 보일러의 열전도율이 낮아진다.

★ 이것이 핵심!!

이온이 들어 있는 수용액을 혼합했을 때 독특한 색의 앙금을 생성하기도 하므로 앙금 생성 여부와 생성된 앙금의 색을 이용하여 수용액 속에 들어 있는 이온을 확인할 수 있다.

Note

염화 나트륨의 모형

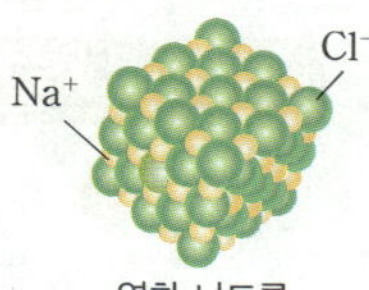

염화 나트륨은 나트륨 이온과 염화 이온이 규칙적으로 배열하여 서로를 둘러싼 형태로 존재하는 물질로 분자가 아니다.

알짜 이온 반응식

앙금 생성 반응에서 실제로 반응에 참여한 이온만으로 나타낸 화학 반응식
예 $Ag^+ + Cl^- \rightarrow AgCl \downarrow$

앙금을 생성하는 이온

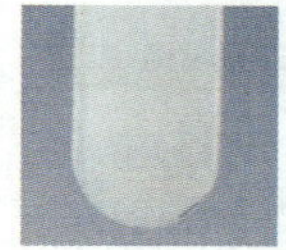
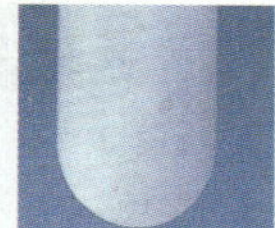

$CaCO_3$(탄산 칼슘) 앙금 $BaSO_4$(황산 바륨) 앙금

CuS(황화 구리(Ⅱ)) 앙금 FeS(황화 철) 앙금

암기 Tip

Na^+, K^+, NH_4^+, NO_3^-(나크암질!)은 다른 이온과 반응했을 때 앙금을 잘 생성하지 않는다.

➕ 용어

전해질

고체 상태에서는 전류가 흐르지 않지만 수용액이 되었을 때 전류가 흐르는 물질 예 염화 나트륨은 물에 녹으면 나트륨 이온과 염화 이온으로 나누어진다.

비전해질

고체 상태와 수용액이 되었을 때 모두 전류가 흐르지 않는 물질 예 설탕은 물에 녹아도 이온으로 나누어지지 않는다.

탐구 A

전하를 띤 이온의 이동

실험 설계하기

❶ 유리판 위에 질산 칼륨(KNO₃) 수용액을 적신 거름종이를 올려놓는다.
실험할 때 주로 사용하는 증류수는 순수한 물이어서 전류가 흐르지 않기 때문에 전해질 수용액인 질산 칼륨(KNO₃) 수용액을 거름종이에 적시면 전류가 흐를 수 있기 때문이다.

❷ 거름종이의 가운데에 푸른색의 황산 구리(Ⅱ)(CuSO₄) 수용액과 보라색의 과망가니즈산 칼륨(KMnO₄) 수용액을 서로 섞이지 않도록 떨어뜨린다.

❸ 집게 전선으로 전원 장치를 연결하고 황산 구리(Ⅱ)(CuSO₄) 수용액과 과망가니즈산 칼륨(KMnO₄) 수용액을 떨어뜨린 거름종이를 관찰한다.

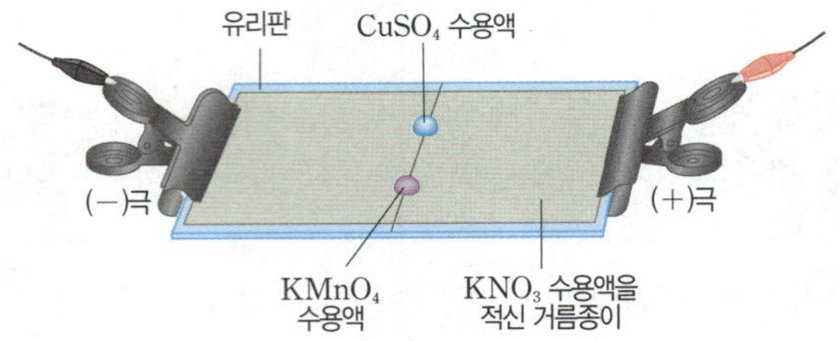

결과 분석하기

- 보라색이 (+)극으로 이동하였다. ⇨ 보라색 성분은 과망가니즈산 이온(MnO₄⁻)이며, (+)극으로 이동하였다.
- 파란색이 (−)극으로 이동하였다. ⇨ 파란색 성분은 구리 이온(Cu²⁺)이며, (−)극으로 이동하였다.

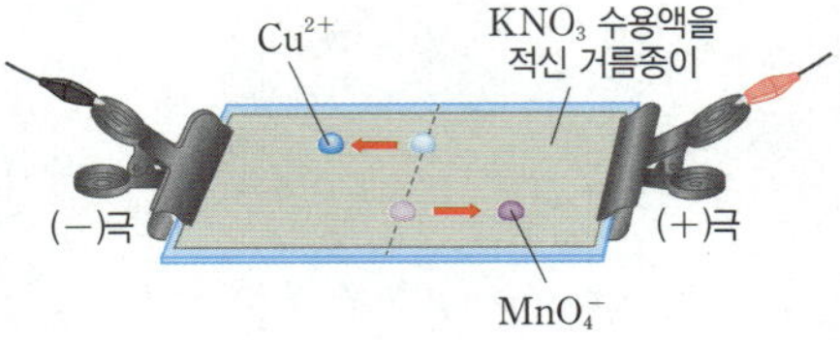

스스로 정리하기

1 과망가니즈산 칼륨의 보라색을 나타내는 이온은 어떤 전하를 띠고 있는지 쓰고, 그렇게 생각한 까닭을 설명해 보자.

(㉠   )색을 띠는 과망가니즈산 이온(MnO₄⁻)이 (+)극으로 이동하므로 과망가니즈산 이온은 (㉡   )를 띤다.

2 색을 띠지 않는 칼륨 이온(K⁺), 황산 이온(SO₄²⁻), 질산 이온(NO₃⁻)의 이동에 대해 설명해 보자.

칼륨 이온(K⁺)은 (㉠   )극, 황산 이온(SO₄²⁻)과 질산 이온(NO₃⁻)은 (㉡   )극으로 각각 이동한다.

탐구 핵심 (−)전하를 띠는 음이온은 (+)극 쪽으로, (+)전하를 띠는 양이온은 (−)극 쪽으로 이동한다. 따라서 이 실험에서 (+)극으로 이동하는 이온은 SO₄²⁻, MnO₄⁻, NO₃⁻이고, (−)극으로 이동하는 이온은 Cu²⁺, K⁺이다.

탐구 B 앙금 생성 반응

실험 설계하기

❶ 그림과 같은 실험지 위에 투명 필름을 올려놓는다.

❷ 실험지의 첫째 줄과 둘째 줄에 증류수, 염화 나트륨($NaCl$) 수용액, 염화 칼슘($CaCl_2$) 수용액, 질산 나트륨($NaNO_3$) 수용액과 수돗물을 각각 두 군데씩 떨어뜨린다.

❸ 실험지의 첫째 줄에는 질산 은($AgNO_3$) 수용액을, 둘째 줄에는 탄산 나트륨(Na_2CO_3) 수용액을 각각 2~3방울씩 떨어뜨리고 어떤 변화가 있는지 관찰한다.

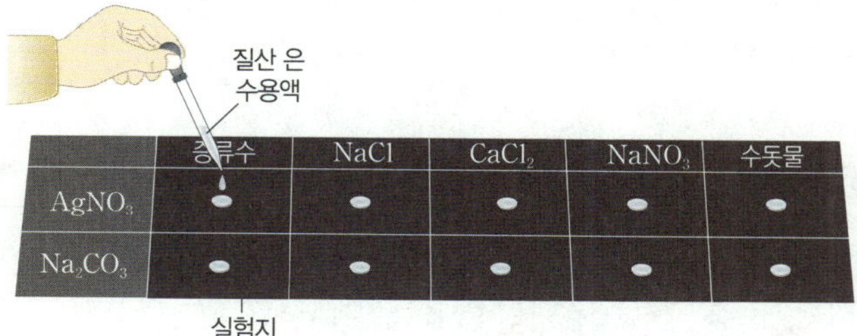

결과 분석하기

수용액	증류수	NaCl	CaCl₂	NaNO₃	수돗물
$AgNO_3$	변화 없음	흰색 앙금 생성	흰색 앙금 생성	변화 없음	흰색 앙금 생성
Na_2CO_3	변화 없음	변화 없음	흰색 앙금 생성	변화 없음	변화 없음

스스로 정리하기

1 각각의 수용액에 들어 있는 양이온과 음이온은 무엇인지 써 보자.

수용액	$AgNO_3$	Na_2CO_3	NaCl	$CaCl_2$	$NaNO_3$
양이온	㉠	㉢	㉤	㉦	㉨
음이온	㉡	㉣	㉥	㉧	㉩

2 질산 은 수용액과 반응하여 앙금을 생성하는 수용액에 공통으로 들어 있는 이온은 무엇인지 써 보자.
$AgNO_3$(질산 은) 수용액의 Ag^+(은 이온)과 (㉠   )이 (㉡   ) 앙금을 생성한다.

3 탄산 나트륨 수용액과 반응하여 앙금을 생성하는 수용액에 들어 있는 이온은 무엇인지 써 보자.
Na_2CO_3(탄산 나트륨) 수용액의 CO_3^{2-}(탄산 이온)과 (㉠   )이 (㉡   ) 앙금을 생성한다.

4 위 실험을 통해 알 수 있는 사실에 대해 설명해 보자.
앙금 생성 반응을 이용하면 수용액 속에 들어 있는 (   )의 존재를 확인할 수 있다.

🔍 탐구 핵심 앙금 생성 반응을 이용하여 미지의 수용액에 들어 있는 이온을 검출하거나 확인할 수 있다.

개념 확인 문제

※ 다음 글의 빈칸에 알맞은 말을 쓰거나 고르시오.

1 이온

01 원자가 전자를 잃어 (＋)전하를 띠게 된 입자를 (　　　)이라고 한다.

02 원자가 전자를 얻어 (－)전하를 띠게 된 입자를 (　　　)이라고 한다.

03 그림 (가)~(다)는 원자와 이온을 모형으로 나타낸 것이다.

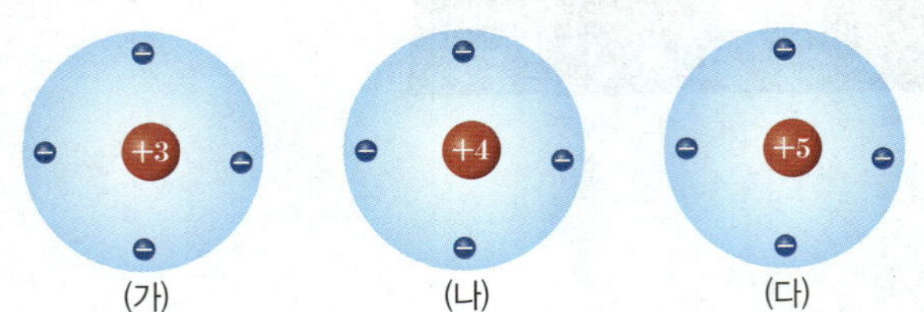

(가)~(다)를 원자, 양이온, 음이온으로 구분하시오.

04 이온을 표현하는 방법에 대한 설명으로 옳은 것은 ○, 옳지 <u>않은</u> 것은 ×로 표시하시오.

(1) 양이온은 (＋)전하량이 (－)전하량보다 크다.
　　　　　　　　　　　　　　　　　　　(○, ×)

(2) 원자가 전자를 잃으면 음이온이 된다. (○, ×)

(3) 이온은 전기적으로 중성이다. (○, ×)

(4) 나트륨은 전자 2개를 잃고 양이온이 된다. (○, ×)

05 그림은 어떤 원자가 이온이 되는 과정을 나타낸 것이다.

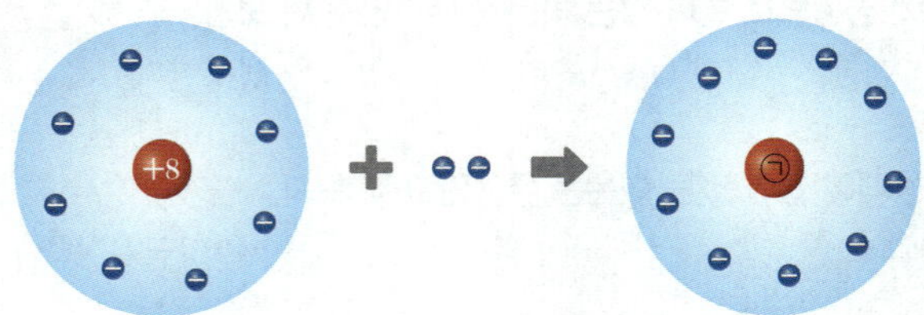

이에 대한 설명으로 옳은 것은 ○, 옳지 <u>않은</u> 것은 ×로 표시하시오. (단, 전자는 ⊖로 나타낸다.)

(1) 원자는 전자 2개를 잃었다. (○, ×)

(2) ㉠에 들어갈 전하량은 ＋10이다. (○, ×)

(3) 음이온이 형성되는 과정을 나타낸 것이다. (○, ×)

(4) 이 이온의 형성 과정을 반응식으로 나타내면
　　$O + 2⊖ \longrightarrow O^{2-}$ 이다. (○, ×)

06 이온의 이름과 이온식을 옳게 짝 지은 것을 |보기|에서 모두 고르시오. (　　　)

보기
ㄱ. 염화 이온 : Cl^-　　ㄴ. 칼슘 이온 : Ca^{2+}
ㄷ. 황화 이온 : S^-　　ㄹ. 바륨 이온 : Ba^+

07 다음 이온식에 대한 물음에 답하시오. (단, 전자는 ⊖로 나타낸다.)

$$Li^+$$

(1) 이온의 이름 : (　　　　　　　　　　　　)

(2) 이온의 종류 : (　　　　　　　　　　　　)

(3) 이온의 형성 과정 : (　　　　　　　　　　)

2 앙금 생성 반응

08 이온이 포함된 두 가지 수용액을 섞었을 때, 수용액 속의 이온이 반응하여 앙금을 생성하는 반응을 (　　　　　　)이라고 한다.

09 염화 나트륨 수용액과 질산 은 수용액이 반응하면 (㉠　　　)색의 (㉡　　　) 앙금이 생성된다.

10 탄산 나트륨 수용액에 염화 칼슘 수용액을 떨어뜨렸을 때 생성된 앙금은 (㉠　　　　　　)이며, 앙금의 색깔은 (㉡　　　)색이다.

11 두 가지 수용액이 반응할 때 앙금이 생성되는 경우는 ○, 생성되지 <u>않는</u> 경우는 ×로 표시하시오.

(1) 질산 은 수용액＋염화 바륨 수용액 (○, ×)

(2) 염화 칼슘 수용액＋탄산 나트륨 수용액 (○, ×)

(3) 염화 나트륨 수용액＋질산 칼륨 수용액 (○, ×)

(4) 염화 칼륨 수용액＋질산 나트륨 수용액 (○, ×)

12 두 수용액을 섞었을 때 생성되는 앙금의 이름과 색깔을 각각 쓰시오.

(1) 황산 칼륨 수용액＋염화 바륨 수용액 :
　　(　　　　　　　　　　　　　　　　　　)

(2) 질산 납 수용액＋아이오딘화 칼륨 수용액 :
　　(　　　　　　　　　　　　　　　　　　)

(3) 염화 구리(Ⅱ) 수용액＋황화 나트륨 수용액 :
　　(　　　　　　　　　　　　　　　　　　)

이온

구분	양이온		음이온	
표현 방법	원소 기호의 오른쪽 위에 잃은 전자 수와 ＋기호를 표시한다. (단, 1은 생략한다.)　Na^+ ┌잃은 전자 수 (1은 생략함) └전하의 종류 / 원소 기호		원소 기호의 오른쪽 위에 얻은 전자 수와 －기호를 표시한다. (단, 1은 생략한다.)　Cl^- ┌얻은 전자 수 (1은 생략함) └전하의 종류 / 원소 기호	
이름	원소 이름 뒤에 '이온'을 붙인다.　⑩ H^+ : 수소 이온, Na^+ : 나트륨 이온, Mg^{2+} : 마그네슘 이온, NH_4^+ : 암모늄 이온 등		원소 이름 뒤에 '화 이온'을 붙인다. (단, 원소 이름 끝의 소는 생략한다.)　⑩ O^{2-} : 산화 이온(산소의 '소' 생략), S^{2-} : 황화 이온 등	

앙금

양이온과 음이온이 반응하여 생성되는 물에 녹지 않는 물질

(1) 앙금 생성 반응 : 이온이 포함된 두 가지 수용액을 섞었을 때, 수용액 속의 이온이 반응하여 생성하는 반응

(2) 앙금의 표시 : 앙금은 물에 녹지 않고 가라앉는다는 의미로 물질의 오른쪽에 ↓기호로 표시한다.

이온

1 표의 빈칸에 알맞은 이온식이나 이온의 이름을 쓰시오.

이온 이름	이온식	이온 이름	이온식
염화 이온			Fe^{2+}
산화 이온			H^+
황화 이온			K^+
탄산 이온			Ca^{2+}
구리 이온			SO_4^{2-}
나트륨 이온			NO_3^-
암모늄 이온			OH^-
마그네슘 이온			F^-

앙금 생성 반응

2 표는 양이온과 음이온이 반응하여 생성되는 앙금과 색깔을 나타낸 것이다. 빈칸에 알맞은 내용을 쓰시오.

양이온	음이온	앙금	앙금의 색깔
Pb^{2+}		PbI_2 ↓	
		PbS ↓	
Ca^{2+}		$CaCO_3$ ↓	
		$CaSO_4$ ↓	
Ba^{2+}		$BaSO_4$ ↓	
		$BaCO_3$ ↓	
Ag^+		$AgCl$ ↓	
		AgI ↓	
Cu^{2+}		CuS ↓	
Cd^{2+}		CdS ↓	
Zn^{2+}		ZnS ↓	

단원마무리

생각그물 완성하기

물질을 이루는 기본 성분 — 정의 — 1 ( )

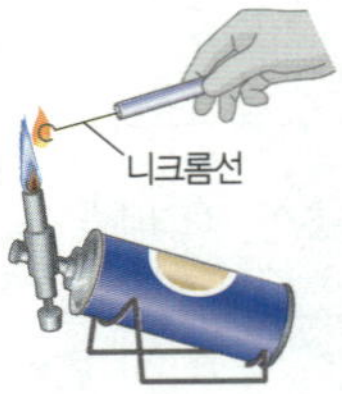

물질의 구성

물질을 이루는 기본 입자 — 정의 — 원자

원자핵의 (+)전하량과 전자의 총 (−)전하량이 같기 때문에 원자는 전기적으로 중성이다.

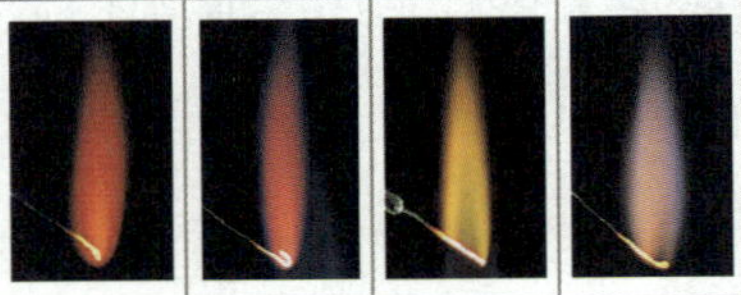

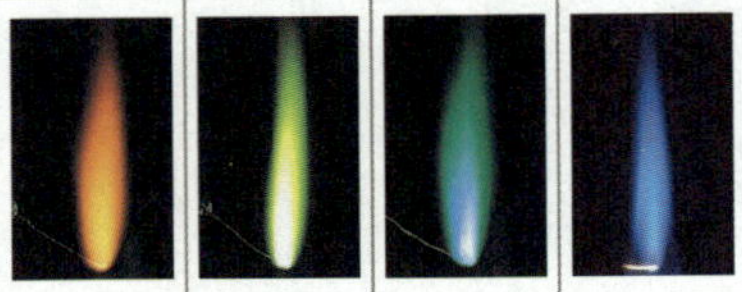

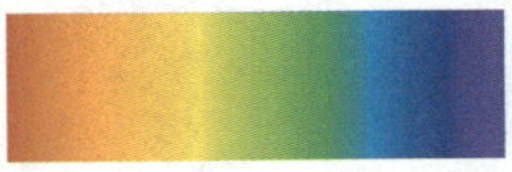

구분	수소 원자	리튬 원자	탄소 원자	산소 원자
원자 모형	+1	+3	+6	+8
원자핵의 전하량	+1	9 ( )	+6	+8
전자의 총 전하량	−1	−3	−6	10 ( )

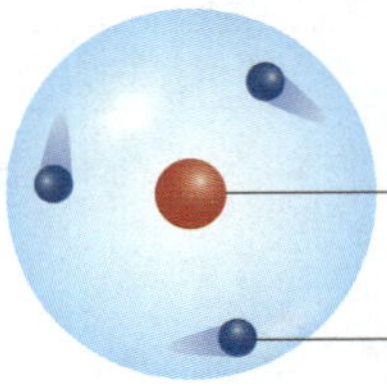

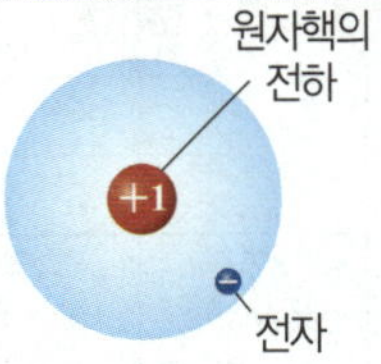

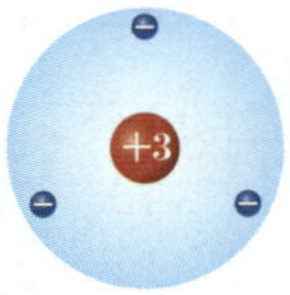

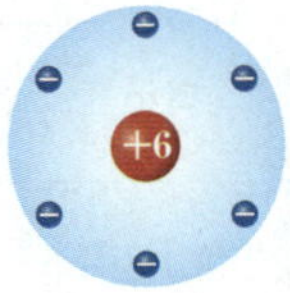

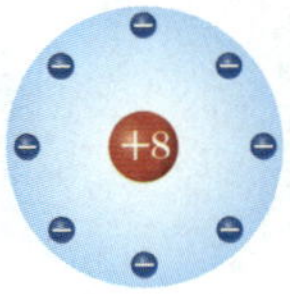

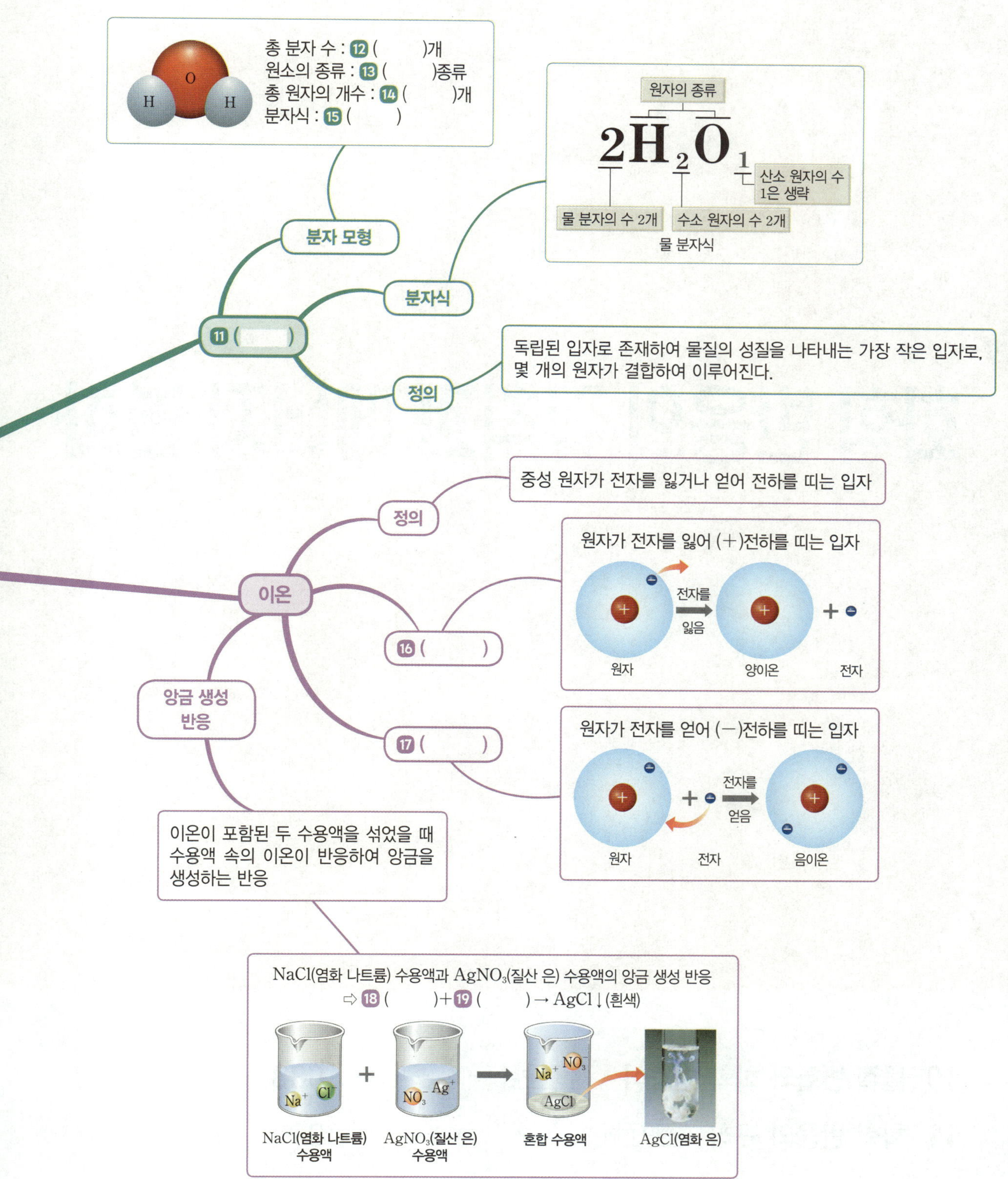
총 분자 수 : 12 (   )개
원소의 종류 : 13 (   )종류
총 원자의 개수 : 14 (   )개
분자식 : 15 (   )

원자의 종류
$$2H_2O_1$$
산소 원자의 수 1은 생략
물 분자의 수 2개
수소 원자의 수 2개
물 분자식

분자 모형

분자식

11 (   )

정의

독립된 입자로 존재하여 물질의 성질을 나타내는 가장 작은 입자로, 몇 개의 원자가 결합하여 이루어진다.

정의

중성 원자가 전자를 잃거나 얻어 전하를 띠는 입자

이온

원자가 전자를 잃어 (＋)전하를 띠는 입자
전자를 잃음
원자   양이온   전자

16 (   )

앙금 생성 반응

17 (   )

원자가 전자를 얻어 (－)전하를 띠는 입자
전자를 얻음
원자   전자   음이온

이온이 포함된 두 수용액을 섞었을 때 수용액 속의 이온이 반응하여 앙금을 생성하는 반응

NaCl(염화 나트륨) 수용액과 AgNO₃(질산 은) 수용액의 앙금 생성 반응
⇨ 18 (   )＋19 (   ) → AgCl↓(흰색)

Na⁺ Cl⁻   NO₃⁻ Ag⁺   Na⁺ NO₃⁻
                                   AgCl
NaCl(염화 나트륨) 수용액   AgNO₃(질산 은) 수용액   혼합 수용액   AgCl(염화 은)

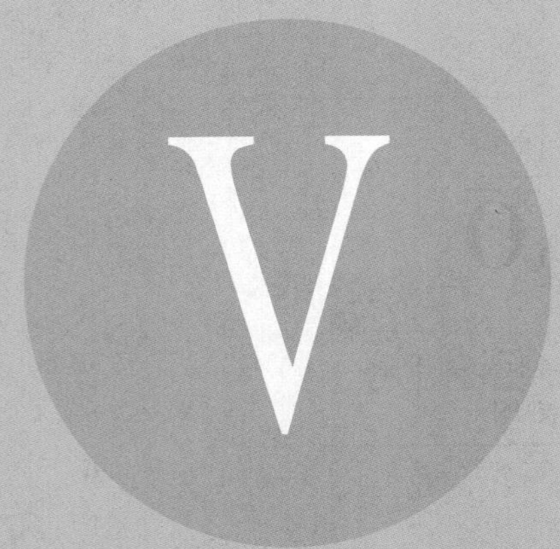

V

화학 반응의 규칙과 에너지 변화

화학 반응을 이해함으로써 우리 삶과 밀접한 관련을 가지는 물질 변화에 대한 호기심을 갖도록 한다. 화학 반응이 일어날 때 정량적인 관계가 성립한다는 것과 에너지 출입이 동반된다는 것을 이해하도록 한다.

★ 고기와 채소가 익으면 왜 맛이 달라질까?

★ 종류와 개수가 같은 장난감 블록으로 만든 로봇과 탱크의 질량에는 차이가 있을까?

★ 하늘 위로 날아간 로켓의 연료인 수소가 연소하는 데 필요한 산소의 양은 얼마일까?

★ 나무를 태우면 왜 주위가 따뜻해질까?

10 물질 변화와 화학 반응식

📖 Note

설탕을 가열할 때
• 물리 변화 : 설탕을 국자에 넣고 가열하면 설탕이 고체에서 액체로 바뀌는 상태 변화가 일어난다.
• 화학 변화 : 계속해서 설탕을 가열하면 설탕이 검은색의 탄소 성분으로 변한다.

암기 Tip

물리 변화는 분자 배열이 변하고 화학 변화는 원자 배열이 변한다.

1 물리 변화와 화학 변화

1 물질 변화 : 물질의 고유한 성질 변화의 유무에 따라 물리 변화와 화학 변화로 구분한다.

2 물리 변화 : 물질의 고유한 성질은 변하지 않으면서 모양이나 상태가 변하는 현상
(1) 물리 변화의 예

모양 변화	• 마그네슘 리본을 구부린다. • 빈 음료수 캔을 찌그러뜨린다.	• 컵이 깨진다. • 종이를 자른다.
상태 변화	• 아이스크림이 녹는다. • 어항의 물이 줄어든다. • 얼음물이 든 컵 표면에 물방울이 맺힌다.	• 물이 끓어 수증기가 된다. • 드라이아이스의 크기가 작아진다.
확산	• 물에 잉크가 퍼진다.	• 향수병의 뚜껑을 열면 향기가 퍼진다.
용해	• 설탕이 물에 녹는다. • 황산 구리(Ⅱ)가 물에 녹아 푸른색 용액이 된다.	

(2) 물리 변화가 일어날 때 입자의 배열 변화 : 물리 변화가 일어날 때는 분자의 배열만 변할 뿐 분자 자체는 변하지 않으므로, 물질의 성질은 변하지 않는다.
예 물의 기화(물 → 수증기)

▲ 물이 기화할 때 입자의 배열 변화

① 물리 변화가 일어날 때 변하는 것 : 분자의 배열 ⇨ 물질의 모양이나 상태
② 물리 변화가 일어날 때 변하지 않는 것 : 원자의 종류, 개수, 배열 ⇨ 물질의 성질이나 질량

3 화학 변화 : 물질이 처음과는 전혀 다른 새로운 성질을 가진 물질로 변하는 현상
(1) 화학 변화의 예

냄새, 맛, 색 등의 변화	• 철이 녹슨다. • 김치 맛이 시어진다. • 과일이 익는다.	• 깎아 놓은 과일의 색이 변한다. • 단풍잎의 색이 붉게 변한다. • 흰색 설탕을 오래 가열하면 까맣게 변한다.
열과 빛의 발생	• 양초가 탄다.	• 종이를 태운다.
앙금 생성	• 석회수에 입김을 불어넣으면 뿌옇게 흐려진다. • 아이오딘화 칼륨 수용액과 질산 납 수용액이 반응하여 노란색 앙금(아이오딘화 납)이 생성된다.	
기체 발생	• 달걀 껍데기와 식초가 반응하면 이산화 탄소가 발생한다. • 발포정을 물에 넣으면 기포가 발생한다.	

(2) 화학 변화가 일어날 때 입자의 배열 변화 : 화학 변화가 일어날 때는 분자를 이루는 원자의 배열이 변하여 분자의 종류와 개수가 변하므로, 물질의 성질이 변한다.
예 물의 전기 분해(물 ―― 수소 + 산소)

➕ 용어

상태 변화
물질의 성질은 변하지 않고 고체, 액체, 기체의 상태만 변하는 것

확산
입자가 기체나 액체 속으로 퍼져 나가는 현상이다.

용해
용질이 용매와 고르게 섞이는 현상이다.

물 분자가 산소 분자와 수소 분자로 분리되면서 분자의 종류가 변한다.

▲ 물을 전기 분해할 때 입자의 배열 변화

① 화학 변화가 일어날 때 변하는 것 : 원자의 배열 ⇨ 분자의 종류와 개수 ⇨ 물질의 성질

② 화학 변화가 일어날 때 변하지 않는 것 : 원자의 종류, 개수 ⇨ 물질의 총 질량

더 알아보기

물리 변화와 화학 변화의 예

	상태 변화	모양, 크기 변화	확산	용해
물리 변화	젖은 빨래가 마른다.	그릇이 깨진다.	향수 냄새가 퍼진다.	각설탕이 물에 녹는다.
	산화	분해	연소	앙금 생성
화학 변화	철이 녹슨다.	상처에 과산화 수소수를 바르면 거품이 난다.	양초가 열과 빛을 내며 탄다.	앙금이 생성된다.

★ 이것이 핵심!!

물질의 성질이 변하지 않으면 물리 변화! 물질의 성질이 변하면 화학 변화!

2 화학 반응과 화학 반응식

1 화학 반응 : 물질이 화학 변화를 하여 다른 성질을 가진 새로운 물질로 변하는 것
예 수소＋산소 ⟶ 물

(1) 반응물 : 화학 반응이 일어나기 전의 물질 예 수소, 산소

(2) 생성물 : 화학 반응의 결과로 만들어진 물질 예 물

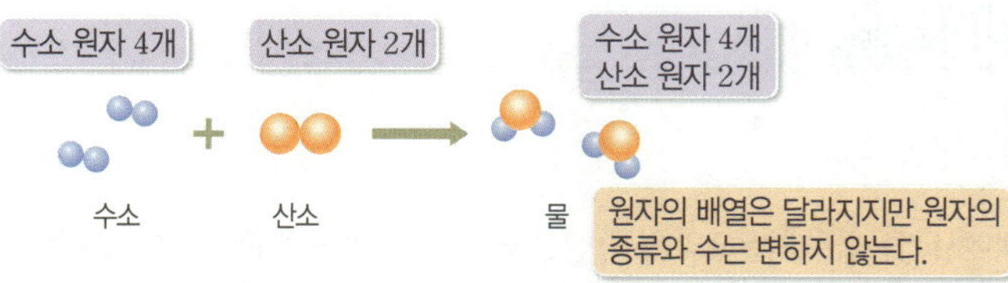

▲ 수소와 산소의 화학 반응

Note

물의 전기 분해

수소 원자와 산소 원자로 이루어진 물은 자발적으로 분해되지 못하므로, 전기 에너지를 가하여 분해할 수 있다.

상처에 과산화 수소수를 바르면 거품이 생기는 까닭

상처에 과산화 수소수를 바르면 과산화 수소수 속의 과산화 수소가 혈액 안의 적혈구나 세균과 만나 이들이 가진 촉매에 의해 물과 산소로 빠르게 분해된다. 이때 발생하는 많은 산소에 의해 거품이 생긴다.

화학식

$2H_2O$

원소 기호

계수 원자 수(1은 생략)

물질을 구성하는 원자의 종류와 수를 원소 기호를 이용하여 나타낸 식이다.

⊕ 용어

연소

물질이 산소와 빠르게 반응하면서 열과 빛을 내며 다른 물질로 변하는 현상이다.

앙금

서로 다른 수용액을 섞었을 때 수용액 속 이온들이 반응하여 만들어지는 물에 녹지 않는 화합물이다.

계수

화학식 앞에 있는 숫자

📖 Note

여러 가지 화학식

물질	화학식
과산화 수소	H_2O_2
염화 나트륨	$NaCl$
염화 칼슘	$CaCl_2$
일산화 탄소	CO
탄산 나트륨	Na_2CO_3
탄산수소 나트륨	$NaHCO_3$
탄산 칼슘	$CaCO_3$

여러 가지 화학 반응식

- 과산화 수소의 분해
$2H_2O_2 \longrightarrow 2H_2O + O_2$
- 마그네슘의 연소
$2Mg + O_2 \longrightarrow 2MgO$
- 마그네슘과 묽은 염산의 반응
$Mg + 2HCl \longrightarrow MgCl_2 + H_2$
- 탄산 나트륨과 염화 칼슘의 반응
$Na_2CO_3 + CaCl_2 \longrightarrow$
$2NaCl + CaCO_3$
- 탄산수소 나트륨의 분해
$2NaHCO_3 \longrightarrow$
$Na_2CO_3 + H_2O + CO_2$

화학 반응식에서 분자 수의 비

반응물이나 생성물이 분자로 이루어진 물질인 경우 화학 반응식에서 계수의 비가 분자 수의 비와 같다.
계수비＝분자 수의 비＝ 부피비(기체 반응인 경우)

2 화학 반응식 : 복잡한 화학 반응도 쉽게 나타낼 수 있도록 화학식과 기호, 계수 등으로 나타낸 것

$$2H_2 + O_2 \longrightarrow 2H_2O$$

수소를 나타낸 화학식　산소를 나타낸 화학식　　물을 나타낸 화학식
▲ 수소와 산소의 화학 반응식

(1) 화학 반응식 작성 순서(예 메테인의 연소)

1단계	• 반응물과 생성물의 이름으로 화학 반응을 나타낸다. • 반응물은 화살표의 왼쪽에, 생성물은 화살표의 오른쪽에 쓴다. • 반응물이나 생성물이 여러 개인 경우 ＋로 연결한다. 예 메테인의 연소 반응에서 반응물은 메테인과 산소, 생성물은 이산화 탄소와 물이다. 메테인 ＋ 산소 $\longrightarrow$ 이산화 탄소 ＋ 물
2단계	반응물과 생성물을 화학식으로 나타낸다. 예 메테인의 화학식은 CH_4, 산소의 화학식은 O_2, 이산화 탄소의 화학식은 CO_2, 물의 화학식은 H_2O이다. $CH_4 + O_2 \longrightarrow CO_2 + H_2O$
3단계	화학 반응 전후에 원자의 종류와 개수가 같도록 계수를 맞춘다. 이때 계수는 가장 간단한 정수비로 나타내며, 1은 생략한다. 예 먼저 화살표 양쪽에 있는 수소 원자의 개수가 4개로 같아지도록 H_2O 앞에 계수 2를 쓴 후, 화살표 양쪽에 있는 산소 원자의 개수가 4개로 같아지도록 O_2 앞에 계수 2를 쓴다. $CH_4 + 2O_2 \longrightarrow CO_2 + 2H_2O$

(2) 화학 반응식으로 알 수 있는 것

① 반응물과 생성물의 종류 : 화학 반응식에서 화살표의 왼쪽은 반응물, 오른쪽은 생성물이므로 화학 반응식을 통해 화학 반응의 반응물과 생성물의 종류를 알 수 있다.

② 반응물과 생성물을 이루는 원자(분자)의 종류와 개수 : 각 물질의 화학식과 계수를 통해 반응물과 생성물을 이루는 원자(분자)의 개수를 알 수 있다. ⇨ 반응 전후에 원자의 종류와 개수가 변하지 않는다는 것을 알 수 있다.

③ 물질이 반응하는 양이나 생성되는 양 : 화학 반응식에서 계수는 화학 반응에 참여하는 분자 수를 나타낸다. ⇨ 화학 반응이 일어날 때 물질이 반응하는 양이나 생성되는 양을 알 수 있다.

화학 반응식 (예 암모니아 생성 반응)	N_2 ＋ $3H_2$ $\longrightarrow$ $2NH_3$		
물질의 종류	반응물		생성물
	질소(N_2)	수소(H_2)	암모니아(NH_3)
분자의 종류	질소 분자(1개)	수소 분자(3개)	암모니아 분자(2개)
원자의 종류	질소 원자(2개)	수소 원자(6개)	질소 원자(2개), 수소 원자(6개)
계수비	1 ： 3 ： 2		
분자 수의 비	1 ： 3 ： 2		

⭐ **이것이 핵심!!**

화학 반응식에서 반응물은 화살표의 왼쪽, 생성물은 화살표의 오른쪽에 쓰며, 계수를 이용해서 원자 수를 맞춘다.

 **탐구**

마그네슘의 변화 관찰하기

● 실험 설계하기

❶ 10 cm 길이의 마그네슘 리본을 3개 준비한다.

❷ 마그네슘 리본 3개를 각각 다음과 같이 처리한다.

(가)	(나)	(다)
긴 마그네슘 리본을 페트리 접시에 놓는다.	구부린 마그네슘 리본을 페트리 접시에 놓는다.	마그네슘 리본을 태우고 남은 재를 페트리 접시에 놓는다.

❸ 페트리 접시 (가)~(다)에 각각 간이 전기 전도계를 대고 전류가 흐르는지 관찰한다.

❹ 페트리 접시 (가)~(다)에 각각 묽은 염산을 몇 방울 떨어뜨리고, 나타나는 변화를 관찰한다.

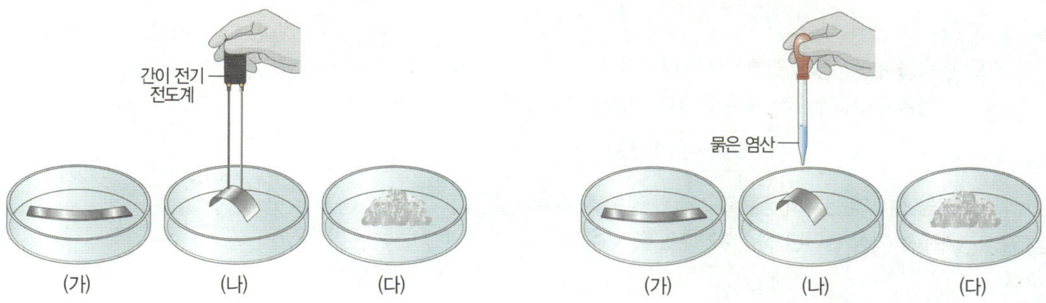

● 결과 분석하기

- 페트리 접시 (가)와 (나)의 비교 ⇨ 마그네슘 리본을 구부리기 전과 후 모두 전류가 흐르고, 묽은 염산과 반응하여 기체가 발생한다.
- 페트리 접시 (가)와 (다)의 비교 ⇨ 마그네슘 리본을 태워 재가 되면 태우기 전과 달리 전류가 흐르지 않고, 묽은 염산과도 반응하지 않는다.

페트리 접시	(가)	(나)	(다)
전류의 흐름	○	○	×
묽은 염산과의 반응	○(기체 발생)	○(기체 발생)	×

● 스스로 정리하기

1 실험 설계하기 **❷**의 (나)와 같이 마그네슘 리본을 구부린 것은 물리 변화인지 화학 변화인지 쓰고, 그렇게 생각한 까닭을 설명해 보자.

마그네슘 리본을 구부리더라도 마그네슘의 성질이 변하지 않으므로, 마그네슘 리본을 구부리는 것은 (　　　) 변화이다.

2 실험 설계하기 **❷**의 (다)와 같이 마그네슘 리본을 태우는 것은 물리 변화인지 화학 변화인지 쓰고, 그렇게 생각한 까닭을 설명해 보자.

마그네슘 리본을 태우면 마그네슘의 성질이 변하므로, 마그네슘 리본을 태우는 것은 (　　　) 변화이다.

🔍 **탐구 핵심** 마그네슘의 모양 변화는 물리 변화이고, 마그네슘을 태우는 것은 화학 변화이다. 물리 변화가 일어나면 물질의 성질이 변하지 않으나, 화학 변화가 일어나면 물질의 성질이 변하여 전혀 다른 새로운 물질이 생성된다.

자료 화학 반응을 화학 반응식으로 나타내기

화학 변화가 일어날 때 물질의 종류, 즉 분자의 종류, 원자의 배열 등은 변하지만 원자의 종류와 개수는 변하지 않으므로 화학 반응 전후에 원자의 종류와 개수가 같은지 확인한다.

1

과산화 수소의 분해 반응을 화학 반응식으로 나타내기

과산화 수소(H_2O_2)가 분해되어 물(H_2O)과 산소(O_2)가 생성되는 반응을 화학 반응식으로 나타내 보자.

❶ 반응물과 생성물의 이름과 기호로 화학 반응을 나타낸다.
반응물은 화살표의 왼쪽, 생성물은 화살표의 오른쪽!

$$과산화\ 수소 \longrightarrow 물 + 산소$$

❷ 반응물과 생성물을 화학식으로 나타낸다.
반응물은 O 2개, 생성물은 O 3개, 반응물에 H 2개, 생성물에 H 2개

$$H_2O_2 \longrightarrow H_2O + O_2$$

❸ 반응 전후에 원자의 종류와 개수가 같도록 계수를 맞춘다.
계수는 가장 간단한 정수비가 되도록 맞춘다.

$$2H_2O_2 \longrightarrow 2H_2O + O_2$$

⇨ 완성된 화학 반응식 : $2H_2O_2 \longrightarrow 2H_2O + O_2$

화학 반응식 분석하기

$2H_2O_2 \longrightarrow 2H_2O + O_2$		
물질의 종류	반응물	과산화 수소
	생성물	물, 산소
분자의 종류와 개수	반응물	H_2O_2 2개
	생성물	H_2O 2개, O_2 1개
원자의 종류와 개수	반응물	H 4개, O 4개
	생성물	H 4개, O 4개
계수비 (분자 수의 비)		$2H_2O_2 : 2H_2O : O_2$ = 2 : 2 : 1

2

구리의 연소 반응을 화학 반응식으로 나타내기

구리(Cu)가 산소(O_2)와 만나 연소하여 산화 구리(Ⅱ)(CuO)가 생성되는 반응을 화학 반응식으로 나타내 보자.

❶ 반응물과 생성물의 이름과 기호로 화학 반응을 나타낸다.
반응물은 왼쪽, 생성물은 오른쪽!

$$구리 + 산소 \longrightarrow 산화\ 구리(Ⅱ)$$

❷ 반응물과 생성물을 화학식으로 나타낸다.
반응물은 Cu 1개, O 2개, 생성물은 Cu 1개, O 1개

$$Cu + O_2 \longrightarrow CuO$$

❸ 반응 전후에 원자의 종류와 개수가 같도록 계수를 맞춘다.
계수는 가장 간단한 정수비가 되도록 맞춘다.

$$2Cu + O_2 \longrightarrow 2CuO$$

⇨ 완성된 화학 반응식 : $2Cu + O_2 \longrightarrow 2CuO$

화학 반응식 분석하기

$2Cu + O_2 \longrightarrow 2CuO$		
물질의 종류	반응물	구리, 산소
	생성물	산화 구리(Ⅱ)
물질의 종류와 개수	반응물	Cu 2개, O_2 1개
	생성물	CuO 2개
원자의 종류와 개수	반응물	Cu 2개, O 2개
	생성물	Cu 2개, O 2개
계수비 (분자 수의 비)		$2Cu : O_2 : 2CuO$ = 2 : 1 : 2

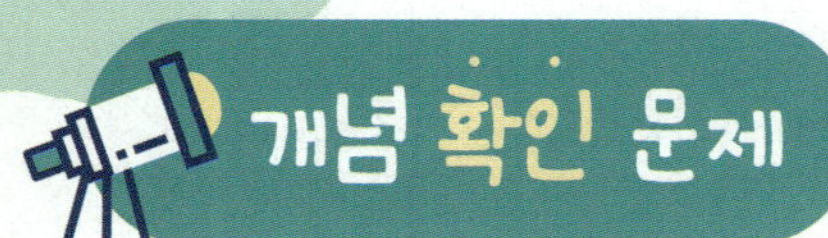

※ 다음 글의 빈칸에 알맞은 말을 쓰거나 고르시오.

1 물리 변화와 화학 변화

01 물리 변화는 물질의 고유한 성질이 (㉠ 변하고, 변하지 않고), 화학 변화는 물질의 고유한 성질이 (㉡ 변한다, 변하지 않는다).

02 물리 변화가 일어날 때 물질을 이루는 (분자, 원자)의 배열이 변한다.

03 물을 끓여 발생하는 수증기는 물과 성질이 (같다 , 다르다).

04 물을 전기 분해하여 발생하는 수소와 산소는 물과 성질이 (같다, 다르다).

05 화학 변화가 일어났음을 알 수 있는 현상을 |보기|에서 모두 고르시오. (　　　　)

보기
ㄱ. 음식에서 쉰내가 난다.　ㄴ. 앙금이 생성된다. ㄷ. 기체가 액체로 변한다.　ㄹ. 분자가 이동한다. ㅁ. 물체의 길이가 짧아진다. ㅂ. 새로운 기체가 생성된다.

06 고체 상태의 설탕을 약한 불로 가열했을 때 액체 설탕이 되는 것은 (물리, 화학) 변화이다.

07 액체 상태의 설탕을 계속 가열했을 때 설탕이 타서 검게 변하는 것은 (물리, 화학) 변화이다.

08 마그네슘 조각을 작게 자른 뒤 묽은 염산을 떨어뜨리면 기체가 (발생한다, 발생하지 않는다).

09 마그네슘 조각을 태운 뒤 전기 전도계를 대고 전류를 측정하면 전류가 (흐른다, 흐르지 않는다).

10 여러 가지 현상 중에서 ⑴, ⑵에 해당하는 경우를 |보기|에서 모두 고르시오.

보기
ㄱ. 양초가 탄다. ㄴ. 설탕이 물에 녹는다. ㄷ. 깎아 놓은 과일의 색이 변한다. ㄹ. 빈 음료수 캔을 찌그러뜨린다. ㅁ. 향수를 뿌리면 방안에 향기가 가득 퍼진다. ㅂ. 달걀 껍데기에 식초를 뿌리면 기체가 발생한다.

⑴ 물리 변화 : (　　　　　)

⑵ 화학 변화 : (　　　　　)

11 물리 변화와 화학 변화에 대한 설명으로 옳은 것은 ○, 옳지 않은 것은 ×로 표시하시오.

⑴ 물리 변화가 일어나면 물질을 이루는 분자의 종류가 변한다. (　○, ×　)

⑵ 물리 변화가 일어나면 물질의 모양이나 상태가 변한다. (　○, ×　)

⑶ 화학 변화가 일어나면 물질을 이루는 원자의 종류가 변한다. (　○, ×　)

⑷ 기체가 발생하는 변화는 모두 화학 변화이다. (　○, ×　)

2 화학 반응과 화학 반응식

12 물질이 화학 변화를 하여 다른 성질을 가진 새로운 물질로 변하는 것을 (　　　　　)이라고 한다.

13 화학 반응이 일어나기 전의 물질을 (㉠　　　　), 화학 반응의 결과로 만들어진 물질을 (㉡　　　　)이라고 한다.

14 화학 반응을 화학식과 기호, 계수 등으로 나타낸 것을 (　　　　　)이라고 한다.

15 화학 반응식에서 반응물은 화살표의 (㉠ 오른쪽, 왼쪽), 생성물은 화살표의 (㉡ 오른쪽, 왼쪽)에 나타낸다.

16 화학 반응식에서 (　　　　　)는 화학 반응에 참여하는 분자 수의 비와 같다.

17 메테인과 마그네슘의 연소 반응식의 계수를 쓰시오. (단, 1인 경우도 생략하지 않는다.)

⑴ 메테인의 연소 반응

　　(　　)CH_4 + (　　)O_2 ⟶ (　　)CO_2 + (　　)H_2O

⑵ 마그네슘의 연소 반응

　　(　　)Mg + (　　)O_2 ⟶ (　　)MgO

18 화학 반응식에 대한 설명으로 옳은 것은 ○, 옳지 않은 것은 ×로 표시하시오.

⑴ 화학 반응식에서 계수가 1일 때는 숫자를 생략한다. (　○, ×　)

⑵ 화학 반응식을 작성할 때 반응물이나 생성물이 두 가지 이상일 경우 '+' 또는 '—'로 연결한다. (　○, ×　)

⑶ 화학 반응식에서 반응물을 이루는 원자의 개수는 생성물을 이루는 원자의 개수와 같다. (　○, ×　)

⑷ 화학 반응식을 작성할 때 반응 전후 원자의 종류와 개수가 맞지 않으면 화학식을 바꾸어 준다. (　○, ×　)

⑸ 화학 반응식을 통해 반응 전후 물질의 성질을 알 수 있다. (　○, ×　)

화학 반응식

화학 반응을 화학식과 기호, 계수 등으로 나타낸 것

1단계	• 반응물과 생성물의 이름으로 화학 반응을 나타낸다. • 반응물은 화살표의 왼쪽에, 생성물은 화살표의 오른쪽에 쓴다. • 반응물이나 생성물이 여러 개인 경우 +로 연결한다.
2단계	반응물과 생성물을 화학식으로 나타낸다.
3단계	화학 반응 전후에 원자의 종류와 개수가 같도록 계수를 맞춘다. 이때 계수는 가장 간단한 정수비로 나타내며, 1은 생략한다.

화학 반응식

[1~8] 다음은 여러 가지 화학 반응식을 나타낸 것이다. 각 반응식에 알맞은 계수를 써 넣으시오. (단, 1인 경우도 생략하지 않고 나타낸다.)

1 $(\qquad)N_2 + (\qquad)H_2 \longrightarrow (\qquad)NH_3$

2 $(\qquad)CO + (\qquad)O_2 \longrightarrow (\qquad)CO_2$

3 $(\qquad)H_2O \longrightarrow (\qquad)H_2 + (\qquad)O_2$

4 $(\qquad)Mg + (\qquad)HCl \longrightarrow (\qquad)MgCl_2 + (\qquad)H_2$

5 $(\qquad)Cu + (\qquad)O_2 \longrightarrow (\qquad)CuO$

6 $(\qquad)H_2O_2 \longrightarrow (\qquad)H_2O + (\qquad)O_2$

7 $(\qquad)NaHCO_3 \longrightarrow (\qquad)Na_2CO_3 + (\qquad)H_2O + (\qquad)CO_2$

8 $(\qquad)Na_2CO_3 + (\qquad)CaCl_2 \longrightarrow (\qquad)NaCl + (\qquad)CaCO_3$

[9~13] 다음 반응을 화학 반응식으로 나타내시오.

9 숯(C)이 산소(O_2)와 불완전 연소하여 일산화 탄소(CO)가 생성되는 반응

10 질소(N_2)와 산소(O_2)가 반응하여 이산화 질소(NO_2)가 생성되는 반응

11 마그네슘(Mg)과 묽은 염산(HCl)이 반응하여 염화 마그네슘($MgCl_2$)과 수소 기체(H_2)가 생성되는 반응

12 에탄올(C_2H_5OH)과 산소(O_2)가 반응하여 이산화 탄소(CO_2)와 물(H_2O)이 생성되는 반응

13 탄산 나트륨(Na_2CO_3)과 염화 칼슘($CaCl_2$)이 반응하여 염화 나트륨(NaCl)과 탄산 칼슘($CaCO_3$)이 생성되는 반응

11 화학 반응의 규칙

📖 Note

물리 변화에서의 질량 보존
물리 변화가 일어날 때 물질의 상태나 모양이 변할 뿐 분자 자체는 변하지 않고 분자의 배열만 변하므로 물질의 성질과 질량은 변하지 않는다.

여러 가지 앙금 생성 반응
• 앙금이 생성되는 반응이 일어날 때 반응 전 물질의 총 질량과 반응 후 물질의 총 질량은 같다.
• 염화 나트륨＋질산 은 ⟶
　염화 은(흰색)＋질산 나트륨
• 질산 납＋아이오딘화 칼륨 ⟶
　아이오딘화 납(노란색)＋질산 칼륨

여러 가지 기체 발생 반응
• 열린 공간에서는 발생한 기체가 빠져나가므로 질량이 감소하지만, 닫힌 공간의 경우 기체가 빠져나가지 못하므로 반응 전후 물질의 총 질량은 같다.
• 과산화 수소 ⟶ 물＋산소 기체
• 탄산수소 나트륨 ⟶ 탄산 나트륨 ＋물＋이산화 탄소 기체
• 아연＋염산 ⟶ 염화 아연＋수소 기체
• 마그네슘＋묽은 염산 ⟶ 염화 마그네슘＋수소 기체

➕ **용어**

열린 공간과 닫힌 공간
물질이 이동할 수 있는 공간을 '열린 공간'이라고 하며, 물질이 이동할 수 없는 밀폐된 공간을 '닫힌 공간'이라고 한다.

① 질량 보존 법칙

1 질량 보존 법칙 : 화학 반응이 일어날 때 반응물의 총 질량과 생성물의 총 질량은 같다. ⇨ 화학 반응이 일어날 때 물질을 이루는 원자의 종류와 개수가 변하지 않기 때문

2 반응의 종류에 따른 질량 보존 법칙

(1) 앙금 생성 반응에서의 질량 보존 법칙

모형	탄산 나트륨　＋　염화 칼슘　⟶　탄산 칼슘　＋　염화 나트륨
질량 관계	(탄산 나트륨＋염화 칼슘)의 질량＝(탄산 칼슘＋염화 나트륨)의 질량

(2) 기체 발생 반응에서의 질량 보존 법칙

예	달걀 껍데기(탄산 칼슘)와 묽은 염산의 반응	
모형	탄산 칼슘　＋　염화 수소　⟶　염화 칼슘　＋　물　＋　이산화 탄소	
질량 관계	(탄산 칼슘＋염화 수소)의 질량＝(염화 칼슘＋물＋이산화 탄소)의 질량	
	열린 공간	**닫힌 공간**
실험	발생한 이산화 탄소 기체가 공기 중으로 빠져나간다. ⇨ 반응 전보다 질량이 감소한다.	발생한 이산화 탄소 기체가 공기 중으로 빠져나가지 못한다. ⇨ 반응 전후 질량은 변화 없다.

(3) 연소 반응에서의 질량 보존 법칙

예		나무의 연소	강철솜의 연소
실험	열린 공간	연소될 때 생성된 기체가 공기 중으로 날아간다. ⇨ 반응 전보다 질량이 감소한다.	공기 중의 산소와 결합한다. ⇨ 반응 전보다 질량이 증가한다.
	닫힌 공간	날아가는 기체의 질량까지 합하면 ⇨ 전체 질량은 변화 없다.	물질의 질량에 결합한 산소의 질량을 합하면 ⇨ 전체 질량은 변화 없다.
질량 관계		(나무＋산소)의 질량 ＝(이산화 탄소＋수증기＋재)의 질량	(강철솜＋산소)의 질량 ＝산화 철(Ⅱ)의 질량

혼합물에서의 일정 성분비 법칙

혼합물은 성분 물질이 섞이는 비율이 일정하지 않으므로 일정 성분비 법칙이 성립하지 않는다. 따라서 일정 성분비 법칙이 성립하는가의 여부는 혼합물과 화합물을 구분하는 기준이 된다.

원자의 개수비와 질량비의 관계

원자는 질량이 있고 원자의 종류에 따라 질량이 일정하므로, 원자의 개수비가 일정하면 질량비도 일정하다.

물과 과산화 수소 생성 반응에서의 질량비

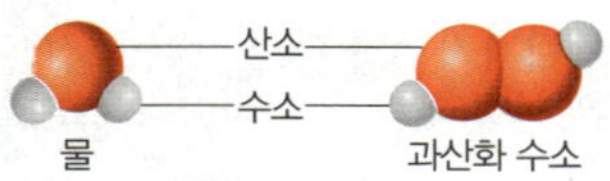

물질	물	과산화 수소
성분 원소	수소, 산소	수소, 산소
원자 수의 비 (수소 : 산소)	2 : 1	1 : 1
질량비 (수소 : 산소)	1 : 8	1 : 16

➕ **용어**

혼합물

두 가지 이상의 물질이 섞여 있는 물질이다.

화합물

두 가지 이상의 원소가 결합하여 생성된 물질이다.

---

② 일정 성분비 법칙(⇨ 질량비)

1 일정 성분비 법칙 : 화합물의 성분 원소 사이에는 항상 일정한 질량비가 성립한다. ⇨ 화합물이 생성될 때 원자는 항상 일정한 개수비로 결합하기 때문

(1) 같은 화합물이라면 성분 원소들의 질량비는 항상 같다.

(2) 일정 성분비 법칙은 화합물에서는 성립하지만, 혼합물에서는 성립하지 않는다.

2 물 분자 모형으로 나타내는 일정 성분비 법칙

- 물 분자를 구성하는 원자의 개수비 ⇨ 수소 : 산소=2 : 1
- 물 분자를 구성하는 원자의 질량비 ⇨ 질량비는 수소 원자 1개 : 산소 원자 1개=1 : 16
- 물 분자를 구성하는 수소 원자 2개 산소 원자 1개의 질량비는 (2×1) : (1×16)이다. ⇨ 질량비는 수소 : 산소=1 : 8

3 화합물을 구성하는 성분 원소의 질량비 예

(1) 마그네슘 연소 반응에서의 질량비 : 마그네슘과 산소가 반응하여 산화 마그네슘이 생성될 때 마그네슘과 산소는 3 : 2의 질량비로 반응한다.

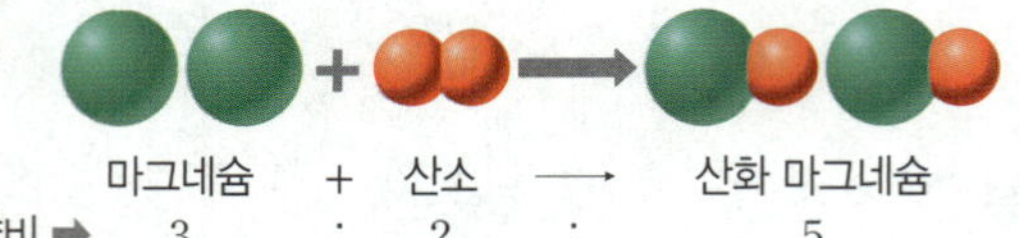

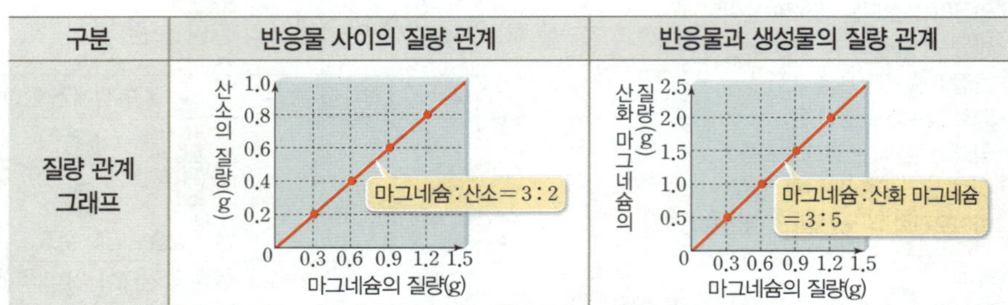

구분	반응물 사이의 질량 관계	반응물과 생성물의 질량 관계
질량 관계 그래프		

(2) 구리의 연소 반응에서의 질량비 : 구리와 산소가 반응하여 산화 구리(Ⅱ)가 생성될 때 구리와 산소는 4 : 1의 질량비로 반응한다.

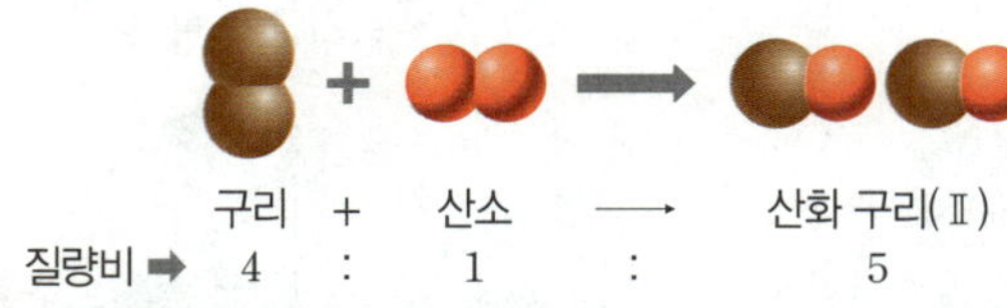

구분	반응물 사이의 질량 관계	반응물과 생성물의 질량 관계
질량 관계 그래프		

(3) 물의 합성 반응에서의 질량비 : 수소와 산소 기체 혼합물에 전기 불꽃을 가하면 수소와 산소는 1 : 8의 질량비로 반응한다.

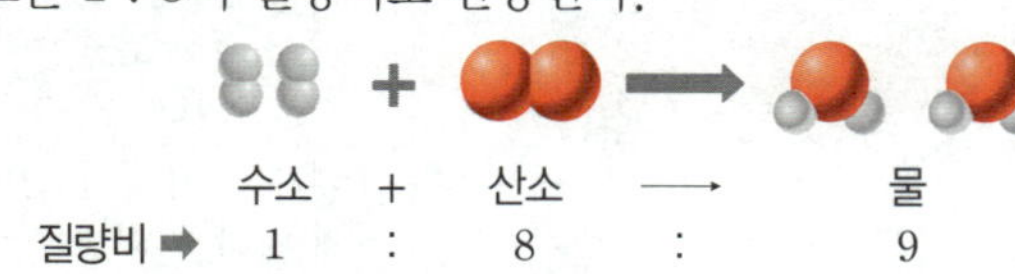

물 분자의 개수(개)	원자의 총 개수(개)		원자 수의 비	질량비
	수소	산소	수소 : 산소	수소 : 산소
1	2	1	2 : 1	1 : 8
3	6	3	2 : 1	1 : 8
5	10	5	2 : 1	1 : 8

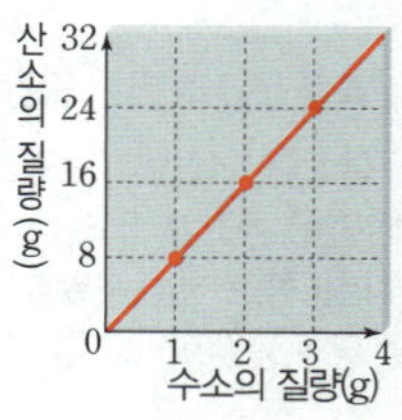

(4) 아이오딘화 납 생성 반응에서의 질량비 : 아이오딘화 칼륨 수용액과 질산 납 수용액을 섞으면 아이오딘화 납 앙금이 생성된다.

미니 탐구 아이오딘화 납 앙금 생성 반응에서의 일정 성분비 법칙 이해

과정

10 % 아이오딘화 칼륨 수용액 6.0 mL에 10 % 질산 납 수용액의 양을 다르게 하여 반응시킨다.

결과 및 정리

- B~D에서는 생성되는 앙금의 높이가 증가하며, D 이후에는 더 이상 증가하지 않는다. ⇨ D에서 납 이온과 아이오딘화 이온이 모두 반응하였다.
- E, F에는 남은 납 이온과 반응할 아이오딘화 이온이 없다.
  ⇨ 아이오딘화 납이 생성될 때 납 이온과 아이오딘화 이온은 항상 1 : 2의 개수비로 결합하기 때문에 납과 아이오딘 사이에 일정한 질량비가 성립한다.

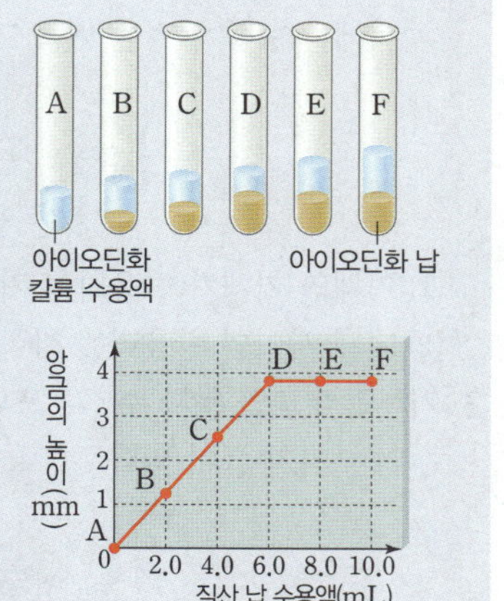

4 다양한 화합물에서의 일정 성분비 법칙

구분	암모니아	이산화 탄소	이산화 황	산화 구리(Ⅱ)
모형				
원자 수의 비	수소 : 질소 $=3 : 1$	탄소 : 산소 $=1 : 2$	황 : 산소 $=1 : 2$	구리 : 산소 $=1 : 1$
질량비	수소 : 질소 $=(3 \times 1) : (1 \times 14)$ $=3 : 14$	탄소 : 산소 $=(1 \times 12) : (2 \times 16)$ $=3 : 8$	황 : 산소 $=(1 \times 32) : (2 \times 16)$ $=1 : 1$	구리 : 산소 $=(1 \times 64) : (1 \times 16)$ $=4 : 1$

⭐ **이것이 핵심!!**

1. 화학 반응이 일어날 때 반응 전후에 물질의 총 질량은 보존된다. ⇨ 질량 보존 법칙!
2. 화학 반응을 거쳐 만들어진 화합물의 성분 원소 사이에는 항상 일정한 질량비가 성립한다. ⇨ 일정 성분비 법칙! 일정 성분비 법칙은 질량비!

여러 가지 원자의 상대적 질량(원자량)

원자	원자량
H	1
C	12
N	14
O	16
Na	23
Mg	24
S	32
Cl	35.5
Fe	56
Cu	64

더 알아보기 볼트(B)와 너트(N) 모형을 통한 질량 보존 법칙과 일정 성분비 법칙 이해하기

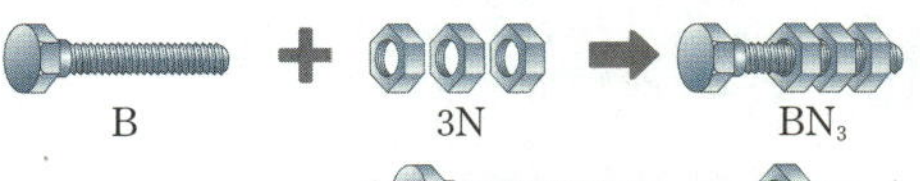

$(B+3N)$의 질량$=BN_3$의 질량
$1 \times 4\,g + 3 \times 2\,g = 1 \times 4\,g + 3 \times 2\,g$
$10\,g = 10\,g$
(🔩 :4 g, ⬡ :2 g)
⇨ 질량 보존 법칙 성립

준비한 모형의 수		최대로 만들 수 있는 BN_3 모형의 수	남은 모형의 종류와 수
B	N		
1개	3개	1개	없음
3개	6개	2개	볼트(B), 1개
5개	20개	5개	너트(N), 5개

⇨ 화합물을 구성하는 볼트(B)와 너트(N)는 일정한 개수비로 결합하므로 여분의 모형은 결합하지 못하고 남는다.

⇨ 화합물 BN_3를 구성하는 볼트(B)와 너트(N)의 질량비는 B : N$=1 \times 4\,g : 3 \times 2\,g = 2 : 3$으로 일정 성분비 법칙이 성립한다.

3 기체 반응 법칙(⇨ 부피비)

1 기체 반응 법칙 : 일정한 온도와 압력에서 기체들이 반응하여 새로운 기체가 생성될 때 각 기체의 부피 사이에는 간단한 정수비가 성립한다.
⑩ 일정한 온도와 압력에서 반응한 수소 기체와 산소 기체, 생성된 수증기의 부피 사이에는 항상 일정한 비(2 : 1 : 2)가 성립한다.

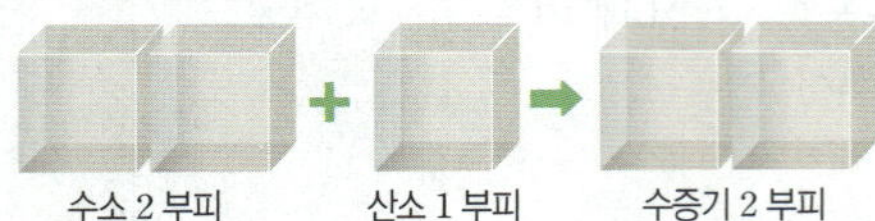

(1) 기체와 기체가 반응하여 기체가 만들어지는 반응에만 적용이 가능하다.
(2) 기체 사이의 반응비는 화학 반응식의 계수비와 같다.

2 기체의 부피와 분자 수 : 온도와 압력이 같을 때 모든 기체는 같은 부피 속에 같은 개수의 분자가 들어 있다.

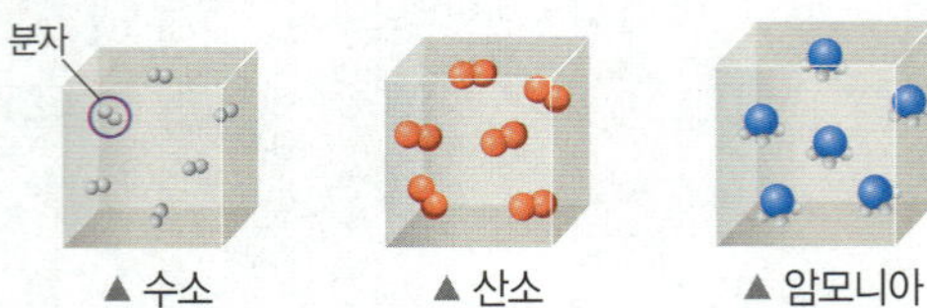

3 기체 사이의 반응에서 화학 반응식과 부피비의 관계 : 화학 반응식의 계수는 분자 수를 의미하므로 반응물과 생성물이 모두 기체인 경우 화학 반응식의 계수비는 분자 수의 비, 부피비와 같다. (단, 온도와 압력은 반응 전후 같다.)

(1) 수증기 생성 반응

반응 모형						
화학 반응식	$2H_2$	+	O_2	⟶		$2H_2O$
계수비	2	:	1	:		2
분자 수의 비	2	:	1	:		2
부피비	2	:	1	:		2

(2) 암모니아 생성 반응

반응 모형						
화학 반응식	N_2	+	$3H_2$	⟶		$2NH_3$
계수비	1	:	3	:		2
분자 수의 비	1	:	3	:		2
부피비	1	:	3	:		2

(3) 염화 수소 생성 반응

반응 모형						
화학 반응식	H_2	+	Cl_2	⟶		$2HCl$
계수비	1	:	1	:		2
분자 수의 비	1	:	1	:		2
부피비	1	:	1	:		2

★ **이것이 핵심!!**

> 일정한 온도와 압력에서 기체들이 반응하여 새로운 기체가 생성될 때 각 기체의 부피 사이에는 간단한 정수비가 성립한다. ⇨ 기체 반응 법칙! 기체 반응 법칙은 부피비!

Note

게이뤼삭
프랑스의 과학자 게이뤼삭은 수소 기체와 산소 기체를 반응시켜 수증기를 생성하는 실험으로 어느 한 기체의 양이 많더라도 수소 2 부피와 산소 1 부피가 반응한다는 것을 알아냈다.

탄소와 산소의 반응

탄소＋산소 ⟶ 이산화 탄소

탄소와 산소가 반응하여 이산화 탄소가 생성되는 경우, 산소와 이산화 탄소는 기체이지만 탄소는 고체이므로 기체 반응 법칙이 성립하지 않는다.

기체 분자의 크기와 기체의 부피
기체는 종류에 따라 분자의 크기나 모양이 다르지만 공통적으로 분자의 크기가 매우 작고 분자 사이의 거리가 매우 멀다. 따라서 분자 자체의 크기는 고려하지 않아도 된다. 따라서 분자의 종류에 관계없이 온도와 압력이 일정할 때 모든 기체는 같은 부피 속에 같은 수의 분자가 들어 있다. ⇨ 기체의 부피비와 분자 수의 비는 같다.

화학 반응식의 계수비와 부피비
일정한 온도와 압력에서 화학 반응식의 계수비는 항상 부피비와 같다고 생각할 수 있지만, 이는 반응물과 생성물이 모두 기체인 경우에만 해당된다.

탐구 A 앙금 생성 반응에서의 질량 변화

실험 설계하기

❶ 유리병 (가)와 (나)에 같은 농도의 탄산 나트륨 수용액과 염화 칼슘 수용액을 각각 20 mL씩 넣고 마개를 닫는다.

❷ 유리병 (가)와 (나)를 모두 전자저울에 올려놓고 질량을 측정한다.

❸ 유리병 (나)의 수용액을 유리병 (가)에 부은 후 일어나는 변화를 관찰한다.

❹ 섞인 수용액에서 반응이 더 이상 진행되지 않으면 유리병 (가)와 (나)의 전체 질량을 다시 측정한다.

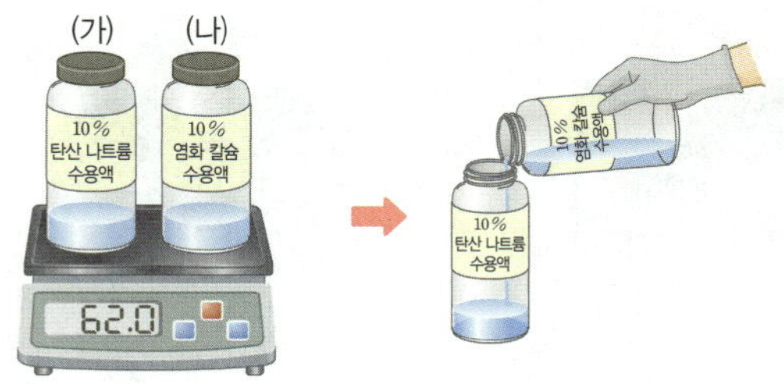

결과 분석하기

• 탄산 나트륨 수용액과 염화 칼슘 수용액을 섞으면 수용액에 흰색 앙금(탄산 칼슘)이 생기면서 뿌옇게 흐려진다.

• 두 수용액을 섞기 전과 섞은 후의 질량은 같다. ⇨ 질량 보존 법칙 성립

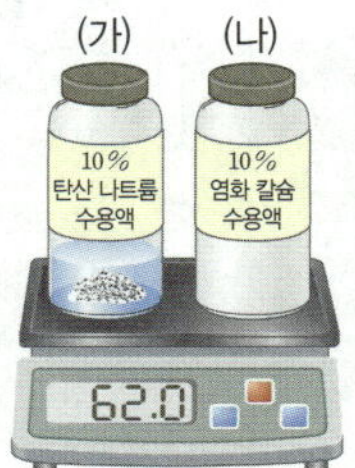

스스로 정리하기

1 두 수용액을 섞기 전과 섞은 후의 질량이 일정한 까닭을 설명해 보자.

두 수용액을 섞기 전과 섞은 후 원자의 (㉠   )와 (㉡   )는 변하지 않고, 생성된 앙금이 외부로 빠져나가지 못하므로 질량이 일정하게 유지된다.

2 밀폐되지 않은 용기에서 실험하면 두 수용액을 섞기 전과 섞은 후의 질량이 어떻게 변하는지 설명해 보자.

앙금 생성 반응은 용기의 밀폐 여부에 영향을 (㉠   )므로 밀폐되지 않은 용기에서 실험해도 두 수용액을 섞기 전과 섞은 후의 질량은 (㉡   )다.

🔍 **탐구 핵심** 앙금 생성 반응과 기체 발생 반응 등 모든 화학 반응이 일어날 때 반응 전후 물질의 총 질량은 보존된다. ⇨ 질량 보존 법칙!

산화 구리(Ⅱ) 생성 반응에서의 질량비

실험 설계하기

❶ 도가니 4개의 질량을 측정한 후 각 도가니에 구리 가루를 각각 0.5 g, 1.0 g, 1.5 g, 2.0 g씩 넣는다.

❷ 구리 가루를 잘 섞어 주면서 구리 가루의 색깔이 모두 검은색으로 변할 때까지 가열한다.

❸ 도가니를 완전히 식힌 후 각 도가니의 전체 질량을 측정하여 산화 구리(Ⅱ)의 질량을 구한다.

결과 분석하기

구리 가루의 질량(g)	0.5	1.0	1.5	2.0
산화 구리(Ⅱ)의 질량(g)	0.625	1.25	1.875	2.5
반응한 산소의 질량(g)	0.125	0.25	0.375	0.5
구리 : 산소 질량비	4 : 1	4 : 1	4 : 1	4 : 1

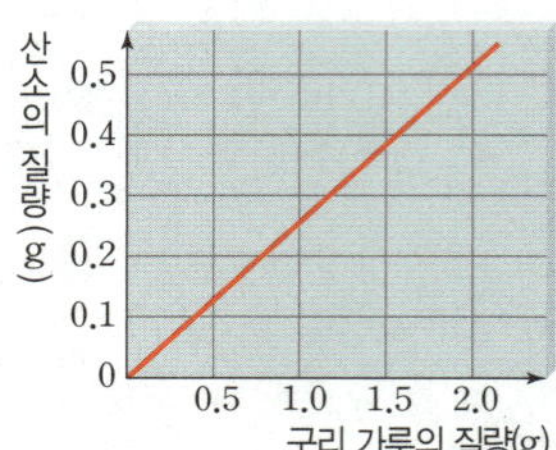

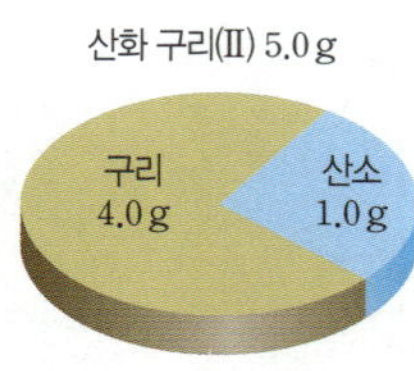

스스로 정리하기

1 구리의 질량을 증가시키면 반응하는 구리와 산소의 질량비는 어떻게 변하는지 설명해 보자.

구리의 질량을 증가시켜도 반응하는 구리와 산소의 질량비는 (　　　　)로 항상 일정한 질량비가 성립한다.

2 구리 가루 6 g이 완전히 반응하기 위해 필요한 산소의 질량에 대해 설명해 보자.

구리 : 산소의 질량비는 (㉠　　　　)이므로, 구리 가루 6 g이 완전히 반응하는 데 필요한 산소의 질량은 (㉡　　　　) g이다.

3 구리 가루 10 g이 산소와 완전히 반응하여 생성된 산화 구리(Ⅱ)의 질량에 대해 설명해 보자.

구리 : 산소의 질량비는 (㉠　　　　)이므로, 구리 가루 10 g이 완전히 반응하는 데 필요한 산소의 질량은 (㉡　　　　) g이다. 따라서 구리 가루 10 g이 산소와 완전히 반응하여 생성된 산화 구리(Ⅱ)의 질량은 (㉢　　　　) g이다.

탐구 핵심 두 종류 이상의 물질이 화합물을 형성할 때, 일정한 (질량) 비율로 결합하므로 여분의 물질은 반응하지 않는다. ⇨ 일정 성분비 법칙 성립!

탐구 C 수증기 생성 반응에서의 부피 관계

실험 설계하기

1. 기체 발생 장치에서 포집한 수소 기체 4 mL를 주사기로 뽑아낸다.

2. 수증기 합성 장치의 기체 주입구를 열고, ❶의 주사기를 이용하여 수소 기체를 넣는다.

3. 같은 방법으로 산소 기체 4 mL를 뽑아내어 수증기 합성 장치에 넣고 기체 주입구를 닫는다.

4. 기체 주입구를 닫고 점화기를 눌러 수소와 산소를 완전히 반응시킨 후 남은 기체의 부피를 측정한다.

5. 수소 기체—산소 기체의 부피를 각각 6 mL—2 mL, 8 mL—4 mL, 10 mL—10 mL로 하여 ❶ ~ ❹를 반복한다.

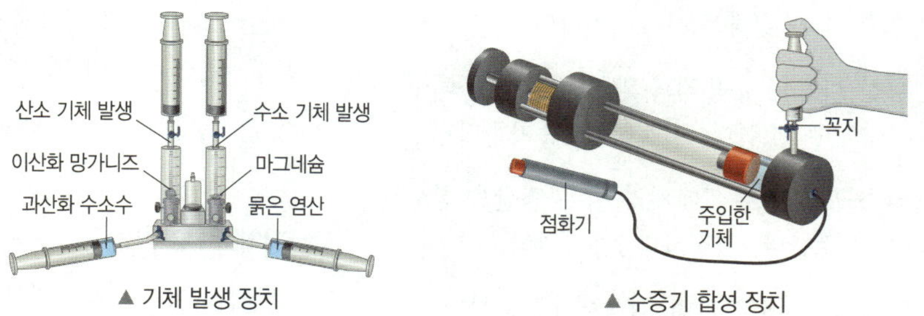

결과 분석하기

반응 전 기체의 부피(mL)		남은 기체의 종류와 부피(mL)	반응한 기체의 부피(mL)		반응한 기체(수소 : 산소)의 부피비
수소	산소		수소	산소	
4	4	산소, 2	4	2	2 : 1
6	2	수소, 2	4	2	2 : 1
8	4	0	8	4	2 : 1
10	10	산소, 5	10	5	2 : 1

스스로 정리하기

1 일정한 온도와 압력에서 수소 기체 20 mL와 산소 기체 20 mL가 완전히 반응하여 수증기가 생성될 때 부피비(수소 : 산소)에 대해 설명해 보자.

온도와 압력이 일정할 때 반응한 수소 기체와 산소 기체 부피 사이에는 항상 일정한 비, 수소 : 산소 =(　　　)이 성립한다.

2 기체 반응 법칙이 성립할 수 있는 조건에 대해 설명해 보자.

기체 반응 법칙은 일정한 (㉠　　　)와 (㉡　　　)에서 반응물과 생성물이 모두 (㉢　　　)인 경우에만 성립한다.

3 수소 기체와 산소 기체가 반응하여 수증기가 생성될 때의 부피비와 화학 반응식의 계수비에 대해 설명해 보자. (단, 계수가 1인 경우에도 생략하지 않고 나타낸다.)

수증기 생성 반응을 화학식으로 나타내면 (㉠　　　)H_2+(㉡　　　)$O_2 \longrightarrow$ (㉢　　　)H_2O이므로, 기체 사이의 반응비와 기체 사이의 부피비는 화학 반응식의 계수비와 (㉣　　　)다.

탐구 핵심 일정한 온도와 압력에서 기체들이 반응하여 새로운 기체가 생성될 때, 각 기체의 부피 사이에는 간단한 정수비가 성립한다. ⇨ 기체 반응 법칙 성립!

개념 확인 문제

※ 다음 글의 빈칸에 알맞은 말을 쓰거나 고르시오.

1 질량 보존 법칙

01 화학 반응이 일어날 때 반응물의 총 질량과 생성물의 총 질량은 변하지 않는데, 이를 질량 (　　　) 법칙이라고 한다.

02 물질은 어떤 화학 반응을 거치더라도 원자의 (㉠　　　)와 (㉡　　　)가 일정하게 유지된다.

03 앙금이 생성되는 반응이 일어날 때 반응 전 물질의 총 질량과 반응 후 물질의 총 질량은 (　　　)하다.

04 열린 공간에서 황산 나트륨 수용액과 염화 바륨 수용액을 반응시키면 질량이 (감소한다, 일정하다, 증가한다).

05 뚜껑이 없는 플라스크에 달걀 껍데기와 묽은 염산을 함께 넣으면 질량이 (감소한다, 일정하다, 증가한다).

06 공기 중에서 강철솜을 연소시키면 질량이 (감소한다, 일정하다, 증가한다).

07 닫힌 공간에서 나무를 연소시키면 질량이 (감소한다, 일정하다, 증가한다).

08 질량 보존 법칙에 대한 설명으로 옳은 것은 ○, 옳지 않은 것은 ×로 표시하시오.

(1) 물리 변화에서는 질량 보존 법칙이 성립하지 않는다. 　（○, ×）

(2) 기체가 발생하는 반응은 질량 보존 법칙이 성립하지 않는다. 　（○, ×）

(3) 연소 반응이 일어나면 새로운 성질의 물질이 생성된다. 　（○, ×）

(4) 열린 공간에서 나무를 연소시키면 질량이 감소한다. 　（○, ×）

2 일정 성분비 법칙

09 일정 성분비 법칙은 화합물을 구성하는 성분 원소 사이에는 항상 일정한 (　　　)가 성립한다는 법칙이다.

10 일정 성분비 법칙은 화합물을 이루는 원자의 (　　　)가 일정하기 때문에 성립한다.

11 일정 성분비 법칙은 (㉠　　　)에서는 성립하지만, (㉡　　　)에서는 성립하지 않는다.

12 마그네슘과 산소가 반응하여 산화 마그네슘이 생성될 때 마그네슘 : 산소는 (㉠　　　) : (㉡　　　)의 질량비로 반응한다.

13 구리와 산소가 반응하여 산화 구리(II)가 생성될 때 구리 : 산소는 (㉠　　　) : (㉡　　　)의 질량비로 반응한다.

14 아이오딘화 납을 구성하는 납과 아이오딘 사이에는 일정한 (　　　)가 성립한다.

15 볼트(B) 4개와 너트(N) 4개로 만들 수 있는 BN_2 모형은 최대 (　　　)개이다.

16 일정 성분비 법칙에 대한 설명으로 옳은 것은 ○, 옳지 않은 것은 ×로 표시하시오.

(1) 같은 화합물이라면 성분 원소들의 질량비는 항상 같다. 　（○, ×）

(2) 탄소와 산소가 반응하여 이산화 탄소가 생성될 때에는 일정 성분비 법칙이 성립하지 않는다. 　（○, ×）

(3) 물 분자의 수소와 산소는 1 : 8의 질량비를 갖는다. 　（○, ×）

3 기체 반응 법칙

17 일정한 온도와 압력에서 기체들이 반응하여 새로운 기체가 생성될 때 각 기체의 (　　　) 사이에는 간단한 정수비가 성립하는데, 이를 기체 반응 법칙이라고 한다.

18 반응물과 생성물이 기체인 반응에서 기체 사이의 부피비는 화학 반응식의 (　　　)와 같다.

19 일정한 온도와 압력에서 모든 기체는 같은 부피 속에 같은 수의 (　　　)가 들어 있다.

20 일정한 온도와 압력에서 반응한 수소 기체와 산소 기체, 생성된 수증기의 부피비는 (㉠　　　) : (㉡　　　) : (㉢　　　)이다.

21 일정한 온도와 압력에서 반응한 질소 기체와 수소 기체, 생성된 암모니아 기체의 부피비는 (㉠　　　) : (㉡　　　) : (㉢　　　)이다.

22 기체 반응 법칙에 대한 설명으로 옳은 것은 ○, 옳지 않은 것은 ×로 표시하시오.

(1) 탄소와 산소가 반응하여 이산화 탄소가 생성될 때에는 기체 반응 법칙이 성립하지 않는다. 　（○, ×）

(2) 기체와 기체가 반응하여 기체가 생성되는 반응에서 반응물의 부피의 합보다 생성물의 부피의 합이 작은 것은 반응 후에 분자의 수가 감소하기 때문이다. 　（○, ×）

(3) 일정한 온도와 압력에서 1 L의 수증기와 1 L의 이산화 탄소의 분자 수는 같다. 　（○, ×）

(4) 일정한 온도와 압력에서 1 L의 수소와 1 L의 산소의 밀도는 같다. 　（○, ×）

(5) 일정한 온도와 압력에서 2 L의 염화 수소를 만드는 데 사용된 수소의 부피는 2 L이다. 　（○, ×）

개념 집중 문제 （자료 분석력 향상）

질량 보존 법칙	일정 성분비 법칙	기체 반응 법칙
화학 반응이 일어날 때 반응물의 총 질량과 생성물의 총 질량은 변하지 않는다.	화합물의 성분 원소 사이에는 항상 일정한 질량비가 성립한다.	일정한 온도와 압력에서 기체들이 반응하여 새로운 기체가 생성될 때 각 기체의 부피 사이에는 간단한 정수비가 성립한다.

탄산 나트륨 + 염화 칼슘 → 탄산 칼슘 + 염화 나트륨

(탄산 나트륨＋염화 칼슘)의 질량
＝(탄산 칼슘＋염화 나트륨)의 질량

마그네슘 ＋ 산소 → 산화 마그네슘

질량비(마그네슘 : 산소 : 산화 마그네슘)
⇨ 3 : 2 : 5

수소 2 부피 ＋ 산소 1 부피 → 수증기 2 부피

부피비(수소 : 산소 : 수증기) ⇨ 2 : 1 : 2

질량 보존 법칙

1 그림은 염화 나트륨 수용액과 질산 은 수용액의 반응을 모형으로 나타낸 것이다.

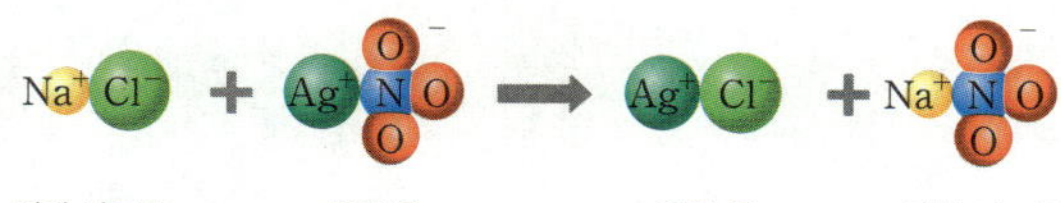

(1) 두 수용액이 반응할 때 생성되는 앙금의 이름을 쓰시오.

(2) 두 수용액을 섞기 전과 섞은 후의 질량을 비교하시오.

일정 성분비 법칙

2 그림은 마그네슘과 산소가 반응하여 산화 마그네슘이 생성될 때, 마그네슘과 산화 마그네슘의 질량을 나타낸 것이다.

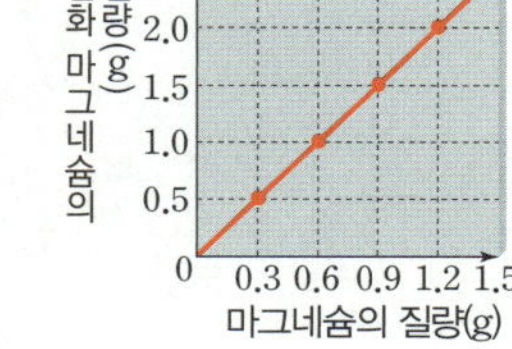

(1) 산화 마그네슘을 이루는 마그네슘과 산소의 질량비(마그네슘 : 산소)를 쓰시오.

(2) 공기 중에서 마그네슘 30 g을 완전히 연소시킬 때 필요한 산소의 질량은 몇 g인가?

기체 반응 법칙

3 표는 일정한 온도와 압력에서 기체 A와 기체 B가 반응하여 기체 C를 생성할 때 기체의 부피 관계를 나타낸 것이다.

실험	반응 전 기체의 부피(mL)		반응 후 남은 기체의 종류와 부피 (mL)	생성된 기체 C의 부피 (mL)
	A	B		
(가)	30	10	A, 10	20
(나)	20	20	㉠	20
(다)	40	40	B, 20	㉡

(1) 일정한 온도와 압력에서 반응하는 기체 A와 기체 B, 생성되는 기체 C의 부피비(A : B : C)는?

(2) 실험 (나)에서 기체 A 20 mL와 기체 B 20 mL를 완전히 반응시켰을 때 남은 기체의 종류와 부피(㉠)는?

(3) 실험 (다)에서 기체 A 40 mL와 기체 B 40 mL를 완전히 반응시켰을 때 생성되는 기체 C의 부피(㉡)는?

12 화학 반응에서의 에너지 출입

📖 Note

화학 반응이 일어날 때 에너지를 방출하거나 흡수하는 까닭

화학 반응에서 반응물과 생성물은 각각 고유의 에너지를 가지고 있는데, 화학 반응이 일어날 때 물질의 종류가 달라지므로 반응물과 생성물이 가지고 있는 에너지의 차이만큼 에너지를 방출하거나 흡수한다.

1 에너지를 방출하는 반응

1 발열 반응 : 화학 반응이 일어날 때 주변으로 에너지를 방출하는 반응 ⇨ 반응물의 에너지 합보다 생성물의 에너지 합이 작기 때문에 그 차이만큼 에너지를 방출하므로 주변의 온도가 높아진다.

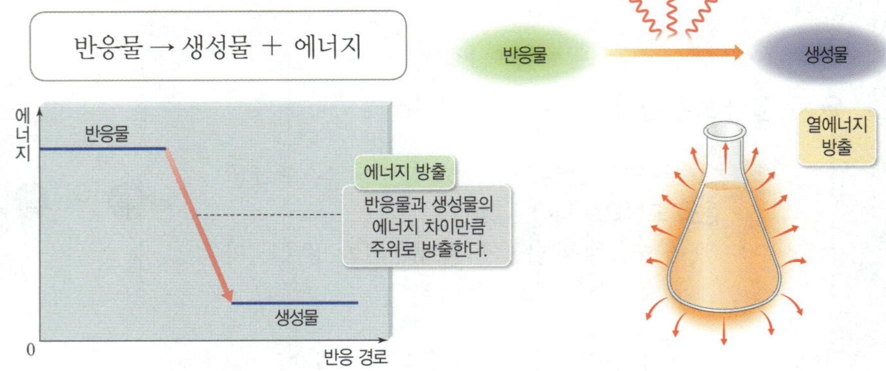

2 발열 반응의 예

(1) **연료의 연소 반응** : 연료가 연소할 때 방출하는 에너지를 이용하여 자동차를 움직이거나 난방을 한다.

(2) **호흡** : 포도당과 산소가 반응할 때 방출하는 에너지를 이용하여 체온을 유지하거나 생명 활동을 한다.

(3) **산과 염기의 반응** : 산과 염기가 반응할 때 방출하는 에너지에 의해 온도가 올라간다. 예 염산과 수산화 나트륨의 반응

(4) **금속과 산의 반응** : 금속과 산이 반응할 때 방출하는 에너지에 의해 온도가 올라간다.

(5) **금속이 녹스는 반응** : 금속이 산소와 반응할 때 에너지를 방출하고 산화되어 녹이 슨다. 예 철과 산소의 반응

▲ 연소 반응

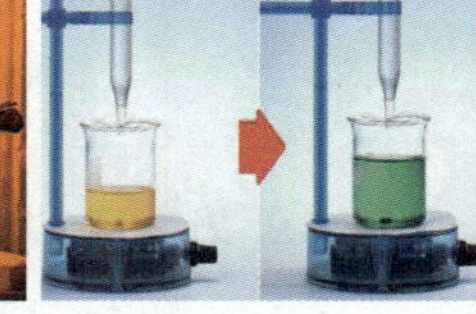
▲ 산과 염기의 반응

▲ 금속과 산의 반응

▲ 금속이 녹스는 반응

➕ 용어

산

물에 녹아 수소 이온(H^+)을 내놓는 물질이다.

염기

물에 녹아 수산화 이온(OH^-)을 내놓는 물질이다.

🧪 생활 속 과학 **석고 붕대**

분말 형태의 석고를 묻힌 붕대를 물에 적시고 다친 부위에 감은 후 5~10분 정도 기다리면 다음과 같은 화학 반응이 일어나면서 석고가 굳어진다.

$$CaSO_4 \cdot \frac{1}{2}H_2O + \frac{3}{2}H_2O \longrightarrow CaSO_4 \cdot 2H_2O$$

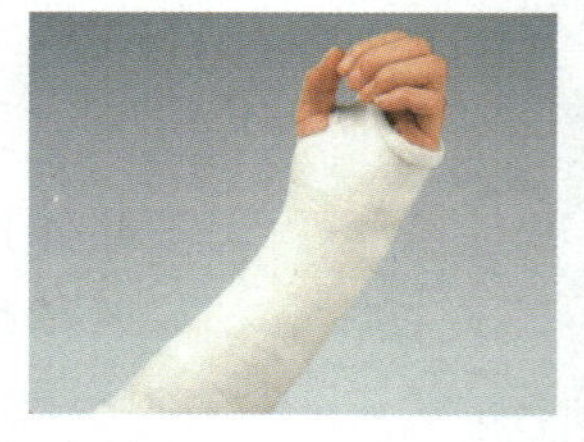

석고와 물이 만나 굳는 과정에서 열이 발생하면서 따뜻해지므로 주변으로 열을 방출하는 발열 반응이다.

❷ 에너지를 흡수하는 반응

1 흡열 반응 : 화학 반응이 일어날 때 주변에서 에너지를 흡수하는 반응 ⇨ 반응물의 에너지 합보다 생성물의 에너지 합이 크기 때문에 그 차이만큼 에너지를 흡수하므로 주변의 온도가 낮아진다.

반응물 + 에너지 → 생성물

2 흡열 반응의 예

(1) 열분해 : 탄산수소 나트륨이 열에너지를 흡수하면 분해되어 이산화 탄소 기체를 생성한다.

(2) 식물의 광합성 : 식물은 빛에너지를 흡수하여 물과 이산화 탄소를 합성하고 양분을 얻는다.

(3) 염화 암모늄과 수산화 바륨의 반응 : 염화 암모늄과 수산화 바륨이 반응할 때는 에너지를 흡수한다.

(4) 질산 암모늄과 물의 반응 : 질산 암모늄과 물이 반응할 때는 에너지를 흡수한다.

(5) 소금과 얼음물의 반응 : 얼음물에 소금이 녹을 때는 에너지를 흡수한다.

★ 이것이 핵심!!

발열 반응은 주변으로 에너지를 방출하니까 주변의 온도가 높아지고, 흡열 반응은 주변에서 에너지를 흡수하니까 주변의 온도가 낮아진다.

생활 속 과학 — 화학 반응에서 출입하는 에너지의 이용

	즉석 발열 도시락	제설제	손난로
발열 반응의 이용	산화 칼슘과 물이 반응할 때 방출하는 에너지를 이용하여 도시락을 데운다.	염화 칼슘이 물에 녹을 때 방출하는 에너지를 이용하여 도로의 눈을 녹인다.	철 가루와 산소가 반응할 때 방출하는 에너지로 손을 따뜻하게 한다.

	냉찜질 팩	얼음과 소금을 이용한 냉각
흡열 반응의 이용	질산 암모늄과 물이 반응할 때 흡수되는 에너지를 이용하여 열을 내리거나 통증을 완화시킨다.	얼음에 소금을 넣고 섞으면 녹아 물로 되면서 열에너지를 흡수하고, 소금이 물에 녹으면서 열에너지를 흡수하기 때문에 온도가 낮아진다.

📖 Note

탄산수소 나트륨의 열분해

빵을 만들 때 사용하는 베이킹파우더의 주성분인 탄산수소 나트륨을 가열하면 에너지를 흡수하여 분해되면서 이산화 탄소 기체가 생성되고 이산화 탄소 기체로 인해 빵이 부풀어 오른다.

상태 변화 시 열에너지의 출입

• 열에너지를 방출 : 응고, 액화, 승화 (기체 → 고체) ⇨ 주위의 온도가 높아진다.
• 열에너지를 흡수 : 융해, 기화, 승화 (고체 → 기체) ⇨ 주위의 온도가 낮아진다.

상태 변화 시 출입하는 에너지의 활용

• 스팀 난방 : 수증기가 물로 액화하는 과정에서 방출하는 열에너지를 이용한다.
• 냉장고, 에어컨 : 액체 냉매가 기화하는 과정에서 흡수하는 열에너지를 이용한다.

양초의 연소

• 발열 반응 : 촛농이 심지를 타고 올라가 증기가 되어 불을 밝히며 연소하는 과정이다.
• 흡열 반응 : 고체 양초가 에너지를 흡수하여 액체 촛농으로 융해되는 과정이다.

탐구 A 화학 반응에서의 에너지 출입

실험 설계하기

[실험 1] 에너지를 방출하는 반응	[실험 2] 에너지를 흡수하는 반응
❶ 스타이로폼으로 싼 컵에 온도계를 꽂는다.	❶ 물에 적신 나무판 위에 삼각 플라스크를 올려놓는다.
❷ 10 %의 묽은 염산 10 mL를 넣고 온도를 측정한 뒤, 10 %의 수산화 나트륨 수용액 10 mL를 넣는다.	❷ 삼각 플라스크에 염화 암모늄과 수산화 바륨을 넣고 유리 막대로 잘 섞은 후 온도계를 넣는다.
❸ 온도 변화를 관찰한다	❸ 나무판 위에 올려놓은 삼각 플라스크를 손으로 들어 본다.

결과 분석하기

- [실험 1] 온도계의 온도가 높아진다.
- [실험 2] 온도계의 온도가 낮아진다.
- [실험 2] 나무판과 삼각 플라스크가 달라붙어 나무판이 들려 올라온다.

스스로 정리하기

1 [실험 1]의 결과 온도계의 온도가 높아진 까닭을 설명해 보자.
묽은 염산과 수산화 나트륨 수용액을 섞으면 주변으로 에너지를 (   )하는 발열 반응이 일어나기 때문이다.

2 [실험 2]의 결과 온도계의 온도가 낮아진 까닭을 설명해 보자.
염화 암모늄과 수산화 바륨이 반응할 때 주변으로부터 에너지를 (   )하는 흡열 반응이 일어나기 때문이다.

3 [실험 2]에서 나무판과 삼각 플라스크가 함께 들어 올려지는 까닭을 설명해 보자.
염화 암모늄과 수산화 바륨이 반응할 때 주변의 온도가 (㉠   )아지면서 나무판과 삼각 플라스크 사이의 물이 (㉡   ) 때문이다.

🔍 **탐구 핵심** 화학 반응이 일어날 때 열에너지를 방출하면 주변의 온도가 높아지고, 열에너지를 흡수하면 주변의 온도가 낮아진다.

탐구 B

에너지 출입을 활용한 흔드는 손난로와 손 냉장고 만들기

● 실험 설계하기

[실험 1] 흔드는 손난로 만들기	[실험 2] 손 냉장고 만들기
❶ 비커에 철 가루, 숯, 소금, 질석을 한 숟가락씩 넣고 잘 섞는다.	❶ 작은 비닐 지퍼 백에 물을 $\frac{1}{2}$ 정도 넣고 온도를 측정한다.
❷ 부직포 봉투에 철 가루 혼합물을 넣고 물을 조금 넣어준 뒤 열 봉합기를 이용하여 봉투를 봉합한다.	❷ 큰 비닐 지퍼 백에 질산 암모늄을 $\frac{1}{5}$ 정도 넣고, 그 안에 ❶의 지퍼 백을 넣는다.
❸ 부직포 봉투에 고온용 열 변색 붙임딱지를 붙이고 봉투를 흔들어 변화를 관찰한다.	❸ 열 봉합기로 ❷의 지퍼 백을 완전히 밀봉한다.
❹ 시간이 충분히 흐른 뒤 부직포 봉투를 뜯어 철 가루의 변화를 관찰한다.	❹ 물이 든 작은 비닐 지퍼 백을 눌러 터트려 물이 질산 암모늄과 섞이도록 흔들고 온도를 측정한다.

● 결과 분석하기

- [실험 1] 진분홍색이었던 고온용 열 변색 붙임딱지의 색깔이 흰색으로 변했다.
- [실험 1] 검은색이었던 철 가루가 붉은색으로 변했다.
- [실험 2]에서 실험 설계하기 ❶보다 ❹의 온도가 더 낮다.

● 스스로 정리하기

1 [실험 1]에서 고온용 열 변색 붙임딱지의 색깔이 흰색으로 변한 까닭을 설명해 보자.
  철 가루가 공기 중의 (㉠   )와 반응할 때 주변으로 열에너지를 (㉡   )하여 주변의 온도가 높아졌기 때문이다.

2 [실험 2]에서 실험 설계하기 ❹의 온도가 ❶보다 낮은 까닭을 설명해 보자.
  질산 암모늄이 물에 녹으면서 주변으로부터 열에너지를 (㉠   )하여 주변의 온도가 (㉡   )졌기 때문이다.

🔍 **탐구 핵심** 흔드는 손난로는 철과 산소가 반응할 때 열에너지를 방출하는 것을 이용한 것이고, 손 냉장고는 질산 암모늄이 물에 녹을 때 열에너지를 흡수하는 것을 이용한 것이다.

개념 확인 문제

※ 다음 글의 빈칸에 알맞은 말을 쓰거나 고르시오.

1 에너지를 방출하는 반응

01 화학 반응이 일어날 때 주변의 온도가 높아지거나 낮아지므로 (　　　)가 출입함을 알 수 있다.

02 화학 반응이 일어날 때 주변으로 에너지를 방출하는 반응을 (㉠　　　) 반응이라고 하며, 이때 주변의 온도는 (㉡　　　)아진다.

03 그림은 화학 반응이 일어날 때 에너지가 출입하는 모습을 나타낸 것이다.

이와 같은 에너지 출입이 일어나는 반응으로 옳은 것은 ○, 옳지 않은 것은 ×로 표시하시오.

⑴ 추위를 피하기 위해 모닥불을 피운다. 　　　(○, ×)

⑵ 물에 전류를 흘려주면 수소와 산소로 분해된다.
　　　　　　　　　　　　　　　　　　　(○, ×)

⑶ 질산 암모늄과 물을 반응시켜 냉찜질 주머니를 만든다.
　　　　　　　　　　　　　　　　　　　(○, ×)

⑷ 분말 형태의 석고를 묻힌 붕대를 물에 적시고 다친 부위를 감는다. 　　　　　　　　　　(○, ×)

⑸ 빵 반죽에 넣은 탄산수소 나트륨이 분해되어 이산화 탄소 기체가 발생한다. 　　　　　　(○, ×)

04 에너지를 방출하는 반응에 대한 설명으로 옳은 것은 ○, 옳지 <u>않은</u> 것은 ×로 표시하시오.

⑴ 눈에 염화 칼슘을 뿌리면 용해열이 방출된다.
　　　　　　　　　　　　　　　　　　　(○, ×)

⑵ 메테인이 연소할 때 주변으로 에너지를 방출한다.
　　　　　　　　　　　　　　　　　　　(○, ×)

⑶ 생성물의 에너지 합이 반응물의 에너지 합보다 작다.
　　　　　　　　　　　　　　　　　　　(○, ×)

⑷ 열량계에 염산을 넣고 온도를 측정한 후 수산화 나트륨 수용액을 넣었을 때 혼합 용액의 온도가 낮아진다.
　　　　　　　　　　　　　　　　　　　(○, ×)

05 그림은 화학 반응이 일어날 때 에너지 변화를 나타낸 것이다. 빈칸에 알맞은 말을 쓰시오.

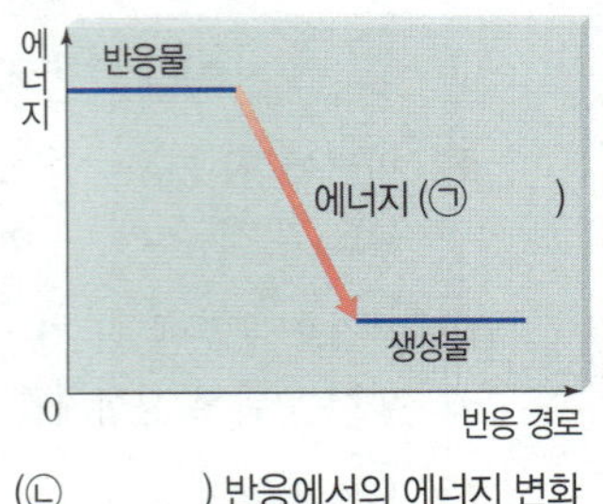

▲ (㉡　　　) 반응에서의 에너지 변화

2 에너지를 흡수하는 반응

06 화학 반응이 일어날 때 주변에서 에너지를 흡수하는 반응을 (　　　) 반응이라고 한다.

07 염화 암모늄과 수산화 바륨이 반응하면, 주변의 온도가 (　　　)아진다.

08 주변에서 에너지를 흡수하는 반응을 |보기|에서 모두 고르시오. (　　　　　)

보기	
ㄱ. 호흡	ㄴ. 열분해
ㄷ. 식물의 광합성	ㄹ. 산과 염기의 반응
ㅁ. 금속이 녹스는 반응	ㅂ. 소금과 얼음물의 반응

09 냉장고는 액체 냉매가 기화하는 과정에서 열에너지를 (　　　)하는 것을 활용한 것이다.

10 열이 나거나 통증이 있을 때 사용하는 냉찜질 팩은 질산 암모늄과 물이 반응할 때 열에너지를 (㉠　　　)하여 주변의 온도가 (㉡　　　)아지는 원리를 이용한 것이다.

11 그림은 탄산수소 나트륨의 분해 과정을 나타낸 것이다. 빈칸에 알맞은 말을 쓰시오.

이 화학 반응에서 생성물의 에너지 합은 반응물의 에너지 합보다 (　　　).

12 반응물보다 생성물의 에너지가 더 큰 반응을 |보기|에서 모두 고르시오. (　　　　　)

보기
ㄱ. 화석 연료의 연소
ㄴ. 소금과 얼음물의 반응
ㄷ. 염화 칼슘과 물의 반응
ㄹ. 염화 암모늄과 물의 반응

개념 집중 문제

● 발열 반응과 흡열 반응

구분	발열 반응	흡열 반응
정의	화학 반응이 일어날 때 주변으로 에너지를 방출하는 반응 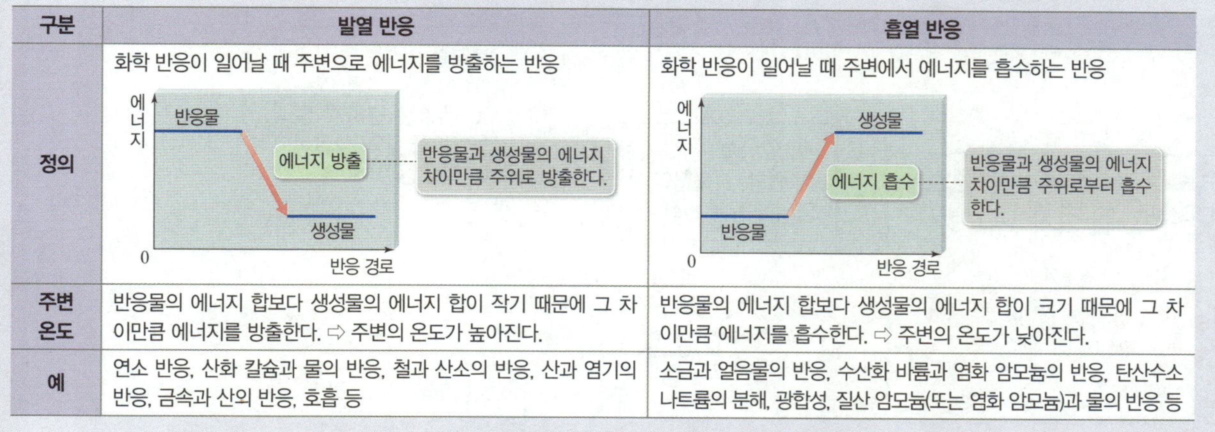	화학 반응이 일어날 때 주변에서 에너지를 흡수하는 반응
주변 온도	반응물의 에너지 합보다 생성물의 에너지 합이 작기 때문에 그 차이만큼 에너지를 방출한다. ⇨ 주변의 온도가 높아진다.	반응물의 에너지 합보다 생성물의 에너지 합이 크기 때문에 그 차이만큼 에너지를 흡수한다. ⇨ 주변의 온도가 낮아진다.
예	연소 반응, 산화 칼슘과 물의 반응, 철과 산소의 반응, 산과 염기의 반응, 금속과 산의 반응, 호흡 등	소금과 얼음물의 반응, 수산화 바륨과 염화 암모늄의 반응, 탄산수소 나트륨의 분해, 광합성, 질산 암모늄(또는 염화 암모늄)과 물의 반응 등

발열 반응과 흡열 반응

[1~2] 그림은 두 가지 반응이 일어날 때 에너지 출입을 나타낸 것이다.

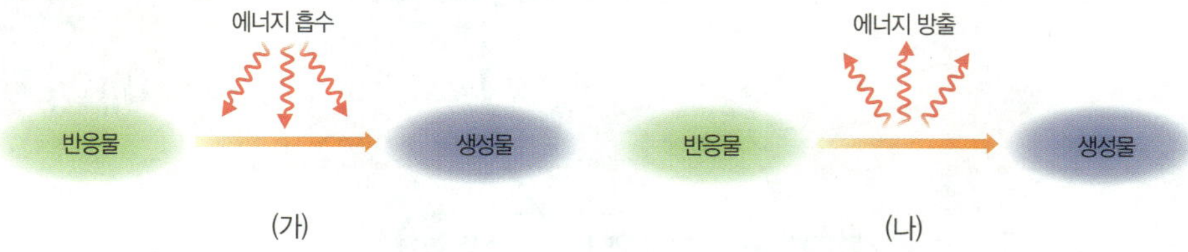

1 (가)와 (나) 중에서 반응이 일어날 때 주변의 온도가 낮아지는 것을 쓰시오.

2 (나)와 같은 에너지 출입이 일어나는 반응을 |보기|에서 모두 고르시오.

보기
ㄱ. 철가루와 산소가 반응한다.　　ㄴ. 산화 칼슘과 물이 반응한다. ㄷ. 묽은 염산과 아연이 반응한다.　　ㄹ. 질산 암모늄과 수산화 바륨이 반응한다.

[3~4] 그림은 화학 반응이 일어날 때 에너지 변화를 나타낸 것이다.

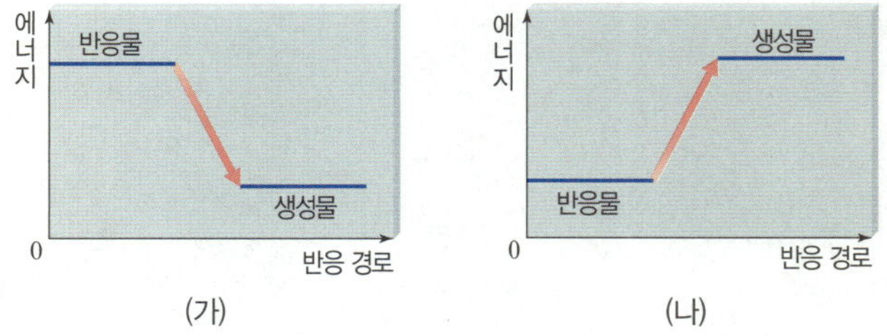

3 (가)와 (나)에서 반응물의 에너지 합과 생성물의 에너지 합의 크기를 각각 비교하여 나타내시오.

4 (가)와 (나)는 각각 어떤 반응에서의 에너지 변화를 나타낸 것인지 쓰시오.

단원마무리

생각그물 완성하기

화학 반응의 규칙과 에너지 변화

물질 변화

❶ (　　　) 변화

정의

물질의 고유한 성질은 변하지 않으면서 모양이나 상태가 변하는 현상
예) 물의 기화

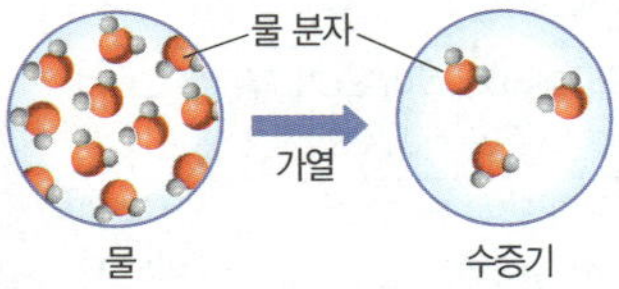

변하는 것

분자의 ❷ (　　　) 이 변함 ⇨ 물질의 모양이나 상태 변화

변하지 않는 것

분자를 이루는 원자의 ❸ (　　　)와 개수 및 배열은 변하지 않음 ⇨ 물질의 성질이나 질량 동일

❹ (　　　) 변화

정의

물질이 처음과는 전혀 다른 새로운 성질을 가진 물질로 변하는 현상
예) 물의 전기 분해

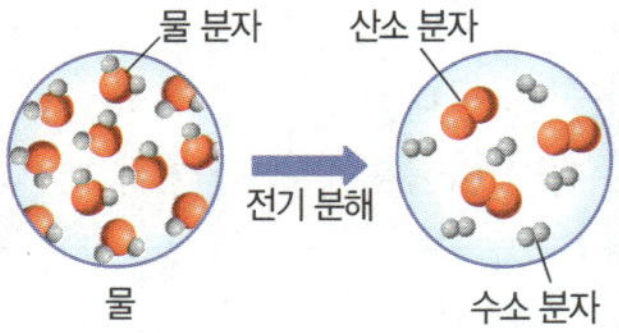

변하는 것

분자의 ❺ (　　　)와 개수가 변함 ⇨ 물질의 성질이 변함

변하지 않는 것

물질을 구성하는 원자의 종류와 개수는 변하지 않음 ⇨ 물질의 질량 동일

화학 반응

물질이 화학 변화를 하여 다른 성질을 가진 새로운 물질로 변하는 것

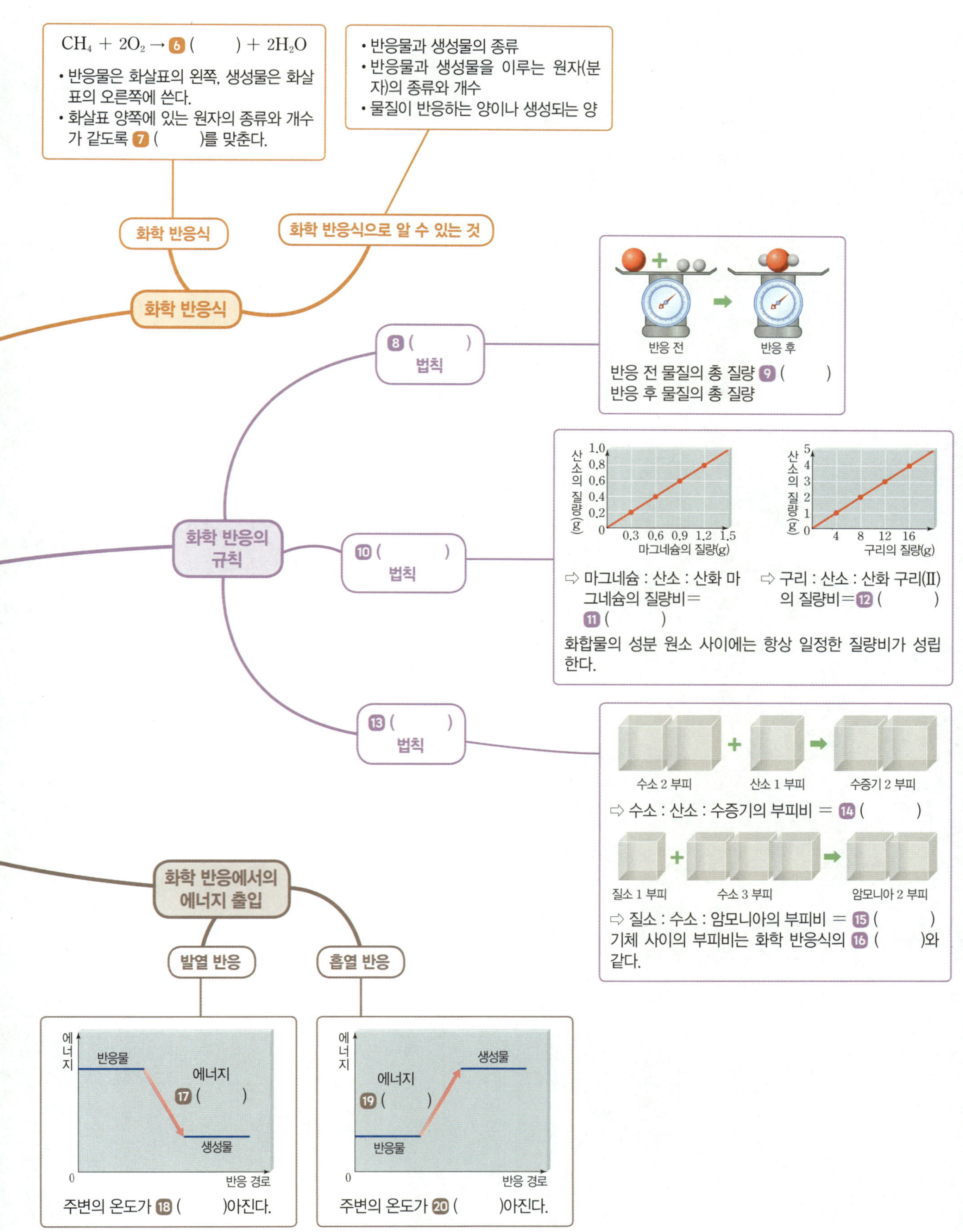
CH₄ + 2O₂ → ⑥ (   ) + 2H₂O
• 반응물은 화살표의 왼쪽, 생성물은 화살표의 오른쪽에 쓴다.
• 화살표 양쪽에 있는 원자의 종류와 개수가 같도록 ⑦ (   )를 맞춘다.

• 반응물과 생성물의 종류
• 반응물과 생성물을 이루는 원자(분자)의 종류와 개수
• 물질이 반응하는 양이나 생성되는 양

화학 반응식
화학 반응식으로 알 수 있는 것
화학 반응식

화학 반응의 규칙

⑧ (   ) 법칙
반응 전
반응 후
반응 전 물질의 총 질량 ⑨ (   ) 반응 후 물질의 총 질량

⑩ (   ) 법칙
산소의 질량(g)
마그네슘의 질량(g)
산소의 질량(g)
구리의 질량(g)
⇨ 마그네슘 : 산소 : 산화 마그네슘의 질량비＝ ⑪ (   )
⇨ 구리 : 산소 : 산화 구리(Ⅱ)의 질량비＝ ⑫ (   )
화합물의 성분 원소 사이에는 항상 일정한 질량비가 성립한다.

⑬ (   ) 법칙
수소 2 부피   산소 1 부피   수증기 2 부피
⇨ 수소 : 산소 : 수증기의 부피비 ＝ ⑭ (   )
질소 1 부피   수소 3 부피   암모니아 2 부피
⇨ 질소 : 수소 : 암모니아의 부피비 ＝ ⑮ (   )
기체 사이의 부피비는 화학 반응식의 ⑯ (   )와 같다.

화학 반응에서의 에너지 출입
발열 반응
흡열 반응

에너지
반응물
에너지
⑰ (   )
생성물
0   반응 경로
주변의 온도가 ⑱ (   )아진다.

에너지
생성물
에너지
⑲ (   )
반응물
0   반응 경로
주변의 온도가 ⑳ (   )아진다.

백신과학

중등 화학

중 1·2·3 과정을 한 권에!

영역별 통합 기본서

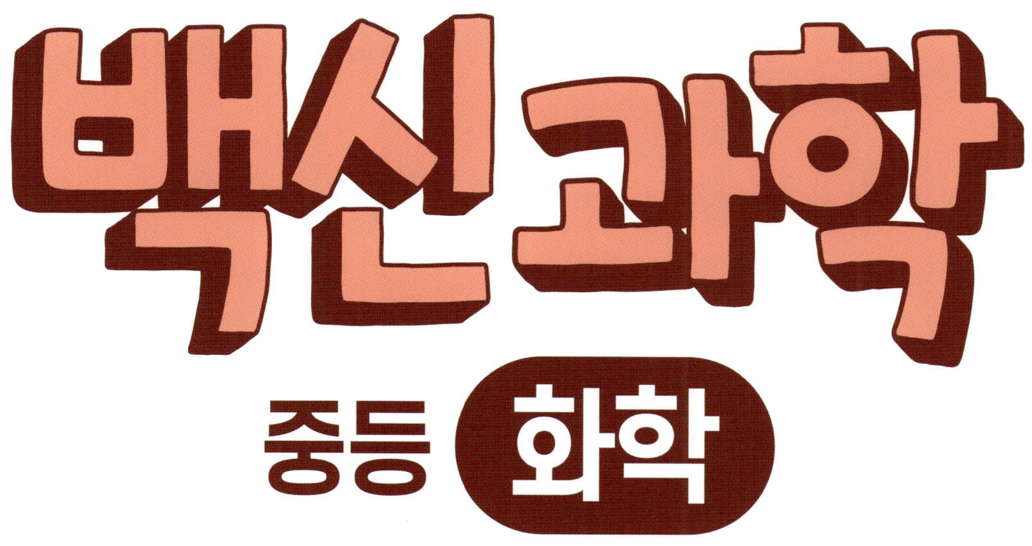

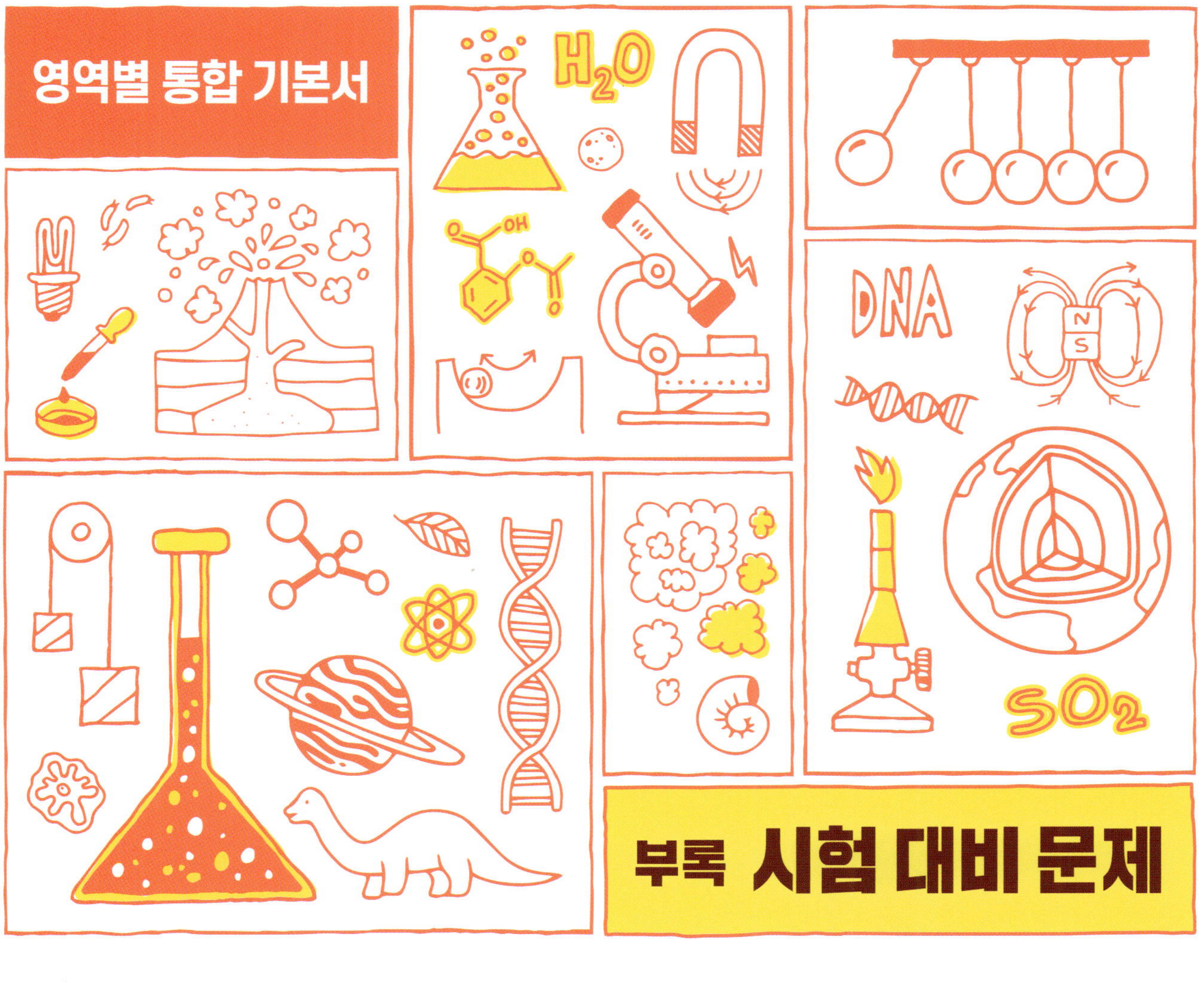

부록 시험 대비 문제

백신과학

중등 화학

부록 시험 대비 문제

01 물질의 상태 변화

[01~02] 그림은 물질의 세 가지 상태를 입자 모형으로 나타낸 것이다.

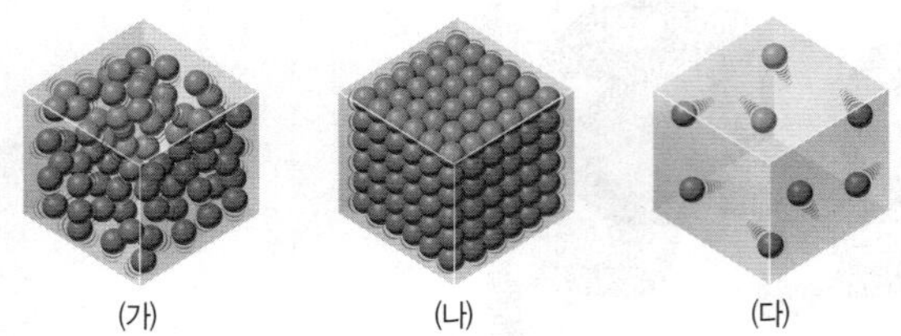

(가)　　(나)　　(다)

01 이에 대한 설명으로 옳은 것을 <u>모두</u> 고르면?

① (가)는 입자 배열이 가장 규칙적이다.
② (나)는 입자 사이의 거리가 가장 가깝다.
③ (다)는 흐르는 성질과 퍼지는 성질이 있다.
④ 압축되는 정도는 (나) > (가) > (다) 순으로 크다.
⑤ 입자 사이의 인력은 (다) > (가) > (나) 순으로 강하다.

02 상온(25 ℃)에서 (가)의 상태에 해당하는 물질로 옳은 것을 <u>모두</u> 고르면?

① 헬륨　　　② 밀가루　　　③ 식용유
④ 나무　　　⑤ 물

[03~05] 그림은 물질을 가열하거나 냉각할 때 일어나는 상태 변화를 나타낸 것이다.

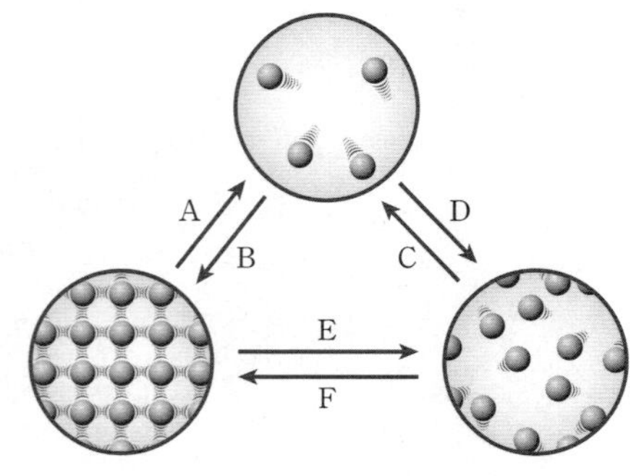

03 A~E에 해당하는 상태 변화를 옳게 짝 지은 것은?

① A – 융해　　② B – 승화　　③ C – 액화
④ D – 응고　　⑤ E – 기화

04 A에 해당하는 상태 변화의 예로 옳은 것은?

① 이른 새벽에 안개가 생긴다.
② 프라이팬 위의 버터가 녹는다.
③ 옷장 속 나프탈렌의 크기가 작아진다.
④ 물을 계속 끓이면 물의 양이 줄어든다.
⑤ 구름 속 수증기가 얼어 눈 결정이 된다.

05 B~F 중 다음 현상에 해당하는 상태 변화로 옳은 것은?

> 향수병 뚜껑을 열어두었더니 향수가 점점 줄어들었다.

① B　　② C　　③ D　　④ E　　⑤ F

06 그림은 양초가 연소하고 있는 모습을 나타낸 것이다.

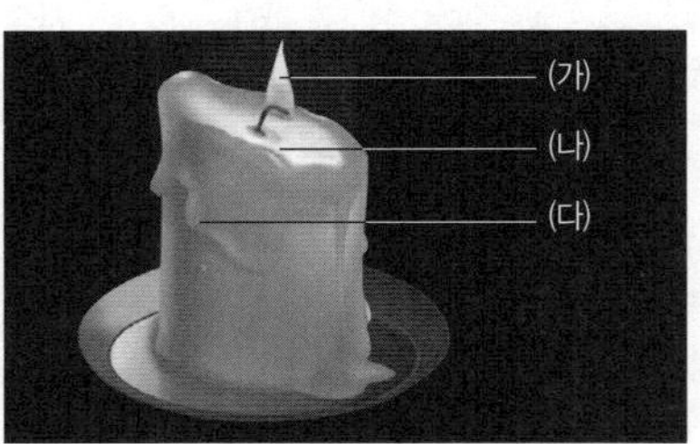

이에 대한 설명으로 옳은 것을 <u>모두</u> 고르면?

① (가)에서는 입자의 운동이 둔해지는 상태 변화가 일어난다.
② (나)에서는 입자 배열이 더 불규칙적으로 변하는 상태 변화가 일어난다.
③ (가)에서 상태 변화하는 물질은 (나)에서 만들어진 것이다.
④ (다)에서는 입자 사이의 인력이 약해지는 상태 변화가 일어난다.
⑤ 헤어드라이어로 젖은 머리카락을 말리는 것은 (나)에서 일어나는 상태 변화의 종류와 같다.

07 물질의 상태 변화가 일어날 때 변하는 것을 |보기|에서 모두 고른 것은?

┤ 보기 ├
ㄱ. 입자 사이의 거리 ㄴ. 입자의 배열
ㄷ. 입자의 종류 ㄹ. 물질의 성질
ㅁ. 물질의 질량 ㅂ. 물질의 부피

① ㄱ, ㄴ, ㅂ ② ㄱ, ㄷ, ㄹ ③ ㄴ, ㄹ, ㅁ
④ ㄴ, ㅁ, ㅂ ⑤ ㄷ, ㄹ, ㅂ

08 그림과 같이 녹은 양초를 굳혔더니 가운데가 오목하게 변했다.

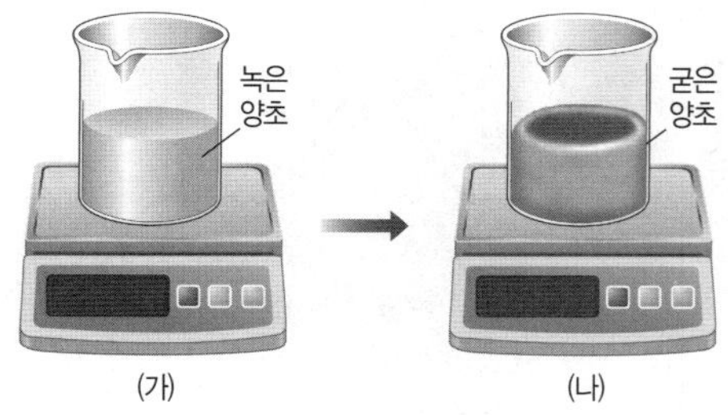

이에 대한 설명으로 옳은 것을 |보기|에서 모두 고른 것은?

┤ 보기 ├
ㄱ. 양초의 부피는 (가)보다 (나)에서 더 크다.
ㄴ. 양초의 질량은 (가)보다 (나)에서 더 작다.
ㄷ. 입자의 개수는 (가)와 (나)에서 같다.

① ㄱ ② ㄷ ③ ㄱ, ㄴ
④ ㄴ, ㄷ ⑤ ㄱ, ㄴ, ㄷ

09 그림과 같이 아이오딘 조각이 든 비커 위에 얼음물이 든 둥근바닥 플라스크를 올려놓고 비커를 가열하였다. A와 B에서 일어나는 상태 변화와 같은 현상을 옳게 짝 지은 것은?

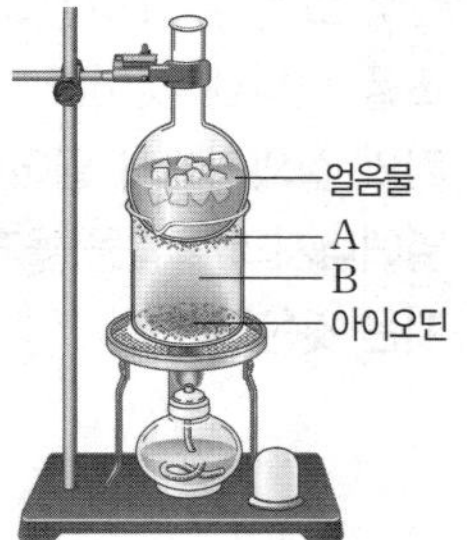

① A - 겨울철 호수가 꽁꽁 언다.
② A - 늦가을 아침 들판에 서리가 내린다.
③ B - 초콜릿을 손에 쥐면 녹는다.
④ B - 용광로에서 철이 녹아 쇳물이 된다.
⑤ B - 손등에 떨어뜨린 에탄올이 증발했다.

02 상태 변화와 열에너지

[**10~11**] 그림은 물질의 상태 변화를 나타낸 것이다.

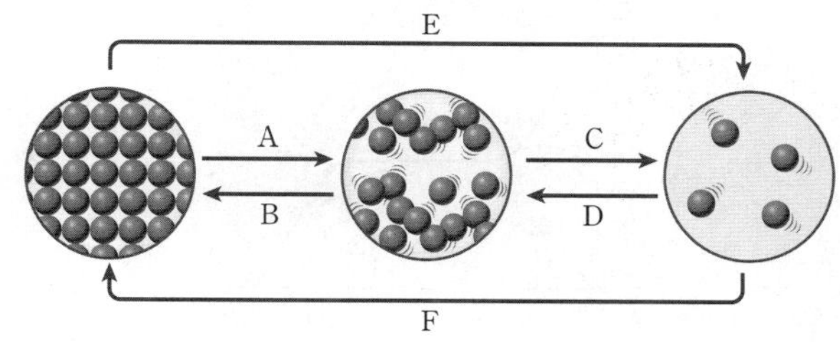

10 A~E와 같이 상태 변화하는 과정에서 입자의 운동과 배열의 변화를 옳게 짝 지은 것은?

	기호	입자 운동	입자 배열
①	A	둔해짐	규칙적으로 됨
②	B	둔해짐	불규칙적으로 됨
③	C	활발해짐	규칙적으로 됨
④	D	활발해짐	규칙적으로 됨
⑤	E	활발해짐	불규칙적으로 됨

11 A~F에서 물질의 상태가 변할 때 주위의 온도가 높아지는 것만을 옳게 짝 지은 것은?

① A, B, C ② A, C, E ③ A, E, F
④ B, C, D ⑤ B, D, F

12 그림은 얼음의 가열 곡선을 나타낸 것이다.

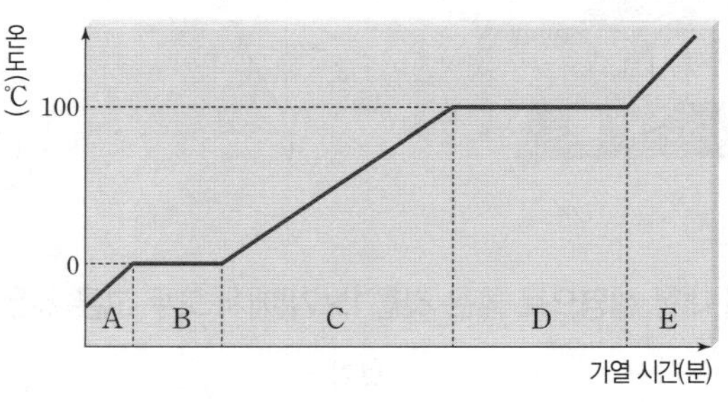

이에 대한 설명으로 옳은 것은?

① 얼음의 녹는점은 100 ℃이다.
② B 구간에서는 융해열을 흡수한다.
③ 물질의 부피는 A와 C 구간에서 같다.
④ D 구간에서는 열에너지가 출입하지 않는다.
⑤ E 구간에서 가해준 열에너지는 물질의 상태 변화에 이용된다.

13 그림은 물이 아닌 어떤 액체 물질을 냉각할 때의 온도 변화를 나타낸 것이다.

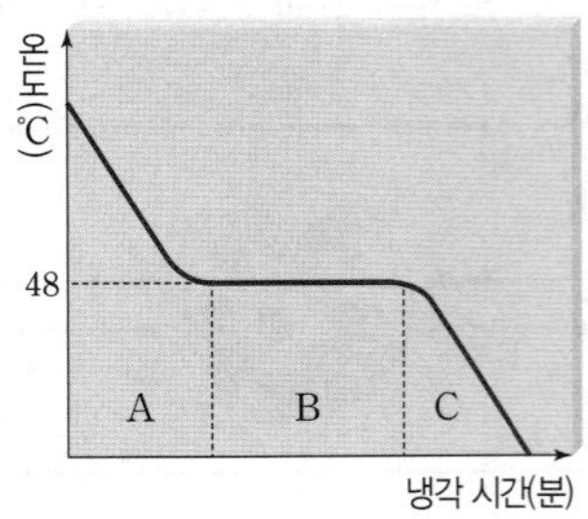

이에 대한 설명으로 옳지 <u>않은</u> 것은?

① 이 물질의 어는점은 48 ℃이다.
② A 구간에서는 물질이 액체 상태로 존재한다.
③ B 구간에서는 액체에서 고체로 물질의 상태가 변한다.
④ B 구간에서는 융해열을 흡수한다.
⑤ C 구간에서 물질의 부피가 가장 작다.

14 그림 (가)는 에탄올을 물중탕으로 가열하면서 시간에 따른 온도 변화를 측정하는 실험을 나타낸 것이고, (나)는 실험 결과를 그래프로 나타낸 것이다.

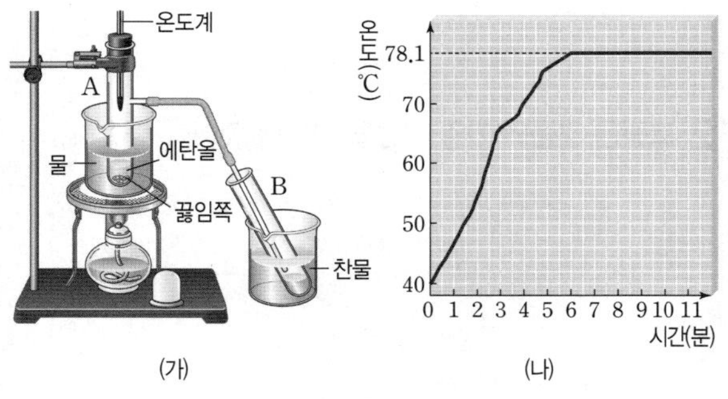

이에 대한 설명으로 옳은 것을 |보기|에서 모두 고른 것은?

| 보기 |

ㄱ. A에서는 에탄올이 기화한다.
ㄴ. B에서는 에탄올이 액화열을 방출한다.
ㄷ. (나)에서 온도가 78.1 ℃에서 일정해지는 까닭은 물질이 흡수한 열에너지가 상태 변화하는 데 모두 쓰이기 때문이다.

① ㄱ   ② ㄷ   ③ ㄱ, ㄴ
④ ㄴ, ㄷ   ⑤ ㄱ, ㄴ, ㄷ

15 표는 물질 A~E의 녹는점과 끓는점을 나타낸 것이다.

물질	A	B	C	D	E
녹는점(℃)	−190	−94	0	54	135
끓는점(℃)	−43	65	100	175	286

상온(25 ℃)에서 물질 A~E의 상태를 옳게 짝 지은 것은?

① A − 고체   ② B − 기체   ③ C − 액체
④ D − 액체   ⑤ E − 기체

16 그림은 어떤 고체 물질을 가열하여 모두 녹인 후 다시 냉각할 때의 온도 변화를 나타낸 것이다.

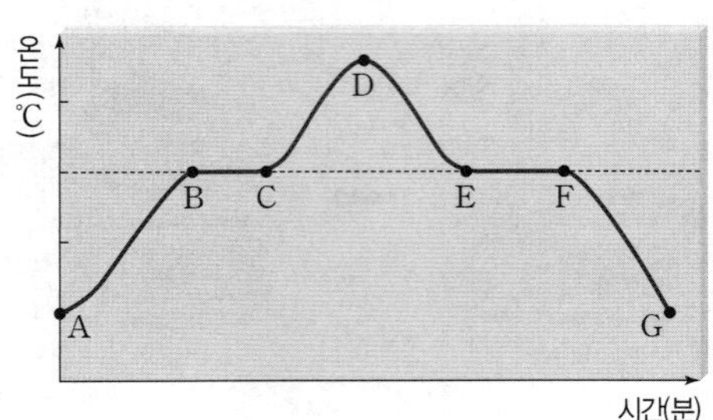

이에 대한 설명으로 옳은 것은?

① AB 구간에서는 융해열을 흡수한다.
② BC 구간에서는 액체와 고체가 함께 존재한다.
③ D의 온도를 녹는점이라고 한다.
④ EF 구간에서는 응고와 액화가 동시에 일어난다.
⑤ FG 구간에서는 상태 변화가 일어난다.

17 그림은 에어컨의 구조를 나타낸 것이다. 실내기와 실외기에서 일어나는 열에너지의 출입을 옳게 짝 지은 것은?

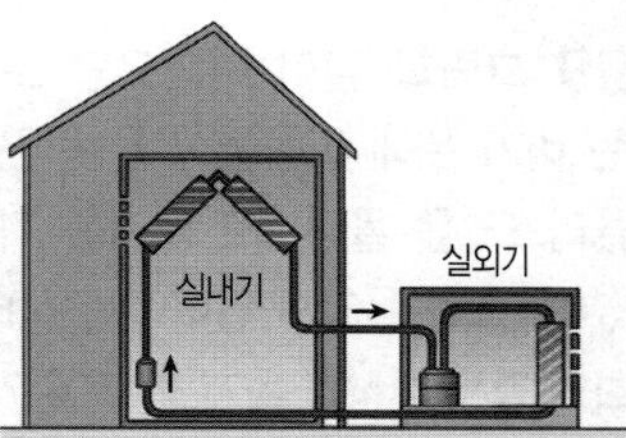

	실내기	실외기
①	융해열 흡수	응고열 방출
②	기화열 흡수	액화열 방출
③	승화열 흡수	융해열 흡수
④	응고열 방출	기화열 흡수
⑤	액화열 방출	승화열 흡수

01 표는 고체 초콜릿을 비커에 넣고 가열 장치로 가열하여 초콜릿을 녹일 때 초콜릿이 녹기 전과 녹은 후의 질량을 측정한 결과를 나타낸 것이다.

녹기 전의 질량(g)	녹은 후의 질량(g)
90.7	90.7

이에 대한 설명으로 옳은 것을 |보기|에서 모두 고른 것은?

|보기|

ㄱ. 녹은 초콜릿을 식히면 질량이 증가한다.
ㄴ. 이 실험에서 일어난 상태 변화는 융해이다.
ㄷ. 초콜릿을 이루는 입자의 성질은 초콜릿이 녹기 전과 녹은 후가 같다.

① ㄱ ② ㄷ ③ ㄱ, ㄴ
④ ㄴ, ㄷ ⑤ ㄱ, ㄴ, ㄷ

03 그림과 같이 물을 묻힌 유리 막대를 푸른색 염화 코발트 종이에 대어 보고, 물이 들어 있는 비커 위에 얼음이 담긴 시계 접시를 올려놓고 가열한 후 시계 접시의 아래쪽에 생긴 물질에 푸른색 염화 코발트 종이를 대어 보았다.

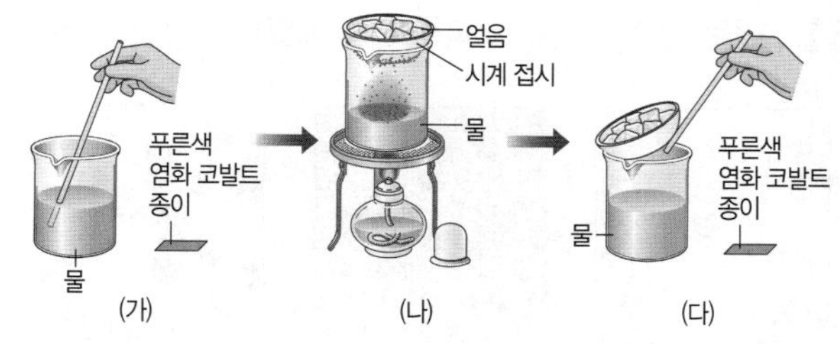

이에 대한 설명으로 옳은 것을 |보기|에서 모두 고른 것은?

|보기|

ㄱ. (가)와 (다)에서 푸른색 염화 코발트 종이는 모두 붉게 변한다.
ㄴ. (나)에서 얼음이 담긴 시계 접시 아래쪽에서는 수증기가 액화한다.
ㄷ. 이 실험을 통해 물의 상태가 변하면 물의 성질이 달라짐을 알 수 있다.

① ㄱ ② ㄷ ③ ㄱ, ㄴ
④ ㄴ, ㄷ ⑤ ㄱ, ㄴ, ㄷ

02 그림과 같이 삼각 플라스크에 아세톤 1 mL를 넣고 입구를 잘 닫은 후 아세톤이 모두 기화할 때까지 헤어드라이어로 가열하였다.

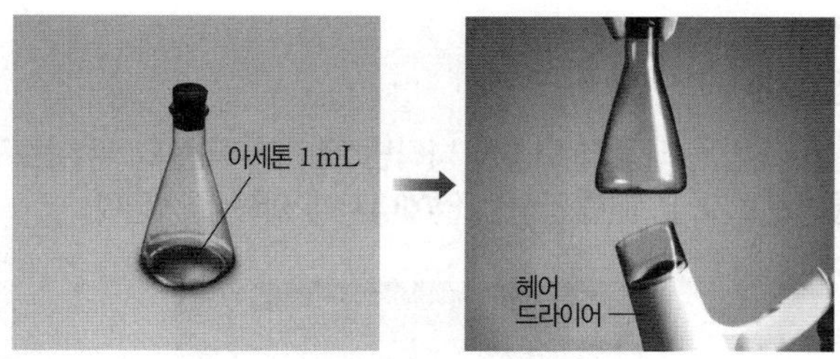

이에 대한 설명으로 옳은 것을 |보기|에서 모두 고른 것은?

|보기|

ㄱ. 아세톤 입자 사이의 거리가 멀어진다.
ㄴ. 아세톤이 기화하였으므로 질량이 감소한다.
ㄷ. 드라이아이스의 크기가 점점 작아지는 것과 상태 변화의 종류가 같다.

① ㄱ ② ㄴ ③ ㄱ, ㄷ
④ ㄴ, ㄷ ⑤ ㄱ, ㄴ, ㄷ

04 그림은 질량이 같은 두 액체 물질 A와 B를 같은 조건에서 가열할 때 시간에 따른 온도 변화를 나타낸 것이다.

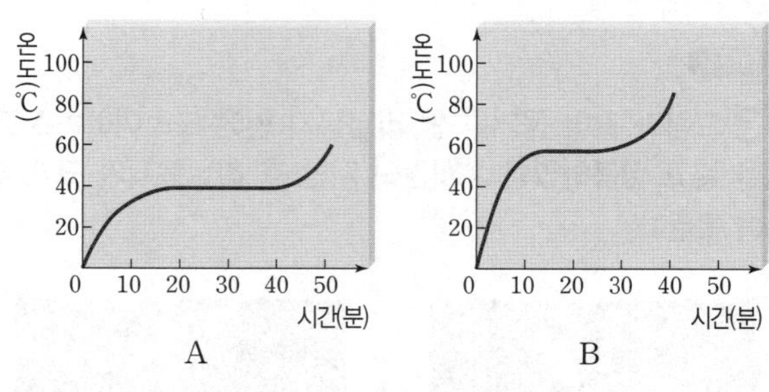

이에 대한 설명으로 옳은 것을 |보기|에서 모두 고른 것은?

|보기|

ㄱ. A와 B는 입자 사이의 인력이 약해진다.
ㄴ. 끓는점은 A가 B보다 낮다.
ㄷ. A와 B는 서로 다른 종류의 액체이다.

① ㄱ ② ㄱ, ㄴ ③ ㄱ, ㄷ
④ ㄴ, ㄷ ⑤ ㄱ, ㄴ, ㄷ

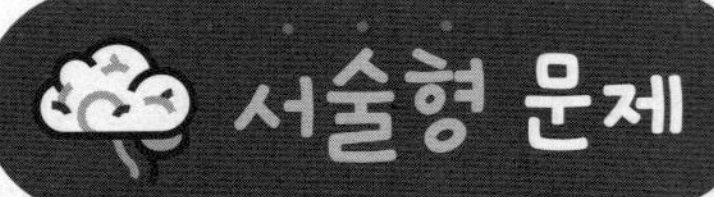

서술형 문제

단답형으로 쓰기

개념

01 그림은 물질의 상태에 따른 입자 배열을 나타낸 것이다.

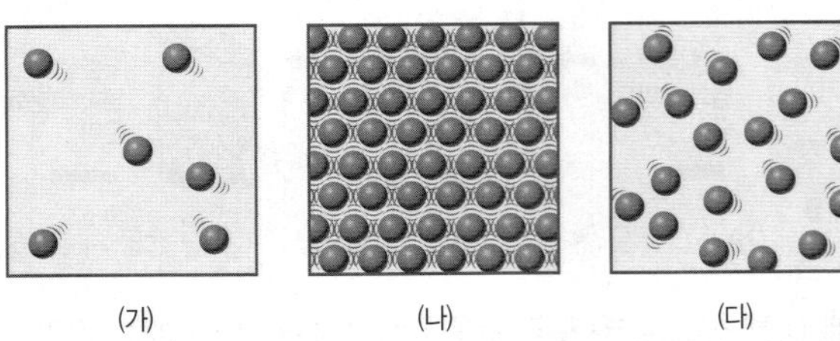

(가)~(다)를 입자 사이의 인력이 강한 순서대로 나열하시오.

탐구력

02 그림은 어떤 액체 물질을 가열할 때 시간에 따른 온도 변화를 나타낸 것이다.

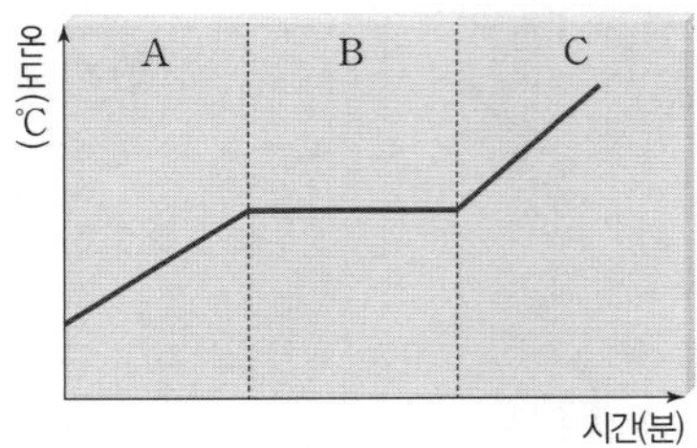

A~C 구간에서 존재하는 물질의 상태를 각각 쓰시오.

키워드를 모두 이용하여 서술하기

탐구력

03 그림과 같이 공기를 뺀 비닐봉지 안에 드라이아이스 조각을 넣고 밀봉하였더니 시간이 지난 후 비닐봉지가 크게 부풀어 올랐다.

비닐봉지 속에서 일어나는 상태 변화의 종류를 쓰고, 그렇게 생각한 까닭을 서술하시오.

키워드 고체, 기체

탐구력

04 오른쪽 그림과 같이 같은 부피의 물과 공기가 각각 들어 있는 주사기의 피스톤을 같은 힘으로 눌렀다. 이때 물의 부피는 줄어들지 않지만, 공기의 부피는 줄어들었다. 이러한 현상이 일어나는 까닭을 서술하시오.

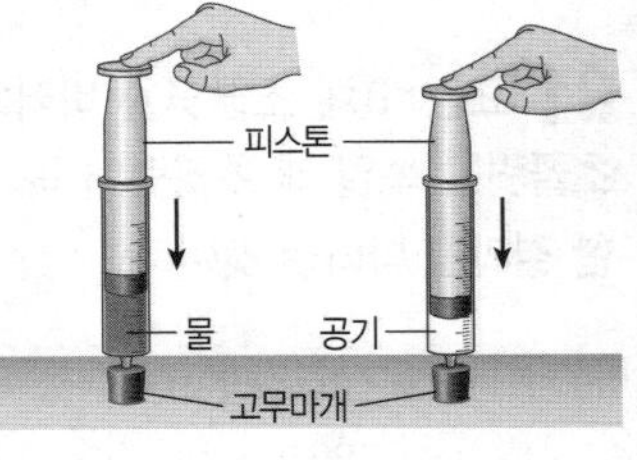

키워드 액체, 기체, 압축

실생활

05 냉장고가 없는 곳에서는 두 개의 항아리 사이에 젖은 모래를 채워 음식을 시원하게 보관한다.

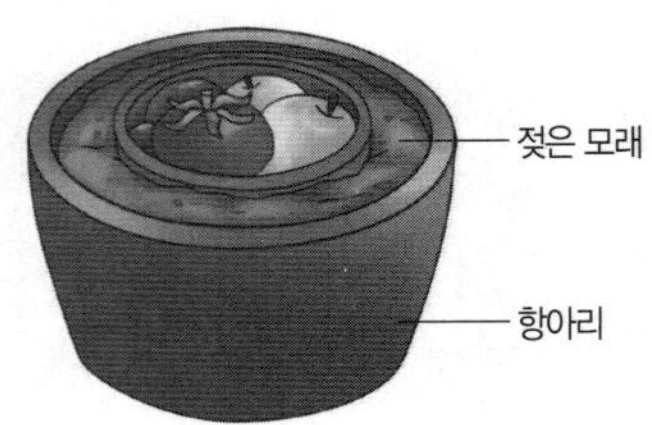

이때 이용된 원리를 쓰고, 이와 같은 원리로 설명할 수 있는 실생활의 예를 <u>한 가지만</u> 쓰시오.

키워드 기화, 흡수

창의력

06 그림은 태풍의 모습을 나타낸 것이다. 태풍의 세기는 구름이 만들어질 때 출입하는 열에너지에 의해 결정된다.

태풍의 구름이 만들어질 때 나타나는 열에너지의 출입을 쓰고, 이와 같은 현상의 예를 <u>한 가지만</u> 서술하시오.

키워드 액화

🔬 개념 완성 문제

03 입자의 운동

01 입자의 운동에 대한 설명으로 옳지 <u>않은</u> 것은?

① 입자는 끊임없이 스스로 움직인다.
② 증발과 확산은 입자 운동의 증거이다.
③ 온도가 낮을수록 입자의 운동이 활발해진다.
④ 우리 주변의 모든 물질은 입자로 이루어져 있다.
⑤ 입자는 눈에 보이지 않아서 모형을 사용하여 입자의 운동을 나타낼 수 있다.

02 그림은 주사기에 공기를 넣고 주사기 끝을 고무마개로 막은 뒤 피스톤을 누른 모습을 나타낸 것이다. 주사기 속 공기 입자에 대한 설명으로 옳은 것을 |보기|에서 모두 고른 것은?

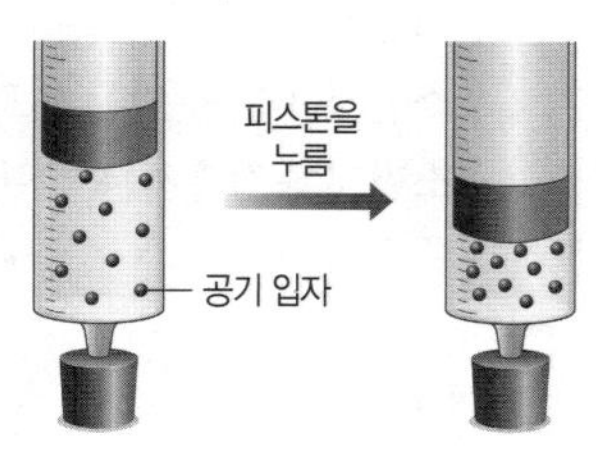

| 보기 |
ㄱ. 공기 입자의 크기가 작아진다.
ㄴ. 공기 입자 사이의 거리가 가까워진다.
ㄷ. 공기 입자의 종류와 개수는 피스톤을 누르기 전과 같다.

① ㄱ　　　　② ㄴ　　　　③ ㄱ, ㄷ
④ ㄴ, ㄷ　　　⑤ ㄱ, ㄴ, ㄷ

03 입자가 스스로 운동하는 증거에 해당하는 것으로 옳은 것은?

① 난로 주변이 따뜻해진다.
② 꽃향기가 공기 중으로 퍼진다.
③ 노래 소리가 멀리 퍼져 나간다.
④ 폭포수가 위에서 아래로 떨어진다.
⑤ 불에 올려둔 주전자 안의 물이 사라진다.

04 확산에 대한 설명으로 옳지 <u>않은</u> 것은?

① 입자가 스스로 운동하여 모든 방향으로 퍼져 나가는 현상이다.
② 입자의 질량이 클수록 느리게 확산된다.
③ 진공 속에서는 확산이 일어나지 않는다.
④ 기체 입자가 액체 입자보다 더 빠르게 확산된다.
⑤ 확산이 일어나도 입자의 개수는 변하지 않는다.

05 확산 현상의 예로 옳지 <u>않은</u> 것은?

① 젖은 빨래가 마른다.
② 모기향을 피워 모기를 쫓는다.
③ 마약 탐지견이 냄새로 마약을 찾는다.
④ 차 티백을 물에 넣으면 차가 우러난다.
⑤ 세탁한 옷에서 섬유 유연제 냄새가 난다.

06 그림은 향수병의 뚜껑을 열어두었을 때 향수 입자들이 공기 중으로 퍼져 나가는 현상을 입자 모형으로 나타낸 것이다.

이에 대한 설명으로 옳은 것을 |보기|에서 모두 고른 것은?

| 보기 |
ㄱ. 향수 액체 표면에서 증발이 일어난다.
ㄴ. 향수 입자는 공기 입자와 서로 충돌하기도 한다.
ㄷ. 시간이 지나면 멀리서도 향수 냄새를 맡을 수 있다.

① ㄱ　　　　② ㄴ　　　　③ ㄱ, ㄷ
④ ㄴ, ㄷ　　　⑤ ㄱ, ㄴ, ㄷ

07 그림과 같이 페놀프탈레인 용액을 적신 솜을 페트리 접시 위에 십자 모양으로 배열하고 페트리 접시의 가운데에 암모니아수 몇 방울을 떨어뜨렸다. 이에 대한 설명으로 옳은 것을 |보기|에서 모두 고른 것은?

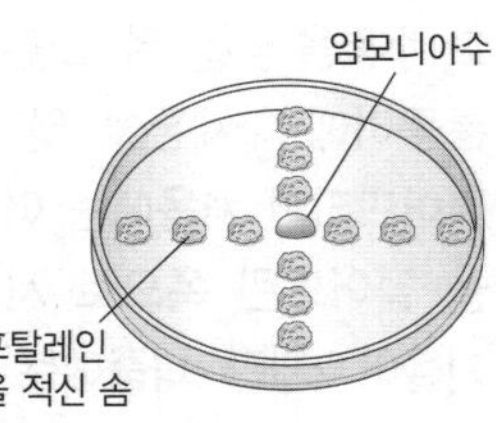

| 보기 |
ㄱ. 암모니아 입자는 모든 방향으로 운동한다.
ㄴ. 모든 솜의 색깔은 동시에 붉은색으로 변한다.
ㄷ. 페트리 접시를 가열하면 솜의 색깔이 더 빨리 변한다.

① ㄱ　　　　② ㄴ　　　　③ ㄱ, ㄷ
④ ㄴ, ㄷ　　　⑤ ㄱ, ㄴ, ㄷ

08 그림은 어항 속의 물이 증발하는 모형을 나타낸 것이다.

이 현상에 대한 설명으로 옳지 <u>않은</u> 것을 <u>모두</u> 고르면?

① 액체가 기체로 변하는 현상이다.
② 입자의 운동에 의해 나타나는 현상이다.
③ 액체 표면과 내부에서 일어나는 현상이다.
④ 온도와 습도가 높을수록 잘 일어난다.
⑤ 이 현상을 이용하여 염전에서는 바닷물을 가두어 소금을 얻는다.

09 증발 현상의 예로 옳지 <u>않은</u> 것은?

① 감을 말려 곶감을 만든다.
② 가뭄으로 논바닥이 갈라진다.
③ 풀잎에 맺힌 이슬이 사라진다.
④ 빵집 근처에 가면 빵 냄새가 난다.
⑤ 비가 온 뒤 운동장에 고인 물이 마른다.

10 그림과 같이 윗접시저울의 양쪽에 거름종이를 올려놓고 수평을 맞춘 뒤 오른쪽 거름종이에 아세톤을 몇 방울 떨어뜨리면 처음에는 아세톤을 떨어뜨린 쪽으로 저울이 기울어지지만, 나중에는 수평으로 돌아온다. 이에 대한 설명으로 옳은 것을 |보기|에서 모두 고른 것은?

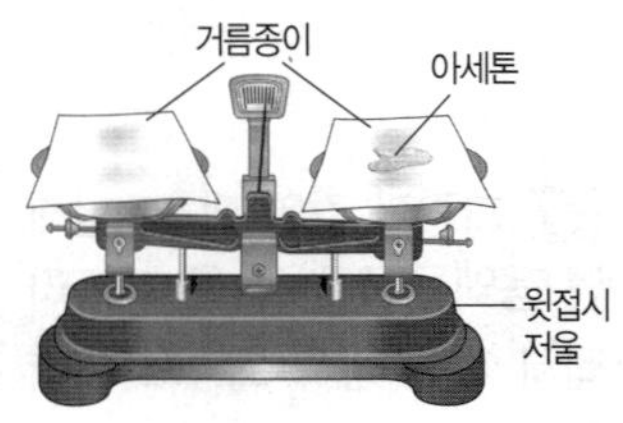

| 보기 |

ㄱ. 거름종이 주위에서 아세톤 냄새가 난다.
ㄴ. 시간이 지날수록 아세톤 입자의 크기가 작아진다.
ㄷ. 실험 장소에 바람을 불어주면 저울이 수평으로 돌아오는 시간을 줄일 수 있다.

① ㄱ　　　② ㄴ　　　③ ㄱ, ㄷ
④ ㄴ, ㄷ　　　⑤ ㄱ, ㄴ, ㄷ

---

04 기체의 부피 변화

11 그림은 크기와 질량이 같은 벽돌을 스펀지 위에 올려놓은 모습을 나타낸 것이다.

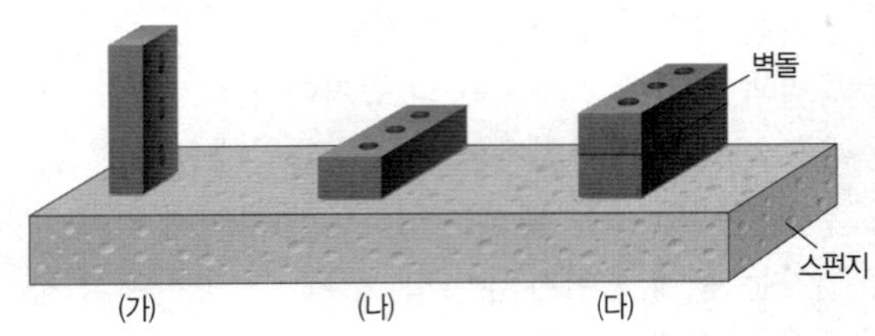

이에 대한 설명으로 옳은 것을 |보기|에서 모두 고른 것은?

| 보기 |

ㄱ. 스펀지에 작용하는 힘의 크기는 (가)가 (나)보다 크다.
ㄴ. 스펀지가 힘을 받는 면적은 (나)와 (다)가 같다.
ㄷ. 스펀지에 작용하는 압력은 (나)가 (다)보다 작다.

① ㄱ　　　② ㄴ　　　③ ㄱ, ㄷ
④ ㄴ, ㄷ　　　⑤ ㄱ, ㄴ, ㄷ

12 기체의 압력에 대한 설명으로 옳지 <u>않은</u> 것은?

① 기체 입자의 운동 때문에 나타난다.
② 모든 방향에 같은 크기로 작용한다.
③ 기체 입자의 개수와 온도가 같을 때 기체의 부피가 클수록 압력이 커진다.
④ 기체의 부피와 온도가 같을 때 기체 입자의 개수가 많을수록 압력이 커진다.
⑤ 혈압계를 이용하여 혈압을 측정하는 것은 기체의 압력을 이용하는 예이다.

13 그림은 일정한 온도에서 기체의 압력에 따른 일정량의 기체의 부피 변화를 나타낸 것이다. 이에 대한 설명으로 옳은 것은?

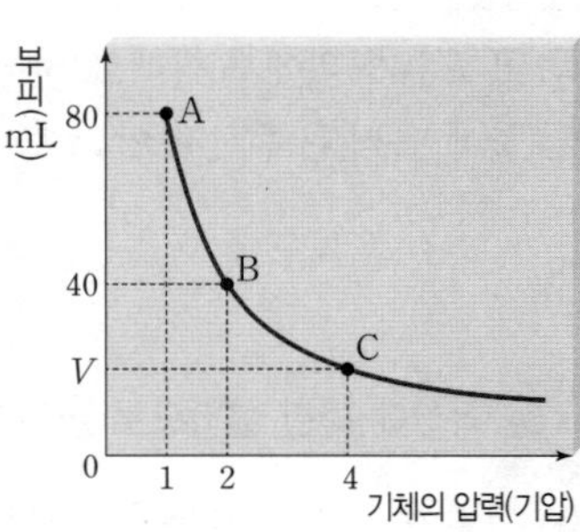

① A에서 기체 입자의 개수가 가장 많다.
② B가 A로 변할 때 부피는 증가한다.
③ B가 C로 변할 때 압력은 감소한다.
④ C의 부피는 10 mL이다.
⑤ 기체 입자 사이의 거리가 가장 먼 것은 C이다.

14 그림은 실린더에 기체를 넣고 일정한 온도에서 압력을 변화시킬 때 기체의 부피 변화를 나타낸 것이다. 실린더 안에서 일어나는 변화로 옳지 <u>않은</u> 것은?

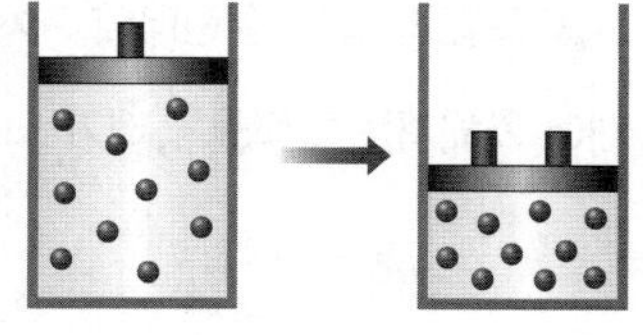

① 기체의 부피가 감소한다.
② 기체의 압력이 증가한다.
③ 기체 입자 사이의 거리가 감소한다.
④ 기체 입자의 충돌 횟수가 증가한다.
⑤ 기체 입자의 운동 속도가 빨라진다.

15 그림은 일정한 온도에서 앞이 막힌 주사기 속에 작게 분 고무풍선을 넣고 주사기의 피스톤을 잡아당긴 모습을 나타낸 것이다. 이에 대한 설명으로 옳은 것을 |보기|에서 모두 고른 것은?

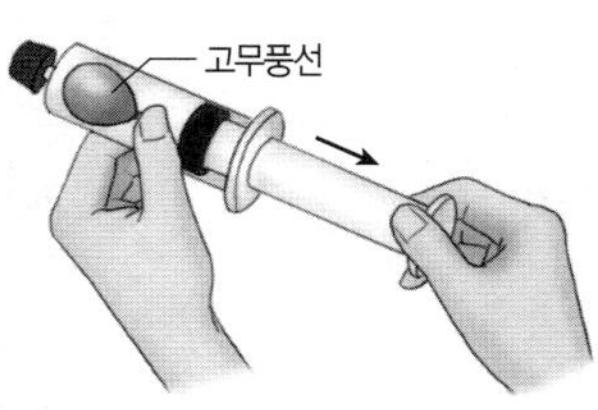

| 보기 |

ㄱ. 고무풍선의 크기가 커진다.
ㄴ. 주사기 속 공기의 압력이 증가한다.
ㄷ. 고무풍선 속 공기 입자의 충돌 횟수가 감소한다.

① ㄱ   ② ㄴ   ③ ㄱ, ㄷ
④ ㄴ, ㄷ   ⑤ ㄱ, ㄴ, ㄷ

16 0 ℃, 5기압에서 부피가 4 L인 용기에 어떤 기체가 들어 있다. 같은 온도에서 기체의 압력을 2기압으로 낮추었을 때, 이 기체의 부피는?

① 4 L   ② 6 L   ③ 8 L
④ 10 L   ⑤ 12 L

17 0 ℃, 1기압에서 부피가 28 mL인 기체가 들어 있는 주사기의 피스톤을 눌러서 부피가 7 mL가 되었다면, 주사기 내부 압력의 크기는?

① 1기압   ② 2기압   ③ 3기압
④ 4기압   ⑤ 5기압

18 그림은 일정한 압력에서 기체의 온도에 따른 일정량의 기체의 부피 변화를 나타낸 것이다. 이에 대한 설명으로 옳은 것을 |보기|에서 모두 고른 것은?

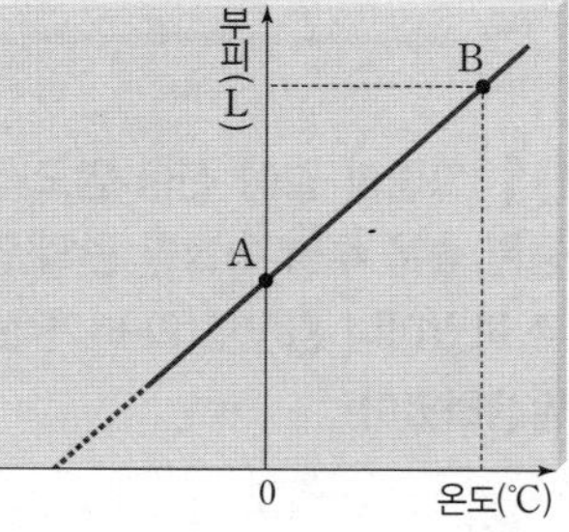

| 보기 |

ㄱ. 기체 입자의 질량은 A>B이다.
ㄴ. 기체 입자의 크기는 A>B이다.
ㄷ. 기체 입자의 운동 속도는 A<B이다.

① ㄱ   ② ㄴ   ③ ㄷ
④ ㄱ, ㄷ   ⑤ ㄴ, ㄷ

19 그림은 실린더에 기체를 넣고 일정한 압력에서 실린더를 가열할 때의 모습을 나타낸 것이다.

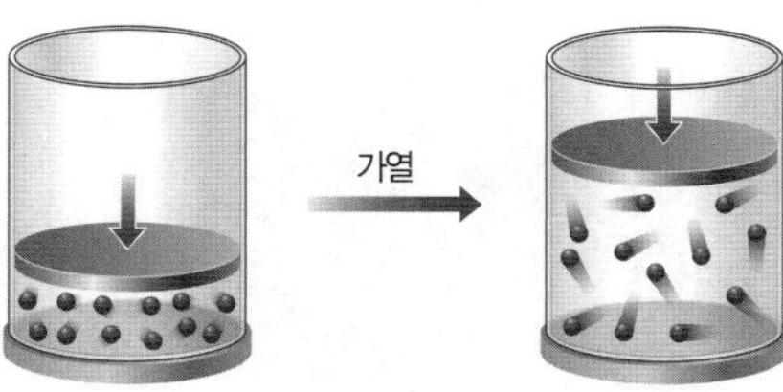

실린더 안에서 일어나는 변화로 옳은 것은?

① 기체의 부피가 감소한다.
② 기체 입자의 개수가 증가한다.
③ 기체 입자 사이의 거리가 감소한다.
④ 기체 입자의 충돌 횟수가 감소한다.
⑤ 기체 입자의 충돌 세기가 증가한다.

20 샤를 법칙과 관련된 현상으로 옳지 <u>않은</u> 것을 <u>모두</u> 고르면?

① 높은 곳으로 갈수록 과자 봉지가 부풀어 오른다.
② 고속도로를 달린 자동차의 타이어가 팽팽해진다.
③ 열기구 속의 공기를 가열하면 열기구가 위로 떠오른다.
④ 찌그러진 탁구공을 뜨거운 물에 담그면 찌그러진 부분이 펴진다.
⑤ 높은 곳에서 닫아 둔 빈 페트병을 지상으로 가져오면 찌그러진다.

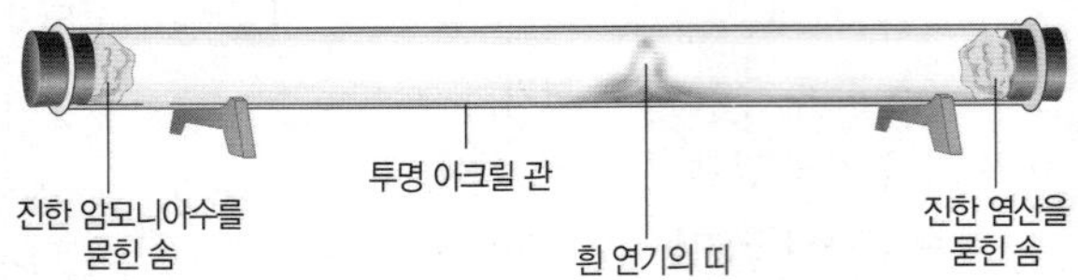 실력 향상 문제

01 그림과 같이 진한 암모니아수를 묻힌 솜과 진한 염산을 묻힌 솜을 투명 아크릴 관의 양쪽 끝에 동시에 넣고 고무마개로 막았더니 흰 연기의 띠가 진한 염산을 묻힌 솜 쪽에 가깝게 발생하였다.

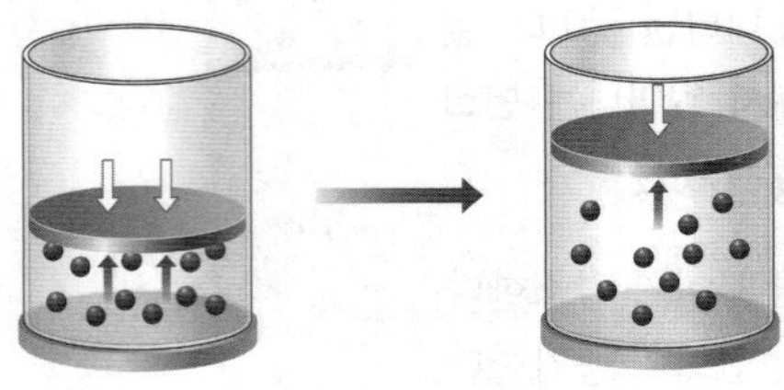

이에 대한 설명으로 옳은 것을 |보기|에서 모두 고른 것은?

| 보기 |

ㄱ. 암모니아 입자가 염화 수소 입자보다 질량이 크다.
ㄴ. 흰 연기의 띠가 생긴 후에는 암모니아 입자와 염화 수소 입자가 더 이상 확산되지 않는다.
ㄷ. 유리관이 진공이라면 흰 연기가 생기는 속도가 빨라진다.

① ㄱ   ② ㄷ   ③ ㄱ, ㄴ
④ ㄴ, ㄷ   ⑤ ㄱ, ㄴ, ㄷ

02 그림과 같이 윗접시저울의 양쪽에 거름종이를 놓고 수평을 맞춘 다음, 같은 질량의 물과 에탄올을 각각 떨어뜨렸더니 일정 시간이 지난 후, 물을 떨어뜨린 쪽으로 저울이 기울었다.

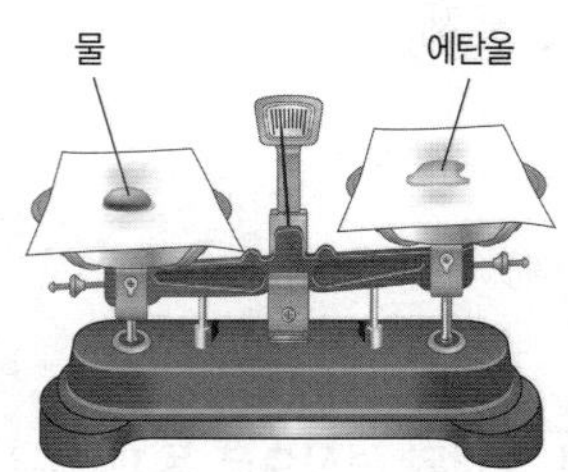

이에 대한 설명으로 옳은 것을 |보기|에서 모두 고른 것은?

| 보기 |

ㄱ. 에탄올이 물보다 증발 속도가 빠르다.
ㄴ. 에탄올 입자는 공기 입자로 바뀐다.
ㄷ. 시간이 더 지난 후, 윗접시저울은 수평이 될 것이다.

① ㄱ   ② ㄴ   ③ ㄱ, ㄷ
④ ㄴ, ㄷ   ⑤ ㄱ, ㄴ, ㄷ

03 그림과 같이 실린더에 기체를 넣고 일정한 온도에서 기체에 가해지는 압력을 $\frac{1}{2}$배가 되도록 하였다.

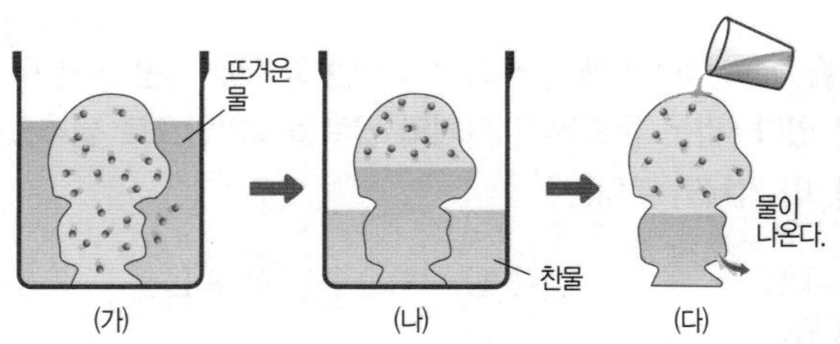

이에 대한 설명으로 옳은 것을 |보기|에서 모두 고른 것은? (단, 대기압과 피스톤의 무게는 무시한다.)

| 보기 |

ㄱ. 기체 입자의 개수는 일정하다.
ㄴ. 실린더 속 기체의 부피가 2배가 된다.
ㄷ. 기체 입자의 충돌 횟수는 줄어든다.

① ㄱ   ② ㄴ   ③ ㄱ, ㄷ
④ ㄴ, ㄷ   ⑤ ㄱ, ㄴ, ㄷ

04 그림은 오줌싸개 인형의 원리를 나타낸 것이다.

이에 대한 설명으로 옳은 것을 |보기|에서 모두 고른 것은?

| 보기 |

ㄱ. (가)에서 인형 속의 공기가 밖으로 빠져나온다.
ㄴ. (나)에서 인형 속 공기의 부피가 감소하므로 물이 인형 속으로 들어간다.
ㄷ. (다)에서 부어주는 물이 차가울수록 물이 더 세게 나온다.

① ㄱ   ② ㄷ   ③ ㄱ, ㄴ
④ ㄴ, ㄷ   ⑤ ㄱ, ㄴ, ㄷ

서술형 문제

단답형으로 쓰기

탐구력

01 그림과 같이 세 개의 비커에 온도가 다른 물을 넣고 잉크를 동시에 떨어뜨리는 실험을 하였다.

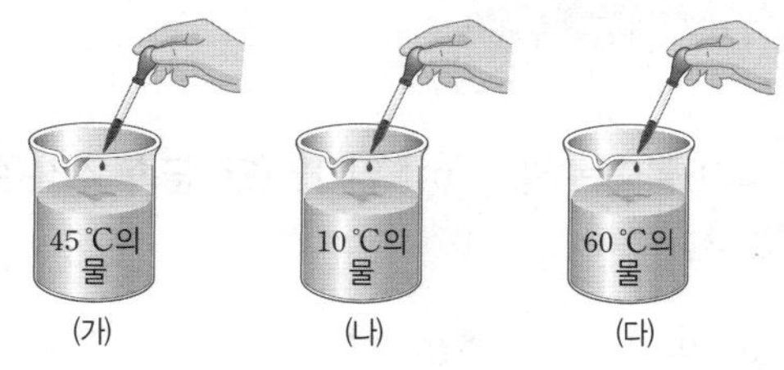

(가)~(다)를 잉크가 빨리 퍼져 나가는 것부터 순서대로 쓰시오.

개념

02 그림과 같이 차가운 빈 유리병의 입구에 물을 묻히고 동전을 올린 다음, 유리병을 양손으로 감싸 쥐었더니 동전이 움직였다. 이러한 현상을 설명할 수 있는 법칙의 이름을 쓰시오.

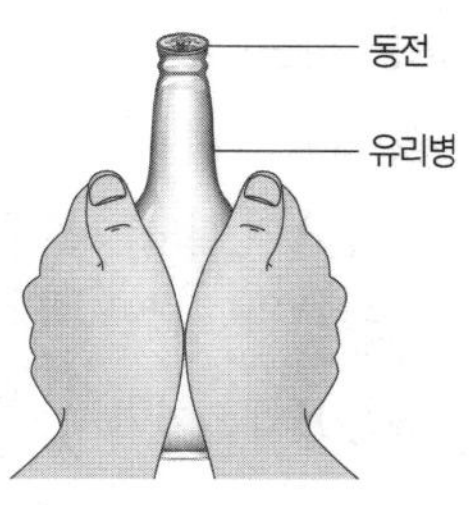

키워드를 모두 이용하여 서술하기

실생활

03 그림 (가)와 (나)는 젖은 우산을 접었을 때와 폈을 때의 모습을 나타낸 것이다.

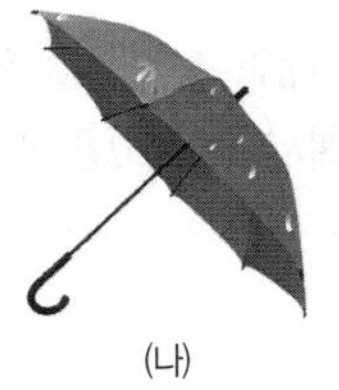

(가)와 (나) 중 우산이 마르는 속도가 더 빠른 것을 쓰고, 그렇게 생각한 까닭을 서술하시오.

키워드 증발, 표면적

창의력

04 그림과 같이 연필의 양쪽 끝을 같은 힘으로 눌렀다.

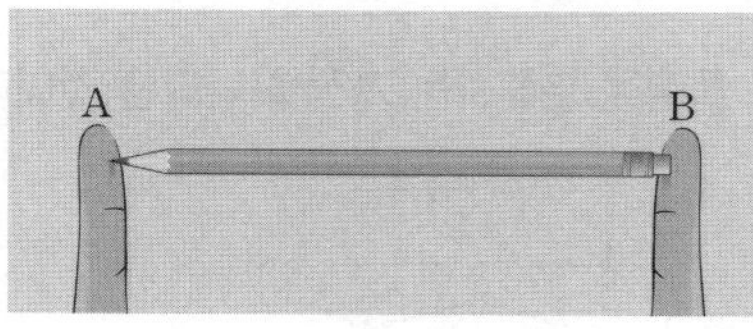

A와 B 중 압력의 크기가 더 큰 것을 쓰고, 그렇게 생각한 까닭을 서술하시오.

키워드 힘, 면적, 압력

탐구력

05 그림과 같이 일정한 온도에서 감압 용기에 고무풍선을 불어 넣고 용기 안의 공기를 빼내었다.

이때 감압 용기 안 기체의 압력과 고무풍선 속 기체 입자 사이의 거리, 기체 입자의 운동 속도에 대해 서술하시오.

키워드 감압 용기 안 공기 입자의 개수, 고무풍선 속 공기의 부피

창의력

06 그림은 완전히 건조된 플라스크에 잉크 방울이 들어 있는 유리관을 연결한 후 뜨거운 물이 담긴 수조에 넣은 모습을 나타낸 것이다. 시간이 지남에 따라 잉크 방울의 이동 방향을 쓰고, 그렇게 생각한 까닭을 서술하시오.

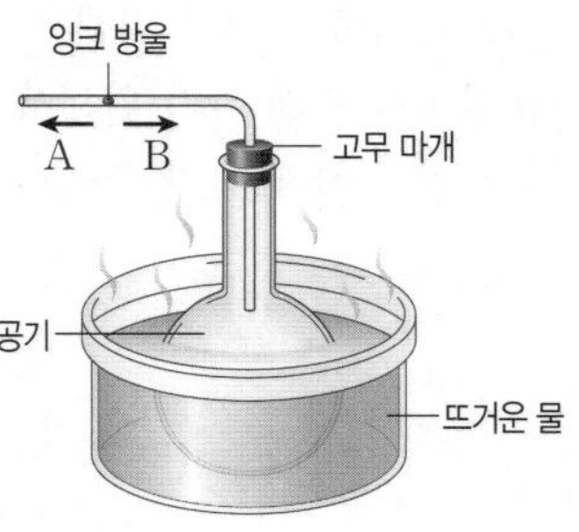

키워드 온도, 기체의 부피

05 물질의 특성

01 그림은 물질을 분류하는 과정을 나타낸 것이다.

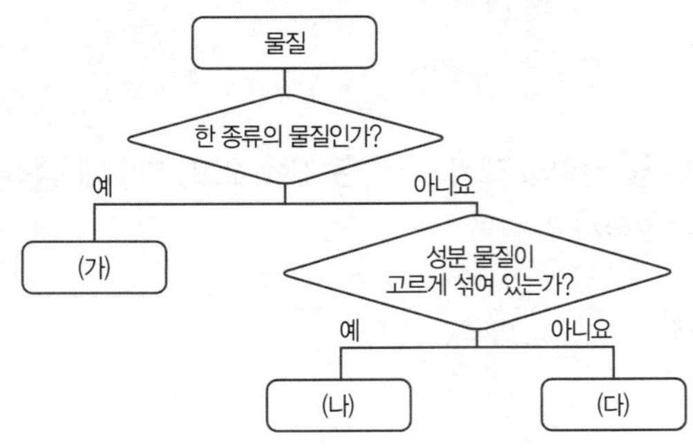

(가)~(다)에 해당하는 물질을 옳게 짝 지은 것은?

	(가)	(나)	(다)
①	물	에탄올	공기
②	공기	염화 나트륨	물
③	우유	물	에탄올
④	다이아몬드	산소	과일주스
⑤	염화 나트륨	합금	우유

02 다음은 일상생활에서 혼합물을 이용하는 예를 나타낸 것이다.

> 땜납과 퓨즈는 납과 주석을 섞어 만든 물질로, 땜납은 전기 회로를 연결하는 데 이용하고 퓨즈는 전류를 차단하는 데 이용한다.

땜납과 퓨즈를 이용하는 까닭으로 옳은 것은?

① 밀도를 높이기 위해서
② 녹는점을 낮추기 위해서
③ 끓는점을 높이기 위해서
④ 부피를 크게 하기 위해서
⑤ 질량을 작게 하기 위해서

03 물질의 특성에 해당하는 것으로만 옳게 짝 지은 것은?

① 부피, 무게, 길이
② 냄새, 밀도, 부피
③ 밀도, 농도, 끓는점
④ 색깔, 용해도, 어는점
⑤ 질량, 냄새, 녹는점

04 그림 (가)는 전자저울을 이용하여 금속 조각의 질량을 측정하는 모습을 나타낸 것이고, (나)는 이 금속 조각을 물 30 mL가 담긴 눈금실린더에 넣었을 때의 모습을 나타낸 것이다.

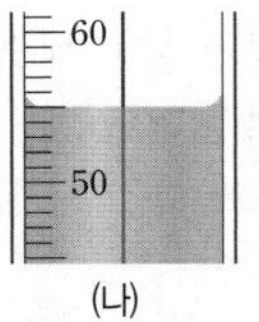

금속 조각의 밀도는 몇 g/mL인가? (단, 금속 조각은 물에 녹지 않는다.)

① 1.2 g/mL
② 1.8 g/mL
③ 2.2 g/mL
④ 2.64 g/mL
⑤ 3.3 g/mL

05 그림은 부피가 같고 재질이 다른 두 공 A, B를 물에 넣은 모습을 나타낸 것이다. 이에 대한 설명으로 옳은 것을 |보기|에서 모두 고른 것은?

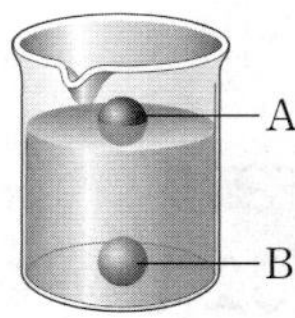

> **보기**
> ㄱ. A의 밀도는 물의 밀도보다 크다.
> ㄴ. A의 질량은 B의 질량보다 작다.
> ㄷ. B의 크기가 $\frac{1}{2}$이 되면, A보다 밀도가 작아진다.

① ㄱ
② ㄴ
③ ㄱ, ㄷ
④ ㄴ, ㄷ
⑤ ㄱ, ㄴ, ㄷ

[06~07] 그림은 고체 물질 A~E의 부피와 질량을 나타낸 것이다.

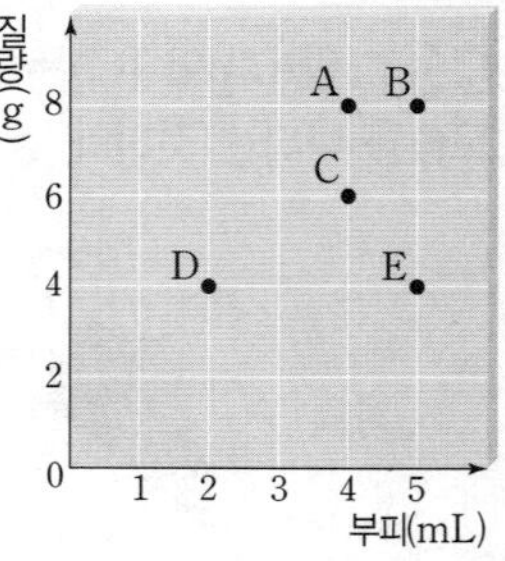

06 이에 대한 설명으로 옳은 것을 |보기|에서 모두 고른 것은?

> **보기**
> ㄱ. 밀도가 가장 작은 물질은 A이다.
> ㄴ. 밀도는 B가 C보다 크다.
> ㄷ. D와 E는 같은 물질이다.

① ㄱ
② ㄴ
③ ㄱ, ㄷ
④ ㄴ, ㄷ
⑤ ㄱ, ㄴ, ㄷ

07 A~E 중 물에 넣었을 때 물 위에 뜨는 물질은 몇 개인가? (단, 물의 밀도는 1 g/mL이고, A~E는 물에 녹지 않는다.)

① 1개 ② 2개 ③ 3개
④ 4개 ⑤ 5개

08 표는 온도에 따른 염화 나트륨의 용해도를 나타낸 것이다.

온도(℃)	20	40	60	80
용해도(g/물 100 g)	35.8	36.3	37.1	38.4

60 ℃의 물 100 g에 염화 나트륨 36.3 g을 녹인 용액에 대한 설명으로 옳은 것을 |보기|에서 모두 고른 것은?

| 보기 |
ㄱ. 물은 용매, 염화 나트륨은 용질이다.
ㄴ. 용액은 현재 포화 상태이다.
ㄷ. 용액의 온도를 20 ℃로 낮추면 용질 0.5 g이 석출된다.

① ㄱ ② ㄴ ③ ㄱ, ㄷ
④ ㄴ, ㄷ ⑤ ㄱ, ㄴ, ㄷ

09 그림은 물질 X의 용해도 곡선을 나타낸 것이다. 이에 대한 설명으로 옳은 것을 |보기|에서 모두 고른 것은? (단, A~D 용액에서 물의 양은 100 g이다.)

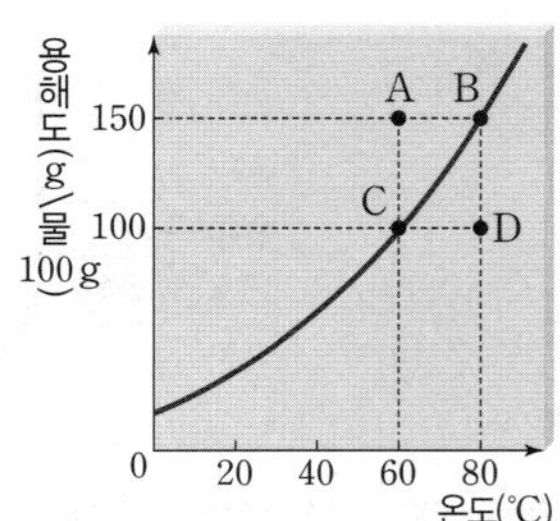

| 보기 |
ㄱ. A 용액은 불포화 상태이다.
ㄴ. B 용액과 C 용액에 녹아 있는 X의 양은 같다.
ㄷ. D 용액에 X를 50 g 더 넣으면 포화 상태가 된다.

① ㄱ ② ㄷ ③ ㄱ, ㄴ
④ ㄴ, ㄷ ⑤ ㄱ, ㄴ, ㄷ

10 그림은 여러 가지 고체 물질의 용해도 곡선을 나타낸 것이다. 이에 대한 설명으로 옳지 <u>않은</u> 것은?

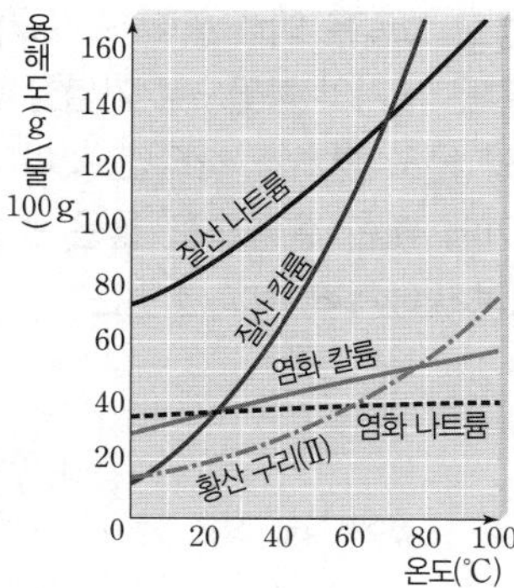

① 온도가 높을수록 용해도가 증가한다.
② 염화 나트륨의 용해도는 항상 염화 칼륨보다 작다.
③ 온도에 따른 용해도 차이가 가장 큰 물질은 질산 칼륨이다.
④ 40 ℃ 물 100 g에 가장 많이 녹을 수 있는 물질은 질산 나트륨이다.
⑤ 80 ℃ 물 100 g에 녹여 만든 포화 용액을 60 ℃로 냉각할 때 석출량이 가장 적은 물질은 염화 나트륨이다.

11 시험관 A~F에 같은 양의 탄산음료를 넣고 그림과 같이 장치하여 시험관에서의 기포 발생량을 관찰하였다.

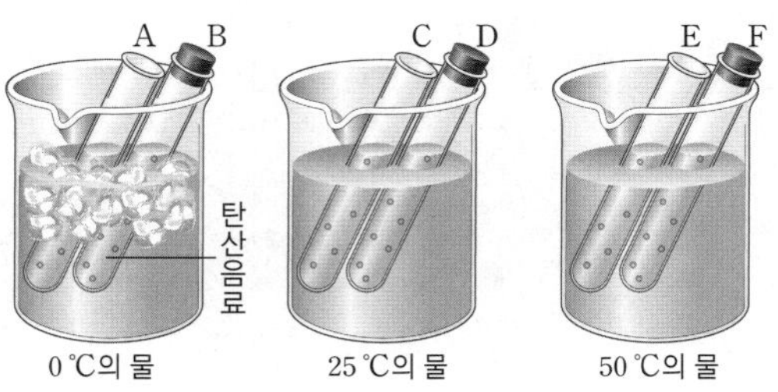

이에 대한 설명으로 옳은 것을 |보기|에서 모두 고른 것은?

| 보기 |
ㄱ. A와 C를 비교하면 온도에 따른 기체의 용해도를 비교할 수 있다.
ㄴ. D와 E를 비교하면 압력에 따른 기체의 용해도를 비교할 수 있다.
ㄷ. 기포 발생량이 가장 많은 시험관은 F이다.

① ㄱ ② ㄴ ③ ㄱ, ㄷ
④ ㄴ, ㄷ ⑤ ㄱ, ㄴ, ㄷ

Ⅲ 물질의 특성

12 그림은 액체 물질 A~D를 같은 세기의 불꽃으로 가열할 때의 온도 변화를 나타낸 것이다. 이에 대한 설명으로 옳은 것을 |보기|에서 모두 고른 것은?

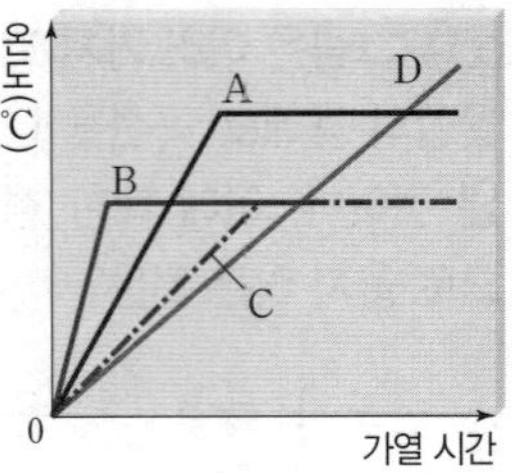

| 보기 |

ㄱ. A와 B는 같은 물질이다.
ㄴ. 질량은 B가 C보다 작다.
ㄷ. 끓는점이 가장 높은 물질은 D이다.

① ㄱ   ② ㄷ   ③ ㄱ, ㄴ
④ ㄴ, ㄷ   ⑤ ㄱ, ㄴ, ㄷ

13 그림은 물과 소금물의 냉각 곡선을 순서 없이 나타낸 것이다. 이에 대한 설명으로 옳은 것을 |보기|에서 모두 고른 것은?

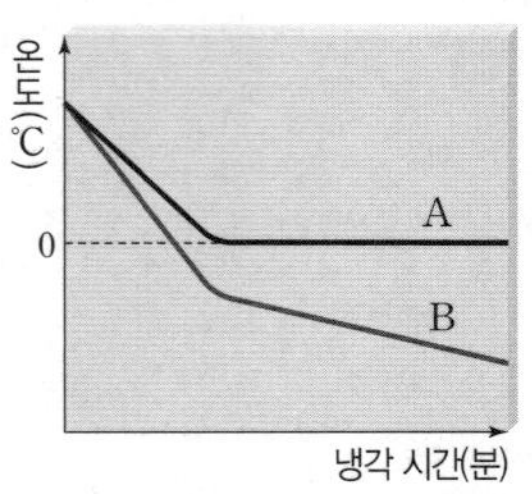

| 보기 |

ㄱ. A는 물의 냉각 곡선이다.
ㄴ. B는 어는점이 일정하지 않다.
ㄷ. 자동차의 냉각수에 부동액을 넣는 것과 관련이 있다.

① ㄱ   ② ㄷ   ③ ㄱ, ㄴ
④ ㄴ, ㄷ   ⑤ ㄱ, ㄴ, ㄷ

14 표는 1기압에서 여러 가지 물질의 녹는점과 끓는점을 나타낸 것이다. 25 ℃에서 물질의 상태를 나타낸 것으로 옳지 않은 것은?

	녹는점(℃)	끓는점(℃)	25 ℃에서 물질의 상태
①	−219	−183	기체
②	−114	78	액체
③	−39	357	액체
④	27	713	액체
⑤	44	280	고체

---

15 그림은 물과 에탄올 혼합 용액의 가열 곡선을 나타낸 것이다.

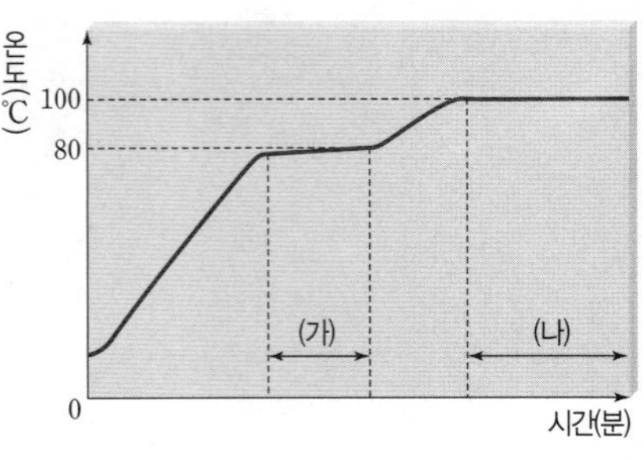

이에 대한 설명으로 옳지 않은 것은?

① (가) 구간에서는 주로 에탄올이 끓어 나온다.
② (나) 구간에서는 주로 물이 끓어 나온다.
③ 에탄올의 끓는점은 80 ℃보다 조금 높다.
④ 물과 에탄올은 서로 잘 섞이는 물질이다.
⑤ 이 방법은 (가)와 (나) 구간의 온도 차가 클수록 혼합물을 분리하기 쉽다.

16 그림은 원유를 분리하는 증류탑의 모습을 나타낸 것이다.

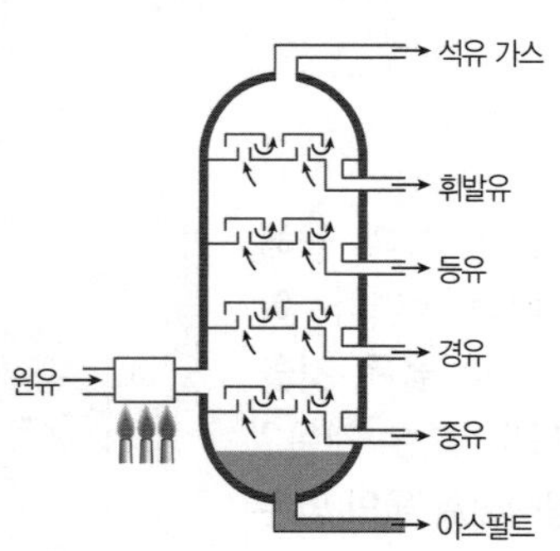

이에 대한 설명으로 옳지 않은 것은?

① 원유는 혼합물이다.
② 끓는점의 차이로 물질을 분리하는 장치이다.
③ 끓는점이 가장 낮은 물질은 석유 가스이다.
④ 끓는점이 높은 물질부터 원유에서 분리된다.
⑤ 각 층에서 분리된 물질은 끓는점이 비슷한 물질이 섞인 혼합물이다.

[**17~18**] 그림은 분별 깔때기로 액체 혼합물을 분리하는 모습을 나타낸 것이다.

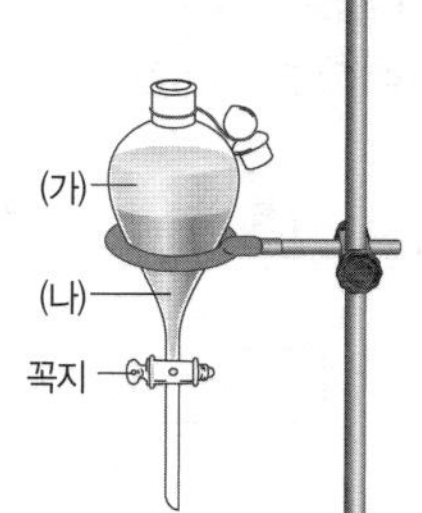

17 이에 대한 설명으로 옳은 것을 |보기|에서 모두 고른 것은?

| 보기 |

ㄱ. 밀도는 (가)가 (나)보다 작다.
ㄴ. 꼭지를 열면 밀도가 큰 물질이 먼저 분리된다.
ㄷ. (가)와 (나) 경계면의 액체는 따로 받아낸다.

① ㄱ ② ㄷ ③ ㄱ, ㄴ
④ ㄴ, ㄷ ⑤ ㄱ, ㄴ, ㄷ

18 이 장치로 분리할 수 있는 혼합물은?

① 물과 소금 ② 물과 에탄올
③ 소금과 붕산 ④ 간장과 참기름
⑤ 모래와 스타이로폼

19 그림은 신선한 달걀과 오래된 달걀을 구분하기 위해 소금물에 넣은 모습을 나타낸 것이다.

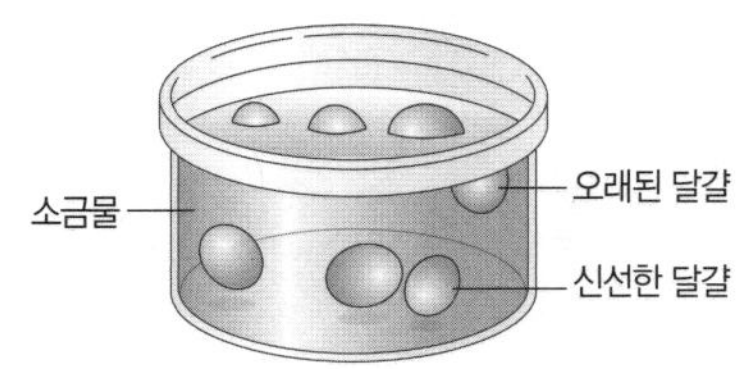

이에 대한 설명으로 옳은 것을 |보기|에서 모두 고른 것은?

| 보기 |

ㄱ. 밀도는 오래된 달걀<소금물<신선한 달걀이다.
ㄴ. 물에 소금을 더 넣어주면 오래된 달걀이 가라앉는다.
ㄷ. 질산 나트륨과 붕산이 섞인 혼합물을 분리할 때 같은 방법을 이용한다.

① ㄱ ② ㄷ ③ ㄱ, ㄴ
④ ㄴ, ㄷ ⑤ ㄱ, ㄴ, ㄷ

[**20~21**] 다음은 질산 칼륨과 염화 나트륨의 혼합물을 분리하는 과정과 용해도 곡선을 나타낸 것이다.

(가) 물 50 g이 들어 있는 비커에 질산 칼륨 50 g과 염화 나트륨 10 g이 섞인 혼합물을 넣고 모두 녹을 때까지 가열한다.
(나) 과정 (가)의 용액을 20 ℃까지 냉각한다.
(다) 과정 (나)의 혼합물을 거름 장치를 이용하여 걸러 석출된 고체 물질을 분리한다.

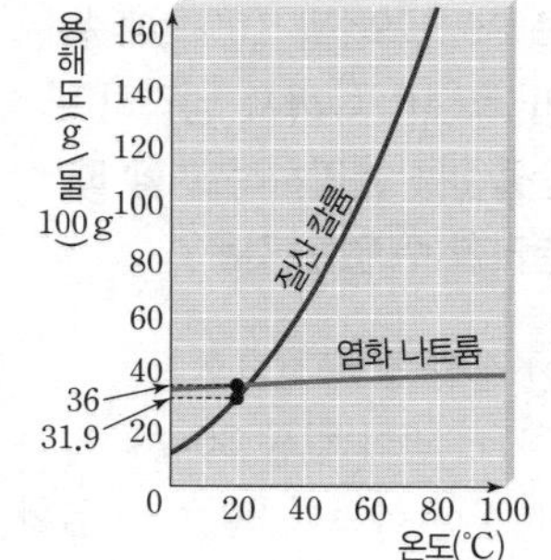

20 이에 대한 설명으로 옳은 것을 |보기|에서 모두 고른 것은?

| 보기 |

ㄱ. 재결정을 이용한 혼합물의 분리 방법이다.
ㄴ. 과정 (가)에서 물의 온도는 최소 50 ℃까지 가열해 주어야 한다.
ㄷ. 과정 (나)에서 온도에 따른 용해도 차가 큰 물질이 석출된다.

① ㄱ ② ㄴ ③ ㄱ, ㄷ
④ ㄴ, ㄷ ⑤ ㄱ, ㄴ, ㄷ

21 과정 (다)에서 걸러진 물질의 종류와 질량을 옳게 짝 지은 것은?

	물질	질량		물질	질량
①	질산 칼륨	14 g	②	질산 칼륨	18.1 g
③	질산 칼륨	34.05 g	④	염화 나트륨	10 g
⑤	염화 나트륨	18.1 g			

22 그림은 여러 가지 고체 물질의 용해도 곡선을 나타낸 것이다. 두 물질의 혼합물을 80 ℃의 물 100 g에 녹인 후 40 ℃까지 냉각하여 순물질을 분리하려고 할 때, 분리할 수 <u>없는</u> 것은?

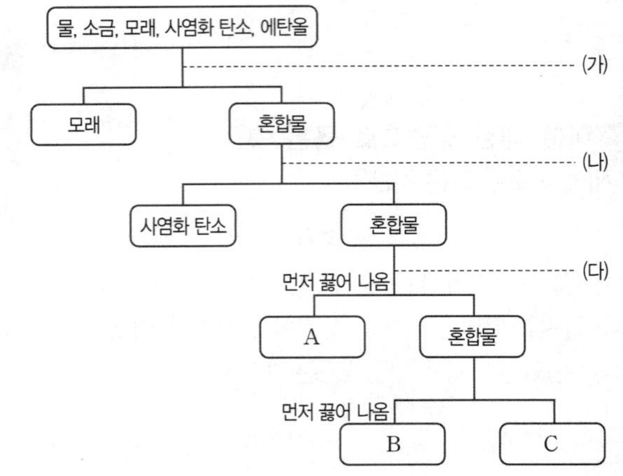

① 질산 칼륨 100 g
  + 염화 칼륨 35 g
② 질산 나트륨 90 g + 염화 나트륨 10 g
③ 질산 나트륨 130 g + 황산 구리(Ⅱ) 15 g
④ 염화 칼륨 50 g + 황산 구리(Ⅱ) 20 g
⑤ 황산 구리(Ⅱ) 50 g + 염화 나트륨 30 g

23 그림은 수용성 사인펜의 색소를 분리하기 위한 장치를 나타낸 것이다. 이에 대한 설명으로 옳지 <u>않은</u> 것은?

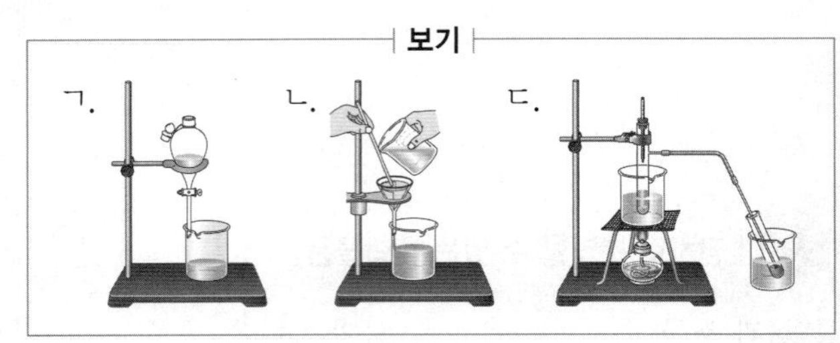

① 혼합물의 양이 매우 적어도 분리할 수 있다.
② 사인펜의 색소점을 찍은 부분은 물에 잠기지 않도록 한다.
③ 용매를 따라 이동하는 속도가 빠를수록 위쪽에 위치한다.
④ 성질이 비슷한 물질로 이루어진 혼합물은 분리할 수 없다.
⑤ 물이 아닌 다른 용매를 사용하면 각 성분 색소의 이동 거리는 달라진다.

★24 혼합물을 분리할 때 이용하는 방법을 옳게 짝 지은 것은?

① 사탕수수에서 설탕 얻기 – 밀도 차
② 바다에 유출된 기름 제거 – 밀도 차
③ 운동선수의 도핑 테스트 – 끓는점 차
④ 좋은 볍씨 고르기 – 용해도 차(재결정)
⑤ 바닷물에서 식수 얻기 – 크로마토그래피

[25~26] 그림은 여러 가지 물질이 섞여 있는 혼합물을 분리하는 과정을 나타낸 것이다.

```
        물, 소금, 모래, 사염화 탄소, 에탄올
                    │
        ┌───────────┴───────────┐ ·········· (가)
     ┌──┴──┐              ┌──────┴──────┐
     │ 모래 │              │   혼합물    │
     └─────┘              └──────┬──────┘
                                 │ ·········· (나)
                   ┌─────────────┴─────────────┐
            ┌──────┴──────┐            ┌────────┴────────┐
            │ 사염화 탄소 │            │     혼합물       │
            └─────────────┘            └────────┬────────┘
                                    먼저 끓어 나옴 │ ···· (다)
                                ┌────────────────┴────────────┐
                            ┌───┴───┐                 ┌────────┴────────┐
                            │   A   │                 │     혼합물       │
                            └───────┘                 └────────┬────────┘
                                               먼저 끓어 나옴 │
                                            ┌─────────────────┴─────────┐
                                        ┌───┴───┐                   ┌────┴────┐
                                        │   B   │                   │    C    │
                                        └───────┘                   └─────────┘
```

25 (가)~(다)에서 혼합물을 분리할 때 이용된 기구를 |보기|에서 골라 옳게 짝 지은 것은?

| 보기 |

ㄱ.　　　　ㄴ.　　　　ㄷ.

	(가)	(나)	(다)			(가)	(나)	(다)
①	ㄱ	ㄴ	ㄷ		②	ㄱ	ㄷ	ㄴ
③	ㄴ	ㄱ	ㄷ		④	ㄴ	ㄷ	ㄱ
⑤	ㄷ	ㄴ	ㄱ					

26 이에 대한 설명으로 옳은 것을 |보기|에서 모두 고른 것은?

| 보기 |

ㄱ. A는 에탄올이다.
ㄴ. A는 B보다 끓는점이 낮다.
ㄷ. C는 하나의 원소로 이루어진 순물질이다.

① ㄱ　　　　② ㄷ　　　　③ ㄱ, ㄴ
④ ㄴ, ㄷ　　　⑤ ㄱ, ㄴ, ㄷ

실력 향상 문제

01 그림은 순물질인 나프탈렌 10 g과 파라―다이클로로벤젠 10 g의 가열 곡선과 두 물질의 혼합물 10 g의 가열 곡선을 순서 없이 나타낸 것이다.

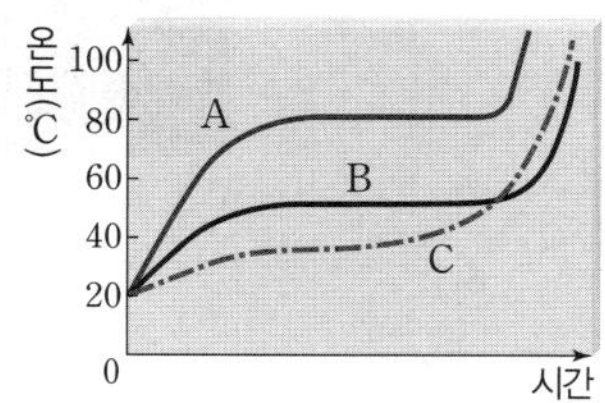

이에 대한 설명으로 옳은 것을 |보기|에서 모두 고른 것은? (단, 70 ℃에서 나프탈렌은 고체, 파라―다이클로로벤젠은 액체이다.)

| 보기 |
ㄱ. A는 나프탈렌이다.
ㄴ. B 20 g을 같은 조건에서 가열하면 수평 구간의 온도는 낮아진다.
ㄷ. C가 녹기 시작하는 온도는 항상 같다.

① ㄱ　　　② ㄷ　　　③ ㄱ, ㄴ
④ ㄴ, ㄷ　　　⑤ ㄱ, ㄴ, ㄷ

02 그림 (가)~(다)는 에탄올이 담긴 비커에 플라스틱 A와 B 혼합물을 넣고, 물을 조금씩 추가하는 모습을 나타낸 것이다.

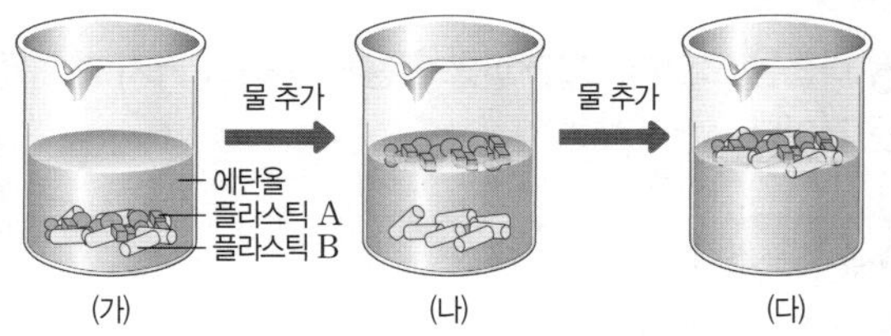

이에 대한 설명으로 옳은 것을 |보기|에서 모두 고른 것은?

| 보기 |
ㄱ. 플라스틱 A보다 플라스틱 B의 밀도가 크다.
ㄴ. 에탄올보다 물의 밀도가 크다.
ㄷ. 혼합물의 밀도는 성분 물질의 혼합 비율에 따라 달라진다.

① ㄱ　　　② ㄷ　　　③ ㄱ, ㄴ
④ ㄴ, ㄷ　　　⑤ ㄱ, ㄴ, ㄷ

03 표는 온도에 따른 물질 A와 B의 용해도를 나타낸 것이다.

온도(℃)	20	40	60
A의 용해도(g/물 100 g)	88	104	124
B의 용해도(g/물 100 g)	32	64	110

60 ℃의 A 포화 용액 112 g과 40 ℃의 B 포화 용액 41 g을 20 ℃로 냉각했을 때 석출되는 물질 A와 B의 질량비(A : B)는?

① 9 : 1　　　② 9 : 2　　　③ 9 : 4
④ 9 : 5　　　⑤ 9 : 8

04 표는 액체 물질 A~D의 특성을 나타낸 것이다.

구분	A	B	C	D
끓는점(℃)	78	100	35	77
밀도(g/mL)	0.79	1	0.71	1.59
다른 물질에 대한 용해도	B와 잘 섞임	C와 잘 섞이지 않음	D와 잘 섞임	A와 잘 섞이지 않음

각 혼합물을 분리하는 방법을 옳게 짝 지은 것을 <u>모두</u> 고르면?

① A+B, 밀도 차　　　② A+D, 증류
③ B+C, 재결정　　　④ B+D, 밀도 차
⑤ C+D, 증류

05 그림은 물을 용매로 하여 물질 (가)~(라)를 크로마토그래피로 분리한 모습을 나타낸 것이다. 이에 대한 설명으로 옳은 것을 |보기|에서 모두 고른 것은? (단, 물질 A~D는 순물질이다.)

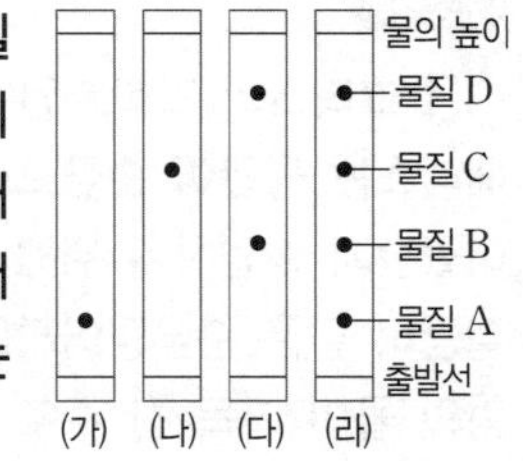

| 보기 |
ㄱ. 순물질은 (가)와 (나)이다.
ㄴ. (다)는 (가)와 (나)의 혼합물이다.
ㄷ. (라)에서 물을 따라 이동하는 속도가 가장 느린 물질은 A이다.

① ㄱ　　　② ㄴ　　　③ ㄷ
④ ㄱ, ㄴ　　　⑤ ㄴ, ㄷ

서술형 문제

단답형으로 쓰기

01 그림은 탁주를 소줏고리에 넣어 소주를 뽑는 모습을 나타낸 것이다. 이때 이용한 혼합물의 분리 방법을 쓰고, 소줏고리 내부에 남아 있는 혼합물과 분리되어 나온 소주 중에서 끓는점이 더 낮은 물질을 쓰시오.

(1) 혼합물의 분리 방법 : ________________

(2) 끓는점이 더 낮은 물질 : ________________

02 그림은 염화 나트륨과 붕산의 용해도 곡선을 나타낸 것이다. 80 ℃의 물 100 g에 염화 나트륨 20 g과 붕산 20 g이 섞인 혼합물을 모두 녹인 후 20 ℃까지 냉각했을 때, 석출되는 물질의 종류와 질량을 쓰시오.

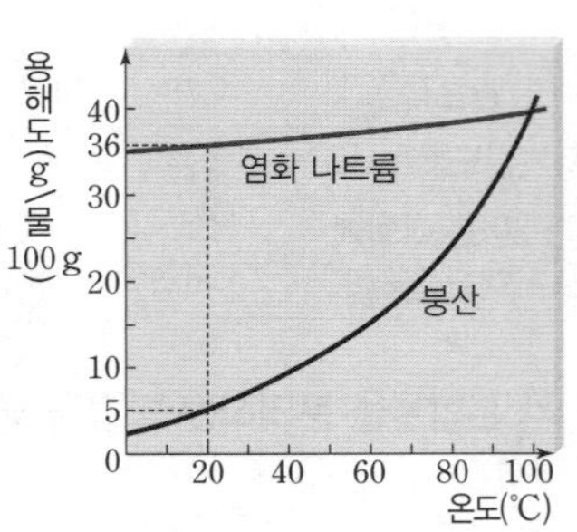

(1) 석출되는 물질 : ________________

(2) 질량 : ________________

키워드를 모두 이용하여 서술하기

03 그리스의 과학자인 아르키메데스는 왕관이 순금으로 만들어졌는지 확인하기 위해 왕관과 질량이 같은 순금덩어리를 같은 양의 물이 가득 찬 수조에 각각 넣었다. 아르키메데스가 이와 같은 행동을 한 까닭을 물질의 성질과 관련지어 서술하시오.

키워드 흘러넘친 물의 양, 혼합물

____

____

04 고지가 높은 산 위에서 밥을 지을 때는 냄비 위에 돌을 올려두면 딱딱하지 않고 잘 익은 밥을 지을 수 있다. 그 까닭을 서술하시오.

키워드 끓는점, 압력

____

____

____

05 그림은 여러 가지 불순물과 소금이 굳어 만들어진 암염이다. 암염에서 소금을 얻어낼 수 있는 방법에 대해 서술하시오.

키워드 용해도 차

____

____

____

06 다음은 크로마토그래피를 활용하는 여러 가지 예시를 나타낸 것이다.

- 운동선수의 도핑 테스트
- 식품의 잔류 농약 분석
- 의약품의 성분 분리

위 상황들에서 크로마토그래피가 유용하게 활용되는 까닭을 두 가지만 서술하시오.

키워드 물질의 양, 성분 물질의 성질

____

____

🔬 개념 완성 문제

07 물질의 기본 구성

01 다음 (가)와 (나)는 물질의 기본 성분에 대한 두 가지 주장을 나타낸 것이다.

> (가) 모든 물질의 근원은 물이다.
> (나) 모든 물질을 이루는 기본 물질은 원소이다.

이와 같이 주장한 학자들을 옳게 짝 지은 것은?

	(가)	(나)
①	아리스토텔레스	탈레스
②	라부아지에	보일
③	보일	아리스토텔레스
④	탈레스	보일
⑤	라부아지에	아리스토텔레스

02 그림은 뜨겁게 달군 주철관 안에 물을 부어 통과시킨 후 냉각수를 지나게 하는 실험을 나타낸 것이다.

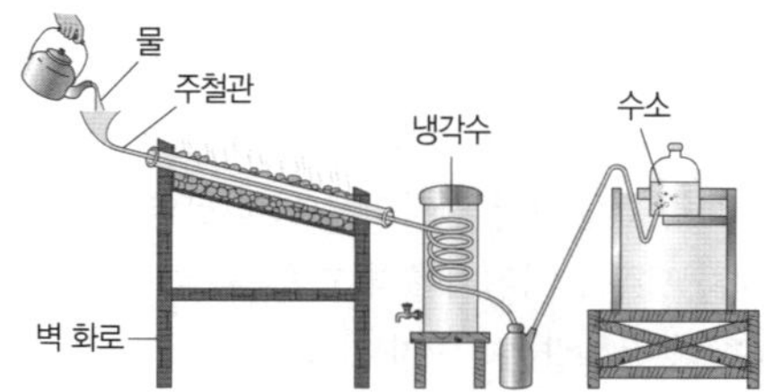

이에 대한 설명으로 옳지 <u>않은</u> 것은?

① 주철관 안에 녹이 슨다.
② 라부아지에가 한 실험이다.
③ 물이 산소와 수소로 분해된다.
④ 물이 모든 물질의 근원임을 알 수 있다.
⑤ 아리스토텔레스의 4원소설을 반박하였다.

03 원소에 대한 설명으로 옳지 <u>않은</u> 것을 <u>모두</u> 고르면?

① 모두 자연에서 발견된 것이다.
② 더 이상 다른 물질로 분해되지 않는다.
③ 원소들의 결합으로 새로운 원소가 생성된다.
④ 원소는 종류에 따라 각기 고유한 성질을 가진다.
⑤ 현재까지 알려진 원소의 종류는 120여 가지이다.

04 보기의 물질 중 원소를 모두 고른 것은?

> ├ 보기 ┤
> ㄱ. 공기　　　ㄴ. 나트륨　　　ㄷ. 물
> ㄹ. 구리　　　ㅁ. 산화 은

① ㄱ, ㄴ　　　② ㄴ, ㄷ　　　③ ㄴ, ㄹ
④ ㄷ, ㅁ　　　⑤ ㄹ, ㅁ

05 다음 (가), (나), (다)의 설명에 해당하는 원소를 옳게 짝 지은 것은?

> (가) 전기가 잘 통하므로 전선에 이용된다.
> (나) 광택이 오래 유지되므로 장신구 재료로 이용된다.
> (다) 공기보다 가벼워서 광고용 풍선의 충전재로 이용된다.

	(가)	(나)	(다)
①	규소	금	헬륨
②	규소	알루미늄	질소
③	금	구리	수소
④	구리	알루미늄	금
⑤	구리	금	헬륨

06 그림은 불꽃 반응 실험 과정을 나타낸 것이다.

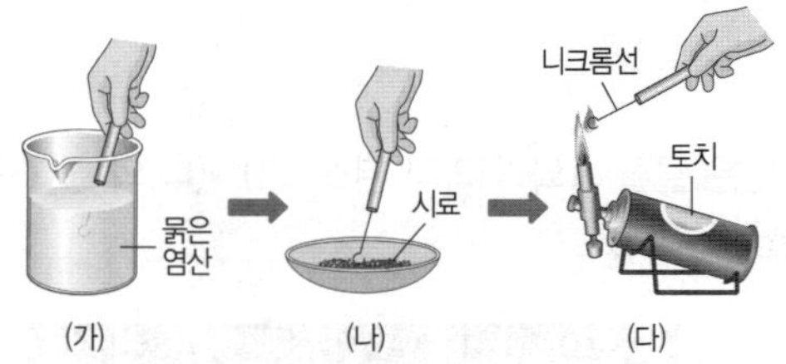

이에 대한 설명으로 옳지 <u>않은</u> 것은?

① 니크롬선 대신 백금선을 사용해도 된다.
② 이 실험을 통해 모든 금속 원소들을 구별할 수 있다.
③ 물질의 양이 적어도 불꽃 반응 색을 관찰할 수 있다.
④ 시료를 겉불꽃 속에 넣고 관찰해야 불꽃 반응 색이 선명하게 보인다.
⑤ 니크롬선을 묽은 염산에 씻는 까닭은 니크롬선에 묻은 불순물을 제거하기 위해서이다.

07 불꽃 반응 색이 같은 물질끼리 옳게 짝 지은 것은?

① 염화 나트륨 - 염화 마그네슘
② 질산 구리(Ⅱ) - 질산 칼륨
③ 탄산 나트륨 - 탄산 구리(Ⅱ)
④ 질산 나트륨 - 질산 스트론튬
⑤ 황산 구리(Ⅱ) - 염화 구리(Ⅱ)

08 다음 물질들을 불꽃 반응시켰을 때 관찰할 수 있는 불꽃 반응 색이 <u>아닌</u> 것은?

염화 칼슘	염화 바륨	질산 나트륨
질산 칼륨	황산 구리(Ⅱ)	탄산 칼슘

① 빨간색   ② 주황색   ③ 청록색
④ 노란색   ⑤ 보라색

★**09** 선 스펙트럼에 대한 설명으로 옳은 것을 |보기|에서 모두 고른 것은?

┤ 보기 ├
ㄱ. 햇빛이나 백열전구의 빛을 분광기로 관찰하면 선 스펙트럼을 볼 수 있다.
ㄴ. 리튬과 스트론튬은 선 스펙트럼이 거의 일치하여 구분하기 어렵다.
ㄷ. 선 스펙트럼에는 물질 속에 포함된 각 원소의 스펙트럼이 모두 나타난다.

① ㄱ   ② ㄷ   ③ ㄱ, ㄴ
④ ㄴ, ㄷ   ⑤ ㄱ, ㄴ, ㄷ

10 그림은 물질 A와 임의의 원소 (가)~(다)의 선 스펙트럼을 나타낸 것이다.

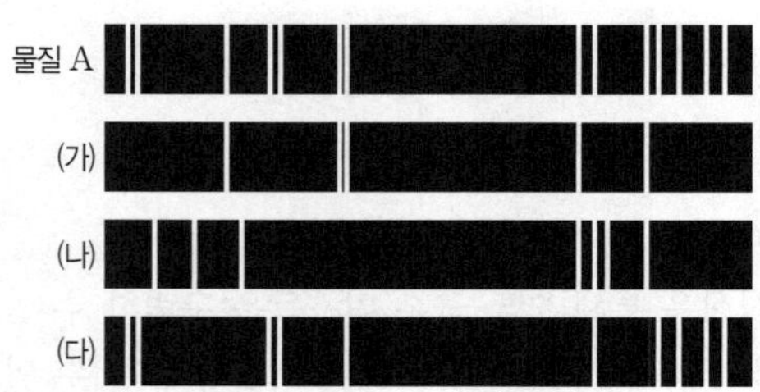

물질 A에 들어 있는 원소를 <u>모두</u> 고른 것은?

① (가)   ② (나)   ③ (가), (나)
④ (가), (다)   ④ (나), (다)

11 그림은 원자의 구조를 나타낸 것이다. 이에 대한 설명으로 옳지 <u>않은</u> 것은?

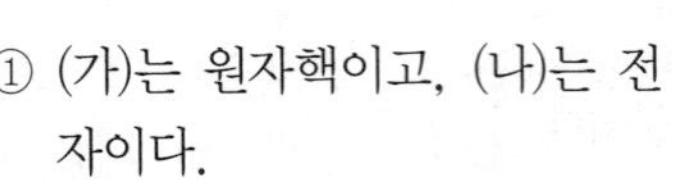

① (가)는 원자핵이고, (나)는 전자이다.
② 전자의 총 전하량은 +3이다.
③ 원자의 대부분은 빈 공간이다.
④ (가)는 (나)에 비해 질량이 매우 크다.
⑤ (나)는 (가)의 주변을 빠르게 움직인다.

12 그림은 몇 가지 원자 모형을 나타낸 것이다.

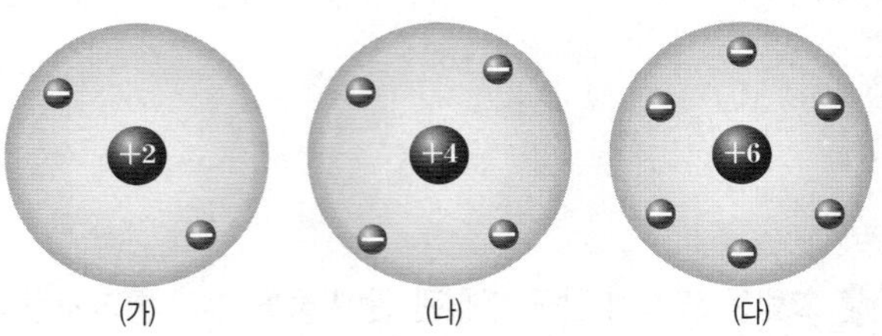

이 원자 모형에 대한 설명으로 옳은 것을 |보기|에서 모두 고른 것은?

┤ 보기 ├
ㄱ. 원자의 종류에 따라 전자의 수가 다르다.
ㄴ. 세 원자 모두 (+)전하를 띠고 있다.
ㄷ. 원자핵의 전하량은 (다)가 가장 크다.

① ㄱ   ② ㄴ   ③ ㄱ, ㄷ
④ ㄴ, ㄷ   ⑤ ㄱ, ㄴ, ㄷ

13 원자 모형을 사용하여 원자를 나타내는 까닭으로 옳은 것을 |보기|에서 모두 고른 것은?

┤ 보기 ├
ㄱ. 원자의 크기는 너무 작아서 눈으로 볼 수 없기 때문이다.
ㄴ. 원자의 실제 모습과 크기를 같게 나타낼 수 있기 때문이다.
ㄷ. 원자의 구조나 성질을 이해하거나 설명하는 데 편리하기 때문이다.

① ㄱ   ② ㄴ   ③ ㄱ, ㄷ
④ ㄴ, ㄷ   ⑤ ㄱ, ㄴ, ㄷ

14 그림은 어떤 물질의 분자 모형을 나타낸 것이다. 이에 대한 설명으로 옳은 것을 <u>모두</u> 고르면?

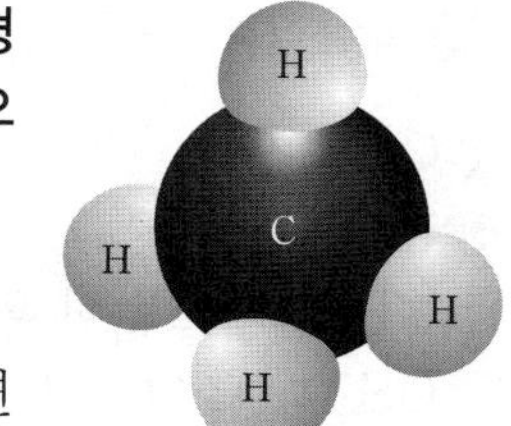

① 메테인의 분자 모형이다.
② 이 모형을 분자식으로 나타내면 CH_3이다.
③ 수소 원자, 탄소 원자로 구성되어 있다.
④ 이 분자 하나를 이루는 원자의 총 개수는 2개이다.
⑤ 분자를 이루는 수소 원자와 탄소 원자의 개수는 같다.

15 표는 물질의 원소 기호가 시대에 따라 변화되어 온 것을 나타낸 것이다.

구분	금	은	구리	철	황
연금술사	☉	☽	♀	♂	△
돌턴	Ⓖ	Ⓢ	Ⓒ	Ⓘ	⊕
베르셀리우스	Au	Ag	Cu	Fe	S

이에 대한 설명으로 옳은 것을 |보기|에서 모두 고른 것은?

| 보기 |

ㄱ. 오늘날에는 돌턴이 제안한 원소 기호를 사용한다.
ㄴ. 현대로 올수록 표현이 간단해지고 사용하기 편해졌다.
ㄷ. 원소를 원소 기호로 나타내면 서로 다른 언어를 사용하는 사람에게도 정보를 쉽게 전달할 수 있다.

① ㄱ   ② ㄴ   ③ ㄱ, ㄷ
④ ㄴ, ㄷ   ⑤ ㄱ, ㄴ, ㄷ

16 원소의 이름과 원소 기호를 옳게 말한 학생은?

① 풍식 : 구리의 원소 기호는 Cu라고 해.
② 풍순 : 알루미늄의 원소 기호는 Ag라고 써.
③ 풍철 : 헬륨의 원소 기호는 H야.
④ 풍이 : 은의 원소 기호는 Al이지.
⑤ 장풍 : 칼륨의 원소 기호는 Ca라고 쓰지.

17 다음 설명에 해당하는 분자식을 옳게 나타낸 것은?

- 산소 원자와 수소 원자로 이루어져 있다.
- 결합하는 산소 원자와 수소 원자의 개수비는 1 : 1이다.
- 분자 1개를 이루는 총 원자의 수는 4개이다.

① H_2O ② H_2O_2 ③ OH
④ CO ⑤ CO_2

18 다음은 두 물질의 분자식을 나타낸 것이다.

$4H_2$	$2NH_3$
(가)	(나)

이에 대한 설명으로 옳지 <u>않은</u> 것을 <u>모두</u> 고르면?

① (가)는 수소 분자를, (나)는 암모니아 분자를 나타낸 것이다.
② 분자의 개수는 (나)가 (가)보다 많다.
③ 수소 원자의 수는 (가)와 (나)가 같다.
④ 구성 원소의 종류는 (가)가 (나)보다 적다.
⑤ 분자 1개를 이루는 총 원자의 수는 (나)가 (가)보다 많다.

19 다음은 어떤 물질의 분자식을 나타낸 것이다.

$2HCl$

이 분자식을 나타낸 모형으로 옳은 것은?

①    ② 
③    ④ 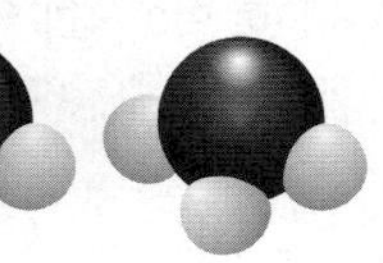
⑤

Ⅳ 물질의 구성

09 이온의 형성

20 이온에 대한 설명으로 옳지 <u>않은</u> 것은?

① 원자가 전자를 잃거나 얻어서 전하를 띠게 된 입자이다.
② 원자가 전자를 얻으면 음이온이 된다.
③ 원자가 전자를 잃으면 양이온이 된다.
④ 수소는 전자 1개를 잃어 양이온이 된다.
⑤ 양이온의 원자핵 전하량은 전자의 총 전하량보다 적다.

21 그림은 두 가지 이온의 모형을 나타낸 것이다.

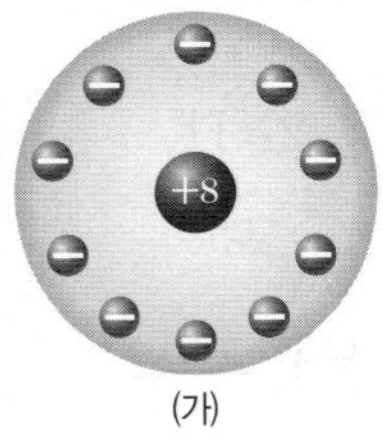
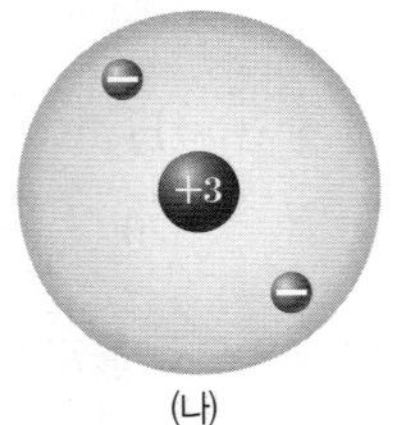

이에 대한 설명으로 옳은 것을 <u>모두</u> 고르면?

① 전자의 수는 (가)가 (나)보다 많다.
② (가)는 원자가 전자 2개를 얻어 생성된다.
③ (가)는 전하량이 $+2$인 양이온이다.
④ (나)는 전하량이 -1인 음이온이다.
⑤ (가)와 (나) 모두 원자핵의 전하량이 변한다.

22 표는 몇 가지 이온의 원자핵의 전하량과 전자의 수를 나타낸 것이다.

구분	원자핵의 전하량	전자 수(개)
A	$+3$	2
B	$+4$	2
C	$+9$	10
D	$+20$	18

A~D를 양이온과 음이온으로 옳게 짝 지은 것은?

	양이온	음이온		양이온	음이온
①	A, B	C, D	②	B, D	A, C
③	A, D	B, C	④	A, B, C	D
⑤	A, B, D	C			

23 이온식과 이온의 이름을 옳게 짝 지은 것은?

① Cu^{2+} : 염화 이온
② K^- : 칼륨 이온
③ NH_4^+ : 암모늄 이온
④ OH^- : 수소화 이온
⑤ CO_2^{2-} : 탄산 이온

24 그림은 두 원자 A와 B가 이온이 되는 과정을 나타낸 것이다.

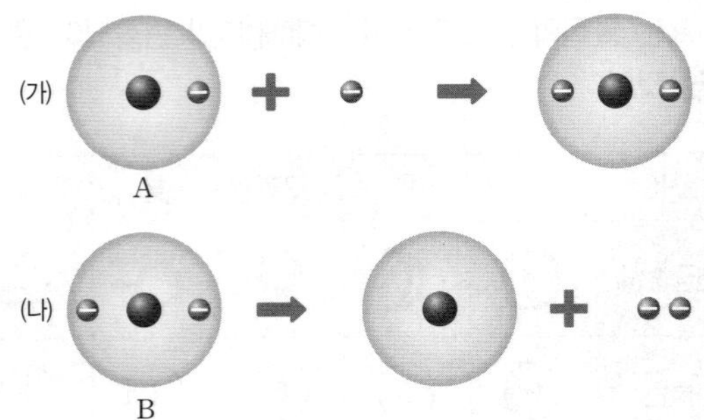

이에 대한 설명으로 옳지 <u>않은</u> 것은?

① (가)는 음이온, (나)는 양이온이 생성되는 과정이다.
② (가)에서 생성된 이온의 원자핵의 전하량은 전자의 총 전하량보다 작다.
③ (가)에서 생성된 이온을 이온식으로 나타내면 A^-이다.
④ (나)에서 생성된 이온을 이온식으로 나타내면 B^{2+}이다.
⑤ 산화 이온은 (나)와 같은 과정으로 이온이 된다.

25 그림은 원자 X가 이온이 된 모습을 나타낸 것이다. 원자 X가 이온이 되는 과정을 식으로 옳게 나타낸 것은? (단, 전자는 ⊖로 표시한다.)

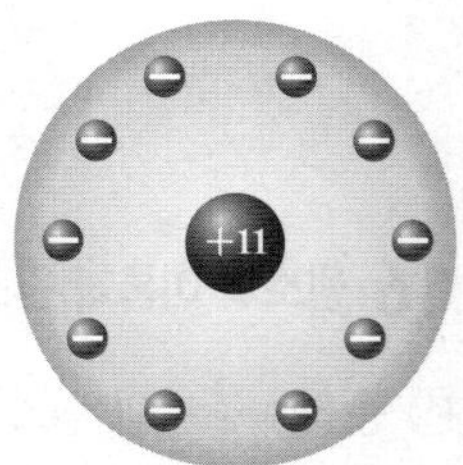

① $X \longrightarrow X^+ + ⊖$
② $X \longrightarrow X^{2+} + 2⊖$
③ $X + ⊖ \longrightarrow X^-$
④ $X + 2⊖ \longrightarrow X^{2-}$
⑤ $X + 2⊖ \longrightarrow X^{2+}$

26 다음 (가)와 (나)에서 설명하는 이온을 이온식으로 옳게 짝 지은 것은?

> (가) 원자가 전자를 2개 얻어 총 전자 수가 10개인 원자의 이온
> (나) 원자핵의 전하량은 $+3$, 전자의 총 전하량은 -2이며, 원자 번호가 3인 원자의 이온

	(가)	(나)		(가)	(나)
①	Ca^{2+}	K^+	②	Ca^{2-}	H^+
③	Mg^{2+}	NO_3^-	④	O^{2-}	Li^+
⑤	Na^+	S^{2-}			

27 다음 이온식에 대한 설명으로 옳은 것은?

$$S^{2-}$$

① 양이온이다.
② 황산 이온이다.
③ 원자가 전자 2개를 잃어 형성된 이온이다.
④ 원자핵의 전하량보다 전자의 총 전하량이 더 적다.
⑤ $S + 2\ominus \longrightarrow S^{2-}$의 과정으로 만들어진다.

28 질산 칼륨 수용액을 적신 거름종이에 파란색의 질산 구리 수용액과 보라색의 과망가니즈산 칼륨 수용액을 떨어뜨린 후, 전류를 흘려주었다.

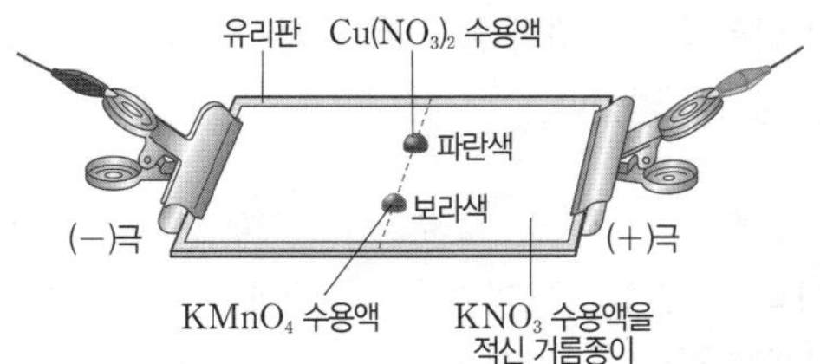

이 실험에 대한 설명으로 옳은 것을 |보기|에서 모두 고른 것은?

> ───── 보기 ─────
> ㄱ. 파란색을 띠는 이온은 구리 이온이다.
> ㄴ. 파란색은 $(+)$극으로, 보라색은 $(-)$극으로 이동한다.
> ㄷ. 전극을 반대로 연결하면 이온이 이동하지 않는다.

① ㄱ ② ㄷ ③ ㄱ, ㄴ
④ ㄴ, ㄷ ⑤ ㄱ, ㄴ, ㄷ

29 두 수용액을 혼합하였을 때, 노란색 앙금이 생성되는 경우는?

① 수산화 칼슘 수용액 + 탄산 칼륨 수용액
② 탄산 나트륨 수용액 + 염화 칼슘 수용액
③ 황화 수소 수용액 + 질산 납 수용액
④ 아이오딘화 나트륨 수용액 + 질산 납 수용액
⑤ 질산 은 수용액 + 염화 나트륨 수용액

30 다음은 어떤 물질 X에 대한 실험 결과이다.

> • X 수용액으로 불꽃 반응을 하였더니 주황색의 불꽃 반응 색이 나타났다.
> • X 수용액에 Cu^{2+}이 포함된 수용액을 넣었더니 검은색 앙금이 생성되었다.

물질 X로 가장 적당한 것은?

① PbI_2 ② CaS ③ $BaCO_3$
④ ZnS ⑤ $CuCl_2$

31 그림은 (가) 아이오딘화 칼륨 수용액과 (나) 질산 납 수용액 반응을 모형으로 나타낸 것이다.

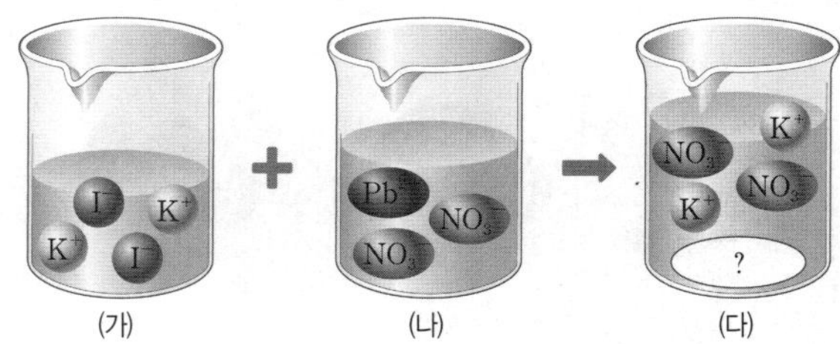

이에 대한 설명으로 옳은 것을 |보기|에서 모두 고른 것은?

> ───── 보기 ─────
> ㄱ. (가)와 (나)에 전원 장치를 연결하면 전류가 흐른다.
> ㄴ. K^+, NO_3^-은 앙금 생성 반응에 참여하는 이온이다.
> ㄷ. (다)에서는 흰색 앙금이 생성된다.

① ㄱ ② ㄷ ③ ㄱ, ㄴ
④ ㄴ, ㄷ ⑤ ㄱ, ㄴ, ㄷ

실력 향상 문제

01 그림은 물의 전기 분해 장치를 나타낸 것이다.

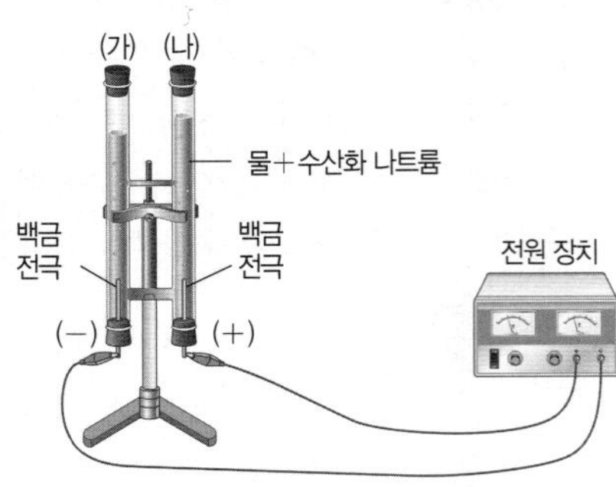

이에 대한 설명으로 옳은 것을 |보기|에서 모두 고른 것은?

┤ 보기 ├

ㄱ. (가)에 모인 기체는 수소로, 성냥불을 가까이 대면 '펑' 소리를 내면서 연소한다.

ㄴ. (−)극보다 (+)극에 더 많은 양의 기체가 모인다.

ㄷ. 이 실험을 통해 물은 원소가 아니라는 것을 알 수 있다.

① ㄱ ② ㄴ ③ ㄱ, ㄷ
④ ㄴ, ㄷ ⑤ ㄱ, ㄴ, ㄷ

02 그림은 몇 가지 물질의 분자 모형을 나타낸 것이다.

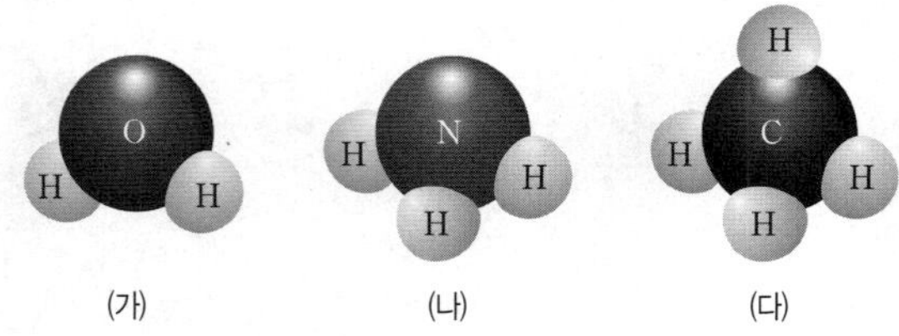

이에 대한 설명으로 옳은 것을 |보기|에서 모두 고른 것은?

┤ 보기 ├

ㄱ. (가)는 이산화 탄소 분자이다.

ㄴ. (나)를 분자식으로 나타내면 NH_3이다.

ㄷ. 분자를 구성하는 원소의 종류는 (다)가 가장 많다.

① ㄱ ② ㄴ ③ ㄱ, ㄷ
④ ㄴ, ㄷ ⑤ ㄱ, ㄴ, ㄷ

03 그림은 원자 A~D가 전자를 잃거나 얻어 이온이 될 때 각 원자에서 이동한 전자 수를 나타낸 것이다. 이에 대한 설명으로 옳은 것을 |보기|에서 모두 고른 것은? (단, A~D는 임의의 원소 기호이고, '−' 기호는 전자를 잃음을 나타낸다.)

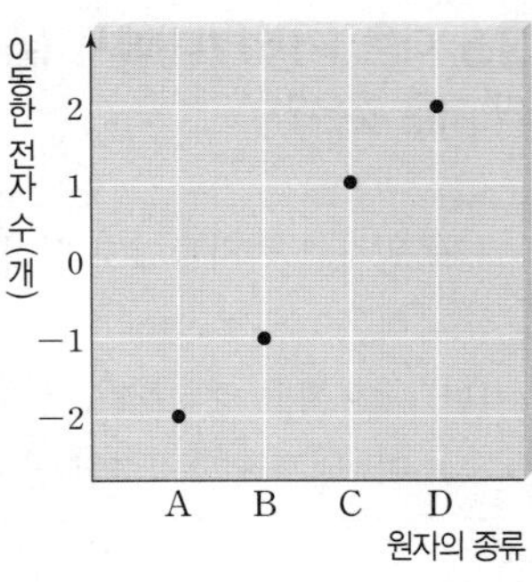

┤ 보기 ├

ㄱ. A와 B 이온은 양이온이다.

ㄴ. C 이온이 들어 있는 수용액에 전류를 흘려주면 C 이온은 (+)극 쪽으로 이동한다.

ㄷ. D 이온은 원자핵의 (+)전하량이 전자의 총 (−)전하량보다 많다.

① ㄱ ② ㄷ ③ ㄱ, ㄴ
④ ㄴ, ㄷ ⑤ ㄱ, ㄴ, ㄷ

04 반응 판에 표시된 A~C 홈에 염화 나트륨, 염화 칼슘, 질산 나트륨 수용액을 순서에 관계 없이 각각 넣은 후, A~C에 탄산 나트륨 수용액과 질산 은 수용액을 각각 떨어뜨려 표와 같은 결과를 얻었다.

구분	A	B	C
탄산 나트륨 수용액	변화 없음	변화 없음	흰색 앙금
질산 은 수용액	변화 없음	흰색 앙금	흰색 앙금

이에 대한 설명으로 옳은 것을 |보기|에서 모두 고른 것은?

┤ 보기 ├

ㄱ. A는 염화 칼슘 수용액이다.

ㄴ. B 수용액과 질산 은 수용액이 반응하여 생성되는 앙금은 염화 은이다.

ㄷ. 염화 이온은 A~C 수용액에 모두 들어 있다.

① ㄱ ② ㄴ ③ ㄱ, ㄷ
④ ㄴ, ㄷ ⑤ ㄱ, ㄴ, ㄷ

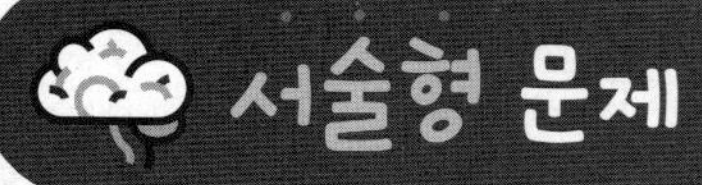
서술형 문제

단답형으로 쓰기

개념

01 다음은 어떤 원소에 대한 설명이다.

> 이 원소는 생물을 구성하는 가장 핵심적인 원소이다. 이 원소는 여러 가지 결정 구조로 존재하는데, 다이아몬드나 흑연과 같은 결정 구조로도 존재한다.

이 원소의 이름을 쓰시오.

탐구력

02 염화 나트륨으로 불꽃 반응 실험을 한 결과, 불꽃 반응 색이 노란색으로 나타났다. 이 불꽃 반응 색이 어떤 원소에 의해 나타난 것인지 알아보기 위해 불꽃 반응 실험을 더 해 보아야 할 물질로 옳게 짝 지은 것을 |보기|에서 모두 고르시오.

| 보기 |
| ㄱ. 염화 칼슘, 염화 칼륨   ㄴ. 염화 칼륨, 질산 나트륨 |
| ㄷ. 탄산 나트륨, 염화 칼슘   ㄹ. 탄산 칼슘, 질산 스트론튬 |

개념

03 두 이온이 반응하여 생성되는 앙금의 이름과 색깔을 쓰시오.

(1) Ag^+, Cl^- : _______________

(2) Pb^{2+}, I^- : _______________

키워드를 모두 이용하여 서술하기

창의력

04 그림과 같이 원소의 불꽃 반응 실험에서 시료를 묻힌 니크롬선을 토치의 겉불꽃 속에 넣어야 하는 까닭을 설명하시오.

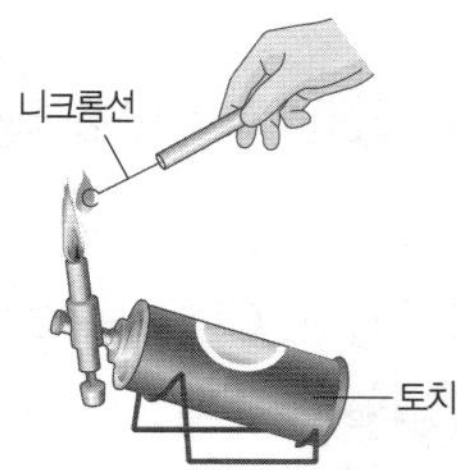

> 키워드   온도

탐구력

05 그림은 몇 가지 원자 모형을 나타낸 것이다.

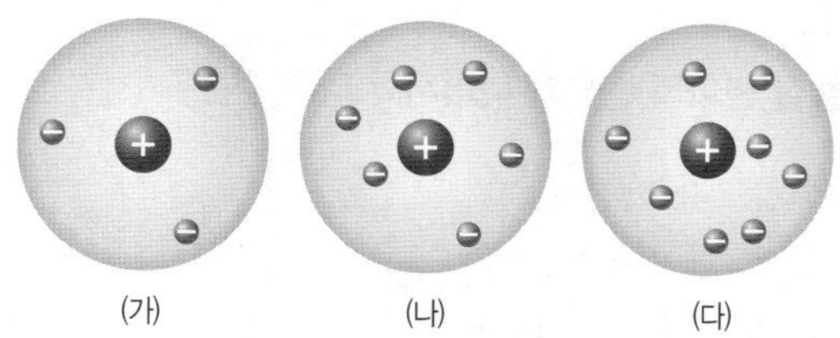

(가)~(다)를 원자핵의 전하량이 큰 순서대로 나열하고, 그렇게 생각한 까닭을 서술하시오.

> 키워드   원자핵, 전자, 전하량

개념

06 다음 이산화 탄소의 분자식을 보고 알 수 있는 사실을 <u>두 가지만</u> 서술하시오.

$$CO_2$$

> 키워드   탄소, 산소

탐구력

07 그림은 원자 A가 이온이 되는 과정을 나타낸 것이다.

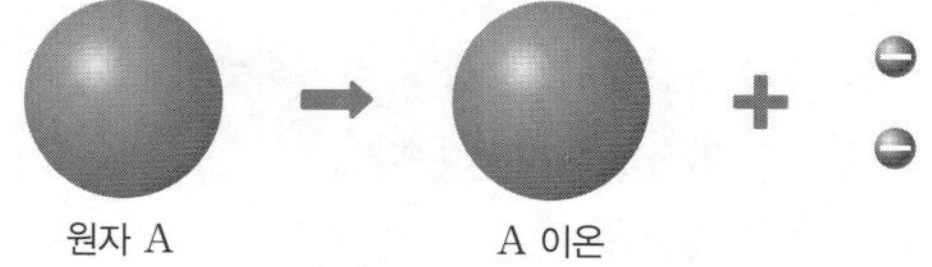

A 이온의 종류를 쓰고, 원자 A가 이온이 되는 과정을 서술하시오. (단, A는 임의의 원소 기호이다.)

> 키워드   양이온, 전자 잃음

창의력

08 보일러에 사용되는 물에 칼슘 이온이 많이 포함되어 있으면 보일러관 속에 관석이 생성된다. 이 관석이 생성되는 과정을 서술하시오.

> 키워드   탄산 칼슘

01 물질 변화의 종류가 나머지와 <u>다른</u> 것은?

① 물에 잉크가 퍼진다.
② 아이스크림이 녹는다.
③ 빈 음료수 캔을 찌그러뜨린다.
④ 얼음물이 든 컵 표면에 물방울이 맺힌다.
⑤ 석회수에 입김을 불어넣으면 뿌옇게 흐려진다.

[02~03] 그림과 같이 마그네슘 리본 2개를 준비하여 (가)는 작게 잘라서, (나)는 태우고 남은 재를 페트리 접시에 놓아 두었다.

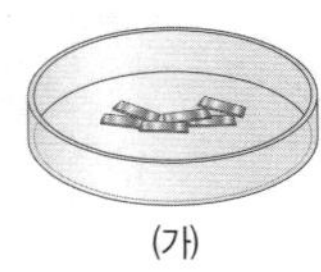
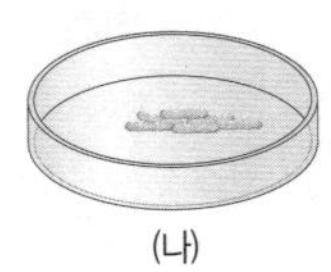

(가)   (나)

02 이에 대한 설명으로 옳은 것을 |보기|에서 모두 고른 것은?

| 보기 |
ㄱ. (가)는 물리 변화, (나)는 화학 변화이다.
ㄴ. (가)에는 전기가 통하지 않는다.
ㄷ. (나)에 묽은 염산을 떨어뜨리면 기포가 발생한다.

① ㄱ   ② ㄴ   ③ ㄱ, ㄷ
④ ㄴ, ㄷ   ⑤ ㄱ, ㄴ, ㄷ

03 (가)와 (나)의 변화가 일어날 때 공통적으로 변하지 <u>않는</u> 것은?

① 분자의 배열   ② 분자의 종류
③ 원자의 종류   ④ 원자의 배열
⑤ 물질의 성질

04 화학 변화가 일어났을 때 나타나는 현상으로 옳지 <u>않은</u> 것은?

① 앙금이 생성된다.
② 냄새나 맛이 변한다.
③ 열과 빛이 발생한다.
④ 물질의 상태가 변한다.
⑤ 새로운 기체가 발생한다.

05 그림은 물의 두 가지 변화를 모형으로 나타낸 것이다.

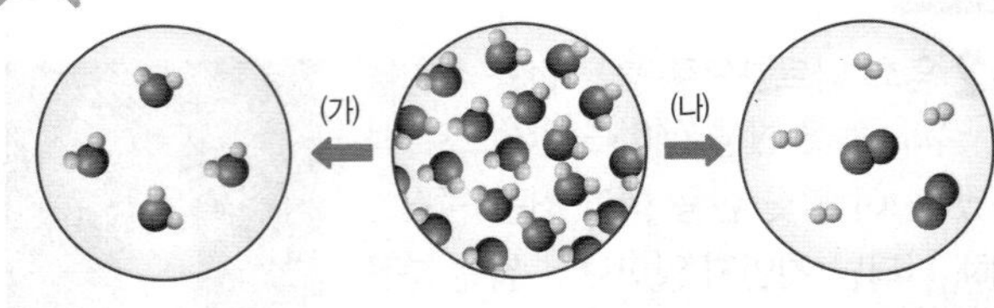

이에 대한 설명으로 옳지 <u>않은</u> 것은?

① (가)에서 물의 성질이 변한다.
② (가)에서 분자 사이의 거리가 변한다.
③ (나)에서 원자의 개수는 변하지 않는다.
④ (나)에서 새로운 물질이 생성된다.
⑤ (나)에서 원자의 배열이 변한다.

06 그림은 어떤 화학 반응을 모형으로 나타낸 것이다.

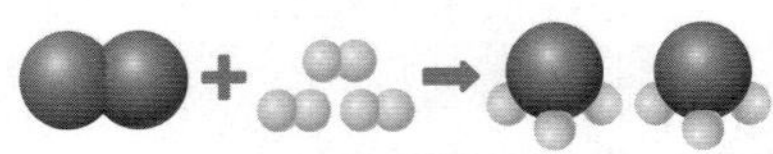

이 모형의 화학 반응식으로 옳은 것은?

① $C + O_2 \longrightarrow CO_2$
② $H_2 + Cl_2 \longrightarrow 2HCl$
③ $N_2 + 3H_2 \longrightarrow 2NH_3$
④ $2H_2 + O_2 \longrightarrow 2H_2O$
⑤ $2Cu + O_2 \longrightarrow 2CuO$

07 화학 반응식을 옳게 나타낸 것을 |보기|에서 모두 고른 것은?

| 보기 |

ㄱ. $N_2 + 2O_2 \longrightarrow 2NO_2$
ㄴ. $2H_2O_2 \longrightarrow H_2O + O_2$
ㄷ. $2Mg + O_2 \longrightarrow 2MgO$
ㄹ. $Na_2CO_3 + CaCl_2 \longrightarrow 2NaCl + CaCO_3$

① ㄱ, ㄴ　　　② ㄷ, ㄹ　　　③ ㄱ, ㄴ, ㄹ
④ ㄱ, ㄷ, ㄹ　　　⑤ ㄴ, ㄷ, ㄹ

08 그림은 메테인의 연소 반응을 모형으로 나타낸 것이다.

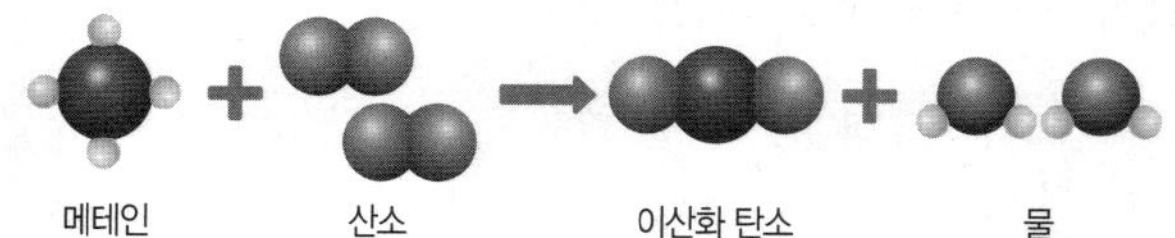

이에 대한 설명으로 옳지 <u>않은</u> 것은?

① 반응물은 메테인과 산소이다.
② 생성물은 이산화 탄소와 물이다.
③ 반응 전후에 원자의 종류와 개수는 같다.
④ 이 반응을 화학 반응식으로 나타내면 $CH_4 + O_2 \longrightarrow CO_2 + H_2O$이다.
⑤ 반응에 참여하는 분자 수의 비(메테인 : 산소 : 이산화 탄소 : 물)는 $1 : 2 : 1 : 2$이다.

09 화학 반응식을 통해 알 수 있는 것으로 옳지 <u>않은</u> 것은?

① 반응물과 생성물의 종류
② 반응물과 생성물의 질량
③ 반응에 참여하는 입자의 수
④ 반응물을 이루는 원자의 종류
⑤ 생성물을 이루는 원자의 개수

11 화학 반응의 규칙

10 질량 보존 법칙에 대한 설명으로 옳지 <u>않은</u> 것은?

① 반응물의 총 질량과 생성물의 총 질량은 같다.
② 열린 공간에서 나무의 연소 반응 후에는 질량이 감소한다.
③ 질량 보존 법칙은 물리 변화와 화학 변화에서 모두 성립한다.
④ 앙금 생성 반응이 일어나도 물질의 총 질량은 변하지 않는다.
⑤ 화학 반응이 일어날 때 원자의 배열이 달라지기 때문에 질량 보존 법칙이 성립한다.

11 그림과 같이 탄산 나트륨 수용액과 염화 칼슘 수용액을 섞어 반응시키면서 반응 전후의 질량 변화를 알아보았다.

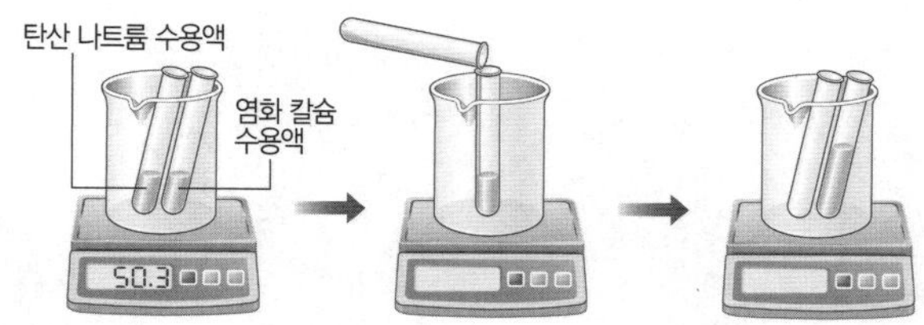

이에 대한 설명으로 옳은 것을 |보기|에서 모두 고른 것은? (단, 반응 전 전체 질량은 50.3 g이었다.)

| 보기 |

ㄱ. 탄산 칼슘 앙금이 생성된다.
ㄴ. 반응 후 전자저울에 나타나는 숫자는 50.3이다.
ㄷ. 반응 전후 물질을 구성하는 원자가 새로 생성되지 않는다.

① ㄱ　　　② ㄴ　　　③ ㄱ, ㄷ
④ ㄴ, ㄷ　　　⑤ ㄱ, ㄴ, ㄷ

12 다음은 과산화 수소가 물과 산소로 분해되는 반응을 나타낸 것이다.

> 과산화 수소 → 물 + 산소

과산화 수소 34 g에 이산화 망가니즈 2 g을 넣어 분해시켰더니 16 g의 산소 기체가 생성되었다. 이때 생성된 물의 질량은?

① 14 g　　　② 16 g　　　③ 18 g
④ 20 g　　　⑤ 34 g

13 그림은 탄산 칼슘과 묽은 염산을 반응시키면서 반응 전후의 질량을 측정하는 모습을 나타낸 것이다.

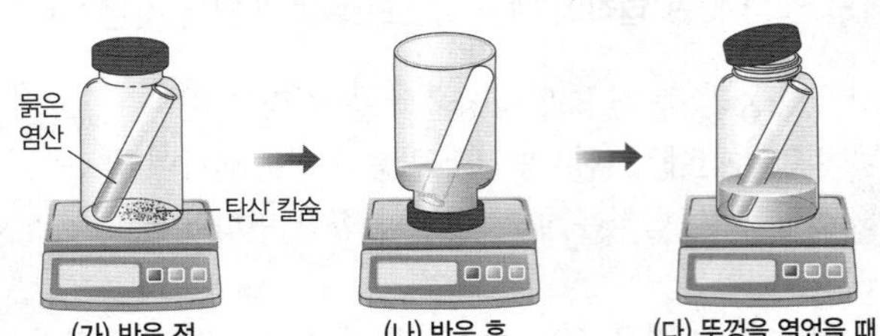

이에 대한 설명으로 옳은 것을 |보기|에서 모두 고른 것은?

┤보기├
ㄱ. (가)의 질량은 (나)의 질량과 같다.
ㄴ. (나)의 질량은 (다)의 질량보다 크다.
ㄷ. (나)에서 이산화 탄소 기체가 발생한다.

① ㄱ   ② ㄴ   ③ ㄱ, ㄷ
④ ㄴ, ㄷ   ⑤ ㄱ, ㄴ, ㄷ

14 그림과 같이 질량이 같은 강철솜을 막대저울의 양쪽에 매달아 수평을 맞춘 후, 강철솜 B를 가열하였다.

이에 대한 설명으로 옳은 것을 |보기|에서 모두 고른 것은?

┤보기├
ㄱ. 연소 후 막대저울은 A쪽으로 기울어진다.
ㄴ. 가열한 강철솜 B는 자석에 붙지 않는다.
ㄷ. 강철솜 대신 나무를 가열하면 막대저울은 수평을 유지한다.

① ㄱ   ② ㄴ   ③ ㄱ, ㄷ
④ ㄴ, ㄷ   ⑤ ㄱ, ㄴ, ㄷ

15 그림은 구리와 산소가 반응하여 산화 구리(II)가 생성될 때의 질량 관계를 나타낸 것이다. 이에 대한 설명으로 옳은 것을 |보기|에서 모두 고른 것은?

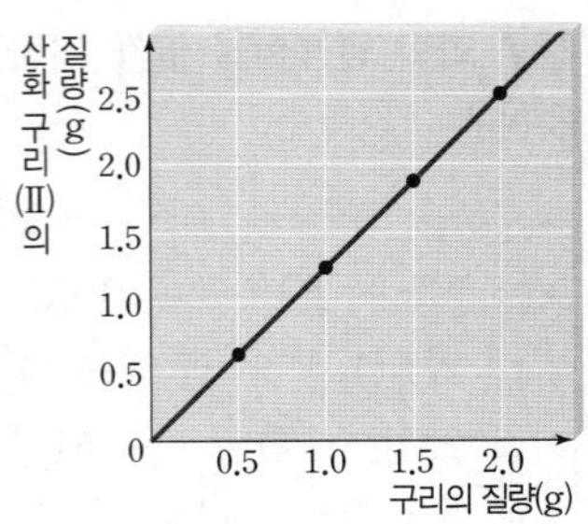

┤보기├
ㄱ. 구리와 생성된 산화 구리(II)의 질량비는 4 : 5이다.
ㄴ. 반응하는 구리의 질량이 증가할수록 구리와 결합한 산소의 양만큼 산화 구리(II)의 질량이 증가한다.
ㄷ. 구리 16 g을 완전히 반응시키기 위해 필요한 산소의 최소 질량은 4 g이다.

① ㄱ   ② ㄴ   ③ ㄱ, ㄷ
④ ㄴ, ㄷ   ⑤ ㄱ, ㄴ, ㄷ

16 표는 마그네슘과 산소가 반응하여 산화 마그네슘이 생성될 때의 질량 관계를 나타낸 것이다.

마그네슘의 질량(g)	0.9	1.5	2.1	2.7
산소의 질량(g)	0.6	1.0	1.4	1.8

산화 마그네슘 40 g을 얻기 위해 필요한 마그네슘의 최소 질량은?

① 9 g   ② 16 g   ③ 20 g
④ 24 g   ⑤ 30 g

17 표는 수소와 산소를 반응시켜 물을 생성할 때 반응하는 두 기체의 질량 관계를 나타낸 것이다.

실험	반응 전 기체의 질량(g)		반응 후 남은 기체의 종류와 질량(g)
	수소	산소	
(가)	2	18	산소, 2
(나)	4	24	㉠
(다)	6	㉡	수소, 3

이에 대한 설명으로 옳은 것을 |보기|에서 모두 고른 것은?

┤보기├
ㄱ. ㉠은 수소, 1이다.
ㄴ. ㉡은 27이다.
ㄷ. 실험 (다)에서 생성되는 물의 질량은 33 g이다.

① ㄱ   ② ㄴ   ③ ㄱ, ㄷ
④ ㄴ, ㄷ   ⑤ ㄱ, ㄴ, ㄷ

18 그림은 이산화 황의 분자 모형을 나타
낸 것이다. 황 16 g과 산소 35 g을 완전히
반응시킬 때 생성되는 이산화 황의 질량은?
(단, 원자의 상대적 질량은 황 32, 산소 16이다.)

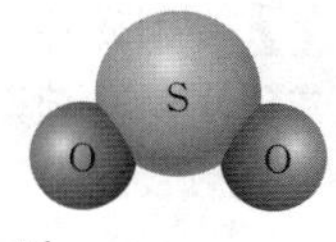

① 19 g　　　　② 30 g　　　　③ 32 g
④ 51 g　　　　⑤ 86 g

[19~20] 그림은 볼트(B)와 너트(N)를 사용하여 화합물
모형 BN_2를 만드는 과정을 나타낸 것이다.

19 이에 대한 설명으로 옳은 것을 |보기|에서 모두 고른 것
은? (단, 볼트(B) 1개의 질량은 5 g, 너트(N) 1개의 질량은
2 g이다.)

| 보기 |
ㄱ. 이 반응은 B + 2N → BN_2로 나타낼 수 있다.
ㄴ. 화합물을 이루는 볼트(B)와 너트(N)의 질량비는 1 : 2
　　이다.
ㄷ. 이 반응을 이용하면 질량 보존 법칙을 설명할 수 있다.

① ㄱ　　　　② ㄴ　　　　③ ㄱ, ㄷ
④ ㄴ, ㄷ　　　　⑤ ㄱ, ㄴ, ㄷ

20 볼트(B) 20개와 너트(N) 34개를 이용하여 BN_2 모형을
만들 때 최대한 만들 수 있는 BN_2 모형의 개수는?

① 14개　　　　② 17개　　　　③ 20개
④ 34개　　　　⑤ 68개

21 그림은 질소 기체와 수소 기체가 반응하여 암모니아 기
체가 생성되는 반응을 모형으로 나타낸 것이다.

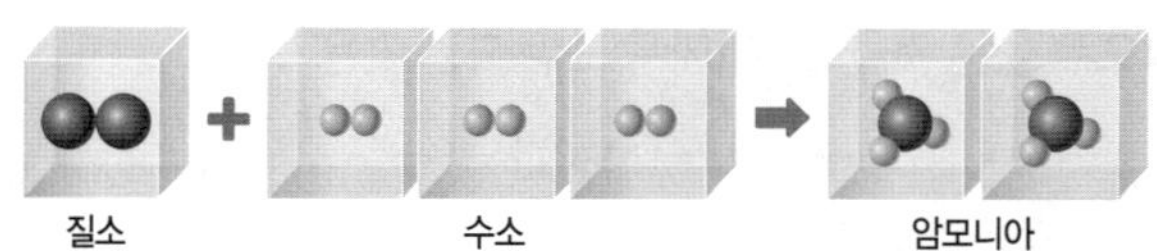

질소 기체와 수소 기체를 각각 300 mL씩 혼합하여 반응시킬
때 생성되는 암모니아의 부피는? (단, 온도와 압력은 일정하다.)

① 100 mL　　　② 200 mL　　　③ 300 mL
④ 600 mL　　　⑤ 1200 mL

22 다음 중 일정한 온도와 압력에서 반응물과 생성물의 부
피 사이에 간단한 정수비가 성립하는 반응으로 옳지 <u>않은</u> 것
을 <u>모두</u> 고르면?

① 수소＋산소 ⟶ 수증기
② 수소＋염소 ⟶ 염화 수소
③ 마그네슘＋산소 ⟶ 산화 마그네슘
④ 일산화 탄소＋산소 ⟶ 이산화 탄소
⑤ 탄산 칼슘＋염산 ⟶ 염화 칼슘＋물＋이산화 탄소

23 그림은 질소 기체와 산소 기체가 반응하여 이산화 질소
기체가 생성되는 반응을 모형으로 나타낸 것이다.

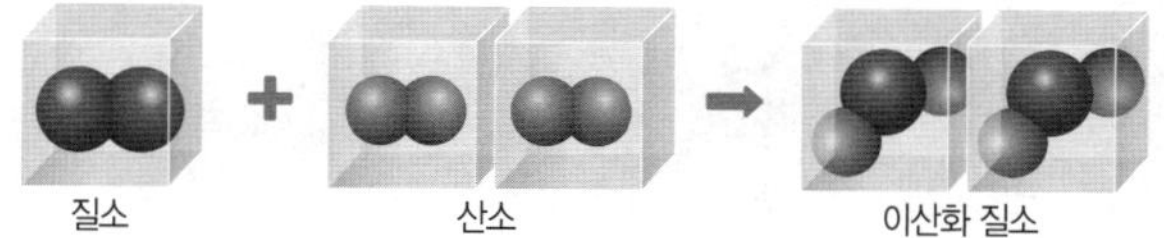

이에 대한 설명으로 옳지 <u>않은</u> 것은? (단, 온도와 압력은 일정
하다.)

① 반응 전후 물질의 질량은 변하지 않는다.
② 이 반응의 화학 반응식은 $N_2+2O_2 \longrightarrow 2NO_2$이다.
③ 각 기체 1부피에 포함된 분자의 개수는 같다.
④ 질소 분자 20개와 반응하는 산소 분자는 40개이다.
⑤ 반응하는 산소 기체의 부피보다 생성되는 이산화 질소
　기체의 부피가 크다.

24 다음은 일산화 탄소 기체와 산소 기체가 반응하여 이산화
탄소 기체가 생성되는 반응의 화학 반응식을 나타낸 것이다.

$$2CO+O_2 \longrightarrow 2CO_2$$

이에 대한 설명으로 옳은 것을 |보기|에서 모두 고른 것은?
(단, 온도와 압력은 일정하다.)

| 보기 |
ㄱ. 반응 전후 총 분자 수는 변하지 않는다.
ㄴ. 반응한 기체와 생성된 기체의 부피비는 일산화 탄소 :
　　산소 : 이산화 탄소＝2 : 1 : 2이다.
ㄷ. 산소 분자 3개가 완전히 반응하면 이산화 탄소 분자 6개
　　가 생성된다.

① ㄱ　　　　② ㄴ　　　　③ ㄱ, ㄷ
④ ㄴ, ㄷ　　　　⑤ ㄱ, ㄴ, ㄷ

Ⅴ 화학 반응의 규칙과 에너지 변화

25 표는 일정한 온도와 압력에서 기체 A와 기체 B가 반응하여 기체 C를 생성할 때 기체의 부피 관계를 나타낸 것이다.

실험	반응 전 기체의 부피(mL)		반응 후 남은 기체의 종류와 부피(mL)	생성된 기체 C의 부피(mL)
	A	B		
(가)	20	10	없음	20
(나)	60	40	㉠	60
(다)	80	30	A, 20	㉡

이에 대한 설명으로 옳은 것을 |보기|에서 모두 고른 것은?

┤ 보기 ├
ㄱ. ㉠은 B, 10이고, ㉡은 40이다.
ㄴ. 반응하는 기체 A와 기체 B의 분자 수의 비는 2 : 1이다.
ㄷ. 실험 (나)에서 기체 B를 더 넣으면 생성된 기체 C의 부피가 증가한다.

① ㄱ　　　　　② ㄴ　　　　　③ ㄱ, ㄷ
④ ㄴ, ㄷ　　　　⑤ ㄱ, ㄴ, ㄷ

---

12 화학 반응에서의 에너지 출입

26 다음 (가)~(라)는 우리 주변에서 일어나는 여러 가지 반응을 나타낸 것이다.

(가) 소금과 얼음물의 반응
(나) 염산과 금속의 반응
(다) 질산 암모늄과 물의 반응
(라) 염산과 수산화 나트륨 수용액의 반응

발열 반응과 흡열 반응에 해당하는 예를 옳게 짝 지은 것은?

	발열 반응	흡열 반응		발열 반응	흡열 반응
①	(가), (나)	(다), (라)	②	(가), (다)	(나), (라)
③	(나), (다)	(가), (라)	④	(나), (라)	(가), (다)
⑤	(다), (라)	(가), (나)			

[27~28] 다음은 손난로를 만드는 과정이다.

(가) 부직포 주머니에 철 가루, 숯, 소금, 질석 혼합물을 넣고 물을 조금 넣어준다.
(나) 열 봉합기로 봉투를 봉합한 뒤 흔들어 주었더니 부직포 주머니가 따뜻해졌다.

27 부직포 주머니 안에서 일어나는 반응의 종류와 반응 전후의 에너지 합의 비교를 옳게 짝지은 것은?

	반응의 종류	에너지 합 비교
①	발열 반응	반응물 < 생성물
②	발열 반응	반응물 > 생성물
③	발열 반응	반응물 = 생성물
④	흡열 반응	반응물 < 생성물
⑤	흡열 반응	반응물 < 생성물

28 (나)에서 일어나는 반응과 에너지 출입 방향이 <u>다른</u> 현상은?

① 가축 분뇨로 물 데우기
② 화석 연료로 난방하기
③ 베이킹파우더를 넣어 빵 굽기
④ 석고를 이용하여 단단한 붕대 만들기
⑤ 구제역을 막기 위해 산화 칼슘과 물 뿌리기

29 다음은 식물의 광합성을 나타낸 것이다.

$$이산화 탄소 + 물 \longrightarrow 포도당 + 산소$$

이에 대한 설명으로 옳은 것을 |보기|에서 모두 고른 것은?

┤ 보기 ├
ㄱ. 이산화 탄소와 물의 화학 반응이 일어난다.
ㄴ. 주변으로부터 에너지를 흡수하는 반응이다.
ㄷ. 눈에 염화 칼슘을 뿌리는 것과 에너지의 출입 방향이 같다.

① ㄱ　　　　　② ㄷ　　　　　③ ㄱ, ㄴ
④ ㄴ, ㄷ　　　　⑤ ㄱ, ㄴ, ㄷ

30 그림과 같이 물이 묻은 나무판 위에 수산화 바륨과 염화 암모늄을 넣은 삼각 플라스크를 올려놓고 두 물질을 섞으면 나무판이 삼각 플라스크에 달라붙는다. 삼각 플라스크 내부에서 일어나는 현상에 대한 설명으로 옳은 것을 |보기|에서 모두 고른 것은?

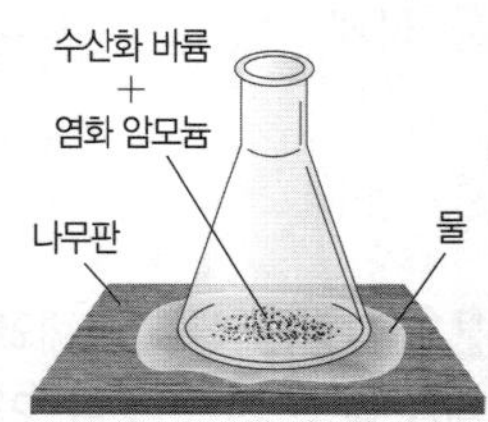

┤ 보기 ├
ㄱ. 흡열 반응이 일어난다.
ㄴ. 주변의 온도가 낮아진다.
ㄷ. 반응물의 에너지 합이 생성물의 에너지 합보다 작다.

① ㄱ　　　　　② ㄷ　　　　　③ ㄱ, ㄴ
④ ㄴ, ㄷ　　　　⑤ ㄱ, ㄴ, ㄷ

실력 향상 문제

01 다음 (가)~(다)는 여러 가지 물질의 반응을 나타낸 것이다.

> (가) 물 + 설탕 ⟶ 설탕물
> (나) 수소 + 산소 ⟶ 물
> (다) 구리 + 산소 ⟶ 산화 구리(Ⅱ)

이에 대한 설명으로 옳지 <u>않은</u> 것은?

① (가)에서 설탕물에서는 설탕의 성질이 나타난다.
② (나)에서 분자의 총 개수는 변하지 않는다.
③ (다)에서 분자를 구성하는 원자의 배열이 변한다.
④ (가)와 (나)에서 원자의 종류는 변하지 않는다.
⑤ (나)와 (다)에서 분자의 종류가 변한다.

02 다음은 탄산수소 나트륨($NaHCO_3$)의 분해 반응을 화학 반응식으로 나타낸 것이다.

> ($\bigcirc$)$NaHCO_3$ ⟶ Na_2CO_3 + ($\bigcirc$)H_2O + ($\bigcirc$)CO_2
> 탄산수소 나트륨　　　탄산 나트륨　　　물　　이산화 탄소

이에 대한 설명으로 옳지 <u>않은</u> 것은?

① $\bigcirc$ = $\bigcirc$ + $\bigcirc$이다.
② 반응물은 1종류, 생성물은 3종류이다.
③ 반응에 참여하는 원소는 4종류이다.
④ 반응 전후 원자의 개수는 변하지 않는다.
⑤ 탄산수소 나트륨 분자 10개가 완전히 분해되면 탄산 나트륨 분자 10개가 생성된다.

03 그림은 밀폐 용기 안에서 철을 연소시킬 때 산화 철을 생성하는 반응을 모형으로 나타낸 것이다.

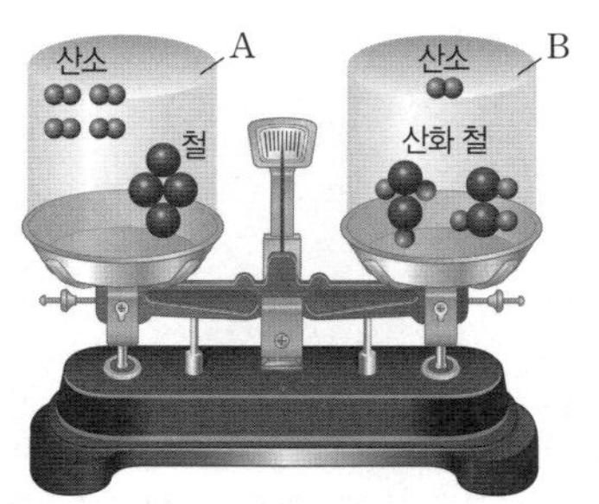

이에 대한 설명으로 옳은 것을 |보기|에서 모두 고른 것은?

> **보기**
> ㄱ. A에서 B로 변하는 것은 화학 변화이다.
> ㄴ. 반응 전후 산소 분자의 개수는 일정하다.
> ㄷ. 일정 성분비 법칙을 설명할 수 있다.

① ㄱ　　　　② ㄴ　　　　③ ㄱ, ㄷ
④ ㄴ, ㄷ　　　⑤ ㄱ, ㄴ, ㄷ

04 그림은 10 % 아이오딘화 칼륨 수용액이 6 mL씩 들어 있는 시험관 A~F에 10 % 질산 납 수용액을 각각 0, 2, 4, 6, 8, 10 mL씩 넣었을 때 생성된 앙금의 높이를 나타낸 것이다.

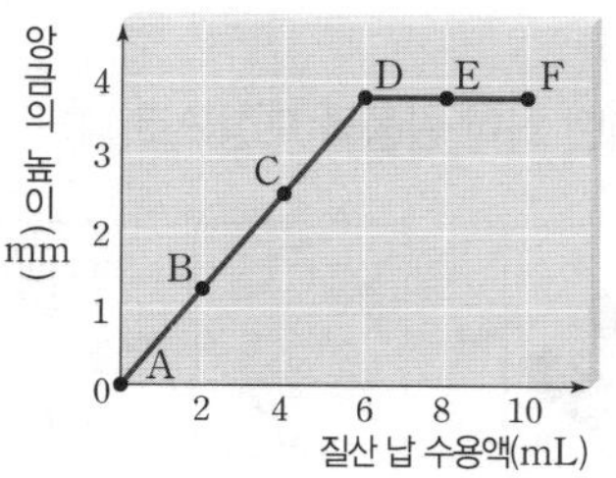

이에 대한 설명으로 옳은 것을 |보기|에서 모두 고른 것은?

> **보기**
> ㄱ. 반응하는 두 수용액의 부피비는 1 : 1이다.
> ㄴ. 시험관 A, B, C에는 반응하지 않은 아이오딘화 이온이 남아 있다.
> ㄷ. 시험관 D, E, F에서 전체 질량은 F가 가장 크다.

① ㄱ　　　　② ㄴ　　　　③ ㄱ, ㄷ
④ ㄴ, ㄷ　　　⑤ ㄱ, ㄴ, ㄷ

05 그림은 일정한 온도와 압력에서 수소 기체와 산소 기체가 반응하여 수증기가 생성되는 반응을 모형으로 나타낸 것이다.

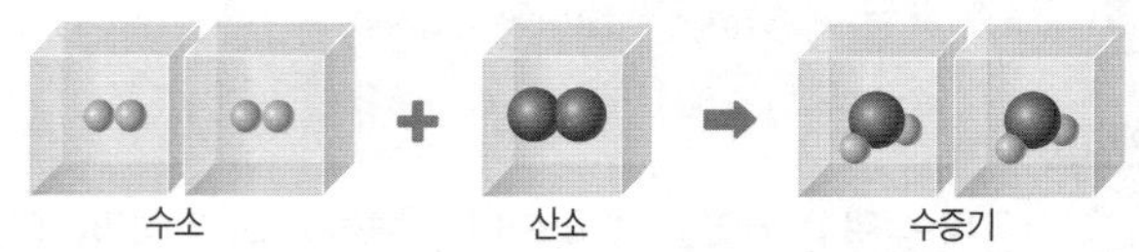

이에 대한 설명으로 옳은 것을 |보기|에서 모두 고른 것은? (단, 원자의 상대적 질량은 수소가 1, 산소가 16이다.)

> **보기**
> ㄱ. 이 반응의 화학 반응식은 $2H_2 + O_2 \longrightarrow H_2O$이다.
> ㄴ. 수증기를 구성하는 수소와 산소의 질량비는 1 : 8이다.
> ㄷ. 수소 기체 40 mL와 산소 기체 20 mL를 완전히 반응시키면 수증기 40 mL가 생성된다.

① ㄱ　　　　② ㄴ　　　　③ ㄱ, ㄷ
④ ㄴ, ㄷ　　　⑤ ㄱ, ㄴ, ㄷ

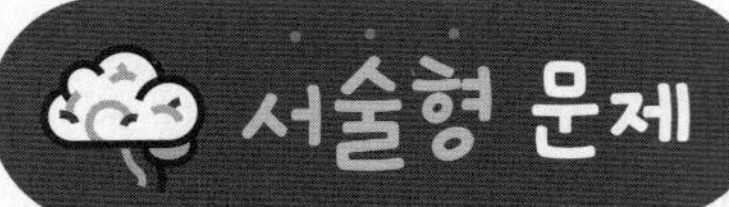

단답형으로 쓰기

개념

01 그림은 어떤 화학 반응을 모형으로 나타낸 것이다.

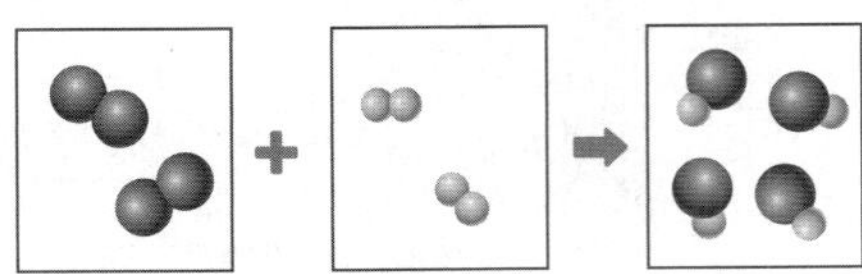

●의 원소 기호를 A, ●의 원소 기호를 B라고 할 때, 이 반응의 화학 반응식을 쓰고, 반응에 참여하는 반응물과 생성물의 분자 수의 비를 쓰시오. (단, A와 B는 임의의 원소 기호이며, 화학식은 알파벳 순서로 쓴다.)

(1) 화학 반응식 : _______________________

(2) 분자 수의 비 : _______________________

실생활

02 다음은 도시가스의 주성분인 메테인(CH_4)의 연소 반응을 화학 반응식으로 나타낸 것이다.

$$CH_4 \; + \; 2O_2 \; \longrightarrow \; CO_2 \; + \; 2H_2O$$
메테인　　　산소　　　이산화 탄소　수증기

메테인(CH_4)의 연소 반응에서 반응하는 기체와 생성되는 기체의 부피비(메테인 : 산소 : 이산화 탄소 : 수증기)를 쓰고, 메테인 30 L가 완전히 연소할 때 발생하는 이산화 탄소의 부피를 쓰시오. (단, 반응 전후에 온도와 압력은 같다.)

(1) 기체의 부피비 : _______________________

(2) 이산화 탄소의 부피 : _______________________

키워드를 모두 이용하여 서술하기

창의력

03 다음은 설탕을 가열할 때 나타나는 변화에 대한 설명이다.

> (가) 흰색 고체 설탕을 가열하면 녹아 액체 설탕이 된다.
> (나) 액체 설탕을 계속해서 가열하면 설탕이 검은색으로 변하며, 쓴맛이 난다.

(가)와 (나)에서 일어나는 변화의 종류를 쓰고, 그렇게 생각한 까닭을 서술하시오.

키워드 ｜ 물리 변화, 화학 변화, 상태 변화, 물질의 성질

탐구력

04 그림과 같이 묽은 염산이 들어 있는 삼각 플라스크의 입구에 달걀 껍데기가 들어 있는 고무풍선을 끼우고, 묽은 염산과 달걀 껍데기를 반응시키는 실험을 하였다.

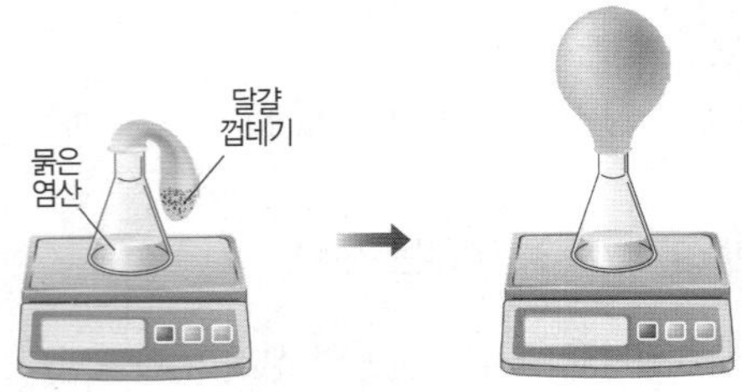

반응 전후의 질량 변화를 쓰고, 그렇게 생각한 까닭을 서술하시오.

키워드 ｜ 이산화 탄소, 고무풍선

창의력

05 그림과 같이 불을 붙인 양초에 유리컵을 씌우고 시간이 흐르면 양초의 불이 꺼진다. 양초의 불이 꺼진 까닭을 일정 성분비 법칙과 관련지어 서술하시오.

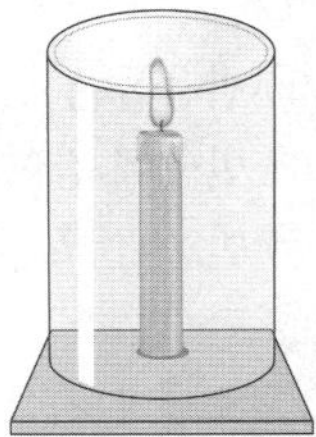

키워드 ｜ 일정 성분비 법칙, 산소의 양

창의력

06 그림과 같이 얼음이 든 그릇에 실을 가져다 대고 소금을 뿌려준 뒤에 실을 들어 올리면 얼음이 실과 같이 올라온다. 이러한 현상이 일어나는 까닭을 에너지의 출입과 관련지어 서술하시오.

키워드 ｜ 흡열 반응

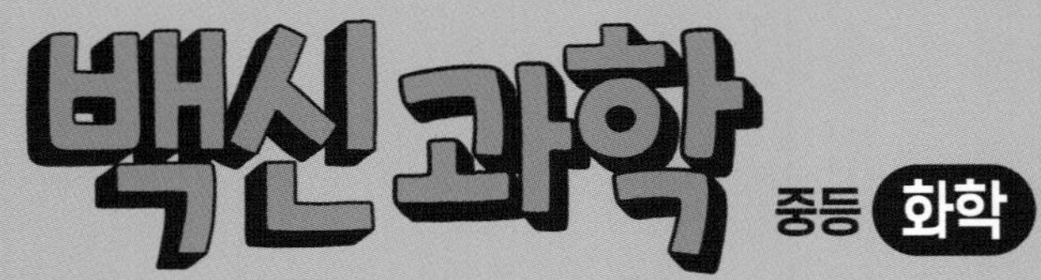

백신 과학

중등 화학

메가스터디 BOOKS

중 1, 2, 3 과정을 한권 에! 영역별 통합 기본서

백신과학

중등 화학

정답과 해설

I. 물질의 상태 변화

01 물질의 상태 변화

탐구 A
010쪽

정리
1 융해 2 응고
3 ㉠ 변하지 않는다 ㉡ 변하지 않는다
4 ㉠ 규칙적 ㉡ 가까워 ㉢ 감소

탐구 B
011쪽

정리
1 ㉠ 기화 ㉡ 액화 2 변하지 않는다

개념 확인 문제
012쪽

01 (1) ○ (2) ○ (3) × (4) ×
02 (가) 고체 (나) 액체 (다) 기체 **03** (1) (가) (2) (다) (3) (나)
04 A : 승화(기체 → 고체), B : 승화(고체 → 기체), C : 융해, D : 응고, E : 기화, F : 액화
05 (1) B, C, E (2) B, C, E (3) A, D, F (4) A, D, F
06 (1) C (2) B (3) F (4) A (5) D (6) E **07** F **08** C
09 ㄱ, ㄹ, ㅂ **10** ㉠ 액체 ㉡ 고체 ㉢ 기체

01
바로 알기 | (3) 기체와 액체 모두 흐르는 성질이 있다.
(4) 드라이아이스는 기체 상태인 이산화 탄소가 −78 ℃ 이하에서 고체 상태로 된 물질이다.

02
(가)는 입자 사이의 거리가 매우 가깝고 입자 배열이 규칙적인 것으로 보아 고체 상태이고, (나)는 입자 사이의 거리가 비교적 가깝고 고체 상태보다 입자 배열이 불규칙적이므로 액체 상태이다. (다)는 입자 사이의 거리가 매우 멀고 입자 배열이 매우 불규칙적이므로 기체 상태이다.

03
(1) 고체(가)는 담는 그릇에 관계없이 모양과 부피가 일정하다.
(2) 기체(다)는 온도와 압력에 따라 부피가 크게 달라지는 성질을 가지므로, 힘을 가하면 쉽게 압축된다.
(3) 액체(나)의 예로는 물, 아세톤, 식초, 식용유 등이 있다.

04
A는 기체가 고체로 상태가 변하는 승화이고, B는 고체가 기체로 상태가 변하는 승화이다. C는 고체가 액체로 상태가 변하는 융해이며, D는 액체가 고체로 상태가 변하는 응고, E는 액체가 기체

로 상태가 변하는 기화, F는 기체가 액체로 상태가 변하는 액화이다.

05
자료 해석 | 물질의 상태 변화에 따른 입자의 변화

상태 변화	융해, 기화, 승화(고체→기체)	응고, 액화, 승화(기체→고체)
입자 운동	활발해짐	둔해짐
입자 배열	불규칙해짐	규칙적으로 배열
입자 사이의 거리	멀어짐	가까워짐
입자 사이의 인력	약해짐	강해짐

(1)~(2) 상태 변화 중 승화(고체 → 기체)(B), 융해(C), 기화(E)는 입자 운동이 활발해지고 입자 배열이 불규칙해지며, 입자 사이의 거리가 멀어지고 입자 사이의 인력은 약해진다.
(3)~(4) 상태 변화 중 승화(기체 → 고체)(A), 응고(D), 액화(F)는 입자 운동이 둔해지고 입자 배열이 규칙적으로 변하며, 입자 사이의 거리가 가까워지고 입자 사이의 인력은 강해진다.

06
(1) 용광로에서 철이 녹는 것은 고체가 액체로 변하는 융해(C)이다.
(2) 옷장에 넣어 둔 나프탈렌의 크기가 작아지는 것은 고체가 기체로 변하는 승화(B)이다.
(3) 목욕탕의 거울에 김이 서리는 것은 기체가 액체로 변하는 액화(F)이다.
(4) 냉동실에 성에가 생기는 것은 기체가 고체로 변하는 승화(A)이다.
(5) 겨울철 처마 끝에 고드름이 맺히는 것은 액체가 고체로 변하는 응고(D)이다.
(6) 젖은 빨래가 마르는 것은 액체가 기체로 변하는 기화(E)이다.

07
A는 고체에서 액체로 상태가 변하는 융해, B는 액체에서 기체로 상태가 변하는 기화, C는 액체에서 고체로 상태가 변하는 응고, D는 기체에서 액체로 상태가 변하는 액화, E는 고체에서 기체로 상태가 변하는 승화, F는 기체에서 고체로 상태가 변하는 승화이다. 따라서 부피가 감소하는 경우는 응고(C), 액화(D), 승화(기체 → 고체)(F)인데, 이 중에서 부피가 가장 크게 감소하는 과정은 기체에서 고체로 상태가 변하는 승화인 F이다.

08
고깃국을 식혔더니 기름 덩어리가 생기는 것은 기름이 액체에서 고체로 상태가 변하는 응고(C)이다.

09
물질의 상태 변화가 일어나도 물질을 이루는 입자의 종류나 개수, 모양, 크기 등은 변하지 않기 때문에 물질의 질량과 성질도 변하지 않는다.

10

물은 얼음이 되면서 빈 공간을 가진 규칙적인 배열을 하게 되기 때문에 얼음일 때 부피가 더 커진다. 따라서 물의 경우는 예외적으로 액체<고체<기체 순으로 부피가 증가한다.

1 해설 참조   2 (가) ㉤ (나) ㉢ (다) ㉣   3 ㄱ, ㅁ

1

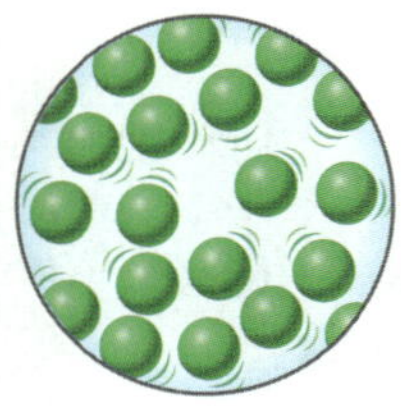

액체는 고체보다는 비교적 입자 배열이 불규칙적이며, 입자 사이의 거리도 비교적 멀다.

2

(가) 마그마가 굳어서 암석이 되는 것은 액체가 고체로 변하는 응고(㉤)이다.
(나) 손에 뿌린 손 소독제가 사라지는 것은 액체가 기체로 변하는 기화(㉢)이다.
(다) 겨울에 버스를 타면 안경이 뿌옇게 변하는 것은 기체가 액체로 변하는 액화(㉣)이다.

3

상태 변화가 일어날 때 입자의 운동, 배열, 입자 사이의 거리, 물질의 부피는 변하지만, 입자의 종류, 개수, 물질의 질량, 성질은 변하지 않는다.

02 상태 변화와 열에너지

정리   1 78.1   2 ㉠ 온도를 높이는 ㉡ 상태를 변화시키는
3 ㉠ 액체 ㉡ 기체 ㉢ 기화 ㉣ 기화열 ㉤ 액체 ㉥ 기체

정리   1 0   2 ㉠ 액체 ㉡ 고체 ㉢ 응고열 ㉣ 상태 변화

01 흡수   02 녹는점   03 끓는점   04 B, D   05 C
06 ㉠ 약해 ㉡ 불규칙 ㉢ 멀어져   07 방출   08 어는점
09 C   10 B   11 ㉠ 액체 ㉡ 고체
12 ㉠ 강해 ㉡ 규칙 ㉢ 가까워져
13 (1) B (2) E (3) D (4) A (5) F   14 (1) ○ (2) × (3) ×

01

주변의 열에너지를 흡수하는 상태 변화는 융해, 기화, 승화(고체 → 기체)이다.

02

고체에서 액체로 상태가 변할 때 일정하게 유지되는 온도를 녹는점이라고 한다.

03

액체에서 기체로 상태가 변할 때 일정하게 유지되는 온도를 끓는점이라고 한다.

04

B 구간은 고체(얼음)에서 액체(물)로 상태가 변하는 구간이고, D 구간은 액체(물)에서 기체(수증기)로 상태가 변하는 구간이다.

05

A 구간은 고체(얼음), B 구간은 고체(얼음)와 액체(물), C 구간은 액체(물), D 구간은 액체(물)와 기체(수증기), E 구간은 기체(수증기)가 존재한다.

06

물질이 열에너지를 흡수하면 입자 운동이 활발해져 입자 사이의 인력이 약해지며, 이때 입자가 불규칙적으로 배열되면서 입자 사이의 거리가 멀어져 상태 변화가 일어난다.

07

주변에 열에너지를 방출하는 상태 변화는 액화, 응고, 승화(기체 → 고체)이다.

08

액체에서 고체로 상태가 변할 때 일정하게 유지되는 온도를 어는점이라고 한다.

09

A는 기체(수증기) 상태로 존재하는 구간이며, B는 기체(수증기)가 액체(물)로 상태가 변하는 구간이다. C는 액체(물) 상태로 존재하는 구간이며, D는 액체(물)가 고체(얼음)로 상태가 변하는 구간이다. E는 고체(얼음) 상태로 존재하는 구간이다.

10

A는 기체(수증기), B는 기체(수증기)와 액체(물), C는 액체(물), D는 액체(물)와 고체(얼음), E는 고체(얼음) 상태로 존재한다.

11

D 구간에서는 액체(물)에서 고체(얼음)로 상태 변화가 일어나면서 응고열을 방출하므로 온도가 일정하게 유지된다.

12

물질이 열에너지를 방출하면 입자 운동이 둔해져 입자 사이의 인력이 강해진다. 이때 입자가 규칙적으로 배열되면서 입자 사이의 거리가 가까워져 상태 변화가 일어난다.

13

⑴ 아이스박스에 얼음 팩과 음식물을 함께 넣으면 융해열이 흡수되어 음식물을 시원하게 보관할 수 있다.
⑵ 작은 구멍이 뚫린 양가죽 물통은 기화열이 흡수되는 원리를 이용해 사막에서 물을 시원하게 하는 데 사용한다.
⑶ 눈이 내리는 날은 승화열이 방출되어 날씨가 포근해진다.
⑷ 액체 파라핀을 이용하여 온열 치료를 하는 것은 응고열 방출을 이용한 것이다.
⑸ 소나기가 내리기 전 날씨가 후텁지근한 것은 액화열이 방출되기 때문이다.

14

바로 알기 | ⑵ 알코올을 묻힌 솜으로 손등을 문지르면 시원한 것은 기화열 흡수와 관련된 현상이다.
⑶ 더운 여름날 얼음 조각상 옆에 있으면 시원한 것은 융해열 흡수와 관련된 현상이다.

개념 집중 문제 | 자료 분석력 향상 문제   019쪽

1 (가), (다)	**2** 44 ℃	**3** A
4 보일러 : C, 기화열 흡수 / 방열기 : D, 액화열 방출		

1

모든 물질은 녹는점보다 낮은 온도에서는 고체 상태로 존재하고, 끓는점보다 높은 온도에서는 기체 상태로 존재한다. 또, 녹는점과 끓는점 사이의 온도에서는 액체 상태로 존재한다. 따라서 25 ℃에서 (가)는 액체, (나)는 기체, (다)는 액체, (라)는 고체 상태로 존재한다.

2

그래프에서 온도가 일정한 구간은 두 군데이므로, 기체 → 액체 → 고체의 상태 변화를 한다. 어는점은 액체 → 고체로 응고할 때의 온도이므로, 두 번째 상태 변화 구간 D의 온도인 44 ℃이다.

3

물질은 A에서 기체, B에서 기체와 액체, C에서 액체, D에서 액체와 고체, E에서 고체로 존재한다. 따라서 입자 사이의 인력은 A 구간에서 가장 작다.

4

A는 융해, B는 응고, C는 기화, D는 액화, E는 승화(고체 → 기체), F는 승화(기체 → 고체)이다.
보일러에서는 물이 기화열을 흡수하면서 수증기로 기화되며, 보일러에서 생성된 수증기가 방열기를 통해 액화열을 방출하면서 물로 액화되어 건물 내부를 따뜻하게 한다.

단원마무리 | 생각그물 완성하기   020~021쪽

1 기체   **2** 액체   **3** 고체   **4** 기화   **5** 융해
6 승화   **7** 매우 멀다   **8** 쉽게 압축된다
9 매우 가깝다   **10** 매우 강하다
11 압축되지 않는다   **12** 멀어진다   **13** 약해진다   **14** 가까워진다
15 강해진다   **16** 흡수   **17** 끓는점   **18** 녹는점   **19** 융해
20 기화   **21** 어는점   **22** 액화   **23** 응고

Ⅱ. 기체의 성질

03 입자의 운동

📌 **개념 확인 문제**　　　　　　　　　　　028쪽

01 입자	02 입자 모형	03 빈 공간	04 모든
05 불규칙적	06 높	07 작	08 활발하다	09 확산
10 ㄴ, ㄹ, ㅁ	11 높	12 작	13 ㉠ < ㉡ <
14 ㉠ > ㉡ >		15 ㉠ > ㉡ >	16 증발
17 모든	18 ㄴ, ㄹ, ㅁ, ㅂ	19 높	20 낮
21 강	22 넓	23 기체	

24 (1) ◯ (2) × (3) ◯ (4) × (5) ◯ (6) × (7) ◯ (8) ◯ (9) × (10) ◯

01
우리 주변의 모든 물질은 눈에 보이지 않는 매우 작은 입자로 이루어져 있다.

02
물질을 이루는 눈에 보이지 않는 입자를 간단한 모형으로 나타낸 것을 입자 모형이라고 한다.

03
기체 입자들은 서로 떨어져 있고, 입자 사이에는 빈 공간이 있다.

04
기체 입자들은 스스로 끊임없이 모든 방향으로 자유롭게 움직인다.

05
물질을 이루는 입자들은 불규칙하고 무질서하게 움직인다.

06
온도가 높을수록 입자의 운동이 활발해진다.

07
온도와 물질의 상태가 같을 때 입자의 질량이 작을수록 입자의 운동이 활발해진다.

08
입자의 배열이 좀 더 자유로운 상태일수록(기체 > 액체 > 고체 순) 입자의 운동이 활발해진다.

09
물질을 이루는 입자가 스스로 운동하여 모든 방향으로 퍼져 나가는 현상을 확산이라고 한다.

10
바로 알기 | ㄱ. 가뭄으로 논바닥이 갈라지는 것은 증발에 의한 현상이다.
ㄷ. 높은 곳에서 낮은 곳으로 물이 흐르는 것은 중력에 의한 현상이다.

11
온도가 높을수록 입자 운동이 활발해지기 때문에 확산이 빠르게 일어난다.

12
온도와 물질의 상태가 같을 때 입자의 질량이 작을수록 같은 시간 동안 더 멀리 이동하기 때문에 확산이 빠르게 일어난다.

13
같은 물질이면 기체 > 액체 > 고체 순으로 확산이 빠르게 일어난다.

14
다른 입자와의 충돌로 인한 방해를 적게 받을수록 같은 시간 동안 더 멀리 이동하기 때문에 진공 속 > 기체 속 > 액체 속 순으로 확산이 빠르게 일어난다.

15
온도가 높을수록, 진공 속 > 기체 속 > 액체 속 순으로 확산이 빠르게 일어나므로 암모니아의 확산 속도는 50 ℃인 진공 속 > 50 ℃인 공기 중 > 20 ℃인 물속 순으로 빠르다.

16
액체를 이루고 있는 입자가 스스로 운동하여 액체 표면에서 떨어져 나와 기체가 되어 공기 중으로 날아가는 현상을 증발이라고 한다.

17
증발은 모든 온도에서 일어나며, 끓는점 이상의 온도에서 일어나는 것은 끓음이다.

18
바로 알기 | ㄱ. 난로 주변이 따뜻해지는 것은 복사에 의한 현상이다.
ㄷ. 종소리가 멀리 퍼져 나가는 것은 파동에 의한 현상이다.

19

온도가 높을수록 입자 운동이 활발해지기 때문에 증발이 잘 일어난다.

20

습도가 낮아 공기 중에 있는 수증기의 양이 적을수록 더 많은 액체 입자들이 증발하여 공기 중으로 들어가기 때문에 증발이 잘 일어난다.

21

바람이 강할수록 액체 표면의 입자들이 공기 중으로 많이 날아갈 수 있기 때문에 증발이 잘 일어난다.

22

표면적이 넓을수록 증발이 일어날 수 있는 부분의 넓이가 커지므로 증발이 잘 일어난다.

23

젖은 빨래를 햇빛 아래에 두었을 때 마르는 까닭은 물의 표면에서 입자가 스스로 운동하여 액체가 기체로 변하기 때문이다.

24

바로 알기 | (2) 확산이 일어나도 입자의 개수는 변하지 않는다.
(4) 향수 냄새는 공기 중보다 확산을 방해하는 다른 입자가 없는 진공 속에서 더 빠르게 확산된다.
(6) 증발은 액체 표면에서 일어나며, 액체 표면과 내부에서 모두 일어나는 것은 끓음이다.
(9) 표면적이 넓을수록 증발이 잘 일어나므로, 젖은 빨래를 뭉쳐 둘 때보다 펼쳐 둘 때 잘 마른다.

개념 집중 문제	자료 분석력 향상 문제	029쪽
1 해설 참조	2 (나)>(가)>(다)	3 (가)
4 암모니아 입자	5 ㉠ 증발 ㉡ 감소	

1

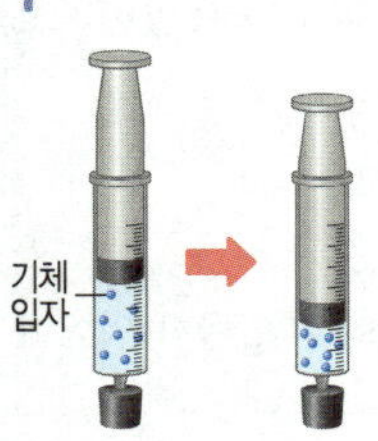

2

(가)는 액체, (나)는 기체, (다)는 고체이다. 입자의 배열이 좀 더 자유로운 상태일수록 입자 운동이 활발해지므로, 기체(나)>액체(가)>고체(다) 순으로 입자의 운동이 활발하다.

3

온도가 높을수록 입자의 운동이 활발해져 확산 속도가 빨라진다. 따라서 (가)와 (나) 중 찬물은 (가)이다.

4

온도와 물질의 상태가 같을 때 입자의 질량이 작을수록 같은 시간 동안 더 멀리 이동하여 확산이 빠르게 일어난다. 따라서 암모니아 입자의 질량이 염화 수소 입자의 질량보다 작다.

5

거름종이 위의 아세톤 입자들이 스스로 운동하여 증발하기 때문에 시간이 지날수록 아세톤의 질량이 점점 감소한다.

04 기체의 부피 변화

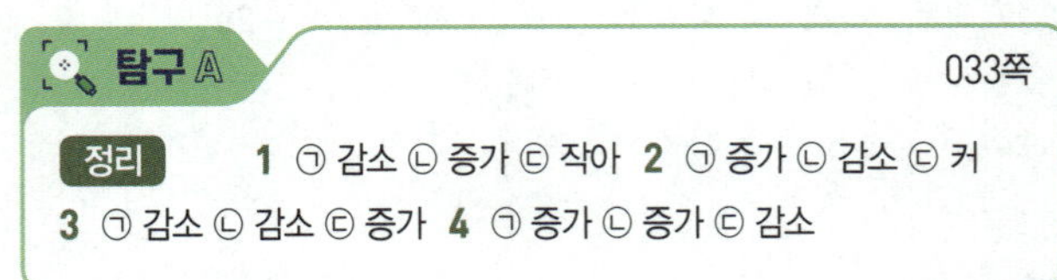

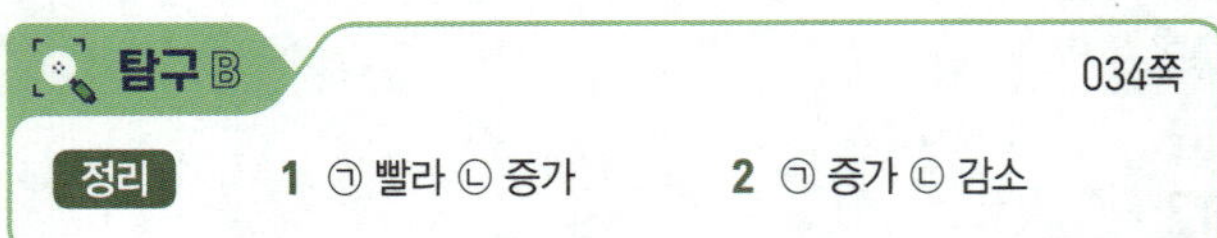

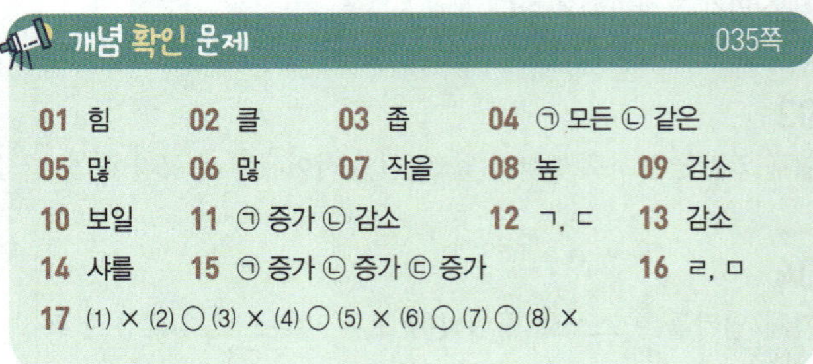

01

단위 넓이에 수직으로 작용하는 힘의 크기를 압력이라고 한다.

02

압력은 일정한 넓이에 수직으로 작용하는 힘의 크기가 클수록 증가한다.

03

압력은 같은 크기의 힘이 작용할 때 힘을 받는 면의 넓이가 좁을수록 증가한다.

04

기체의 압력은 기체 입자가 끊임없이 운동하면서 물체에 충돌할 때 물체의 일정한 넓이에 작용하는 힘으로, 모든 방향으로 같은 크기의 힘이 작용한다.

05

기체의 압력은 기체 입자의 충돌 횟수가 많을수록 증가한다.

06

기체의 부피와 온도가 같을 때 기체의 입자 수가 많을수록 기체의 압력이 증가한다.

07

기체 입자 수와 온도가 같을 때 기체의 부피가 작을수록 기체의 압력이 증가한다.

08

기체 입자 수와 부피가 같을 때 기체의 온도가 높을수록 기체의 압력이 증가한다.

09

온도가 일정할 때 기체에 작용하는 압력이 증가하면 기체의 부피는 감소하고, 기체에 작용하는 압력이 감소하면 기체의 부피는 증가한다.

10

보일 법칙에 따르면 온도가 일정할 때 일정한 양의 기체의 부피(V)는 압력(P)에 반비례한다.

11

일정한 온도에서 외부 압력이 감소하면 기체의 부피가 증가하여 기체 입자 사이의 거리가 증가하고, 기체 입자의 충돌 횟수가 감소하여 기체의 압력이 감소한다.

12

 ㄴ, ㄹ, ㅁ. 샤를 법칙과 관련된 현상이다.

13

압력이 일정할 때 온도가 높아지면 기체의 부피는 증가하고, 온도가 낮아지면 기체의 부피는 감소한다.

14

샤를 법칙에 따르면 압력이 일정할 때 일정한 양의 기체의 부피는 온도가 높아지면 일정한 비율로 증가한다.

15

일정한 압력에서 온도를 높이면 기체 입자의 운동 속도가 증가하고, 기체 입자의 충돌 세기와 횟수가 증가하여 기체의 부피는 증가한다.

16

 ㄱ, ㄴ, ㄷ. 보일 법칙과 관련된 현상이다.

17

 (1) 일정한 온도에서 기체의 압력이 2배가 되면 기체의 부피는 $\frac{1}{2}$배가 된다.

(3) 일정한 온도에서 외부 압력이 감소해도 입자의 크기와 질량은 변하지 않는다.

(5) 기체의 종류와 부피의 변화량은 상관없으므로, 기체의 종류에 따라 부피의 변화량은 달라지지 않는다.

(8) 힘이 작용하는 면적을 좁게 하여 압력을 크게 한 경우이다.

개념 집중 문제 | 계산력 향상 문제 · 036쪽

| 1 9 L | 2 5 mL | 3 5기압 | 4 1기압 |
| 5 ㉠ 1.5 ㉡ 48 | | 6 2기압 | |

1

$P_{처음} \times V_{처음} = P_{나중} \times V_{나중}$이므로
3기압 × 3 L = 1기압 × $V_{나중}$에서 $V_{나중}$ = 9 L이다.

2

$P_{처음} \times V_{처음} = P_{나중} \times V_{나중}$이므로
1기압 × 10 mL = 2기압 × $V_{나중}$에서 $V_{나중}$ = 5 mL이다.

3

$P_{처음} \times V_{처음} = P_{나중} \times V_{나중}$이므로
1기압 × 5 L = $P_{나중}$ × 1 L에서 $P_{나중}$ = 5기압이다.

4

$P_{처음} \times V_{처음} = P_{나중} \times V_{나중}$이므로
7기압 × 30 mL = $P_{나중}$ × 7 × 30 mL에서 $P_{나중}$ = 1기압이다.

5

보일 법칙에 따르면 온도가 일정할 때 기체의 압력(P)과 부피(V)의 곱은 항상 일정하다. 따라서 1기압 × 120 mL = ㉠기압 × 80 mL에서 ㉠은 1.5이고, 1기압 × 120 mL = 2.5기압 × ㉡ mL에서 ㉡은 48이다.

6

온도가 일정할 때 기체의 압력(P)과 부피(V)의 곱은 항상 일정하므로, 1기압 × 40 mL = A의 압력 × 20 mL에서 A의 압력은 2기압이다.

개념 집중 문제 | 계산력 향상 문제 · 037쪽

| 1 17.8 mL | 2 100 mL | 3 60 mL | 4 273 ℃ | 5 546 ℃ |

1

압력이 일정할 때 일정한 양의 기체의 부피는 온도가 높아지면 일정한 비율로 증가한다. 온도가 20 ℃ 올라갈 때마다 부피가 0.7 mL씩 증가하므로, 100 ℃에서 기체의 부피는 17.8 mL이다.

2

$V_t = V_0 + V_0 \times \dfrac{t}{273}$ 이므로 $V_{273} = 50 \text{ mL} + 50 \text{ mL} \times \dfrac{273}{273}$ 에서 $V_{273} = 100 \text{ mL}$이다.

3

$V_t = V_0 + V_0 \times \dfrac{t}{273}$ 이므로 $V_{546} = 20 \text{ mL} + 20 \text{ mL} \times \dfrac{546}{273}$ 에서 $V_{546} = 60 \text{ mL}$이다.

4

$V_t = V_0 + V_0 \times \dfrac{t}{273}$ 이므로 $120 \text{ mL} = 60 \text{ mL} + 60 \text{ mL} \times \dfrac{t}{273}$ 에서 $t = 273$ ℃이다.

5

0 ℃일 때의 부피(V_0)는 15 mL, t ℃일 때의 부피(V_t)는 45 mL이다. $V_t = V_0 + V_0 \times \dfrac{t}{273}$ 이므로 $45 \text{ mL} = 15 \text{ mL} + 15 \text{ mL} \times \dfrac{t}{273}$ 에서 $t = 546$ ℃이다.

단원마무리 생각그물 완성하기 038~039쪽

1 높　2 작　3 확산　4 높　5 작
6 >　7 >　8 찬　9 더운　10 높
11 낮　12 강　13 넓　14 많　15 작
16 높　17 압력　18 감소　19 증가　20 증가
21 증가　22 증가　23 증가　24 증가

Ⅲ. 물질의 특성

05 물질의 특성

탐구 A　047쪽

정리　1 커　2 ㉠ 일정 ㉡ 다르다 ㉢ 있

탐구 B　048쪽

정리　1 ㉠ 6 ㉡ 60 ㉢ 60 ㉣ 60 ㉤ 90 ㉥ 120 ㉦ 150
2 많아

탐구 C　049쪽

정리　1 ㉠ 65 ㉡ 78　2 ㉠ 일정 ㉡ 길어
3 ㉠ 종류 ㉡ 있

개념 확인 문제　050쪽

01 ㉠ 순물질 ㉡ 혼합물　02 ⑴ ㄱ, ㄴ, ㄹ, ㅅ, ㅇ ⑵ ㄷ, ㅁ, ㅂ, ㅈ
03 ⑴ × ⑵ ○ ⑶ ×　04 물질의 특성　05 밀도
06 다른　07 ㉠ 작은 ㉡ 큰　08 크다　09 작다
10 ⑴ × ⑵ ○ ⑶ ○ ⑷ ×　11 ㉠ 용해 ㉡ 용액
12 ㉠ 용질 ㉡ 용매　13 포화　14 100
15 ⑴ ○ ⑵ × ⑶ ○　16 녹는점　17 끓는점
18 ⑴ ○ ⑵ × ⑶ ○　19 일정하지 않다
20 ㉠ 어는점 ㉡ 낮　21 ㉠ 끓는점 ㉡ 높

01

다른 물질이 섞이지 않고 한 종류의 물질로만 이루어진 물질을 순물질, 두 종류 이상의 순물질이 섞여 있는 물질을 혼합물이라고 한다.

02

⑴ 산소와 다이아몬드는 한 종류의 원소로 이루어진 순물질, 물, 염화 나트륨, 이산화 탄소는 두 종류 이상의 원소로 이루어진 순물질이다.
⑵ 공기, 식초, 탄산음료는 성분 물질이 고르게 섞여 있는 균일 혼합물, 우유는 성분 물질이 고르지 않게 섞여 있는 불균일 혼합물이다.

03

바로 알기 | ⑴ 산소, 수소, 구리와 같이 한 종류의 원소만 이루어진 순물질과 물, 에탄올, 염화 나트륨과 같이 두 종류 이상의 원소로 이루어진 순물질이 있다.
⑶ 공기, 합금, 식초와 같이 성분 물질이 고르게 섞여 있는 균일 혼합물과 과일주스, 우유와 같이 성분 물질이 고르지 않게 섞여

있는 불균일 혼합물이 있다.

04

물질의 특성은 색깔, 냄새, 녹는점, 어는점, 끓는점, 밀도, 용해도 등과 같이 그 물질만이 갖는 고유한 성질을 말한다.

05

물질의 단위 부피당 질량을 밀도라고 한다.

06

밀도는 물질의 종류에 따라 다른 값을 갖는 물질의 특성이다.

07

밀도가 작은 물질은 밀도가 큰 물질 위로 뜨고, 밀도가 큰 물질은 밀도가 작은 물질 아래로 가라앉는다.

08

밀도는 $\dfrac{질량}{부피}$으로, 부피가 같을 때 질량이 클수록 밀도가 크다.

09

밀도는 $\dfrac{질량}{부피}$으로, 질량이 같을 때 부피가 클수록 밀도가 작다.

10

바로 알기 | ⑴ 밀도는 물질마다 고유한 값을 갖는 물질의 특성으로, 물질의 질량에 관계없이 일정하다.
⑷ 구명조끼는 물보다 밀도가 작은 성질을 이용하여 물에서도 뜰 수 있도록 만든 장치이다.

11

한 물질이 다른 물질에 녹아 고르게 섞이는 현상을 용해라고 하고, 두 물질이 고르게 섞여 있는 것을 용액이라고 한다.

12

다른 물질에 녹는 물질을 용질, 다른 물질을 녹이는 물질을 용매라고 하며, 용액이 설탕물일 때는 설탕이 용질, 물이 용매이다.

13

어떤 온도에서 일정한 양의 용매에 용질이 최대로 녹아서 더 이상 용매가 녹지 않는 용액을 포화 용액이라고 한다.

14

용해도는 일정한 온도에서 용매 100 g에 최대로 녹을 수 있는 용질의 g 수이다.

15

바로 알기 | ⑵ 용해도 곡선에서 곡선의 기울기가 클수록 온도 변화에 따른 용해도 차이가 크다.

16

고체 물질이 녹는 동안(고체 → 액체로 상태 변화) 일정하게 유지되는 온도를 녹는점이라고 한다.

17

액체 물질이 끓는 동안(액체 → 기체로 상태 변화) 일정하게 유지되는 온도를 끓는점이라고 한다.

18

바로 알기 | ⑵ 녹는점과 끓는점은 물질마다 고유한 값을 갖는 물질의 특성으로, 물질의 양에 관계없이 일정하며 물질의 양이 많을수록 녹는점과 끓는점에 도달하는 시간이 오래 걸린다.

19

순물질은 녹는점, 어는점, 끓는점 등이 일정하지만 혼합물은 녹는점, 어는점, 끓는점이 일정하지 않기 때문에 이를 이용하여 순물질과 혼합물을 구분할 수 있다.

20

겨울철 자동차의 냉각수에 부동액을 넣는 것은 부동액의 어는점이 물보다 낮아 겨울에도 쉽게 얼지 않기 때문이다.

21

달걀을 삶을 때 물에 소금을 넣는 것은 소금물의 끓는점이 물보다 높아 달걀이 잘 익기 때문이다.

🧠 개념 집중 문제 · **자료 분석력 향상 문제**   051쪽

1 12 mL	**2** 25 g/mL	
3 가장 큰 물질 : C, 가장 작은 물질 : D		**4** B와 E
5 식용유 < 플라스틱 < 물 < 포도알 < 글리세린 < 볼트		

1

돌멩이를 넣었을 때 눈금실린더의 눈금이 62 mL를 가리키므로, 돌멩이의 부피는 62 mL−50 mL=12 mL이다.

2

밀도는 $\dfrac{질량}{부피}$이므로, 돌멩이의 밀도는 $\dfrac{300\ \text{g}}{12\ \text{mL}}$=25 g/mL이다.

3

밀도는 $\dfrac{질량}{부피}$이므로, A의 밀도는 $\dfrac{20\ \text{g}}{4\ \text{mL}}$=5 g/mL, B의 밀도는 $\dfrac{20\ \text{g}}{8\ \text{mL}}$=2.5 g/mL, C의 밀도는 $\dfrac{15\ \text{g}}{2\ \text{mL}}$=7.5 g/mL, D의 밀도는 $\dfrac{15\ \text{g}}{10\ \text{mL}}$=1.5 g/mL, E의 밀도는 $\dfrac{10\ \text{g}}{4\ \text{mL}}$=2.5 g/mL이다.

4

밀도는 물질마다 고유한 값을 가지는 물질의 특성이므로, 밀도가 같은 B와 E는 같은 물질이다.

5

밀도가 큰 물질은 아래로 가라앉고, 밀도가 작은 물질은 위로 뜬다.

개념 집중 문제 | 계산력 향상 문제　052쪽

1 150 g　**2** 80 g　**3** 80 g　**4** 10.8 g　**5** 30 g
6 2.8 g

1

용액 A는 용해도 곡선 상에 있는 포화 용액으로, 물 100 g 속에 물질 X가 150 g 녹아 있다.

2

40 ℃의 물 100 g에는 물질 X가 70 g만큼 녹을 수 있으므로 용액 A를 40 ℃로 냉각시키면 물질 X가 150 g−70 g=80 g만큼 석출된다.

3

80 ℃ 물 100 g에는 물질 X가 150 g만큼 녹을 수 있으므로, 용액 B를 포화 용액으로 만들기 위해 필요한 물질 X의 양은 150 g−70 g=80 g이다.

4

60 ℃의 물 100 g에는 질산 칼륨이 109.2 g만큼 녹을 수 있으므로, 80 ℃의 물 100 g에 질산 칼륨 120 g이 녹아 있는 용액을 냉각시키면 120 g−109.2 g=10.8 g만큼의 질산 칼륨이 석출된다.

5

20 ℃에서 질산 나트륨의 용해도(g/물 100 g)는 88이므로, 20 ℃ 물 50 g에는 질산 나트륨이 44 g만큼 녹을 수 있다. 따라서 용액을 냉각시키면 질산 나트륨이 74 g−44 g=30 g만큼 석출된다.

6

60 ℃의 물 100 g에는 염화 나트륨이 37 g만큼 녹을 수 있으므로, 염화 나트륨 포화 용액 274 g에는 물 200 g에 염화 나트륨 74 g이 녹아 있다. 0 ℃ 물 200 g에는 염화 나트륨이 71.2 g만큼 녹을 수 있으므로, 용액을 냉각시키면 염화 나트륨이 74 g−71.2 g=2.8 g 석출된다.

---

06 혼합물의 분리

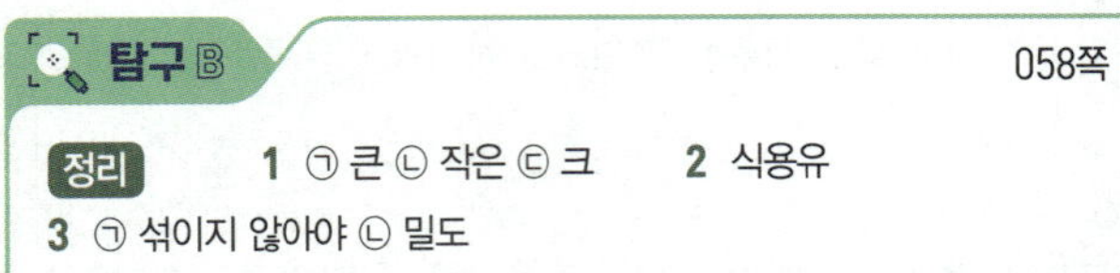

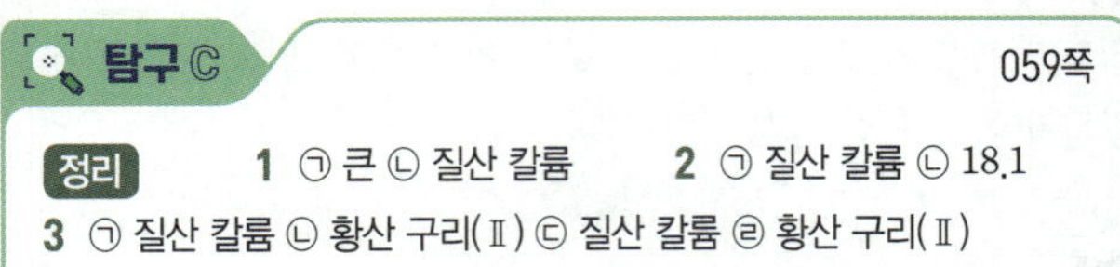

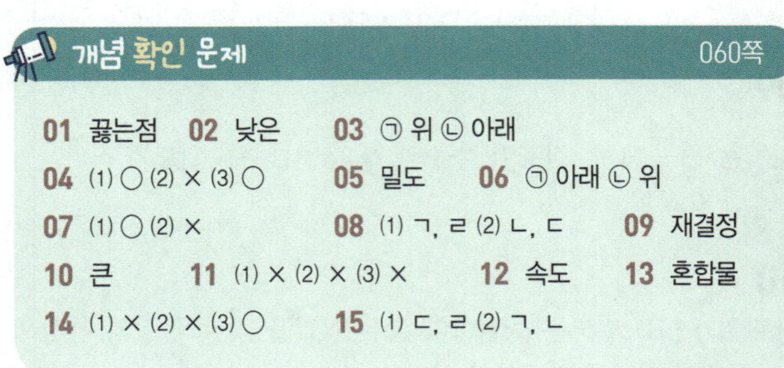

개념 확인 문제　060쪽

01 끓는점　**02** 낮은　**03** ㉠ 위 ㉡ 아래
04 (1) ◯ (2) × (3) ◯　**05** 밀도　**06** ㉠ 아래 ㉡ 위
07 (1) ◯ (2) ×　**08** (1) ㄱ, ㄹ (2) ㄴ, ㄷ　**09** 재결정
10 큰　**11** (1) × (2) × (3) ×　**12** 속도　**13** 혼합물
14 (1) × (2) × (3) ◯　**15** (1) ㄷ, ㄹ (2) ㄱ, ㄴ

01

증류는 액체 상태의 혼합물을 가열할 때 끓어 나오는 기체를 냉각하여 순수한 액체를 얻는 방법으로, 성분 물질의 끓는점 차를 이용하여 혼합물을 분리하는 방법이다.

02

액체 물질이 섞여 있는 혼합물을 가열하면 끓는점이 낮은 물질이 먼저 끓어 나와 분리된다.

03

원유를 높은 온도로 가열하여 증류탑으로 보내면 끓는점이 낮은 물질은 계속해서 위로 올라가지만 끓는점이 높은 물질은 아래쪽에서 냉각된다. 따라서 끓는점이 낮은 물질은 위쪽에서, 끓는점이 높은 물질은 아래쪽에서 분리된다.

04

바로 알기 | (2) 소금물을 끓이면 끓는점이 낮은 물이 먼저 끓어 나와 순수한 물을 얻을 수 있다.

05

모래와 스타이로폼이 섞인 혼합물을 물에 넣으면 물보다 밀도가 큰 모래는 가라앉고 물보다 밀도가 작은 스타이로폼은 뜨므로, 두 물질을 분리할 수 있다.

06

서로 섞이지 않는 액체 혼합물을 가만히 두면 밀도 차에 의해 밀도가 큰 물질은 아래층에, 밀도가 작은 물질은 위층에 위치한다.

07

바로 알기 | (2) 바다에 유출된 기름은 바닷물과 섞이지 않고 밀도가 작아 위에 뜨므로, 흡착포나 뜰채로 기름을 제거할 수 있다.

08

(1) 공기를 분리하거나 소줏고리를 이용하여 맑은 소주를 얻을 때는 성분 물질의 끓는점 차를 이용하여 혼합물을 분리한다.
(2) 물과 기름을 분리하거나 좋은 볍씨를 고를 때는 성분 물질의 밀도 차를 이용하여 혼합물을 분리한다.

09

불순물이 포함된 고체 물질을 용매에 녹인 후 용액의 온도를 낮추거나 용매를 증발시켜 순수한 고체 물질을 얻는 방법을 재결정이라고 한다.

10

온도에 따른 용해도 차가 큰 물질과 작은 물질이 섞인 혼합물을 용매에 모두 녹인 후 냉각시키면 온도에 따른 용해도 차가 큰 물질이 결정으로 석출되어 혼합물을 분리할 수 있다.

11

바로 알기 | (1) 물과 에탄올은 각각 순물질로 서로 잘 섞이는 액체이므로 두 액체가 섞인 혼합물은 끓는점 차를 이용하여 분리할 수 있다.
(2) 용해도 차(재결정)를 이용하여 혼합물을 분리할 때는 성분 물질의 밀도는 관계가 없다.
(3) 분별 깔때기는 물질의 밀도 차에 의한 혼합물 분리 방법에만 이용된다.

12

크로마토그래피는 혼합물을 이루는 성분 물질이 용매에 따라 이동하는 속도가 다른 것을 이용하여 혼합물을 분리하는 방법이다.

13

크로마토그래피로 분리한 성분 물질이 두 가지 이상일 때 물질은 최소 두 가지 이상의 물질이 섞인 혼합물이다.

14

바로 알기 | (1) 같은 물질이더라도 용매의 종류가 달라지면 이동하는 속도가 달라진다.
(2) 크로마토그래피를 통해 잉크를 분리할 때 용매는 잉크를 녹여 이동시킬 수 있는 물질이어야 한다.

15

(1) 천일염에서 깨끗한 소금을 얻거나 합성한 의약품을 정제할 때는 성분 물질의 용해도 차에 의한 재결정을 이용하여 혼합물을 분리한다.
(2) 운동선수의 도핑 테스트나 꽃잎의 색소를 분리할 때는 성분 물질이 용매를 따라 이동하는 속도 차를 이용하는 크로마토그래피로 혼합물을 분리한다.

개념 집중 문제　자료 분석력 향상 문제　061쪽

1 (가) 밀도 (나) 용해도 (다) 끓는점　　**2** ㄴ, ㄹ　　**3** 질산 칼륨
4 물

1

(가)에서는 식용유를 분리했으므로 물질의 밀도 차를, (나)에서는 질산 칼륨을 분리했으므로 온도에 따른 물질의 용해도 차를, (다)에서는 물과 소금을 분리했으므로 물질의 끓는점 차를 이용하여 혼합물을 분리한다.

2

밀도가 서로 다른 고체 혼합물이거나, 서로 섞이지 않고 밀도가 서로 다른 액체 혼합물일 경우, 밀도 차(가)를 이용하여 혼합물을 분리할 수 있다.

3

용해도 차(나)에 의해 물질을 분리할 때는 온도에 따른 용해도 차가 큰 물질이 결정으로 석출되므로 질산 칼륨이 온도에 따른 용해도 차가 큰 물질이다.

4

물과 소금이 섞인 용액을 가열하면 끓는점이 낮은 물이 먼저 끓어나와 액화되어 순수한 물을 얻을 수 있다.

단원마무리　생각그물 완성하기　062~063쪽

1 순물질　**2** 혼합물　**3** 균일 혼합물　**4** 불균일 혼합물
5 질량　**6** 부피　**7** A=B>C　**8** 용해　**9** 용액
10 작다　**11** 용해도 곡선　**12** 크다　**13** 녹는점
14 어는점　**15** 에탄올　**16** 물
17 석유 가스<휘발유(나프타)<등유<경유<중유
18 액체 A<액체 B　**19** 고체 A<액체<고체 B　**20** 재결정
21 속도　**22** A　**23** C

Ⅳ. 물질의 구성

07 물질의 기본 구성

탐구A
068쪽

정리　1 ㉠ 전류 ㉡ 전류　　2 종류
3 ㉠ 수소 ㉡ 산소 ㉢ 원소 ㉣ 수소 ㉤ 산소

탐구B
069쪽

정리　1 ㉠ 질산 나트륨 ㉡ 질산 구리(Ⅱ) ㉢ 질산 바륨
2 ㉠ 금속 원소 ㉡ 종류 ㉢ 금속 원소

개념 확인 문제
070쪽

01 (1) ㄱ (2) ㄷ (3) ㄴ　　**02** (1) ○ (2) × (3) × (4) ○
03 ㄱ, ㄴ, ㄹ, ㅁ　　**04** (1) ㄴ (2) ㄱ (3) ㄹ (4) ㄷ (5) ㅁ
05 (1) ○ (2) ○ (3) × (4) × (5) ×
06 ㉠ 노란색 ㉡ 빨간색 ㉢ 주황색 ㉣ 황록색 ㉤ 청록색 ㉥ 파란색
07 (1) × (2) × (3) ○ (4) ○　　**08** (가), (다)

01
탈레스는 만물의 근원이 물이라고 주장하였으며, 아리스토텔레스는 물, 불, 흙, 공기가 모든 물질의 기본 성분이라고 주장하였다. 라부아지에는 물 분해 실험을 통해 물이 원소가 아님을 증명하였다.

02
바로 알기 | (2) 우리 주변에 존재하는 물질은 대부분 두 가지 이상의 원소로 이루어졌으므로 원소의 종류보다 물질의 종류가 더 많다.
(3) 현재까지 알려진 원소 중 자연에서 발견된 것은 90여 가지이고, 나머지는 인공적으로 만들어 낸 것이다.

03
물은 수소와 산소로 이루어진 물질이며, 소금은 염소와 나트륨으로 이루어진 물질이다.

04
(1) 수소는 가장 가벼운 원소로, 우주 왕복선의 연료로 이용된다.
(2) 헬륨은 가볍고 안전하여 비행선의 충전 기체로 이용된다.
(3) 철은 단단하므로 기계, 건축 재료로 이용된다.
(4) 규소는 반도체 소재에 이용된다.
(5) 구리는 전기가 잘 통하는 성질이 있어 전선에 이용된다.

05
바로 알기 | (3) 염화 구리(Ⅱ)와 질산 구리(Ⅱ)는 다른 물질이지만 같은 종류의 금속 원소가 포함되어 있으므로 불꽃 반응 색이 같다.
(4) 불꽃 반응 색이 비슷한 리튬과 스트론튬 같은 경우는 불꽃 반응으로 구별하기 어렵다.
(5) 불꽃 반응 색을 통해서는 비금속 원소는 확인할 수 없으며, 불꽃 반응 색을 나타내는 일부 금속 원소만 확인이 가능하다.

06
금속 원소를 포함한 물질에 불을 붙였을 때, 금속 원소의 종류에 따라 특정한 불꽃 반응 색이 나타난다.

07
바로 알기 | (1) 선 스펙트럼을 이용하면 불꽃 반응 색이 비슷한 원소라도 확실하게 구별이 가능하다.
(2) 금속 원소의 불꽃 반응 색을 분광기로 관찰하면 선 스펙트럼이 나타난다.

08
물질 X의 스펙트럼에 나타난 선에서 위로 점선을 그었을 때, 물질 X에 나타난 선과 동일한 선을 갖고 있는 원소 (가)와 원소 (다)는 물질 X에 포함된 원소이다. 하지만 물질 X의 스펙트럼에 원소 (나)의 스펙트럼에 나타난 선이 나타나지 않았으므로 물질 X에 원소 (나)는 포함되어 있지 않다.

개념 집중 문제　　자료 분석력 향상 문제
071쪽

1 해설 참조　**2** 탄산 칼슘−황산 칼슘, 염화 스트론튬−질산 스트론튬, 질산 나트륨−탄산 나트륨　**3** 염화 칼륨
4 염화 구리(Ⅱ)　　**5** 리튬　　**6** 스트론튬, 리튬

1
모범 답안 | 물은 수소와 산소로 분해되므로 원소가 아니다.

2
같은 종류의 금속 원소가 포함되어 있는 물질은 불꽃 반응 색이 같다. 따라서 탄산 칼슘과 황산 칼슘은 주황색, 염화 스트론튬과 질산 스트론튬은 진한 빨간색, 질산 나트륨과 탄산 나트륨은 노란색의 불꽃 반응 색이 나타난다.

3
불꽃 반응 색이 보라색인 금속 원소는 칼륨이므로 불꽃 반응 색이 보라색인 물질은 염화 칼륨이다.

4
불꽃 반응 색이 청록색인 금속 원소는 구리이므로 불꽃 반응 색이 청록색인 물질은 염화 구리(Ⅱ)이다.

5
물질 (가), (나)에 나타난 선과 동일한 선을 갖고 있는 리튬은 물질 (가), (나)에 공통으로 들어 있는 원소이다.

6

물질 (나)는 스트론튬과 리튬에 나타난 선 스펙트럼과 동일한 선 스펙트럼을 모두 갖고 있으므로 스트론튬과 리튬이 들어 있다.

08 물질을 구성하는 입자

탐구

075쪽

정리
1 ㉠ 작 ㉡ 원자핵 ㉢ 전자 ㉣ 원자핵
2 ㉠ 원자핵 ㉡ 전자

개념 확인 문제

076쪽

01 전자   **02** 원자핵   **03** ㉠ 같 ㉡ 중성
04 (1) × (2) × (3) ○ (4) ○   **05** (1) × (2) ○ (3) ○
06 ㉠ −4 ㉡ +8 ㉢ +12 ㉣ −12   **07** 분자
08 ㉠ 2 ㉡ 1   **09** (1) × (2) × (3) ○ (4) ×
10 (1) ○ (2) × (3) ○ (4) × (5) ×   **11** (1) 2 (2) 2 (3) 3 (4) 6
12 ㉠ 수소 ㉡ 염화 수소 ㉢ 메테인 ㉣ CH_4

01

원자는 (+)전하를 띠는 원자핵과 (−)전하를 띠는 전자로 이루어져 있다.

02

원자 질량의 대부분을 차지하는 것은 원자핵이고, 전자의 질량은 원자핵의 질량보다 무시할 수 있을 정도로 매우 작다.

03

원자는 원자핵의 (+)전하량과 전자의 총 (−)전하량이 같아 전기적으로 중성이다.

04

바로 알기 | (1) 원자는 전기적으로 중성을 띤다.
(2) 원자의 내부는 대부분 빈 공간이다.

05

바로 알기 | (1) (가)는 원자핵으로 (+)전하를 띠고, (나)는 전자로 (−)전하를 띤다.

06

원자는 원자핵의 (+)전하량과 전자의 총 (−)전하량이 같아 전기적으로 중성이다. 따라서 (가)에서는 원자핵의 전하량이 +4이므로 전자의 총 전하량은 −4이며, (나)에서는 전자의 총 전하량이 −8이므로 원자핵의 전하량은 +8이다. (다)에서는 전자의 개수가 12개로 전자의 총 전하량은 −12이고, 원자핵의 전하량은 +12이다.

07

분자는 원자가 결합하여 이루어진 물질로, 물질의 고유한 성질을 갖는 가장 작은 입자이다.

08

물 분자는 수소 원자 2개와 산소 원자 1개로 이루어져 있고 분자식으로는 H_2O로 나타낸다.

09

바로 알기 | (1) 모든 물질은 원소로 이루어져 있다.
(2) 분자는 원자가 결합하여 이루어진 것이다. 분자가 원자로 나누어지면 그 물질의 성질을 잃는다.
(4) 헬륨과 같이 원자 1개로 이루어진 분자도 있다.

10

바로 알기 | (2) 원소 기호는 세계 공통으로 원소를 표현하는 기호이다.
(4) 서로 다른 두 원소의 첫 글자가 같을 경우에는 원소 이름의 중간 글자를 사용하여 나타낸다.
(5) 칼륨의 원소 기호는 K이다.

11

(1) CO_2 분자 2개로 이루어져 있으므로 총 분자 수는 2개이다.
(2) 한 분자를 이루는 원소의 종류는 탄소(C)와 산소(O) 2종류이다.
(3) 한 분자를 구성하는 원자의 수는 탄소(C) 원자 1개와 산소(O) 원자 2개이므로 총 3개이다.
(4) 총 원자 수는 탄소(C) 원자 2개와 산소(O) 원자 4개로 총 6개이다.

12

H_2는 수소 분자, HCl은 염화 수소 분자, CH_4는 메테인 분자를 나타낸다. 분자 1개를 이루는 원자의 수는 H_2는 2개, HCl는 2개, CH_4은 5개이다.

개념 집중 문제   암기력 향상 문제

077쪽

1 해설 참조 2 해설 참조 3 해설 참조 4 해설 참조

1

원소 이름	원소 기호	원소 이름	원소 기호	원소 이름	원소 기호
수소	H	산소	O	황	S
헬륨	He	나트륨	Na	염소	Cl
탄소	C	마그네슘	Mg	칼륨	K
질소	N	알루미늄	Al	칼슘	Ca

2

원소 기호	원소 이름	원소 기호	원소 이름	원소 기호	원소 이름
Li	리튬	P	인	Ne	네온
Be	베릴륨	Cu	구리	Hg	수은
Fe	철	F	플루오린	Au	금
Pb	납	Si	규소	Zn	아연
Ar	아르곤	B	붕소	Mn	망가니즈

3

분자 모형					
분자식	H_2	NH_3	O_2	O_3	H_2O	H_2O_2

4

분자 이름	분자식	분자 이름	분자식	분자 이름	분자식
물	H_2O	오존	O_3	일산화 탄소	CO
수소	H_2	헬륨	He	이산화 탄소	CO_2
산소	O_2	암모니아	NH_3	과산화 수소	H_2O_2
질소	N_2	염화 수소	HCl	메테인	CH_4

09 이온의 형성

🔍 탐구A
080쪽

정리 1 ㉠ 보라 ㉡ (−)전하 2 ㉠ (−) ㉡ (+)

🔍 탐구B
081쪽

정리 1 ㉠ Ag^+ ㉡ NO_3^- ㉢ Na^+ ㉣ CO_3^{2-} ㉤ Na^+ ㉥ Cl^- ㉦ Ca^{2+} ㉧ Cl^- ㉨ Na^+ ㉩ NO_3^-
2 ㉠ Cl^-(염화 이온) ㉡ AgCl(염화 은)
3 ㉠ Ca^{2+}(칼슘 이온) ㉡ $CaCO_3$(탄산 칼슘)   4 이온

🔭 개념 확인 문제
082쪽

01 양이온 **02** 음이온 **03** (가) 음이온 (나) 원자 (다) 양이온
04 (1) ○ (2) × (3) × (4) × **05** (1) × (2) × (3) ○ (4) ○ **06** ㄱ, ㄴ
07 (1) 리튬 이온 (2) 양이온 (3) $Li \rightarrow Li^+ + \ominus$
08 앙금 생성 반응   **09** ㉠ 흰 ㉡ 염화 은
10 ㉠ 탄산 칼슘($CaCO_3$) ㉡ 흰   **11** (1) ○ (2) ○ (3) × (4) ×
12 (1) 황산 바륨, 흰색 (2) 아이오딘화 납, 노란색 (3) 황화 구리, 검은색

01

전기적으로 중성인 원자가 전자를 잃어서 (+)전하를 띠는 입자를 양이온이라고 한다.

02

전기적으로 중성인 원자가 전자를 얻어서 (−)전하를 띠는 입자를 음이온이라고 한다.

03

(가)는 원자핵의 전하량이 +3, 전자의 총 전하량이 −4로 원자핵의 전하량보다 전자의 총 전하량이 크므로 음이온이다. (나)는 원자핵의 전하량과 전자의 총 (−)전하량이 같으므로 원자이다. (다)는 원자핵의 전하량이 +5, 전자의 총 전하량이 −4로 원자핵의 전하량보다 전자의 총 전하량이 작으므로 양이온이다.

04

바로 알기 | (2) 원자가 전자를 잃으면 양이온이 된다.
(3) 이온은 전기적으로 중성인 원자가 전자를 잃거나 얻어서 전하를 띠게 된 입자이다.
(4) 나트륨은 전자 1개를 잃고 +1가의 양이온이 된다.

05

바로 알기 | (1) 원자는 전자 2개를 얻었다.
(2) 원자가 이온이 되어도 원자핵의 전하량은 변하지 않는다.

06

바로 알기 | ㄷ. 황화 이온의 이온식은 S^{2-}이다.
ㄹ. 바륨 이온의 이온식은 Ba^{2+}이다.

07

리튬 이온은 리튬 원자에서 전자 한 개를 잃어 양이온이 된다.

08

앙금 생성 반응은 서로 다른 수용액을 섞었을 때 이온들이 반응하여 앙금을 생성하는 반응이다.

09

염화 나트륨 수용액과 질산 은 수용액이 반응하면 염화 이온과 은 이온이 반응하여 흰색의 염화 은(AgCl) 앙금이 생성된다.

10

탄산 나트륨 수용액에 염화 칼슘 수용액을 떨어뜨리면 탄산 이온과 칼슘 이온이 반응하여 흰색의 탄산 칼슘($CaCO_3$) 앙금이 생성된다.

11

일반적으로 앙금을 생성하지 않는 이온에는 나트륨 이온(Na^+), 칼륨 이온(K^+), 암모늄 이온(NH_4^+), 질산 이온(NO_3^-) 등이 있다.

12

⑴ 황산 칼륨 수용액과 염화 바륨 수용액이 반응하면 황산 이온과 바륨 이온이 반응하여 흰색의 황산 바륨($BaSO_4$) 앙금이 생성된다.

⑵ 질산 납 수용액과 아이오딘화 칼륨 수용액이 반응하면 아이오딘화 이온과 납 이온이 반응하여 노란색의 아이오딘화 납(PbI_2) 앙금이 생성된다.

⑶ 염화 구리(Ⅱ) 수용액과 황화 나트륨 수용액이 반응하면 구리 이온과 황화 이온이 반응하여 검은색의 황화 구리(Ⅱ)(CuS) 앙금이 생성된다.

개념 집중 문제 | 암기력 향상 문제 083쪽

1 해설 참조 **2** 해설 참조

1

이온 이름	이온식	이온 이름	이온식
염화 이온	Cl^-	철 이온	Fe^{2+}
산화 이온	O^{2-}	수소 이온	H^+
황화 이온	S^{2-}	칼륨 이온	K^+
탄산 이온	$CO_3{}^{2-}$	칼슘 이온	Ca^{2+}
구리 이온	Cu^{2+}	황산 이온	$SO_4{}^{2-}$
나트륨 이온	Na^+	질산 이온	$NO_3{}^-$
암모늄 이온	$NH_4{}^+$	수산화 이온	OH^-
마그네슘 이온	Mg^{2+}	플루오린화 이온	F^-

2

양이온	음이온	앙금	앙금의 색깔
Pb^{2+}	I^-	$PbI_2 \downarrow$	노란색
	S^{2-}	$PbS \downarrow$	검은색
Ca^{2+}	$CO_3{}^{2-}$	$CaCO_3 \downarrow$	흰색
	$SO_4{}^{2-}$	$CaSO_4 \downarrow$	흰색
Ba^{2+}	$SO_4{}^{2-}$	$BaSO_4 \downarrow$	흰색
	$CO_3{}^{2-}$	$BaCO_3 \downarrow$	흰색
Ag^+	Cl^-	$AgCl \downarrow$	흰색
	I^-	$AgI \downarrow$	노란색
Cu^{2+}	S^{2-}	$CuS \downarrow$	검은색
Cd^{2+}	S^{2-}	$CdS \downarrow$	노란색
Zn^{2+}	S^{2-}	$ZnS \downarrow$	흰색

단원마무리 | 생각그물 완성하기 084~085쪽

❶ 원소 ❷ 리튬 ❸ 나트륨 ❹ 구리
❺ 연속 스펙트럼 ❻ 선 스펙트럼 ❼ 원자핵
❽ 전자 ❾ +3 ❿ −8 ⓫ 분자 ⓬ 1
⓭ 2 ⓮ 3 ⓯ H_2O ⓰ 양이온 ⓱ 음이온
⓲ Ag^+ ⓳ Cl^-

Ⅴ. 화학 반응의 규칙과 에너지 변화

10 물질 변화와 화학 반응식

탐구 091쪽

정리 **1** 물리 **2** 화학

개념 확인 문제 093쪽

01 ㉠ 변하지 않고 ㉡ 변한다 **02** 분자 **03** 같다
04 다르다 **05** ㄱ, ㄴ, ㅂ **06** 물리 **07** 화학
08 발생한다 **09** 흐르지 않는다
10 ⑴ ㄴ, ㄹ, ㅁ ⑵ ㄱ, ㄷ, ㅂ **11** ⑴ × ⑵ ○ ⑶ × ⑷ ×
12 화학 반응 **13** ㉠ 반응물 ㉡ 생성물
14 화학 반응식 **15** ㉠ 왼쪽 ㉡ 오른쪽 **16** 계수비
17 ⑴ 1, 2, 1, 2 ⑵ 2, 1, 2 **18** ⑴ ○ ⑵ × ⑶ ○ ⑷ × ⑸ ×

01

물리 변화는 물질의 고유한 성질은 변하지 않으면서 모양이나 상태가 변하는 현상, 화학 변화는 물질의 고유한 성질이 변하는 현상이다.

02

물리 변화가 일어날 때 물질을 이루는 원자의 배열은 변하지 않지만 분자의 배열이 변하여 물질의 모양이나 상태가 변한다.

03

물을 끓여 발생하는 수증기는 액체인 물이 기체인 수증기로 물리 변화한 것이므로 수증기는 물과 성질이 같다.

04

물을 전기 분해하는 것은 화학 변화로, 이 과정에서 발생하는 수소와 산소는 물과는 성질이 전혀 다른 새로운 물질이다.

05

바로 알기 | 기체가 액체로 변하거나, 분자의 이동, 물체의 길이가 짧아지는 것은 물리 변화가 일어날 때 나타나는 현상이다.

06

고체 상태의 설탕을 약한 불로 가열했을 때 액체 설탕이 되는 것은 상태 변화이므로 물리 변화이다.

07

액체 상태의 설탕을 계속 가열했을 때 설탕이 타서 검게 변하는 것은 새로운 물질로 변한 것이므로 화학 변화이다.

08

마그네슘 조각을 작게 자르더라도 마그네슘 고유의 성질은 변하지 않으므로 묽은 염산을 떨어뜨리면 기체가 발생한다.

09

마그네슘 조각을 태우면 산소와 반응하여 새로운 물질이 되므로 전기 전도계를 대고 전류를 측정하면 전류가 흐르지 않는다.

10

(1) 설탕이 물에 녹는 용해, 빈 음료수 캔을 찌그러뜨리는 것, 향수를 뿌리면 방안에 향기가 가득 퍼지는 확산은 물질의 고유한 성질이 변하지 않는 물리 변화이다.
(2) 양초가 타는 것, 깎아 놓은 과일의 색이 변하는 것, 달걀 껍데기에 식초를 뿌리면 기체가 발생하는 것은 물질의 고유한 성질이 변하는 화학 변화이다.

11

바로 알기 | (1) 물리 변화가 일어나면 물질을 이루는 분자의 종류는 같지만 분자의 배열이 변하여 모양이나 상태가 변한다.
(3) 화학 변화가 일어나면 물질을 이루는 원자의 배열이 변하므로, 분자의 종류는 변하지만 원자의 종류와 개수는 변하지 않는다.
(4) 탄산음료에 녹아 있던 이산화 탄소가 기체로 방출되는 것과 같은 현상은 물질의 상태 변화에 해당하는 물리 변화로, 기체가 발생한다고 해서 항상 화학 변화인 것은 아니다.

12

물질이 화학 변화를 하여 다른 성질을 가진 새로운 물질로 변하는 것을 화학 반응이라고 한다.

13

화학 반응이 일어나기 전의 물질을 반응물, 화학 반응의 결과로 만들어진 물질을 생성물이라고 한다.

14

복잡한 화학 반응도 쉽게 나타낼 수 있도록 화학식과 기호, 계수 등으로 나타낸 것을 화학 반응식이라고 한다.

15

화학 반응식에서 반응물은 화살표의 왼쪽, 생성물을 화살표의 오른쪽에 나타낸다.

16

화학 반응식에서 계수는 화학 반응에 참여하는 분자 수를 나타내므로, 화학 반응식에서 계수비는 화학 반응에 참여하는 분자 수의 비와 같다.

17

(1) 메테인의 연소 반응식은 $CH_4 + 2O_2 \longrightarrow CO_2 + 2H_2O$이다.
(2) 마그네슘의 연소 반응식은 $2Mg + O_2 \longrightarrow 2MgO$이다.

18

바로 알기 | (2) 화학 반응식을 작성할 때 반응물이나 생성물이 두 가지 이상일 경우 '+'로 연결한다.
(4) 화학 반응식을 작성할 때 반응 전후 원자의 종류와 개수가 맞지 않으면 계수를 이용하여 같게 한다.
(5) 화학 반응식을 통해 반응물과 생성물의 종류, 반응물과 생성물을 이루는 원자(분자)의 종류, 반응물과 생성물의 분자 수비는 알 수 있지만 물질의 성질은 알 수 없다.

개념 집중 문제 계산력 향상 문제 094쪽

1 1, 3, 2 **2** 2, 1, 2 **3** 2, 2, 1 **4** 1, 2, 1, 1 **5** 2, 1, 2
6 2, 2, 1 **7** 2, 1, 1, 1 **8** 1, 1, 2, 1 **9** $2C + O_2 \longrightarrow 2CO$
10 $N_2 + 2O_2 \longrightarrow 2NO_2$ **11** $Mg + 2HCl \longrightarrow MgCl_2 + H_2$
12 $C_2H_5OH + 3O_2 \longrightarrow 2CO_2 + 3H_2O$
13 $Na_2CO_3 + CaCl_2 \longrightarrow 2NaCl + CaCO_3$

1

질소 분자(N_2) 1개와 수소 분자(H_2) 3개가 반응하여 암모니아 분자(NH_3) 2개가 생성된다.

2

일산화 탄소 분자(CO) 2개와 산소 분자(O_2) 1개가 반응하여 이산화 탄소 분자(CO_2) 2개가 생성된다.

3

물 분자(H_2O) 2개가 분해되면 수소 분자(H_2) 2개와 산소 분자(O_2) 1개가 생성된다.

4

마그네슘(Mg) 1개와 염화 수소 분자(HCl) 2개가 반응하여 염화 마그네슘($MgCl_2$) 1개와 수소 분자(H_2) 1개 생성된다.

5

구리(Cu) 2개와 산소 분자(O_2) 1개가 반응하면 산화 구리(Ⅱ)(CuO) 2개가 생성된다.

6

과산화 수소(H_2O_2) 2개가 분해되면 물 분자(H_2O) 2개와 산소 분자(O_2) 1개가 생성된다.

7

탄산수소 나트륨($NaHCO_3$) 2개가 분해되면 탄산 나트륨(Na_2CO_3) 1개, 물 분자(H_2O) 1개, 이산화 탄소 분자(CO_2) 1개가 생성된다.

8

탄산 나트륨(Na_2CO_3) 1개와 염화 칼슘($CaCl_2$) 1개가 반응하여 염화 나트륨($NaCl$) 2개와 탄산 칼슘($CaCO_3$) 1개가 생성된다.

9

숯(C) 2개와 산소 분자(O_2) 1개가 불완전 연소하면 일산화 탄소 분자(CO) 2개가 생성된다.

10

질소 분자(N_2) 1개와 산소 분자(O_2) 2개가 반응하면 이산화 질소 분자(NO_2) 2개가 생성된다.

11

마그네슘(Mg) 1개와 염화 수소 분자(HCl) 2개가 반응하면 염화 마그네슘($MgCl_2$) 1개와 수소 분자(H_2) 1개가 생성된다.

12

에탄올(C_2H_5OH) 1개와 산소 분자(O_2) 3개가 반응하면 이산화 탄소 분자(CO_2) 2개와 물 분자(H_2O) 3개가 생성된다.

13

탄산 나트륨(Na_2CO_3) 1개와 염화 칼슘($CaCl_2$) 1개가 반응하면 염화 나트륨($NaCl$) 2개와 탄산 칼슘($CaCO_3$) 1개가 생성된다.

11 화학 반응의 규칙

탐구 A　099쪽

정리　**1** ㉠ 종류 ㉡ 개수　**2** ㉠ 받지 않으 ㉡ 같

탐구 B　100쪽

정리　**1** 4 : 1　**2** ㉠ 4 : 1 ㉡ 1.5
3 ㉠ 4 : 1 ㉡ 2.5 ㉢ 12.5

탐구 C　101쪽

정리　**1** 2 : 1　**2** ㉠ 온도 ㉡ 압력 ㉢ 기체
3 ㉠ 2 ㉡ 1 ㉢ 2 ㉣ 같

01 보존　**02** ㉠ 종류 ㉡ 개수　**03** 일정　**04** 일정하다
05 감소한다　**06** 증가한다　**07** 일정하다
08 (1) × (2) × (3) ○ (4) ○　**09** 질량비　**10** 개수비
11 ㉠ 화합물 ㉡ 혼합물　**12** ㉠ 3 ㉡ 2　**13** ㉠ 4 ㉡ 1
14 질량비　**15** 2　**16** (1) ○ (2) × (3) ○　**17** 부피
18 계수비　**19** 분자　**20** ㉠ 2 ㉡ 1 ㉢ 2
21 ㉠ 1 ㉡ 3 ㉢ 2　**22** (1) ○ (2) ○ (3) ○ (4) × (5) ×

01

질량 보존 법칙은 화학 반응이 일어날 때 반응물의 총 질량과 생성물의 총 질량이 같다는 법칙이다.

02

화학 반응이 일어날 때 물질을 이루는 원자의 종류와 개수가 변하지 않기 때문에 질량 보존 법칙이 성립한다.

03

앙금이 생성되는 반응이 일어날 때 반응 전 물질의 총 질량과 반응 후 물질의 총 질량은 같다.

04

열린 공간에서 황산 나트륨 수용액과 염화 바륨 수용액을 반응시키면 황산 바륨 앙금이 생성되므로 반응 전후 질량이 일정하다.

05

뚜껑이 없는 플라스크에 달걀 껍데기와 묽은 염산을 함께 넣으면 이산화 탄소 기체가 발생하여 공기 중으로 빠져나가므로 질량이 감소한다.

06

공기 중에서 강철솜을 연소시키면 공기 중의 산소와 결합하므로 질량이 증가한다.

07

닫힌 공간에서 나무를 연소시키면 질량은 변하지 않는다.

08

바로 알기 | (1) 질량 보존 법칙은 물리 변화와 화학 변화에서 모두 성립한다.
(2) 기체 발생 반응에서도 발생한 기체의 질량까지 모두 고려하면 질량 보존 법칙은 성립한다.

09

일정 성분비 법칙은 화학 반응을 거쳐 만들어진 화합물의 성분 원소 사이에는 항상 일정한 질량비가 성립한다는 법칙이다.

10

일정 성분비 법칙은 화합물이 생성될 때 화합물을 이루는 원자의 개수비가 항상 일정하기 때문에 성립한다.

11

일정 성분비 법칙은 모든 화합물에서는 성립하지만, 혼합물은 일정한 비율을 가진 물질이 아니므로 혼합물에서는 성립하지 않는다.

12

마그네슘과 산소가 반응하여 산화 마그네슘이 생성될 때 마그네슘과 산소는 3 : 2의 질량비로 반응한다.

13

구리와 산소가 반응하여 산화 구리(Ⅱ)가 생성될 때 구리와 산소는 4 : 1의 질량비로 반응한다.

14

아이오딘화 칼륨 수용액과 질산 납 수용액을 섞으면 아이오딘화 납 앙금이 생성되는데, 아이오딘화 납을 구성하는 납과 아이오딘 사이에는 일정한 질량비가 성립한다.

15

볼트(B) 4개와 너트(N) 4개로 만들 수 있는 BN_2 모형은 최대 2개이며, 볼트(B)가 2개 남는다.

16

바로 알기 | (2) 이산화 탄소는 화합물이므로 일정 성분비 법칙이 성립한다.

17

기체 반응 법칙은 일정한 온도와 압력에서 기체들이 반응하여 새로운 기체가 생성될 때 각 기체의 부피 사이에는 간단한 정수비가 성립한다는 법칙이다.

18

반응물과 생성물이 모두 기체인 경우 기체 사이의 부피비는 화학 반응식의 계수비와 같다.

19

일정한 온도와 압력에서 모든 기체는 같은 부피 속에 같은 수의 분자가 들어 있으므로, 기체의 부피비와 분자 수비는 같다.

20

일정한 온도와 압력에서 반응한 수소 기체와 산소 기체, 생성된 수증기의 부피 사이에는 항상 일정한 비(2 : 1 : 2)가 성립한다.
$$2H_2 + O_2 \longrightarrow 2H_2O$$

21

일정한 온도와 압력에서 반응한 질소 기체와 수소 기체, 생성된 암모니아 기체의 부피 사이에는 항상 일정한 비(1 : 3 : 2)가 성립한다. $N_2 + 3H_2 \longrightarrow 2NH_3$

22

바로 알기 | (4) 1 L로 부피가 같더라도 수소와 산소의 질량이 다르므로 밀도는 같지 않다.

(5) 일정한 온도와 압력에서 반응한 수소 기체와 염소 기체, 생성된 염화 수소 기체의 부피 사이에는 항상 일정한 비(1 : 1 : 2)가 성립하므로 2 L의 염화 수소를 만드는 데 사용된 수소의 부피는 1 L이다.

개념 집중 문제 | 자료 분석력 향상 문제 | 103쪽

1 (1) 염화 은 (2) 같다 　**2** (1) 마그네슘 : 산소=3 : 2 (2) 20 g
3 (1) 2 : 1 : 2 (2) B, 10 (3) 40

1

(1) 염화 나트륨 수용액과 질산 은 수용액을 섞으면 염화 은(흰색) 앙금이 생성된다.
(2) 원자의 종류와 개수가 변하지 않으므로 두 수용액을 섞기 전과 섞은 후의 질량은 같다.

2

(1) 산화 마그네슘 : 마그네슘=0.5 g : 0.3 g이므로 마그네슘과 반응하는 산소의 질량은 0.5 g − 0.3 g=0.2 g이다. 따라서 산화 마그네슘을 이루는 마그네슘과 산소의 질량비(마그네슘 : 산소)는 3 : 2이다.
(2) 공기 중에서 마그네슘 30 g을 완전히 연소시킬 때 필요한 산소의 질량은 20 g이다.

3

(1) 실험 (가)에서 반응하는 기체 A의 부피는 20 mL, 기체 B의 부피는 10 mL, 생성되는 기체 C의 부피는 20 mL이므로 부피비는 A : B : C=2 : 1 : 2이다.
(2) A : B : C=2 : 1 : 2=20 mL : 10 mL : 20 mL이므로, 기체 B가 10 mL 남는다.
(3) A : B : C=2 : 1 : 2=40 mL : 20 mL : 40 mL이므로, 생성되는 기체 C는 40 mL가 생성된다.

12 화학 반응에서의 에너지 출입

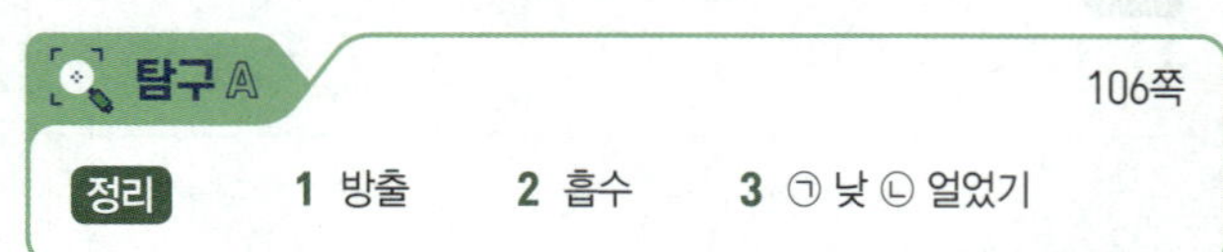

탐구 A | 106쪽
정리 　**1** 방출 　**2** 흡수 　**3** ㉠ 낮 ㉡ 얼었기

탐구 B | 107쪽
정리 　**1** ㉠ 산소 ㉡ 방출 　**2** ㉠ 흡수 ㉡ 낮아

01 에너지   **02** ㉠ 발열 ㉡ 높
03 (1) ○ (2) × (3) × (4) ○ (5) ×   **04** (1) ○ (2) ○ (3) ○ (4) ×
05 ㉠ 방출 ㉡ 발열   **06** 흡열   **07** 낮   **08** ㄴ, ㄷ, ㅂ
09 흡수   **10** ㉠ 흡수 ㉡ 낮   **11** 크다   **12** ㄴ, ㄹ

01

화학 반응이 일어날 때 반응물과 생성물이 가지고 있는 에너지 차이만큼 에너지를 방출하거나 흡수하므로 주변의 온도가 높아지거나 낮아진다.

02

화학 반응이 일어날 때 주변으로 에너지를 방출하는 반응을 발열 반응이라고 하며, 반응물의 에너지 합보다 생성물의 에너지 합이 작기 때문에 그 차이만큼 에너지를 방출하므로 주변의 온도가 높아진다.

03

그림은 주변으로 에너지를 방출하는 발열 반응의 모습을 나타낸 것이다.
바로 알기 | (2), (3), (5) 흡열 반응의 예이다.

04

바로 알기 | (4) 열량계에 염산을 넣고 온도를 측정한 후 수산화 나트륨 수용액을 넣었을 때 혼합 용액의 온도가 높아진다.

05

그림은 반응물의 에너지 합보다 생성물의 에너지 합이 작기 때문에 그 차이만큼 에너지를 방출하는 발열 반응을 나타낸 것이다.

06

화학 반응이 일어날 때 주변에서 에너지를 흡수하는 반응을 흡열 반응이라고 한다.

07

염화 암모늄과 수산화 바륨이 반응할 때는 주변으로부터 에너지를 흡수하므로 주변의 온도가 낮아진다.

08

바로 알기 | ㄱ, ㄹ, ㅁ. 주변으로 에너지를 방출하는 발열 반응의 예이다.

09

냉장고는 액체 냉매가 기화하는 과정에서 열에너지를 흡수하는 것을 이용한 것이다.

10

냉찜질 팩은 질산 암모늄과 물이 반응할 때 열에너지를 흡수하는 흡열 반응을 이용한 예로, 주변의 온도가 낮아지므로 열을 내리거나 통증을 완화시킨다.

11

탄산수소 나트륨의 분해 과정에서 생성물의 에너지 합은 반응물의 에너지 합보다 크기 때문에 그 차이만큼 열에너지를 흡수한다.

12

바로 알기 | ㄱ. 화석 연료가 연소할 때 방출하는 에너지를 이용하여 자동차를 움직이거나 난방을 한다.
ㄷ. 염화 칼슘이 물에 녹을 때 방출하는 에너지를 이용하여 도로의 눈을 녹인다. 이는 발열 반응의 예이다.

1 (가)   **2** ㄱ, ㄴ, ㄷ   **3** (가) 반응물의 에너지 합 > 생성물의 에너지 합 (나) 반응물의 에너지 합 < 생성물의 에너지 합
4 (가) 발열 반응 (나) 흡열 반응

1

(가)는 주변에서 에너지를 흡수하는 흡열 반응, (나)는 주변으로 에너지를 방출하는 발열 반응이다. 따라서 주변의 온도가 낮아지는 것은 흡열 반응(가)이다.

2

(나)는 발열 반응에서의 에너지 출입을 나타낸 것이다. ㄹ은 주변에서 에너지를 흡수하는 흡열 반응의 예이다.

3

(가)는 반응물의 에너지 합이 생성물의 에너지 합보다 크므로 주변으로 에너지를 방출하는 발열 반응, (나)는 반응물의 에너지 합이 생성물의 에너지 합보다 작으므로 주변에서 에너지를 흡수하는 흡열 반응이다.

4

(가)는 주변으로 에너지를 방출하는 발열 반응, (나)는 주변에서 에너지를 흡수하는 흡열 반응이다.

1 물리   **2** 배열   **3** 종류   **4** 화학   **5** 종류
6 CO_2 **7** 계수   **8** 질량 보존   **9** =
10 일정 성분비   **11** 3 : 2 : 5   **12** 4 : 1 : 5   **13** 기체 반응
14 2 : 1 : 2   **15** 1 : 3 : 2   **16** 계수비   **17** 방출   **18** 높
19 흡수   **20** 낮

I. 물질의 상태 변화

개념 완성 문제

부록 02~04쪽

01 ②, ③	**02** ③, ⑤	**03** ②	**04** ③	**05** ②
06 ②, ③	**07** ①	**08** ②	**09** ②	**10** ⑤
11 ⑤	**12** ②	**13** ④	**14** ⑤	**15** ③
16 ②	**17** ②			

01 물질의 세 가지 상태

(가)는 액체, (나)는 고체, (다)는 기체이다.
바로 알기 | ① 입자 배열이 가장 규칙적인 것은 고체(나)이다.
④, ⑤ 압축되는 정도가 가장 크며 입자 사이의 인력이 가장 약한 것은 기체(다)이다.

02 물질의 세 가지 상태의 예

(가)는 액체로, 담는 그릇에 따라 모양과 부피가 변하며 흐르는 성질이 있다. 헬륨은 기체, 밀가루와 나무는 고체, 식용유와 물은 액체에 해당한다.

03 물질의 상태 변화

A는 승화(고체→기체), B는 승화(기체→고체), C는 기화, D는 액화, E는 융해, F는 응고이다.

04 물질의 상태 변화의 예

A는 고체에서 기체로 상태 변화하는 승화이다. 따라서 이에 해당하는 예로는 옷장 속 나프탈렌의 크기가 작아지는 현상이 있다.
바로 알기 | ① 이른 새벽에 안개가 생기는 것은 기체가 액체로 상태 변화하는 액화이다.
② 프라이팬 위의 버터가 녹는 것은 고체가 액체로 상태 변화하는 융해이다.
④ 물을 계속 끓이면 물의 양이 줄어드는 것은 액체가 기체로 상태 변화하는 기화이다.
⑤ 구름 속 수증기가 얼어 눈 결정이 되는 것은 기체가 고체로 상태 변화하는 승화이다.

05 물질의 상태 변화의 예

향수병의 향수가 점점 줄어드는 것은 액체에서 기체로 상태 변화하는 기화(C)이다.

06 양초의 연소와 상태 변화

(가)에서는 기화, (나)에서는 융해, (다)에서는 응고가 일어난다.
바로 알기 | ① (가)에서는 액체가 기체로 상태 변화하는 기화가 일어나므로, 입자의 운동이 더 활발해진다.

④ (다)에서는 액체가 고체로 상태 변화하는 응고가 일어나므로, 입자 사이의 인력이 더 강해진다.
⑤ (나)에서는 고체가 액체로 상태 변화하는 융해가 일어나며, 헤어드라이어로 젖은 머리카락을 말리는 것은 기화이다.

07 물질의 상태 변화에 따른 여러 가지 변화

상태 변화가 일어나도 물질을 이루는 입자의 종류나 개수, 모양, 크기 등이 변하지 않기 때문에 물질의 질량과 성질도 변하지 않는다.

08 물질의 상태 변화에 따른 여러 가지 변화

ㄷ. 물질의 상태가 변해도 물질을 구성하는 입자의 개수는 변하지 않는다.
바로 알기 | ㄱ. 녹은 양초가 고체로 상태가 변했으므로, 양초의 부피는 (가)보다 (나)에서 더 작다.
ㄴ. 물질의 상태가 변해도 물질의 질량은 변하지 않는다.

09 아이오딘의 승화

A에서는 기체 아이오딘이 고체 아이오딘으로 승화하며, B에서는 고체 아이오딘이 기체 아이오딘으로 승화한다.
② 늦가을 아침 들판에 서리가 내리는 것은 기체가 고체로 상태 변화하는 승화 현상이다.
바로 알기 | ① 겨울철 호수가 꽁꽁 어는 것은 액체가 고체로 변하는 응고 현상이다.
③, ④ 초콜릿을 손에 쥐면 녹는 것, 용광로에서 철이 녹아 쇳물이 되는 것은 고체가 액체로 변하는 융해 현상이다.
⑤ 손등에 떨어뜨린 에탄올이 증발하는 것은 액체가 기체로 변하는 기화 현상이다.

10 상태 변화에 따른 입자 운동과 배열

융해(A), 기화(C), 승화(고체→기체)(E) 시 물질은 열에너지를 흡수하여 입자 운동이 활발해지고, 입자 배열이 불규칙해지면서 상태 변화가 일어난다.

11 열에너지를 방출하는 상태 변화

응고(B), 액화(D), 승화(기체→고체)(F)가 일어날 때에는 주변으로 열에너지를 방출하므로 주변의 온도가 높아진다.

12 물질을 가열할 때의 온도 변화

② B 구간은 고체가 액체로 융해되는 구간이므로, 융해열을 흡수한다.
바로 알기 | ① 얼음의 녹는점은 0 ℃이다.
③ A 구간에서는 얼음, C 구간에서는 물로 존재하므로 부피는 A보다 C가 더 작다.
④ D 구간에서도 열에너지를 흡수하지만 상태 변화에 열에너지가 모두 쓰이기 때문에 온도는 일정하게 유지된다.
⑤ 가해준 열에너지가 상태 변화에 이용되는 구간은 B와 D 구간이다.

13 물질을 냉각할 때의 온도 변화

바로 알기 | ④ B 구간에서는 액체에서 고체로 상태가 변하는 응고가 일어나므로, 응고열을 방출한다.

14 에탄올을 가열할 때의 상태 변화

ㄱ, ㄴ. A에서는 기화, B에서는 액화가 일어난다. 따라서 B에서는 에탄올이 액화열을 방출한다.

ㄷ. (나)에서 온도가 78.1 °C에서 일정해지는 까닭은 가해진 열에너지가 에탄올이 액체에서 기체로 기화하는 데 모두 사용되었기 때문이다.

15 녹는점과 끓는점

끓는점이 상온(25 °C)보다 낮은 물질은 상온에서 기체 상태, 녹는점은 상온보다 낮고 끓는점은 상온보다 높은 물질은 액체 상태, 녹는점이 상온보다 높은 물질은 고체 상태이다.

16 고체 물질의 가열, 냉각 곡선

② 어떤 고체 물질이 융해하는 상태 변화 구간인 BC 구간에서는 액체와 고체가 함께 존재한다.

바로 알기 | ① 융해열 흡수는 BC 구간에서 일어난다.

③ BC 구간의 온도가 녹는점에 해당한다.

④ EF 구간에서는 응고 현상만 일어난다.

⑤ FG 구간에서는 상태 변화가 일어나지 않는다.

17 상태 변화에 따른 열에너지의 이용

에어컨의 실내기에서는 기화열을 흡수하여 방 안을 시원하게 하며, 실외기에서는 액화열을 방출하여 뜨거운 바람이 발생한다.

🍎 실력 향상 문제
부록 05쪽

01 ④	**02** ①	**03** ③	**04** ⑤

01 물질의 상태 변화에 따른 질량 변화

ㄴ. 고체인 초콜릿이 액체로 상태가 변했으므로, 이 실험에서 일어난 상태 변화는 융해이다.

ㄷ. 상태 변화가 일어나도 물질을 이루는 입자의 종류나 개수, 모양, 크기 등이 변하지 않기 때문에 초콜릿을 이루는 입자의 성질은 초콜릿이 녹기 전과 녹은 후가 같다.

바로 알기 | ㄱ. 상태 변화가 일어나도 물질을 이루는 입자의 종류나 개수, 모양, 크기 등이 변하지 않기 때문에 물질의 질량과 성질도 변하지 않는다. 따라서 녹은 초콜릿을 식혀도 질량은 변하지 않는다.

02 물질의 상태 변화에 따른 질량과 성질의 변화

ㄱ. 액체인 아세톤이 기체로 상태가 변하였으므로, 아세톤 입자 사이의 거리가 멀어진다.

바로 알기 | ㄴ. 아세톤이 기화하더라도 물질을 이루는 입자의 종류나 개수, 모양, 크기 등이 변하지 않기 때문에 물질의 질량과 성질도 변하지 않는다.

ㄷ. 드라이아이스의 크기가 점점 작아지는 것은 고체가 기체로 상태 변화하는 승화 현상이다.

03 물의 상태 변화에 따른 질량과 성질의 변화

ㄱ. 염화 코발트 종이는 건조할 때는 푸른색을 띠지만, 물을 흡수하면 붉은색으로 변한다. 실험 결과 (가)와 (다)에서 푸른색 염화 코발트 종이는 모두 붉게 변한다.

ㄴ. (나)에서 얼음이 담긴 시계 접시 아래쪽에서는 수증기가 액화하여 물방울이 맺힌다.

바로 알기 | ㄷ. (가)와 (다)에서 푸른색 염화 코발트 종이가 모두 붉은색으로 변한 것으로 보아 물의 상태가 변해도 물의 성질은 그대로 유지된다는 것을 알 수 있다.

04 물질을 가열할 때의 온도 변화

ㄱ. A와 B에 열에너지가 가해지므로 A와 B의 입자 사이의 인력은 약해진다.

ㄴ. 액체의 가열 곡선에서 온도가 일정하게 유지되는 구간의 온도가 끓는점이다. 따라서 끓는점은 A가 B보다 낮다.

ㄷ. A와 B는 끓는점이 다르므로 서로 다른 종류의 액체이다.

🧠 서술형 문제
부록 06쪽

01 물질의 상태에 따른 입자 배열

모범 답안 | (나)−(다)−(가)

해설 | (가)는 기체, (나)는 고체, (다)는 액체이다. 입자 사이의 인력은 고체＞액체＞기체 순으로 강하다.

02 물질을 가열할 때의 온도 변화

모범 답안 | A : 액체, B : 액체＋기체, C : 기체

해설 | 액체 물질을 가열하면 온도가 점점 높아지다가 일정해지는 구간이 나타나는데, 이 구간에서 물질의 상태 변화가 일어난다. 따라서 B는 액체가 기체로 상태가 변하는 구간이다.

03 물질의 상태 변화에 따른 부피 변화

모범 답안 | 승화(고체→기체), 드라이아이스가 승화되면서 입자 배열이 매우 불규칙적으로 변하고, 입자 사이의 거리가 멀어져 부피가 증가하기 때문이다.

채점 기준	배점
상태 변화의 종류와 그렇게 생각한 까닭을 모두 옳게 서술한 경우	100 %
상태 변화의 종류만 옳게 쓴 경우	30 %

04 물질의 상태에 따른 부피 변화

모범 답안 | 물은 액체이기 때문에 거의 압축되지 않지만, 공기는 기체이기 때문에 입자 사이의 거리가 매우 멀어 입자 사이에 빈 공간이 많다. 따라서 물보다 공기가 압축이 잘 되어 부피가 크게 줄어든다.

채점 기준	배점
공기의 상태와 입자 사이의 거리를 관련지어 옳게 서술한 경우	100 %
공기의 상태와 입자 사이의 거리를 관련지어 서술하지 못한 경우	0 %

05 열에너지를 흡수하는 상태 변화의 이용

모범 답안 | 젖은 모래에 있는 물이 기화하면서 주변으로부터 열을 흡수하는 원리이다. 예로는 여름철 마당에 물을 뿌리면 주위가 시원해진다. 몸에 열이 날 때 물수건으로 몸을 닦으면 체온이 낮아진다. 등이 있다.

해설 | 젖은 모래의 물이 항아리의 작은 구멍을 통해 바깥으로 나올 때 물이 기화하면서 기화열을 흡수하여 항아리 안쪽의 온도가 낮아지므로 음식물을 시원하게 보관할 수 있다.

채점 기준	배점
항아리에 이용된 원리와 항아리와 같은 원리로 설명할 수 있는 실생활의 예를 모두 옳게 서술한 경우	100 %
둘 중 한 가지만 서술한 경우	50 %

06 열에너지를 방출하는 상태 변화의 이용

모범 답안 | 액화열 방출, 여름철 소나기가 내리기 전에 날씨가 후텁지근하게 느껴진다. 목욕탕 안이 습기 때문에 후텁지근하다. 등

해설 | 구름은 아주 작은 물방울로 이루어져 있다. 따라서 구름이 만들어지기 위해서는 공기 중의 수증기가 물로 변하는 액화가 일어나야 하며, 이때 액화열을 방출한다.

채점 기준	배점
열에너지의 출입과 예를 모두 옳게 서술한 경우	100 %
둘 중 한 가지만 옳게 서술한 경우	30 %

Ⅱ. 기체의 성질

개념 완성 문제

부록 07~09쪽

01 ③	02 ④	03 ②	04 ③	05 ①
06 ⑤	07 ③	08 ③, ④	09 ④	10 ③
11 ④	12 ③	13 ②	14 ⑤	15 ③
16 ④	17 ④	18 ③	19 ⑤	20 ①, ⑤

01 입자의 운동

① 물질을 이루는 입자는 스스로 끊임없이 움직인다.
② 입자 운동의 증거로 증발, 확산 등이 있다.
④ 우리 주변의 모든 물질은 매우 작은 입자로 이루어져 있다.
⑤ 입자는 눈에 보이지 않아서 간단한 모형을 사용하여 입자의 운동을 나타낼 수 있다.
바로 알기 | ③ 온도가 높을수록 입자의 운동이 활발해진다.

02 기체를 이루는 입자

ㄴ. 피스톤을 누르면 공기 입자 사이의 빈 공간이 줄어들어 입자 사이의 거리가 가까워진다.
ㄷ. 입자의 종류와 개수, 입자의 모양과 크기는 피스톤을 누르기 전과 같다.
바로 알기 | ㄱ. 공기 입자의 크기는 피스톤을 누르기 전과 같다.

03 확산

② 꽃향기가 공기 중으로 퍼지는 것은 확산에 의한 현상으로 입자가 스스로 운동하는 증거가 될 수 있다.
바로 알기 | ① 난로 주변이 따뜻해지는 것은 복사에 의한 현상으로 입자 운동의 증거가 될 수 없다.
③ 노래 소리가 멀리 퍼져 나가는 것은 파동에 의한 현상으로 입자 운동의 증거가 될 수 없다.
④ 폭포수가 위에서 아래로 떨어지는 것은 중력에 의한 현상으로 입자 운동의 증거가 될 수 없다.
⑤ 불에 올려둔 주전자 안의 물이 사라지는 것은 끓음 현상으로 입자 운동의 증거가 될 수 없으며, 외부에서 가해준 열에 의해 발생한다.

04 확산에 영향을 주는 요인

① 확산은 물질을 이루는 입자가 스스로 운동하여 모든 방향으로 퍼져 나가는 현상이다.
② 온도와 상태가 같을 때 입자의 질량이 클수록 확산이 느리게 일어난다.
④ 기체 입자는 액체 입자보다 입자의 운동이 활발하기 때문에 기체 입자가 액체 입자보다 더 빠르게 확산된다.
⑤ 확산이 일어나도 입자의 개수는 일정하다.
바로 알기 | ③ 진공 속에서는 확산을 방해하는 입자가 없으므로 확산이 더 잘 일어난다.

05 확산의 예

바로 알기 | ① 젖은 빨래가 마르는 것은 증발 현상의 예이다.

06 확산

ㄱ. 증발은 개체를 이루고 있는 입자가 스스로 운동하여 액체 표면에서 기체로 변하는 현상이다.

ㄴ. 향수 입자가 증발하여 공기 중으로 퍼져 나가 공기 입자와 서로 충돌하기도 한다.

ㄷ. 향수 입자가 스스로 운동하여 증발하고 공기 중으로 확산되기 때문에 시간이 지나면 멀리서도 향수 냄새를 맡을 수 있다.

07 암모니아 기체의 확산

ㄱ. 암모니아수를 중심으로 모든 방향으로 색깔이 변하며, 이로 인해 암모니아 입자는 모든 방향으로 운동한다는 것을 알 수 있다.

ㄷ. 페트리 접시를 가열하면 암모니아 입자의 확산 속도가 빨라지므로 솜의 색깔이 더 빨리 변한다.

바로 알기 | ㄴ. 암모니아수와 가까운 쪽에 있는 솜부터 차례대로 붉은색으로 변한다.

08 어항 속의 물 증발

① 증발은 액체를 이루고 있는 입자가 스스로 운동하여 액체 표면에서 기체로 변하는 현상이다.

② 그림은 어항 속의 물 증발 모형을 나타낸 것으로, 증발은 입자의 운동에 의해 나타나는 현상이다.

⑤ 증발 현상을 이용하여 염전에서는 바닷물을 가두어 소금을 얻는다.

바로 알기 | ③ 증발은 액체 표면에서 일어나며, 액체 표면과 내부에서 일어나는 현상은 끓음 현상이다.

④ 증발은 온도가 높을수록, 습도가 낮을수록 잘 일어난다.

09 증발의 예

바로 알기 | ④ 빵집 근처에 가면 빵 냄새가 나는 것은 확산 현상의 예이다.

10 아세톤의 증발

ㄱ. 액체로부터 나온 아세톤 입자들이 스스로 운동하여 증발하고, 공기 중으로 확산하여 퍼져 나가기 때문에 거름종이 주위에서 아세톤 냄새가 난다.

ㄷ. 증발은 바람이 강할수록 잘 일어나기 때문에 실험 장소에 바람을 불어주면 아세톤의 증발이 잘 일어나므로 저울이 수평으로 돌아오는 시간을 줄일 수 있다.

바로 알기 | ㄴ. 증발이 일어날 때 아세톤 입자의 크기는 변하지 않는다.

11 압력의 크기 비교

ㄴ. (나)와 (다)는 스펀지에 닿는 벽돌의 면적이 같으므로, 스펀지가 힘을 받는 면적은 (나)와 (다)가 같다.

ㄷ. 스펀지에 닿는 벽돌의 면적이 같을 때, 작용하는 힘의 크기가 클수록 압력이 더 크다. 따라서 압력은 작용하는 힘의 크기가 더 작은 (나)가 (다)보다 작다.

바로 알기 | ㄱ. 스펀지에 작용하는 힘의 크기는 (가)와 (나)가 같다.

12 기체의 압력

① 기체 입자가 끊임없이 운동하면서 물체에 충돌할 때, 물체의 일정한 넓이에 작용하는 힘을 기체의 압력이라고 한다.

② 기체의 압력은 모든 방향으로 같은 크기의 힘이 작용한다.

④ 기체의 압력은 기체의 부피와 온도가 같을 때 기체 입자의 개수가 많을수록 커진다.

⑤ 혈압계는 팔에 두른 공기 주머니에 공기가 채워지면서 팔에 힘을 가하여 혈압을 측정하는 것으로, 기체의 압력을 이용하는 예이다.

바로 알기 | ③ 기체의 압력은 기체 입자의 개수와 온도가 같을 때 기체의 부피가 작을수록 커진다.

13 기체의 압력과 부피(보일 법칙)

② B가 A로 변할 때 부피는 40 mL에서 80 mL로 증가한다.

바로 알기 | ① 일정한 온도에서 기체의 압력이 변할 때 기체 입자의 개수는 일정하다.

③ B가 C로 변할 때 압력은 2기압에서 4기압으로 증가한다.

④ $P_{처음} \times V_{처음} = P_{나중} \times V_{나중}$이므로 A의 값을 대입하면 1기압 $\times 80$ mL $= 4$기압 $\times V_{나중}$, B의 값을 대입하면 2기압 $\times 40$ mL $= 4$기압 $\times V_{나중}$이다. 따라서 C의 부피는 20 mL이다.

⑤ 부피가 클수록 기체 입자 사이의 거리가 멀다. 따라서 기체 입자 사이의 거리가 가장 먼 것은 부피가 가장 큰 A이다.

14 보일 법칙과 입자 운동

그림은 일정한 온도에서 압력을 증가시켰을 때 기체의 부피 변화를 나타낸 것으로, 외부 압력이 증가하면 기체의 부피가 감소하여 기체 입자 사이의 거리가 감소하고 기체 입자의 충돌 횟수가 증가하며, 기체의 압력은 증가한다.

바로 알기 | ⑤ 기체 입자의 운동 속도는 온도의 영향을 받는데, 일정한 온도에서 압력을 변화시켰으므로 기체 입자의 운동 속도는 변하지 않는다.

15 압력에 따른 고무풍선의 크기 변화

ㄱ, ㄷ. 피스톤을 잡아당기면 고무풍선에 가해지는 압력이 감소하여 고무풍선의 크기가 커지고, 고무풍선 속 공기 입자의 충돌 횟수는 감소한다.

바로 알기 | ㄴ. 피스톤을 잡아당기면 주사기 속 공기의 압력이 감소한다.

16 보일 법칙

$P_{처음} \times V_{처음} = P_{나중} \times V_{나중}$이므로, 5기압 $\times 4$ L $= 2$기압 $\times V_{나중}$에서 $V_{나중} = 10$ L이다.

17 보일 법칙

$P_{처음} \times V_{처음} = P_{나중} \times V_{나중}$ 이므로, 1기압 × 28 mL = $P_{나중}$ × 7 mL 에서 $P_{나중}$ = 4기압이다.

18 기체의 온도와 부피(샤를 법칙)

ㄷ. 일정한 압력에서 온도가 높아지면 입자의 운동이 활발해지면서 입자 사이의 거리가 증가하여 부피가 증가하므로, 기체 입자의 운동 속도는 온도가 높은 B가 A보다 빠르다.

바로 알기 | ㄱ, ㄴ. 일정한 압력에서 온도가 높아져도 기체 입자의 질량과 기체 입자의 크기는 변하지 않는다.

19 기체의 온도와 부피(샤를 법칙)

⑤ 온도가 높아지면 기체 입자의 충돌 세기가 증가한다.

바로 알기 | ①, ④ 온도가 높아지면 기체 입자의 운동 속도가 증가하고, 기체 입자의 충돌 세기와 횟수가 증가하여 기체의 부피가 증가한다.

② 온도가 높아져도 출입한 기체 입자가 없으므로, 기체 입자의 개수는 변하지 않는다.

③ 온도가 높아지면 기체의 부피가 증가하므로 기체 입자 사이의 거리가 증가한다.

20 샤를 법칙과 관련된 현상

샤를 법칙은 기체의 온도와 부피 관계를 나타낸 법칙이다.

바로 알기 | ①, ⑤ 기체의 압력과 부피 관계를 나타낸 보일 법칙과 관련된 현상이다.

실력 향상 문제

부록 10쪽

01 ② **02** ③ **03** ⑤ **04** ③

01 염화 수소와 암모니아의 확산

ㄷ. 진공 속에서는 확산을 방해하는 입자가 없으므로 더 빠르게 확산된다. 따라서 유리관이 진공이라면 흰 연기가 생기는 속도가 빨라진다.

바로 알기 | ㄱ. 입자의 질량이 작을수록 같은 시간 동안 더 멀리 이동하여 확산이 빠르게 일어난다. 흰 연기의 띠가 진한 염산을 묻힌 솜 쪽에 가깝게 발생하였으므로, 암모니아 입자가 염화 수소 입자보다 질량이 작다.

ㄴ. 입자는 흰 연기의 띠가 생긴 후에도 끊임없이 확산된다.

02 증발

ㄱ. 일정 시간이 지난 후, 물을 떨어뜨린 쪽으로 저울이 기운 까닭은 에탄올이 물보다 증발 속도가 빠르기 때문이다.

ㄷ. 오랜 시간이 지나면 에탄올과 물이 모두 증발하기 때문에 윗접시저울은 수평이 될 것이다.

바로 알기 | ㄴ. 에탄올 입자는 입자의 종류가 변하는 것이 아니라 에탄올의 액체 입자가 기체 입자로 변하여 공기 중으로 날아간다.

03 기체의 압력과 부피(보일 법칙)

ㄱ. 일정한 온도에서 압력이 변해도 기체 입자의 개수는 변하지 않는다.

ㄴ, ㄷ. 온도가 일정할 때 일정한 양의 기체의 부피는 압력에 반비례하므로, 기체의 압력이 $\frac{1}{2}$배로 줄어들면 기체의 부피는 2배가 되고, 기체 입자의 충돌 횟수는 줄어든다.

04 기체의 온도와 부피(샤를 법칙)

ㄱ. (가)에서 뜨거운 물에 의해 온도가 높아져 인형 속 공기의 부피가 증가하므로 인형 속의 공기가 밖으로 빠져나온다.

ㄴ. (나)에서 찬물에 의해 온도가 낮아져 인형 속 공기의 부피가 감소하므로 찬물이 인형 속으로 들어간다.

바로 알기 | ㄷ. (다)에서 부어주는 물이 뜨거울수록 인형 속 공기의 부피가 빠르게 증가하여 물이 더 세게 나온다.

서술형 문제

부록 11쪽

01 확산에 영향을 주는 요인

모범 답안 | (다) — (가) — (나)

해설 | 잉크를 물에 떨어뜨리면 잉크 입자가 스스로 운동하여 모든 방향으로 퍼져 나가기 때문에 물 전체가 잉크색이 되며, 이를 확산이라고 한다. 온도가 높을수록 확산이 빠르게 일어나므로, (다) — (가) — (나) 순으로 잉크가 빨리 퍼져 나간다.

02 기체의 온도와 부피(샤를 법칙)

모범 답안 | 샤를 법칙

해설 | 샤를 법칙은 압력이 일정할 때 일정한 양의 기체의 부피는 온도가 높아지면 일정한 비율로 증가하는 것을 말한다. 차가운 빈 병의 입구에 물을 묻히고 동전을 올린 후에 병을 양손으로 감싸 쥐었을 때 동전이 움직이는 현상은 차가웠던 빈 병 내부의 공기가 따뜻해지면서 공기의 부피가 늘어나 동전을 밀어내기 때문에 나타나며, 이는 샤를 법칙과 관련이 있다.

03 증발에 영향을 주는 요인

모범 답안 | (나), 표면적이 넓을수록 증발이 일어날 수 있는 부분의 넓이가 넓어지므로 증발이 더 잘 일어난다. 따라서 표면적이 넓은 (나)의 우산이 (가)보다 더 빨리 마른다.

채점 기준	배점
우산이 마르는 속도가 더 빠른 것과 그 까닭을 모두 옳게 서술한 경우	100 %
우산이 마르는 속도가 더 빠른 것만 옳게 쓴 경우	30 %

**04 압력의 크기

04 압력의 크기

모범 답안 | A, 같은 크기의 힘이 작용할 때 힘을 받는 면적이 좁을 수록 압력이 커지므로, 압력은 A가 B보다 크다.

채점 기준	배점
압력의 크기가 더 큰 것과 그 까닭을 모두 옳게 서술한 경우	100 %
압력의 크기가 더 큰 것만 옳게 쓴 경우	30 %

05 보일 법칙과 입자 운동

모범 답안 | 감압 용기 안의 공기를 빼내면, 감압 용기 안 공기 입자의 개수가 줄어들어서 감압 용기 안 기체의 압력이 감소하고, 고무풍선 속 공기의 부피는 커진다. 따라서 고무풍선 속 기체 입자 사이의 거리는 증가한다. 한편, 온도가 일정하므로 기체 입자의 운동 속도는 일정하다.

채점 기준	배점
세 가지 모두 옳게 서술한 경우	100 %
세 가지 중 두 가지만 옳게 서술한 경우	70 %
세 가지 중 한 가지만 옳게 서술한 경우	30 %

06 기체의 온도와 부피(샤를 법칙)

모범 답안 | A, 플라스크를 뜨거운 물에 넣으면 플라스크 안의 온도가 상승하여 기체의 부피가 증가하기 때문에 잉크 방울을 A쪽으로 밀어낸다.

채점 기준	배점
잉크 방울의 이동 방향과 그 까닭을 모두 옳게 서술한 경우	100 %
잉크 방울의 이동 방향만 옳게 쓴 경우	30 %

Ⅲ. 물질의 특성

개념 완성 문제

부록 12~16쪽

01 ⑤	**02** ②	**03** ④	**04** ④	**05** ②
06 ②	**07** ①	**08** ③	**09** ②	**10** ②
11 ①	**12** ④	**13** ⑤	**14** ④	**15** ③
16 ④	**17** ⑤	**18** ④	**19** ①	**20** ②
21 ③	**22** ②	**23** ④	**24** ②	**25** ③
26 ③				

01 순물질과 혼합물

(가)는 한 종류의 물질로 이루어진 순물질이고, (나)는 성분 물질이 고르게 섞여 있는 균일 혼합물, (다)는 성분 물질이 고르게 섞여 있지 않은 불균일 혼합물이다. 순물질(가)은 물, 에탄올, 염화 나트륨, 다이아몬드, 산소가 해당되고, 균일 혼합물(나)은 공기, 합금이 해당되며, 불균일 혼합물(다)은 우유, 과일주스가 해당된다.

02 순물질과 혼합물의 이용

땜납과 퓨즈는 녹는점이 높은 납에 주석을 섞어 녹는점을 낮춤으로써 낮은 열에도 쉽게 녹는 성질을 이용한 것이다.

03 물질의 특성

물질의 특성은 물질의 여러 가지 성질 중에서 그 물질만이 갖는 고유한 성질이며, 색깔, 냄새, 녹는점, 어는점, 끓는점, 밀도, 용해도 등이 해당된다. 부피, 질량, 무게, 길이, 농도는 물질의 특성에 해당하지 않는다.

04 밀도

밀도는 $\dfrac{\text{질량}}{\text{부피}}$이다. 금속 조각의 질량은 66 g, 부피는 25 mL이므로, 밀도는 $\dfrac{66\,\text{g}}{25\,\text{mL}}=2.64\,\text{mL}$이다.

05 밀도의 비교

ㄴ. 밀도는 A가 B보다 작다. 밀도는 $\dfrac{\text{질량}}{\text{부피}}$이므로, 두 공의 부피가 같을 때 질량은 밀도가 작은 A가 B보다 작다.

바로 알기 | ㄱ. 밀도가 큰 물질은 아래로 가라앉고, 밀도가 작은 물질은 위로 뜬다. 따라서 물 위에 뜬 A의 밀도는 물의 밀도보다 작다.

ㄷ. 밀도는 물질의 특성이므로, 크기가 달라지더라도 밀도는 일정하다. 따라서 B의 크기가 $\dfrac{1}{2}$이 되더라도 B는 물 아래에 가라앉는다.

06 여러 가지 물질의 밀도

ㄴ. B의 밀도는 $\dfrac{8\,\text{g}}{5\,\text{mL}}=1.6\,\text{g/mL}$, C의 밀도는 $\dfrac{6\,\text{g}}{4\,\text{mL}}=1.5\,\text{g/mL}$이다. 따라서 밀도는 B가 C보다 크다.

바로 알기 | ㄱ. 밀도는 $\dfrac{질량}{부피}$으로, 부피-질량 그래프에서 기울기가 작을수록 밀도가 작다. 따라서 밀도가 가장 작은 물질은 E이다.
ㄷ. 밀도는 물질의 특성으로, 밀도가 같으면 같은 물질이다. D의 밀도는 $\dfrac{4\,g}{2\,mL}=2.0\,g/mL$, E의 밀도는 $\dfrac{4\,g}{5\,mL}=0.8\,g/mL$이므로 D와 E는 다른 물질이다.

07 여러 가지 물질의 밀도

물에 넣었을 때 물 위에 뜨는 물질은 물보다 밀도가 작은 물질이다. A의 밀도는 2.0 g/mL, B의 밀도는 1.6 g/mL, C의 밀도는 1.5 g/mL, D의 밀도는 2.0 g/mL, E의 밀도는 0.8 g/mL이므로, 물 위에 뜨는 물질은 E 1개이다.

08 용해도

ㄱ. 어떤 용액에서 다른 물질에 녹는 물질을 용질, 다른 물질을 녹이는 물질을 용매라고 한다. 따라서 물에 염화 나트륨을 녹일 때 물은 용매, 염화 나트륨은 용질이다.
ㄷ. 60 ℃의 물 100 g에는 염화 나트륨 36.3 g이 모두 녹을 수 있고, 20 ℃의 물 100 g에는 35.8 g만큼 녹을 수 있다. 따라서 용액의 온도를 20 ℃로 낮추면 용질 36.3 g-35.8 g=0.5 g이 석출된다.
바로 알기 | ㄴ. 60 ℃의 물 100 g에는 염화 나트륨이 37.1 g만큼 녹을 수 있으므로, 용액은 현재 불포화 상태이다.

09 용해도 곡선

ㄷ. D 용액은 물 100 g에 물질 X가 100 g 녹아 있으므로, 물질 X를 50 g 더 넣으면 포화 상태가 된다.
바로 알기 | ㄱ. A 용액은 60 ℃의 물에 녹을 수 있는 최대 용질의 g 수를 초과하였으므로, 불포화 상태가 아니다.
ㄴ. B 용액은 물 100 g에 물질 X가 150 g 녹아 있는 포화 용액이고, C 용액은 물 100 g에 물질 X가 100 g 녹아 있는 포화 용액이다. 따라서 B 용액과 C 용액에 녹아 있는 물질 X의 양은 다르다.

10 여러 가지 고체의 용해도 곡선

① 고체 물질은 대부분 온도가 높을수록 용해도가 증가한다.
⑤ 포화 용액은 용해도 곡선 상에 위치하며, 80 ℃ 물 100 g에 녹여 만든 포화 용액을 60 ℃로 냉각할 때 석출량이 가장 적은 물질은 온도에 따른 용해도 차이가 가장 작은 염화 나트륨이다.
바로 알기 | ② 온도가 약 23 ℃보다 높을 때는 염화 나트륨의 용해도가 염화 칼륨보다 작지만, 온도가 약 23 ℃보다 낮을 때는 염화 나트륨의 용해도가 염화 칼륨보다 크다.

11 기체의 용해도

ㄱ. 온도에 따른 기체의 용해도를 비교하기 위해서는 온도 이외의 조건은 모두 같아야 한다. A와 C는 온도 이외의 조건이 같으므로, A와 C를 비교하면 온도에 따른 기체의 용해도를 비교할 수 있다.
바로 알기 | ㄴ. 압력에 따른 기체의 용해도를 비교하기 위해서는 압력 이외의 조건은 모두 같아야 한다. D와 E는 온도와 압력이 모

두 다르기 때문에 압력에 따른 기체의 용해도를 비교할 수 없다.
ㄷ. 기체의 용해도는 온도가 높을수록 압력이 낮을수록 작다. 따라서 기포 발생량이 가장 많은 시험관은 기체의 용해도가 가장 낮은 E이다.

12 물질의 끓는점

ㄴ. B와 C는 끓는점이 같으므로, 서로 같은 물질이다. 같은 세기의 불꽃으로 가열할 때 질량이 클수록 끓는점에 도달하는 시간이 오래 걸리므로, 질량은 B가 C보다 작다.
ㄷ. 액체 상태의 물질을 가열할 때 온도가 일정하게 유지되는 구간이 끓는점이다. A~D 중에서 D는 가장 높은 온도까지 액체 상태를 유지하고 있으므로, 끓는점이 가장 높은 물질은 D이다.
바로 알기 | ㄱ. 끓는점은 물질의 특성으로, 끓는점이 같으면 서로 같은 물질이다. A와 B는 끓는점이 다르므로 서로 다른 물질이다.

13 순물질과 혼합물의 끓는점

ㄱ, ㄴ. 순물질인 물은 어는점이 일정하지만 혼합물인 소금물은 어는점이 일정하지 않다. 따라서 A는 물, B는 소금물의 냉각 곡선이다.
ㄷ. 자동차의 냉각수에 부동액을 넣으면 물보다 어는점이 낮아지므로, 겨울에도 얼지 않고 사용할 수 있다.

14 여러 가지 물질의 녹는점과 끓는점

바로 알기 | ④ 녹는점보다 온도가 낮으면 물질은 고체 상태, 녹는점과 끓는점 사이의 온도에서 물질은 액체 상태, 끓는점보다 온도가 높으면 물질은 기체 상태이다. 따라서 녹는점이 27 ℃로 25 ℃보다 높은 물질은 고체 상태이다.

15 물과 에탄올 혼합물의 분리

①, ② 끓는점이 다른 두 물질의 혼합물을 가열할 때는 끓는점이 낮은 물질이 먼저 끓어 나온다. 에탄올은 물보다 끓는점이 낮으므로, (가) 구간에서는 주로 에탄올, (나) 구간에서는 주로 물이 끓어 나온다.
④ 에탄올과 물은 서로 잘 섞이기 때문에 끓는점을 이용하여 분리한다.
⑤ 끓는점을 이용하여 혼합물을 분리할 때는 두 물질의 끓는점 차가 클수록 혼합물을 분리하기 쉽다.
바로 알기 | ③ 에탄올보다 끓는점이 높은 물을 에탄올과 혼합하면 물이 에탄올이 끓어 나오는 것을 방해하기 때문에 에탄올의 끓는점보다 끓는점이 높다. 따라서 에탄올의 끓는점은 80 ℃보다 낮다.

16 끓는점 차이를 이용한 혼합물의 분리

① 원유는 석유 가스, 휘발유, 등유, 경유, 중유, 아스팔트 등이 혼합된 혼합물이다.
③ 끓는점이 낮은 물질일수록 계속해서 위로 올라가 냉각되어 분리되므로, 끓는점이 가장 낮은 물질은 가장 위쪽에서 분리되는 석유 가스이다.
바로 알기 | ④ 증류로 혼합물을 분리할 때는 끓는점이 낮은 물질부터 분리된다.

17 밀도 차를 이용한 액체 혼합물의 분리

ㄱ. 서로 섞이지 않고 밀도가 다른 물질의 혼합물을 가만히 두면 밀도가 큰 물질은 아래로 가라앉고, 밀도가 작은 물질은 위로 뜬다. 따라서 밀도는 (가)가 (나)보다 작다.

ㄴ. 꼭지를 열면 아래층에 있는 밀도가 큰 물질(나)이 먼저 분리된다.

ㄷ. (가)와 (나) 경계면의 액체는 두 물질이 서로 조금씩 섞여 있어 완벽히 분리하기 어렵기 때문에 따로 받아낸다.

18 밀도 차를 이용한 액체 혼합물의 분리

④ 분별 깔때기를 이용하여 분리할 수 있는 혼합물은 서로 섞이지 않고 밀도가 다른 액체 혼합물이다. 간장과 참기름은 서로 잘 섞이지 않고 밀도가 다르기 때문에 분별 깔때기를 이용하여 분리할 수 있다.

바로 알기 | ① 소금은 물에 잘 녹는 물질이기 때문에 증류로 분리한다.

② 물과 에탄올은 서로 잘 섞이기 때문에 증류로 분리한다.

③ 소금과 붕산은 물에 잘 녹는 물질이기 때문에 재결정으로 분리한다.

⑤ 모래와 스타이로폼은 밀도가 두 물질의 중간 정도인 액체 물질에 넣어 분리한다.

19 밀도 차를 이용한 고체 혼합물의 분리

ㄱ. 밀도가 큰 물질은 가라앉고, 밀도가 작은 물질은 뜬다. 따라서 바닥에 가라앉아 있는 신선한 달걀의 밀도가 가장 크고, 물 위에 떠 있는 오래된 달걀의 밀도가 가장 작다.

바로 알기 | ㄴ. 물에 소금을 더 넣어주면 소금물의 밀도가 더 커지므로 오래된 달걀은 계속 떠 있다.

ㄷ. 질산 나트륨과 붕산은 모두 물에 잘 녹는 물질이므로, 두 물질의 혼합물은 용해도 차(재결정)를 이용하여 분리한다.

20 용해도 차(재결정)를 이용한 혼합물의 분리

ㄱ. 재결정은 물질의 용해도 차를 이용하여 혼합물을 분리하는 방법으로, 질산 칼륨과 염화 나트륨의 혼합물은 재결정을 이용하여 분리한다.

ㄷ. 과정 (나)에서 용액의 온도를 낮춰주면 온도에 따른 용해도 차가 큰 물질이 석출된다.

바로 알기 | ㄴ. 과정 (가)에서 물 50 g에 질산 칼륨 50 g과 염화 나트륨 10 g을 모두 녹이기 위해서 물의 온도는 약 55 ℃ 이상이어야 한다.

21 용해도 차(재결정)를 이용한 혼합물의 분리

20 ℃ 물 100 g에서 질산 칼륨의 용해도는 31.9 g이므로, 20 ℃ 물 50 g에 녹을 수 있는 질산 칼륨의 양은 15.95 g이다. 따라서 걸러진 물질은 질산 칼륨 34.05 g이다.

22 용해도 차(재결정)를 이용한 혼합물의 분리

바로 알기 | ② 혼합물을 녹인 용액을 40 ℃까지 낮췄을 때 석출되는 물질이 있어야 순물질로 분리할 수 있다. 온도에 따른 용해도 차가

더 큰 질산 나트륨은 40 ℃ 물 100 g에 약 104 g만큼 녹을 수 있으므로, 석출되는 물질이 없어서 분리할 수 없다.

23 크로마토그래피를 이용한 혼합물의 분리

② 사인펜의 색소점을 찍은 부분이 물에 잠기면 거름종이를 따라 이동하지 않고 물에 녹기 때문에 사인펜의 색소점을 찍은 부분은 물에 잠기지 않도록 한다.

③ 용매를 따라 이동하는 속도가 빠를수록 더 멀리 이동하기 때문에 위쪽에 위치한다.

⑤ 성분 물질의 이동 속도는 용매의 종류에 따라 달라지므로, 물이 아닌 다른 용매를 사용하면 각 성분 색소의 이동 거리는 달라진다.

바로 알기 | ④ 크로마토그래피는 성질이 비슷하고 복잡한 물질도 쉽게 분리할 수 있는 장점이 있다.

24 혼합물 분리의 예

② 바다에 유출된 기름은 바닷물보다 밀도가 낮아 위에 뜨므로 흡착포를 이용하여 제거할 수 있다.

바로 알기 | ① 사탕수수에서 설탕을 얻을 때는 재결정을 이용한다.

③ 운동선수의 도핑 테스트에는 크로마토그래피를 이용한다.

④ 좋은 볍씨는 속이 가득 차 있기 때문에 밀도가 커서 물에 넣었을 때 가라앉지만 나쁜 볍씨는 속이 비어 있기 때문에 밀도가 작아서 물에 넣었을 때 뜬다. 이를 이용하여 좋은 볍씨를 고를 수 있다.

⑤ 바닷물에서 식수를 얻을 때는 증류를 이용한다.

25 여러 가지 혼합물의 분리

(가)에서는 모래가 걸러졌으므로 거름 장치(ㄴ), (나)에서는 다른 물질과 잘 섞이지 않는 사염화 탄소가 걸러졌으므로 분별 깔때기(ㄱ), (다)는 증류 장치(ㄷ)를 통해 혼합물을 분리한다.

26 여러 가지 혼합물의 분리

ㄱ, ㄴ. 증류를 통해 혼합물을 분리할 때는 끓는점이 낮은 물질부터 분리된다. 따라서 가장 먼저 끓어 나온 A는 에탄올, 다음으로 끓어 나온 B는 물이다.

바로 알기 | ㄷ. C는 소금으로 나트륨과 염소로 이루어진 순물질이다.

🍎 **실력 향상 문제**　　　　　　　　　　　부록 17쪽

| **01** ① | **02** ⑤ | **03** ③ | **04** ④, ⑤ | **05** ④ |

01 순물질과 혼합물의 녹는점

ㄱ. 순물질은 녹는점이 일정하므로 A와 B는 순물질이다. 또한 70 ℃에서 나프탈렌은 고체, 파라─다이클로로벤젠은 액체이므로 녹는점이 높은 A는 나프탈렌, B는 파라─다이클로로벤젠이다.

바로 알기 | ㄴ. 수평 구간은 녹는점으로, 녹는점은 물질의 특성이다. 따라서 파라─다이클로로벤젠(B)의 질량이 커지면 수평 구간까지 도달하는 데 걸리는 시간은 늘어나지만 수평 구간의 온도는 낮아지지 않는다.

ㄷ. C는 녹는점이 일정하지 않은 나프탈렌과 파라—다이클로로벤젠의 혼합물이므로, 녹기 시작하는 온도는 나프탈렌과 파라—다이클로로벤젠의 비율에 따라 달라진다.

02 밀도 차를 이용한 고체 혼합물의 분리

ㄱ. 액체의 밀도가 커질수록 밀도가 작은 물질부터 떠오른다. 따라서 먼저 떠오른 플라스틱 A보다 플라스틱 B의 밀도가 크다.
ㄴ. 에탄올에서는 플라스틱 A와 B 모두 가라앉지만, 에탄올에 물을 점점 부어주면 플라스틱이 떠오른다. 따라서 에탄올보다 물의 밀도가 크다.
ㄷ. 혼합물의 밀도는 성분 물질의 혼합 비율에 따라 달라진다.

03 용해도 차(재결정)를 이용한 혼합물의 분리

60 °C 물 100 g에서 A의 용해도가 124 g이므로 포화 용액 112 g은 물 50 g에 A 62 g이 녹아 있는 상태이고, 40 °C 물 100 g에서 B의 용해도가 64 g이므로 포화 용액 41 g은 물 25 g에 B 16 g이 녹아 있는 상태이다. 따라서 두 용액을 20 °C로 냉각하면 A는 62 g−44 g = 18 g, B는 16 g−8 g = 8 g 석출되므로, A와 B의 질량비(A : B)는 18 : 8 = 9 : 4이다.

04 혼합물의 분리

④ B와 D는 서로 잘 섞이지 않고 밀도 차가 크므로, B와 D 혼합물은 밀도 차로 분리할 수 있다.
⑤ C와 D는 서로 잘 섞이지만 끓는점 차가 크므로, C와 D 혼합물은 증류로 분리할 수 있다.
바로 알기 | ① A와 B는 서로 잘 섞이므로 밀도 차로 분리하기 어려우며, 끓는점 차가 있으므로 증류로 분리할 수 있다.
② A와 D는 끓는점 차가 작으므로 증류로 분리하기 어려우며, 서로 잘 섞이지 않고 밀도 차가 크므로 밀도 차로 분리할 수 있다.
③ B와 C는 모두 액체이므로 고체 물질이 석출되지 않아 재결정으로 분리할 수 없으며, 서로 잘 섞이지 않고 밀도 차가 크므로 밀도 차로 분리할 수 있다.

05 크로마토그래피를 이용한 혼합물의 분리

ㄱ. (가)에서는 물질 A, (나)에서는 물질 C만 나타나므로 (가)와 (나)는 순물질이다.
ㄷ. 용매를 따라 이동하는 속도가 빠를수록 위쪽, 느릴수록 아래쪽에 위치한다. 따라서 (라)에서 물을 따라 이동하는 속도가 가장 느린 물질은 A이다.
바로 알기 | ㄴ. (다)는 물질 B와 물질 D의 혼합물이다.

🧠 서술형 문제　　　　　　　　　　　　　　부록 18쪽

01 끓는점 차를 이용한 액체 혼합물의 분리

모범 답안 | (1) 증류 (2) 소주
해설 | 소줏고리는 끓는점 차를 이용하여 혼합물을 분리하는 증류를 이용한 기구이다. 탁주를 소줏고리에 넣고 끓이면 끓는점이 낮은 소주(에탄올)가 기화되어 올라가고 차가운 표면에 닿아 액화되어 분리된다.

02 용해도 차(재결정)를 이용한 혼합물의 분리

모범 답안 | (1) 붕산 (2) 15 g
해설 | 20 °C의 물 100 g에는 염화 나트륨이 36 g, 붕산이 5 g 녹을 수 있으므로, 두 물질이 20 g씩 녹아 있는 용액을 냉각시키면 붕산 15 g이 석출된다.

03 밀도를 이용한 순물질과 혼합물의 구별

모범 답안 | 왕관이 순금으로 만들어졌을 경우 밀도가 같다. 따라서 같은 질량의 순금덩어리와 부피가 같기 때문에 수조에 넣었을 때 흘러넘친 물의 양이 같다. 하지만 만약 왕관이 다른 물질과 섞인 혼합물일 경우 흘러넘친 물의 양이 순금덩어리와 다를 것이기 때문이다.

채점 기준	배점
아르키메데스의 행동을 물질의 특성과 관련지어 옳게 서술한 경우	100 %
아르키메데스의 행동과 관련 있는 물질의 특성만 서술한 경우	30 %

04 외부 압력과 끓는점의 관계

모범 답안 | 고지가 높은 산 위는 지면보다 압력이 낮기 때문에 물의 끓는점이 낮다. 따라서 냄비 위에 돌을 올려두면 냄비 속의 압력이 높아져 물의 끓는점이 높아지기 때문에 잘 익은 밥을 지을 수 있다.

채점 기준	배점
끓는점과 압력의 관계를 관련지어 옳게 서술한 경우	100 %
다른 까닭을 들어 서술한 경우	0 %

05 용해도 차(재결정)를 이용한 혼합물 분리의 예

모범 답안 | 암염을 충분히 높은 온도의 물에 녹여 물에 녹지 않는 불순물은 거름 장치를 통해 제거하고, 혼합 용액의 온도를 서서히 낮추면 온도에 따른 용해도 차에 의해 소금이 결정으로 석출된다.

채점 기준	배점
암염에서 소금을 얻어내는 방법을 용해도와 관련지어 옳게 서술한 경우	100 %
다른 방법으로 서술한 경우	0 %

06 크로마토그래피를 이용한 혼합물 분리의 예

모범 답안 | 크로마토그래피는 물질의 양이 매우 적어도 간단히 분리할 수 있고, 성분 물질의 성질이 비슷하여 분리하기 어려운 혼합물도 분리할 수 있기 때문이다.

채점 기준	배점
크로마토그래피의 장점을 두 가지 모두 옳게 서술한 경우	100 %
크로마토그래피의 장점을 한 가지만 서술한 경우	50 %

Ⅳ. 물질의 구성

01 ④	**02** ④	**03** ①, ③	**04** ③	**05** ⑤
06 ②	**07** ⑤	**08** ①	**09** ②	**10** ④
11 ②	**12** ③	**13** ③	**14** ①, ③	**15** ④
16 ①	**17** ②	**18** ②, ③	**19** ②	**20** ⑤
21 ①, ②	**22** ⑤	**23** ③	**24** ⑤	**25** ①
26 ④	**27** ⑤	**28** ①	**29** ④	**30** ②
31 ①				

01 과학자들이 주장한 원소

(가) 탈레스는 모든 물질의 근원이 물이라고 주장하였다.
(나) 보일은 모든 물질을 이루는 기본 물질은 원소이고, 원소는 더 이상 분해할 수 없다는 현대적 원소 개념을 제안하였다.

02 라부아지에의 물 분해 실험

뜨겁게 달군 주철관에 물을 부으면 물이 수소와 산소로 분해되는데, 이때 산소는 주철관과 결합하므로 주철관 안에 녹이 슨다. 수소는 주철관을 빠져나와 냉각수를 지나서 집기병에 모인다. 라부아지에는 물 분해 실험을 통해 물이 수소와 산소로 분해되므로 물은 물질의 기본 성분인 원소가 아니라는 것을 증명했다.

03 원소

바로 알기 | ① 자연에서 발견된 원소는 90여 가지이고, 나머지는 인공적으로 만들어진 것이다.
③ 원소들의 결합으로 생성된 물질은 다시 분해할 수 있으므로 원소가 아니다.

04 원소

바로 알기 | 공기는 다양한 기체가 혼합된 물질이고, 물은 수소와 산소로 이루어져 있다. 산화 은은 산소와 은으로 분해되므로 원소가 아니다.

05 원소의 성질과 이용

(가) 구리는 전기가 잘 통하므로 전선에 이용된다.
(나) 금은 광택이 오래 유지되어 장신구 재료로 이용된다.
(다) 헬륨은 공기보다 가벼워 광고용 풍선의 충전재로 이용된다.

06 금속의 불꽃 반응

① 백금선도 니크롬선과 같이 자체의 색이 백색이고, 불꽃 반응 색이 없어서 불꽃 반응에 사용하기 적합하다.
③ 불꽃 반응 실험은 적은 양으로도 금속 원소의 종류를 알 수 있다.
④ 겉불꽃은 산소 공급이 잘 되어 온도가 높고, 불꽃 자체의 색이 없어서 불꽃 반응 색을 관찰하기 좋다.
⑤ 니크롬선을 묽은 염산에 넣어 불순물을 제거해야 불꽃 반응 색

을 정확하게 확인할 수 있다.
바로 알기 | ② 금속 원소 중에서 일부 원소만이 불꽃 반응 색을 나타낸다.

07 금속 원소의 불꽃 반응 색

물질에 포함된 금속 원소의 종류가 같으면 불꽃 반응 색이 같게 나타난다. 따라서 황산 구리(Ⅱ)와 염화 구리(Ⅱ)의 불꽃 반응 색은 청록색으로 같다.

08 여러 가지 원소의 불꽃 반응 색

칼슘의 불꽃 반응 색은 주황색, 바륨의 불꽃 반응 색은 황록색, 나트륨의 불꽃 반응 색은 노란색, 칼륨의 불꽃 반응 색은 보라색, 구리의 불꽃 반응 색은 청록색이다.

09 선 스펙트럼

바로 알기 | ㄱ. 햇빛이나 백열전구의 빛을 분광기로 관찰하면 연속 스펙트럼을 볼 수 있다.
ㄴ. 리튬과 스트론튬은 불꽃 반응 색이 비슷하지만 선 스펙트럼은 다르게 나타나므로 선 스펙트럼으로 구별할 수 있다.

10 원소의 선 스펙트럼

물질 A의 스펙트럼에 나타난 선을 따라 점선을 그어 원소의 스펙트럼에 나타나는 선들과 모두 겹치는 원소가 그 물질에 포함되어 있는 원소이다. 따라서 물질 A에 들어 있는 원소는 (가)와 (다)이다.

11 원자의 구조

(가)는 원자핵, (나)는 전자이다. 원자의 대부분은 빈 공간이기 때문에 원자핵과 전자의 크기는 원자의 크기에 비해 매우 작다. 원자핵은 원자의 중심에 자리잡고 있으며, 전자는 원자핵의 주위를 돌고 있다.
바로 알기 | ② 전하량이 -1인 전자가 3개 있으므로 전자의 총 전하량은 -3이다.

12 원자의 종류에 따른 원자 모형

ㄱ. 원자의 종류에 따라 원자핵의 전하량과 전자 수가 달라진다.
ㄷ. 원자핵의 전하량은 (가)가 $+2$, (나)가 $+4$, (다)가 $+8$이므로 (다)가 가장 크다.
바로 알기 | ㄴ. 원자는 전기적으로 중성이다.

13 원자 모형

ㄱ, ㄷ. 원자는 크기가 너무 작아서 눈으로 볼 수 없기 때문에 원자의 성질을 이해하거나 쉽게 설명하기 위하여 원자 모형을 사용한다.
바로 알기 | ㄴ. 원자는 크기가 너무 작기 때문에 실제 모습을 눈으로 볼 수 없다.

14 분자 모형

바로 알기 | ② 이 모형을 분자식으로 나타내면 CH_4이다.

④ 이 분자 하나를 이루는 원자의 총 개수는 5개이다.
⑤ 분자를 이루는 수소 원자는 4개, 탄소 원자는 1개이다.

15 원소 기호

ㄴ. 원소의 종류가 점점 많아지면서 체계적이고 간편한 원소 표현 방식이 필요하게 되었다. 따라서 오늘날과 같이 알파벳을 이용한 원소 기호가 등장하게 되었다.
ㄷ. 원소를 알파벳으로 나타내면 서로 다른 언어를 사용하는 사람들끼리도 정보를 쉽게 전달할 수 있다.
바로 알기 | ㄱ. 오늘날에는 베르셀리우스가 제안한 원소 기호를 사용한다.

16 주요 원소 기호

바로 알기 | 풍순 : 알루미늄의 원소 기호는 Al이다.
풍철 : 헬륨의 원소 기호는 He이다.
풍이 : 은의 원소 기호는 Ag이다.
장풍 : 칼륨의 원소 기호는 K이다.

17 분자식

결합하는 산소 원자와 수소 원자의 개수비가 1 : 1이고, 분자 1개를 이루는 총 원자의 수는 4개이므로, 분자식은 H_2O_2이다.

18 분자식

바로 알기 | ② 분자의 개수는 (가)가 4개, (나)가 2개이므로 (가)가 (나)보다 많다.
③ 수소 원자의 수는 (가)가 8개, (나)가 6개이므로 (가)가 (나)보다 많다.

19 분자 모형

2HCl은 염화 수소(HCl) 분자 2개를 나타낸다. HCl은 수소 원자와 염소 원자로 이루어진 분자이므로, 다른 모형으로 나타내야 하고, 분자 2개가 따로 존재해야 한다. 따라서 ②번과 같은 모형이 2HCl이다.

20 이온

바로 알기 | ⑤ 양이온은 원자가 전자를 잃어 전체적으로 (+)전하를 띠게 된다. 따라서 양이온의 원자핵 전하량은 전자의 총 전하량보다 많다.

21 이온의 형성

(가)는 원자가 전자 2개를 얻어 생성된 전하량이 −2인 음이온이고, (나)는 원자가 전자 1개를 잃어 생성된 전하량이 +1인 양이온이다.
① 전자의 수는 (가)가 10개, (나)가 2개이므로 (가)가 (나)보다 많다.
② (가)는 전자가 8개인 원자가 전자 2개를 얻어 10개가 된 음이온이다.
바로 알기 | ③ (가)는 전하량이 −2인 음이온이다.

④ (나)는 전하량이 +1인 양이온이다.
⑤ 원자가 이온이 되어도 원자핵의 전하량은 변하지 않는다.

22 양이온과 음이온

원자핵의 전하량이 전자의 수보다 크면 양이온, 전자의 수가 원자핵의 전하량보다 크면 음이온이다. 따라서 A, B, D는 양이온, C는 음이온이다.

23 이온의 이름과 이온식

Cu^{2+}은 구리 이온, 칼륨 이온은 K^+, OH^-은 수산화 이온, 탄산 이온은 CO_3^{2-}이다.

24 양이온과 음이온

② (가)에서 생성된 이온의 원자핵의 전하량은 +1, 전자의 총 전하량은 −2이다.
바로 알기 | ⑤ (가)는 음이온, (나)는 양이온이 형성되는 과정이다. 산화 이온은 음이온으로, 전자를 2개 얻어 이온이 된다.

25 이온이 되는 과정

원자 X는 전자 한 개를 잃어 +1가의 양이온이 된다. 이를 식으로 나타내면 $X \longrightarrow X^+ + \ominus$이 된다.

26 이온식

(가)는 산화 이온(O^{2-}), (나)는 리튬 이온(Li^+)이다.

27 이온식

바로 알기 | ① 음이온이다.
② S^{2-}은 황화 이온이다.
③ 원자가 전자 2개를 얻어 형성된 이온이다.
④ 원자핵의 전하량보다 전자의 총 전하량이 더 많다.

28 전하를 띤 이온의 이동

ㄱ. 파란색을 띠는 이온은 구리 이온(Cu^{2+}), 보라색을 띠는 이온은 과망가니즈산 이온(MnO_4^-)이다.
바로 알기 | ㄴ. 파란색은 (−)극으로, 보라색은 (+)극으로 이동한다.
ㄷ. 전극을 반대로 연결하면 이온의 이동 방향도 전극의 방향에 따라 바뀐다.

29 앙금 생성 반응

④ 아이오딘화 나트륨 수용액과 질산 납 수용액을 혼합하면 노란색의 아이오딘화 납(PbI_2) 앙금이 생성된다.
바로 알기 | ① 수산화 칼슘 수용액과 탄산 칼륨 수용액을 혼합하면 흰색의 탄산 칼슘($CaCO_3$) 앙금이 생성된다.
② 탄산 나트륨 수용액과 염화 칼슘 수용액을 혼합하면 흰색의 탄산 칼슘($CaCO_3$) 앙금이 생성된다.
③ 황화 수소 수용액과 질산 납 수용액을 혼합하면 검은색의 황화

납(PbS) 앙금이 생성된다.

⑤ 질산 은 수용액과 염화 나트륨 수용액을 혼합하면 흰색의 염화 은(AgCl) 앙금이 생성된다.

30 앙금을 생성하는 이온

X 수용액으로 불꽃 반응을 하였더니 주황색의 불꽃 반응 색이 나타난 것으로 보아 X에는 칼슘 이온이 들어 있음을 알 수 있고, X 수용액에 Cu^{2+}이 포함된 수용액을 넣었더니 검은색 앙금(CuS)이 생성된 것으로 보아 X는 CaS임을 알 수 있다.

31 앙금 생성 반응

ㄱ. 이온이 들어 있는 수용액에 전류를 흘려 주면 전류가 흐른다.

바로 알기 | ㄴ. Na^+, K^+, NH_4^+, NO_3^-은 앙금 생성 반응에 참여하지 않는 이온이다.

ㄷ. (다)에서는 노란색의 아이오딘화 납(PbI_2) 앙금이 생성된다.

				부록 24쪽
01 ③	**02** ②	**03** ③	**04** ②	

01 물의 전기 분해

물을 전기 분해하면 (+)극 쪽에는 산소 기체가, (−)극 쪽에는 수소 기체가 모인다.

ㄱ. (가)는 (−)극 쪽이므로 수소 기체가 모여 있다. 수소는 가연성이 있어 성냥불을 가까이 대면 '펑' 소리를 내면서 연소한다.

ㄷ. 물은 수소와 산소로 분해되므로, 원소가 아니라는 것을 알 수 있다.

바로 알기 | ㄴ. (−)극에 모인 수소의 부피는 (+)극에 모인 산소 부피의 2배이다.

02 분자 모형

바로 알기 | ㄱ. (가)는 물 분자, (나)는 암모니아 분자, (다)는 메테인 분자이다.

ㄷ. 분자를 구성하는 원소의 종류는 (가)~(다) 모두 2개씩으로 동일하다.

03 이온의 형성

ㄱ. A와 B 이온은 양이온이고, C와 D 이온은 음이온이다.

ㄴ. C 이온은 음이온이므로, C 이온이 들어 있는 수용액에 전류를 흘려주면 C 이온은 (+)극 쪽으로 이동한다.

바로 알기 | ㄷ. D 이온은 음이온이므로, 원자핵의 (+)전하량이 전자의 총 (−)전하량보다 적다.

04 앙금 생성 반응

ㄴ. B 수용액은 염화 나트륨 수용액으로, 염화 나트륨 수용액과 질산 은 수용액이 반응하면 흰색의 염화 은 앙금이 생성된다.

바로 알기 | ㄱ. 염화 이온과 은 이온이 반응하여 흰색 앙금인 염화

은이 생성되므로 B와 C 수용액에는 염화 이온이 들어 있다. 탄산 이온과 칼슘 이온이 반응하여 흰색 앙금인 탄산 칼슘이 생성되므로 C 수용액에는 칼슘 이온이 들어 있다. 따라서 C 수용액이 염화 칼슘 수용액이므로 A는 질산 나트륨, B는 염화 나트륨 수용액이다.

ㄷ. 염화 이온은 B와 C 수용액에만 들어 있다.

부록 25쪽

01 물질을 이루는 원소

모범 답안 | 탄소

해설 | 탄소는 다이아몬드나 연필심 등의 재료로 이용된다.

02 원소의 불꽃 반응 색

모범 답안 | ㄴ, ㄷ

해설 | 염화 나트륨으로 불꽃 반응 실험을 한 결과 불꽃 반응 색이 노란색으로 나타났으므로, 염화 이온과 나트륨 이온 중 어떤 원소에 의해 노란색 불꽃 반응 색이 나타났는지 확인해 보아야 한다. 따라서 염화 이온이 포함된 염화 칼륨과 나트륨 이온이 포함된 질산 나트륨이나 나트륨 이온이 포함된 탄산 나트륨과 염화 이온이 포함된 염화 칼슘으로 불꽃 반응 실험을 더 해 보면 확인할 수 있다.

03 앙금을 생성하는 이온

모범 답안 | (1) 염화 은, 흰색

(2) 아이오딘화 납, 노란색

해설 | (1) 은 이온과 염화 이온이 반응하면 흰색의 염화 은 앙금이 생성된다.

(2) 납 이온과 아이오딘화 이온이 반응하면 노란색의 아이오딘화 납 앙금이 생성된다.

04 원소의 불꽃 반응 색 관찰

모범 답안 | 겉불꽃은 속불꽃보다 온도가 높고, 불꽃 자체의 색이 없어서 정확한 불꽃 반응 색을 관찰할 수 있기 때문이다.

채점 기준	배점
겉불꽃과 속불꽃의 온도 차와 관련지어 옳게 서술한 경우	100 %
겉불꽃과 속불꽃의 온도 차와 관련지어 설명하지 못한 경우	0 %

05 원자 모형

모범 답안 | (다), (나), (가) / 원자는 원자핵의 (+)전하량과 전자의 총 (−)전하량의 크기가 같아 중성이므로, 전자 수를 파악하면 원자핵의 전하량을 알 수 있다.

채점 기준	배점
원자핵의 전하량이 큰 순서대로 나열하고, 그 까닭을 모두 옳게 서술한 경우	100 %
원자핵의 전하량이 큰 순서대로만 옳게 나열한 경우	30 %

06 분자식

모범 답안 | 이산화 탄소 분자는 탄소와 산소로 이루어져 있다. 이산화 탄소 분자 1개는 탄소 원자 1개와 산소 원자 2개로 이루어져 있다. 이산화 탄소 분자 1개는 총 3개의 원자로 이루어져 있다. 등

채점 기준	배점
두 가지 모두 옳게 서술한 경우	100 %
한 가지만 옳게 서술한 경우	50 %

07 이온의 형성

모범 답안 | 양이온, 원자 A가 전자 2개를 잃어서 양이온인 A 이온이 된다.

채점 기준	배점
이온의 종류와 이온이 되는 과정을 모두 옳게 서술한 경우	100 %
이온의 종류만 옳게 쓴 경우	30 %

08 생활 속의 앙금 생성 반응

모범 답안 | 칼슘 이온(Ca^{2+})이 많이 포함되어 있는 물이 공기 중의 이산화 탄소(CO_2)가 녹아 생긴 탄산 이온(CO_3^{2-})과 반응하여 탄산 칼슘($CaCO_3$)이 생성되어 보일러관 속에 쌓인다.

채점 기준	배점
앙금 생성 반응과 관련지어 옳게 서술한 경우	100 %
앙금 생성 반응과 관련지어 서술하지 못한 경우	0 %

V. 화학 반응의 규칙과 에너지 변화

개념 완성 문제

부록 26~30쪽

01 ⑤	02 ①	03 ③	04 ④	05 ①
06 ③	07 ④	08 ④	09 ②	10 ⑤
11 ⑤	12 ③	13 ⑤	14 ②	15 ⑤
16 ④	17 ①	18 ③	19 ③	20 ②
21 ②	22 ③, ⑤	23 ⑤	24 ④	25 ②
26 ④	27 ②	28 ③	29 ③	30 ⑤

01 물리 변화와 화학 변화

① 물에 잉크가 퍼지는 것은 확산으로 물리 변화의 예이다.

②, ④ 아이스크림이 녹거나 얼음물이 든 컵 표면에 물방울이 맺히는 것은 상태 변화로 물리 변화의 예이다.

③ 빈 음료수 캔을 찌그러뜨리는 것은 모양이 변하는 것으로 물리 변화의 예이다.

바로 알기 | ⑤ 석회수에 입김을 불어넣으면 입김 속의 이산화 탄소가 석회수와 반응하여 뿌옇게 흐려지며, 이는 화학 변화의 예이다.

02 마그네슘의 변화 관찰하기

ㄱ. 마그네슘 리본을 작게 자르는 것(가)은 물리 변화, 마그네슘을 태워 산소와 반응시키는 것(나)은 화학 변화이다.

바로 알기 | ㄴ. (가)에서 작게 자른 마그네슘 조각은 성질이 변하지 않았으므로 전기가 통한다.

ㄷ. (나)에서 마그네슘을 태우고 남은 재는 마그네슘과 전혀 다른 성질을 가진 새로운 물질이므로, 묽은 염산을 떨어뜨려도 기포가 발생하지 않는다.

03 물질 변화가 일어날 때 변하지 않는 것

물리 변화(가)가 일어나면 분자의 배열이 변하며, 화학 변화(나)가 일어나면 분자의 종류, 원자의 배열, 물질의 성질이 변한다.

바로 알기 | ③ 물리 변화(가)와 화학 변화(나) 모두 반응 전후 원자의 종류와 개수는 변하지 않는다.

04 화학 변화

바로 알기 | ④ 물질의 상태가 변하는 것은 물리 변화가 일어났을 때 나타나는 현상이다.

05 물리 변화와 화학 변화

(가)는 물이 수증기로 변하는 물리 변화, (나)는 물이 수소와 산소로 분해되는 화학 변화이다.

② 물이 수증기로 변할 때는 분자의 배열이 변하므로, 분자 사이의 거리가 변한다.

③ 물이 수소와 산소로 분해되더라도 원자의 개수는 변하지 않는다.

④, ⑤ 물이 분해되면 원자의 배열이 변하여 수소와 산소라는 새로운 물질이 생성된다.

바로 알기 | ① 물이 수증기로 변하는 것은 물리 변화로, 물의 성질이 변하지 않는다.

06 화학 반응 모형

● 원자 2개로 이루어진 분자 1개와 ● 원자 2개로 이루어진 분자 3개가 반응하여 ● 원자 1개와 ● 원자 3개로 이루어진 분자 2개가 생성되었으므로, $N_2 + 3H_2 \longrightarrow 2NH_3$이다.

07 화학 반응식

바로 알기 | ㄴ. 과산화 수소(H_2O_2)의 분해 반응식은 $2H_2O_2 \longrightarrow 2H_2O + O_2$이다.

08 화학 반응 모형과 화학 반응식

①, ② 화학 반응식에서 화살표 왼쪽에 있는 메테인과 산소는 반응물, 화살표 오른쪽에 있는 이산화 탄소와 물은 생성물이다.
③ 화학 반응이 일어날 때 반응 전후에 원자의 종류와 개수는 변하지 않는다.
⑤ 화학 반응식의 계수비는 반응에 참여하는 분자 수의 비와 같으므로, 이 반응에 참여하는 분자 수의 비(메테인 : 산소 : 이산화 탄소 : 물)는 1 : 2 : 1 : 2이다.
바로 알기 | ④ 메테인의 연소 반응식은 $CH_4 + 2O_2 \longrightarrow CO_2 + 2H_2O$이다.

09 화학 반응식으로 알 수 있는 것

화학 반응식은 반응에 참여하는 물질을 구성하는 원자의 종류와 수를 원소 기호를 이용하여 나타낸 식인 화학식과 기호, 계수 등으로 나타낸 것이다.
① 화학 반응식에서 화살표 왼쪽은 반응물, 화살표 오른쪽은 생성물이다.
바로 알기 | ② 반응물과 생성물의 질량은 화학 반응식을 통해 알 수 없다.

10 질량 보존 법칙

① 질량 보존 법칙에 따르면 화학 반응이 일어날 때 반응물의 총 질량과 생성물의 총 질량은 변하지 않는다.
② 열린 공간에서 나무가 연소될 때 생성된 기체가 공기 중으로 날아가므로 반응 전보다 반응 후 질량이 감소한다.
③ 질량 보존 법칙은 물리 변화와 화학 변화에서 모두 성립한다.
④ 앙금이 생성되는 반응이 일어날 때 반응 전 물질의 총 질량과 반응 후 물질의 총 질량은 같다.
바로 알기 | ⑤ 화학 반응이 일어날 때 물질을 이루는 원자의 종류와 개수가 변하지 않기 때문에 질량 보존 법칙이 성립하며, 원자의 배열이 달라지는 것은 질량 보존 법칙과 관련이 없다.

11 앙금 생성 반응에서의 질량 변화

ㄱ. 탄산 나트륨과 염화 칼슘이 반응하면 탄산 칼슘 앙금이 생성된다.
ㄴ, ㄷ. 반응 전후 물질을 구성하는 원자가 없어지거나 새로 생성되

지 않으므로 질량 보존 법칙이 성립한다. 따라서 반응 후 전자저울에 나타나는 숫자는 반응 전 전체 질량과 같은 50.3이다.

12 기체 발생 반응에서의 질량 변화

과산화 수소가 분해될 때는 물과 산소가 생성되며, 이산화 망가니즈는 반응에 참여하지 않는다. 따라서 질량 보존 법칙에 의해 34 g의 과산화 수소가 분해되어 16 g의 산소와 18 g의 물이 생성된다.

13 기체 발생 반응에서의 질량 변화

ㄱ. 밀폐된 공간에서 반응한 (가)와 (나)의 질량은 같다.
ㄴ. (다)에서는 발생한 이산화 탄소 기체가 공기 중으로 날아가므로 질량이 감소한다. 따라서 (나)의 질량은 (다)의 질량보다 크다.
ㄷ. 탄산 칼슘과 묽은 염산이 반응하면 이산화 탄소 기체가 발생한다.
$CaCO_3 + 2HCl \longrightarrow CaCl_2 + CO_2 + H_2O$

14 강철솜의 연소

ㄴ. 강철솜을 가열하면 공기 중의 산소와 결합하여 산화 철(Ⅱ)이 생성되며, 산화 철(Ⅱ)은 강철솜과 성질이 다른 새로운 물질이다. 따라서 강철솜 A는 자석에 붙지만, 가열한 강철솜 B는 성질이 변했기 때문에 자석에 붙지 않는다.
바로 알기 | ㄱ. 강철솜 B는 공기 중의 산소와 결합하므로 반응한 산소의 질량만큼 질량이 증가한다. 따라서 연소 후 막대저울은 B쪽으로 기울어진다.
ㄷ. 나무를 가열하면 생성된 이산화 탄소 기체가 공기 중으로 날아가므로 질량이 감소한다.

15 구리 연소 반응에서의 질량비

ㄱ. 구리 2.0 g과 산소가 반응하여 산화 구리(Ⅱ)가 2.5 g 생성되므로, 구리와 생성된 산화 구리(Ⅱ)의 질량비는 4 : 5이다.
ㄴ. 구리의 질량이 증가할수록 구리와 결합한 산소의 양만큼 생성된 산화 구리(Ⅱ)의 질량도 증가한다.
ㄷ. 산화 구리(Ⅱ)의 질량에서 구리의 질량을 빼면 구리와 결합한 산소의 질량이므로, 구리 2.0 g과 반응한 산소는 0.5 g이다. 따라서 산화 구리(Ⅱ)를 구성하는 구리와 산소의 질량비는 4 : 1이므로, 구리 16 g을 완전히 반응시키기 위해 필요한 산소의 최소 질량은 4 g이다.

16 마그네슘 연소 반응에서의 질량비

마그네슘 : 산소 : 산화 마그네슘의 질량비는 3 : 2 : 5이므로, 산화 마그네슘 40 g을 얻기 위해 필요한 마그네슘의 최소 질량은 24 g, 산소의 최소 질량은 16 g이다.

17 물의 합성 반응에서의 질량비

ㄱ. 실험 (가)에서 산소가 2 g 남은 것으로 보아 수소 2 g과 산소 16 g이 반응하였으므로, 수소와 산소는 1 : 8의 질량비로 반응하여 물을 생성함을 알 수 있다. 실험 (나)에서 산소 24 g은 수소 3 g과 반응하므로 반응 후 수소 1 g이 남는다. 따라서 ㉠은 수소, 1이다.

바로 알기 | ㄴ. 실험 (다)에서 반응 후 수소 3 g이 남았으므로 수소 3 g은 산소 24 g과 반응한다. 따라서 ⓒ은 24이다.

ㄷ. 수소 : 산소 : 물의 질량비는 1 : 8 : 9이므로 실험 (다)에서 수소 3 g과 산소 24(ⓒ) g이 반응하여 생성되는 물의 질량은 27 g이다.

18 다양한 화합물에서의 일정 성분비 법칙

이산화 황을 구성하는 황과 산소의 질량비는 $(1 \times 32) : (2 \times 16) =$ 1 : 1이다. 따라서 황 : 산소=1 : 1=16 g : 16 g이므로 황 16 g과 산소 35 g이 반응하여 이산화 황 32 g이 생성되며, 산소 19 g이 남는다.

19 볼트와 너트 모형을 통한 질량 보존 법칙

ㄱ. 이 반응은 볼트(B) 1개와 너트(N) 2개가 결합하여 화합물 BN_2를 만들었으므로, 이 반응의 화학식은 $B+2N \longrightarrow BN_2$이다.

ㄷ. 화합물 BN_2이 생성되는 반응은 질량 보존 법칙과 일정 성분비 법칙이 모두 성립한다.

바로 알기 | ㄴ. 볼트(B) 1개의 질량은 5 g, 너트(N) 1개의 질량은 2 g이므로, BN_2를 이루는 볼트(B)와 너트(N)의 질량비는 5 g : (2×2) g=5 : 4이다.

20 볼트와 너트 모형을 통한 일정 성분비 법칙

화합물 BN_2는 볼트(B) 1개와 너트(N) 2개로 이루어져 있으므로, 볼트(B) 20개와 너트(N) 34개를 이용하면 BN_2 모형을 최대 17개 만들 수 있고, 볼트(B) 3개가 남는다.

21 기체 생성 반응에서의 부피 관계

일정한 온도와 압력에서 질소 기체 1부피와 수소 기체 3부피가 반응하여 암모니아 기체 2부피가 생성되므로 질소 100 mL, 수소 300 mL가 반응하여 암모니아 200 mL가 생성되고, 질소 200 mL가 남는다.

22 기체 반응 법칙

일정한 온도와 압력에서 기체들이 반응하여 새로운 기체가 생성될 때 반응물과 생성물의 부피 사이에는 간단한 정수비가 성립한다.

바로 알기 | ③ 마그네슘과 산화 마그네슘은 고체이므로 부피 사이에 간단한 정수비가 성립하지 않는다.

⑤ 고체인 탄산 칼슘과 액체인 염산이 반응하여 생성되는 염화 칼슘은 앙금이므로 고체이다. 따라서 부피 사이에 간단한 정수비가 성립하지 않는다.

23 화학 반응의 규칙

① 반응 전후 원자의 종류와 개수가 변하지 않으므로 반응 전후 물질의 질량은 변하지 않는다.

② 질소 기체와 산소 기체가 반응하여 이산화 질소 기체가 생성되는 반응의 화학 반응식은 $N_2 + 2O_2 \longrightarrow 2NO_2$이다.

③ 일정한 온도와 압력에서 각 기체 1부피에 포함된 분자의 개수는 같다.

④ 일정한 온도와 압력에서 반응하는 질소 기체와 산소 기체, 생성되는 이산화 질소 기체의 부피비와 분자 수의 비는 모두 질소 : 산소 : 이산화 질소 = 1 : 2 : 2이다. 따라서 질소 분자 20개와 반응하는 산소 분자는 40개이다.

바로 알기 | ⑤ 반응하는 산소 기체와 생성되는 이산화 질소 기체의 부피비는 같다.

24 화학 반응식의 계수와 기체 반응 법칙

ㄴ. 일정한 온도와 압력에서 기체들이 반응하여 새로운 기체가 생성될 때 화학 반응식의 계수비는 각 기체의 분자 수의 비, 부피비와 같다. 따라서 반응한 기체와 생성된 기체의 부피비는 일산화 탄소 : 산소 : 이산화 탄소=2 : 1 : 2이다.

ㄷ. 일산화 탄소 : 산소 : 이산화 탄소의 분자 수의 비가 2 : 1 : 2이므로, 산소 분자 3개가 완전히 반응하면 이산화 탄소 분자 6개가 생성된다.

바로 알기 | ㄱ. 일산화 탄소 분자 2개와 산소 분자 1개가 반응하여 이산화 탄소 분자 2개를 생성하므로 반응 후에 총 분자 수가 감소한다.

25 기체 사이의 반응에서의 부피 관계

ㄴ. 일정한 온도와 압력에서 기체의 부피비는 분자 수의 비와 같다. 실험 (가)에서 반응 후 남은 기체가 없으므로 보아 반응하는 기체 A와 기체 B, 생성되는 기체 C의 부피비는 A : B : C=2 : 1 : 2이다. 따라서 반응하는 기체 A와 기체 B의 분자 수의 비는 2 : 1이다.

바로 알기 | ㄱ. 실험 (가)를 통해 부피비가 A : B : C=2 : 1 : 2인 것을 알 수 있고, 실험 (나)에서는 기체 C가 60 mL 생성되었으므로 기체 A 60 mL와 기체 B 30 mL가 반응하여 기체 B가 10 mL 남는다. 실험 (다)에서는 기체 A가 20 mL 남았으므로 기체 A 60 mL와 기체 B 30 mL가 반응하여 기체 C가 60 mL 생성되었다. 따라서 ⊙은 B, 10이고, ⓒ은 60이다.

ㄷ. 실험 (나)에서 기체 B가 10 mL 남아 있으므로, 기체 B를 더 넣어도 생성된 기체 C의 부피가 증가하지 않는다.

26 발열 반응과 흡열 반응

산과 금속의 반응, 산과 염기의 반응(중화 반응)은 주변으로 열을 방출하는 발열 반응이고, 소금과 얼음물의 반응, 질산 암모늄과 물의 반응은 주변으로부터 열을 흡수하는 흡열 반응이다.

27 손난로의 원리

손난로를 흔들면 부직포 봉투의 미세한 구멍을 통해 산소가 들어와 철 가루와 반응한다. 철 가루와 산소가 반응하면 발열 반응이 일어나며, 발열 반응은 주변으로 에너지를 방출하므로 반응물의 에너지 합이 생성물의 에너지 합보다 크다.

28 발열 반응의 예

바로 알기 | ③ 베이킹파우더의 주성분인 탄산수소 나트륨은 열을 흡수하는 흡열 반응이 일어나 빵이 부풀어 오른다.

29 흡열 반응의 예(광합성)

ㄱ. 이산화 탄소와 물이 빛에너지를 흡수하면 서로 화학 반응하여 포도당과 산소가 생성된다.

ㄴ. 이산화 탄소와 물이 반응하여 포도당과 산소가 생성되는 광합성은 주변으로부터 에너지를 흡수하는 흡열 반응이다.

바로 알기 | ㄷ. 눈에 염화 칼슘을 뿌리는 것은 염화 칼슘이 물에 녹을 때 방출하는 열에너지를 이용하는 것으로, 광합성과 에너지의 출입 방향이 반대인 발열 반응이다.

30 흡열 반응의 예(수산화 바륨과 염화 암모늄 반응)

ㄱ, ㄴ. 수산화 바륨과 염화 암모늄의 반응은 흡열 반응으로, 주변으로부터 에너지를 흡수하기 때문에 주변의 온도가 낮아진다.

ㄷ. 흡열 반응은 에너지를 흡수하는 반응이므로, 반응물의 에너지 합이 생성물의 에너지 합보다 작다.

실력 향상 문제
부록 31쪽

01 ②   **02** ⑤   **03** ③   **04** ⑤   **05** ④

01 물리 변화와 화학 변화

① (가)는 설탕이 물에 녹는 물리 변화로, 설탕물에서는 설탕의 성질이 나타난다.

③ (다)는 구리가 산소와 만나 연소하는 화학 변화로, 분자를 구성하는 원자의 배열이 변한다.

④ 물리 변화(가)와 화학 변화(나) 모두 원자의 종류는 변하지 않는다.

⑤ 화학 변화((나), (다))는 원자의 배열이 변하므로, 분자의 종류가 변한다.

바로 알기 | ② (나)는 수소 분자 2개와 산소 분자 1개가 만나 물 분자 2개가 생성되는 반응으로 반응 전후에 분자의 개수가 변한다.

02 화학 반응의 규칙

① 화학 반응식에서 계수를 이용하여 화살표 양쪽에 원자의 종류와 개수가 같도록 맞춘다. 따라서 ㉠은 2, ㉡은 1 ㉢은 1이므로, ㉠=㉡+㉢이다.

② 반응물은 탄산수소 나트륨 1종류, 생성물은 탄산 나트륨, 물, 이산화 탄소 3종류이다.

③ 반응에 참여하는 원소는 나트륨(Na), 수소(H), 탄소(C), 산소(O) 4종류이다.

④ 화학 반응이 일어나도 반응 전후 원자의 개수는 변하지 않는다.

바로 알기 | ⑤ 탄산수소 나트륨 분자 10개가 완전히 분해되면 탄산 나트륨 분자 5개가 생성된다.

03 일정 성분비 법칙

ㄱ. 철이 산소와 반응하여 철과는 다른 물질이 되므로 A에서 B로 변하는 것은 화학 변화이다.

ㄷ. 반응 후 산소가 남아 있는 것은 일정량의 철과 반응하는 산소

의 양이 일정하기 때문이다. 이를 통해 일정 성분비 법칙이 성립함을 알 수 있다.

바로 알기 | ㄴ. 용기 안의 산소는 철과 결합하기 때문에 산소 분자의 개수는 감소한다.

04 앙금 생성 반응

ㄱ. 시험관 D에서 두 수용액이 완전히 반응하였으므로 반응하는 두 수용액의 부피비는 6 mL : 6 mL=1 : 1이다.

ㄴ. 처음에는 아이오딘화 이온이 충분하므로 시험관 A, B, C에는 아이오딘화 이온이 반응하지 않고 남아 있다.

ㄷ. 일정량의 아이오딘화 칼륨 수용액에 질산 납 수용액의 부피를 2 mL씩 증가시키며 넣었으므로 시험관 D, E, F에서 전체 질량은 F>E>D 순으로 크다.

05 화학 반응의 규칙

ㄴ. 수증기는 수소 원자 2개와 산소 원자 1개로 구성되며, 원자의 상대적 질량비는 1 : 16이므로 수증기를 구성하는 수소와 산소의 질량비는 $(2×1) : 16=1 : 8$이다.

ㄷ. 기체의 부피비는 수소 : 산소 : 수증기=2 : 1 : 2이므로 수소 기체 40 mL와 산소 기체 20 mL를 완전히 반응시키면 수증기 40 mL가 생성된다.

바로 알기 | ㄱ. 수소 기체와 산소 기체가 반응하여 수증기가 생성되는 반응의 화학 반응식은 $2H_2+O_2 \longrightarrow 2H_2O$이다.

서술형 문제
부록 32쪽

01 화학 반응식

모범 답안 | (1) $A_2+B_2 \longrightarrow 2AB$ (2) 1 : 1 : 2

해설 | 원자 2개가 한 분자를 이루고 있는 A_2와 B_2가 1 : 1로 반응하여 A 원자 1개와 B 원자 1개로 이루어진 AB 분자 2개가 생성된다.

02 기체 반응 법칙

모범 답안 | (1) 1 : 2 : 1 : 2 (2) 30 L

해설 | 일정한 온도와 압력에서 기체가 반응할 때 화학 반응식의 계수비는 기체 사이의 부피비와 같다. 따라서 기체의 부피비(메테인 : 산소 : 이산화 탄소 : 수증기)는 1 : 2 : 1 : 2이며, 반응하는 메테인의 부피와 생성되는 이산화 탄소의 부피비는 1 : 1이므로, 메테인 30 L가 완전히 연소할 때 발생하는 이산화 탄소의 부피는 30 L이다.

03 물리 변화와 화학 변화

모범 답안 | (가) : 물리 변화, (나) : 화학 변화 / (가)는 고체 설탕이 액체 설탕으로 변하는 상태 변화가 일어나며 물질의 성질이 변하지 않았으므로 물리 변화이고, (나)는 액체 설탕이 검은색으로 변하며 쓴맛이 나므로 물질의 성질이 변한 화학 변화이다.

채점 기준	배점
물리 변화와 화학 변화로 구분하고, 그 까닭을 물질의 성질과 관련지어 옳게 서술한 경우	100 %
물리 변화와 화학 변화로만 구분한 경우	30 %

04 질량 보존 법칙

모범 답안 | 묽은 염산과 달걀 껍데기가 반응하면 이산화 탄소 기체가 발생하지만 이산화 탄소 기체가 고무풍선 속에 들어 있기 때문에 반응 전후의 질량은 변하지 않고 일정하다.

채점 기준	배점
반응 전후의 질량 변화와 그 까닭을 모두 옳게 서술한 경우	100 %
반응 전후의 질량 변화만 옳게 서술한 경우	30 %

05 일정 성분비 법칙

모범 답안 | 양초가 연소할 때 산소가 필요하지만 유리컵 내부에 있는 산소의 양은 정해져 있기 때문에 일정 성분비 법칙에 의해 양초와 반응할 수 있는 산소의 양이 없어지면 더 이상 양초는 연소하지 못하고 꺼진다.

채점 기준	배점
양초가 꺼진 까닭을 유리컵 내부에 남아 있는 산소의 양과 관련지어 옳게 서술한 경우	100 %
양초가 꺼진 까닭을 일정 성분비 때문이라고만 서술한 경우	50 %

06 흡열 반응

모범 답안 | 얼음에 소금을 뿌리면 주변으로부터 열에너지를 흡수하는 흡열 반응이 일어나서 얼음이 잠시 녹는다. 이때 실이 녹은 얼음에 붙게 되고, 흡열 반응에 의해 주위의 온도가 낮아지므로 실과 붙은 얼음이 다시 얼게 된다. 따라서 실을 들어 올리면 얼음이 실과 함께 올라온다.

채점 기준	배점
실과 함께 얼음이 올라오는 까닭을 흡열 반응에 의해 주변의 물이 언다는 것과 관련지어 옳게 서술한 경우	100 %
실과 함께 얼음이 올라오는 까닭을 흡열 반응 때문이라고만 서술한 경우	50 %

메가스터디BOOKS

www.megastudybooks.com

내용 문의 | 02-6984-6915 **구입 문의** | 02-6984-6868,9

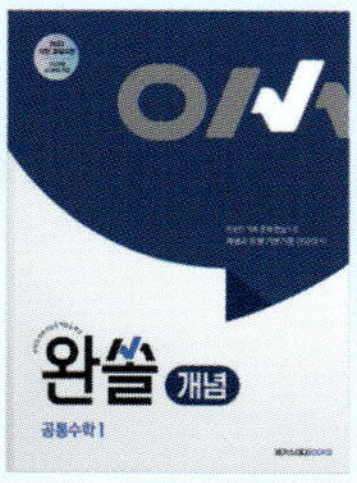